甲骨学基础讲义（增补本）

沈之瑜 著

沈建华 增补

上海古籍出版社

图书在版编目(CIP)数据

甲骨学基础讲义：增补本 / 沈之瑜著；沈建华增补. -- 上海：上海古籍出版社，2024.9. -- ISBN 978-7-5732-1282-5

Ⅰ. K877.14

中国国家版本馆 CIP 数据核字第202442TG04号

甲骨学基础讲义（增补本）

沈之瑜　著
沈建华　增补

上海古籍出版社出版发行

（上海市闵行区号景路159弄1-5号A座5F　邮政编码201101）

（1）网址：www.guji.com.cn
（2）E-mail：guji1@guji.com.cn
（3）易文网网址：www.ewen.co

浙江新华数码印务有限公司印刷

开本 700×1000　1/16　印张 23　插页 5　字数 318,000

2024年9月第1版　2024年9月第1次印刷

印数：1—2,100

ISBN 978-7-5732-1282-5

K·3670　定价：98.00元

如有质量问题，请与承印公司联系

沈之瑜先生

沈之瑜先生

沈之瑜先生和妹妹茹志鹃

沈之瑜先生和女儿沈建华

金缕曲

饶宗颐

题沈之瑜遗稿《甲骨文讲疏》（即《甲骨学基础讲义》）。余与君共发起编《甲骨文通检》，今书垂成，而君墓木已拱。深喜建华能继志述事，君亦可以无憾矣。

洹水难终閟。现宝鼎，山川吐策，玄龟呈瑞。一自三朡俘献了，便入成汤盛世，看王亥、琱镱奇字，崛起罗王兴绝学，更周原、锲刻多瑰丽。导引者，知谁子。

多君颛志武丁事。见远流，端详著记，略区同异。向壁虚词庶可免，经艺本根同系，犹记得、沪滨联辔。绿醑黄花屡尽兴，每念君、抚卷漫屑涕。斯文在，欣有继。

1998 年 7 月 13 日

序

  1997年初夏,我在访问香港中文大学期间,于中国文化研究所沈建华女士处得见其尊先君沈之瑜先生遗作《甲骨文讲疏》(即《甲骨学基础讲义》),洋洋洒洒,二十余万言,此系先生生前为上海复旦大学文博班授课之讲义,即将交付上海书店出版社出版。因原稿系由他人誊写,建华请我校阅一遍,并属为弁言。沈先生是我素所尊敬的学界前辈,德高望重,我自知无资格对其大作妄加评点,然奉读书稿,得以领会是书之学术价值,并深为先生所费心血所感动,故愿意谈一下自己读完书稿后的几点想法。

  殷墟甲骨文自19世纪末被发现以来,迄今已近百年,有关甲骨文的著录书籍与专题论著可谓汗牛充栋。然而这一学术领域仍有许多荒地需要开拓,无论是释字还是专题研究,都有不少难点亟待攻克。应该说,甲骨文的研究至今还是一门很艰深的学问。尽管如此,甲骨文的奥妙仍对一些有探索精神的青年学子具有极大的吸引力,并使之产生浓厚的兴趣。

  甲骨学的研究是多方面、多层次的,包括从古文字学角度研究甲骨文字本身,用考古方法研究甲骨刻辞的分期、断代及有关的占卜术,同时还包括运用甲骨文去研究商代的历史与文化。现在,要从事甲骨学的研究,不仅需要具备多种基础知识,而且要善于从数量浩繁的甲骨学论著中择取有价值的成果,不是从前人的脚底下,而是站在前人的肩上去攀登甲骨学高峰,这就需要有一本理想的指引门径的读物。

  已出版的具通论性质的甲骨学书籍中,最早的是陈梦家《殷虚卜辞综述》(1956),这是"文革"前仅有的一部全面介绍、论述甲骨学的著作。"文革"后又陆续出版了吴浩坤、潘悠《中国甲骨学史》(1985),王明阁《甲骨学初论》(1986),陈炜湛《甲骨文简论》(1987),王宇信《甲骨学通论》(1989)等书;在台湾则有严一萍《甲骨学》(1978)。其中陈书虽出版最早,迄今已过四十余年,所论有不少疏误,但在论述的深度与广度上,现在仍未有著作能超过它。可是对于初学者来说,这部书并不好懂,因为其更适宜于给有了一定基础的研究者参考。王宇信的《通论》重在对以往研究成果作评述与总结,富学术史意味。王明阁的书则重在文字考释与对商史一些问题的研究,跳跃较大,并不系统。严一萍、陈炜湛二氏的著作亦具有较多的专题研究成分。比较起来,吴、潘二位的书虽名为"史",但内容上则是较全面地介绍了甲骨学的基本知识,深入浅出,唯从总体看还是适于已有一定程度的读者阅读,对甲骨卜辞本身的阐述亦较原则、概括。

沈之瑜先生的这部《讲疏》,相对以上诸书有如下三个非常明显的特点:

特点之一,本书是目前所见甲骨学通论的著作中讲得最透彻、最详尽的一部,所讲内容中有的是治甲骨学多年的人也未注意到的。例如第五章将甲骨卜辞按贞卜方式分成若干类,对其反映的占卜方式分析得极为细致,从中不唯可以了解不同类型卜辞的构造,更可窥知当时殷人占卜方法及占卜时的心理。又例如第四章专讲识字,先介绍前代学者经验,然后说明要认识甲骨文字、通读卜辞必须要熟悉干支;继而又根据多年来钻研甲骨卜辞的心得,逐一讲解阅读卜辞时必要的知识,诸如常见的同义词、常见祭名、卜辞中出现的夺字、衍字等特例及同文互足等特点。这些问题,治甲骨学的学者们虽亦多会遇到,然极少有人悉心总结归纳其中带规律性的东西,更少有人写出来启导后学。我相信本书的读者们会从中得到许多极宝贵的启示。如果是初学者,在研读甲骨文时便会少走许多弯路,同时也可体会到治甲骨学与治其他专门性极强的学问一样,不应浅尝辄止,不单要掌握其中一般带规律性的东西,更应该了解其特质,这样才有可能走进甲骨学的殿堂。

特点二,本书原为授课讲稿,故章节安排很合乎教学规范。全书大致可分作八个单元:(一)第一章,系统讲授殷墟甲骨文的发现,这是治这门学问必要的前提;(二)第二章,介绍甲骨占卜术与甲骨刻辞,说明甲骨文的性质与类型;

(三)第三、四章,从古文字学角度讲解甲骨文字构形的特点,将识字放到一个相当重要的位置,作为研究甲骨文的基础;(四)五、六两章,论卜辞结构,并从现代语言学角度讲卜辞文法,将学习甲骨文字与读懂卜辞相联并行;(五)七、八两章,论缀合与辨伪,也是甲骨学的重要知识;(六)在上述基础上,又用两章(九、十章)篇幅介绍当前甲骨学研究的焦点——甲骨断代问题;(七)十一、十二章构成第七个单元,指导读者如何运用甲骨文治商史;(八)末章,即十三章,讲授甲骨的研究经过,主要介绍甲骨学研究的几代学者。从全书的章节安排看,结构显得更为紧凑。即使是以前对甲骨学这门学问知之甚少的读者,如下功夫钻研本书,按照上述章节循序渐进,亦能较快进入甲骨学的研究领域。在目前已出版的同类著作中,我认为本书是最适宜教学与自学的。

第三个特点,是引用多种资料,丰富而翔实。从本书中,读者不仅可以读到大量从各种甲骨著录书中遴选的典型甲骨卜辞及前人有关考释成果,从中学习到识读甲骨卜辞的基本方法,而且可以了解中外研究甲骨文必读的重要参考书与必备的工具书内涵。甲骨学的著作丰富虽是好事,但初学者却往往不知该选择哪几部书作为必读物,或读了也不易掌握要领。本书用了一定的篇幅援引一些重要参考书之精华,并介绍其学术价值之所在,提醒读者在读这些书时应注意的问题,因而亦起了文献导读的作用,使读者清楚地了解攀登甲骨学这座高峰时应如何避开荆棘,沿着前人已开辟的蹊径拾级而上。不独如此,本书还收入了作者自己在研究过程中使用过的第一手资料,最明显的例子即第七章"缀合",利用了上海博物馆等处所藏甲骨实物作依据,用照片展示缀合之得当与否,从而给读者留下极深的印象,资料尤其宝贵。

本书不仅具有上述三个特点,而且蕴含着作者研究甲骨文中一些非常重要的体会与创见。例如第五章,按照商人贞卜方式,分卜辞为:(一)单贞卜辞;(二)重贞卜辞(单列、多列);(三)对贞卜辞(重复、单列重复、多列重复);(四)选贞卜辞(重复、对选);(五)三联卜辞(重贞、对贞、选贞卜辞结合体)五大类,内含若干小类,并为每类卜辞列举了典型辞例。据我所知,这是目前从占卜术角度分析甲骨卜辞类型所采用的最系统的分类方法。对于殷墟卜辞,一般研究者只注意到对贞形式、选贞形式,或了解殷人为求得某项占卜结果会一事多卜,但究竟当时占卜时具有几种模式,即占卜形式有无规律性的东西,可能并未注意,或不求甚解,因此不能完全理解卜辞,在碰到本书所云较繁赘的占卜形式(如多列重贞卜辞,特别是可能分刻于数版的"三联卜辞")时,甚至辞序都可能排不顺,以致错误地理解卜辞。所以通过本书这种科学的分类,可以使我们对商人占卜方法有一种规律性的认识,并从中体会到与之相关的宗教心态,而只有如此,我们也才可能完整地把握占卜过程并深刻地领会占卜事项的内涵。除此以外,由于作者对占卜形式有细致的观察,因此书中提出的一些有关占卜次序的看法也是有启发性的,例如第五章讲到对贞卜辞时,提出"以先反卜、次正卜为常",讲到选贞卜辞时指出受祭对象按世系为序,用牲则由小数至大数,时间上或自远至近日,或由近至远日,这些都是非常有意义的发现。又如第五章论黄组卜辞中"五祖型卜辞"(即卜问用一定祭法专祭武丁祖甲、康丁、武乙、文丁五个直系先王的卜辞)内"康祖丁""文武丁"两祭祀对象的发现,也是一个创获。

人们常言"文如其人"是讲文风与作者气质的接近,事实上,不独文学作品,文史考证文章亦如此。本书讲疏甲骨文,凡重要问题均讲得极具体而深透,一丝不苟,完全与沈先生一贯的学风相合。70年代沈先生与郭若愚先生曾合作重新整理戬寿堂旧藏甲骨,目验甲骨两千多片,与王国维《戬寿堂所藏殷虚文字》一书拓本逐一核对,纠正是书错误六十余处,其治学严谨如此,实为后学楷模。我想,读者通过本书不独可以学到有关甲骨学的基础知识,也一定会感受到前辈学者之优良学风。

1986年秋我在山东长岛参加中国古文字研究会第六届年会,有幸与沈先生会晤,得以面聆教诲。先生当时身体显得较弱,但精神还是很振作。今披阅书稿,先生音容笑貌犹在眼前。过去曾见一篇文章中讲"学者永远活在他们的著作中",现在愈觉是言甚深刻。谨祝本书早日付梓,既嘉惠学林,亦是对先生最好的纪念。

朱凤瀚

1997年7月于南开大学

目　录

序 ··· 朱凤瀚　001

第一章　甲骨的出土、鉴定与外流 ································· 001
　一、甲骨的出土与盗掘 ·· 001
　二、殷墟科学发掘的开始 ······································ 005
　三、抗日战争时期的盗掘 ······································ 013
　四、解放后殷墟在国家保护下的科学发掘 ························ 016
　五、甲骨的鉴定问题 ·· 018
　六、甲骨的外流 ·· 022

第二章　甲骨的整治、卜法、来源与刻辞 ··························· 026
　一、甲骨卜前的整治 ·· 026
　二、卜法与卜辞 ·· 035
　三、甲骨的来源和记事刻辞 ···································· 039

第三章　汉字的起源与甲骨文构形的特点 ··························· 048
　一、文字起源的传说 ·· 048
　二、文字和语言的关系 ·· 049
　三、仰韶文化的刻画符号与大汶口文化的陶文 ···················· 050
　四、六书与甲骨文 ·· 053
　五、甲骨文构形的特点 ·· 056

第四章　识字、释字和通读卜辞 …… 066

 一、前辈的经验 …… 066

 二、熟悉干支的重要性 …… 072

 三、通读卜辞要熟悉商代世系 …… 073

 四、甲骨文字的通假 …… 077

 五、卜辞中常见的同义词 …… 079

 六、卜辞中常见的祭名 …… 082

 七、关于卜辞的断句 …… 090

 八、关于夺字、衍字、误字 …… 091

 九、关于相间刻辞与正反两面相续 …… 092

 十、关于同文互足 …… 093

第五章　卜辞的辞式与辞序 …… 094

 一、卜辞的组成部分 …… 094

 二、单贞卜辞 …… 096

 三、重贞卜辞 …… 097

 四、对贞卜辞和重复对贞卜辞 …… 100

 五、选贞卜辞和重复选贞卜辞 …… 105

 六、对选卜辞 …… 109

 七、三联卜辞 …… 110

 八、定型卜辞 …… 114

第六章　卜辞的文法 …… 120

 一、名词 …… 121

 二、代词 …… 123

 三、动词 …… 125

 四、形容词 …… 128

 五、时地词 …… 129

六、关系词 ··· 130
　　七、副词 ··· 136
　　八、助词 ··· 140
　　九、数词 ··· 143

第七章　甲骨的缀合 ··· 145
　　一、缀合的重要性 ··· 145
　　二、甲骨缀合以往的成就 ·· 148
　　三、必须熟悉甲骨各部分的特征 ···································· 150
　　四、人工缀合法 ··· 154
　　五、电子计算机缀合法 ··· 170

第八章　甲骨文辨伪 ··· 171
　　一、作伪的历史和辨伪的方法 ······································ 171
　　二、临淄孙氏旧藏甲骨"伪刻"说之平反 ························· 180
　　三、兒氏家谱的悬案 ··· 182

第九章　断代（上） ··· 190
　　一、甲骨文分期断代研究的前提 ···································· 190
　　二、怎样进行分期断代 ··· 192
　　三、关于整治断代 ·· 212

第十章　断代（下） ··· 222
　　一、关于午组卜辞 ·· 223
　　二、关于𠂤组卜辞 ·· 228
　　三、关于子组卜辞 ·· 233
　　四、关于歷组卜辞 ·· 237
　　五、小结 ··· 248

第十一章　甲骨文所反映的殷代社会（上） …… 250
　　一、商王贵族与奴隶 …… 250
　　二、农业 …… 259
　　三、畜牧业与田猎 …… 264
　　四、手工业 …… 274
　　五、商业和交通 …… 282

第十二章　甲骨文所反映的殷代社会（下） …… 289
　　一、历法、天象和气象 …… 289
　　二、医学知识 …… 309
　　三、宗教信仰 …… 311

第十三章　甲骨文的研究经过 …… 320
　　一、甲骨文研究的四个阶段和五位代表学者 …… 320
　　二、文字考释方面的成果 …… 330
　　三、综合性的研究与总结性的研究 …… 334
　　四、其他各方面的研究 …… 341
　　五、外国学者对甲骨学的贡献 …… 348

附录　本书所引甲骨著录书目及简称 …… 350

后记 …… 沈建华　354

再版后记 …… 沈建华　357

第三版后记 …… 沈建华　358

第一章　甲骨的出土、鉴定与外流

一、甲骨的出土与盗掘

甲骨文的发现是中国近代学术史上的一件大事。

清晚期在河南省北部的安阳县，彰德府所在的县城西北五里，有村名小屯，其地处洹水之南，即历史上项羽大败秦军于漳水之南，章邯求议盟，"项羽乃与期洹水南殷虚上"（见《史记·项羽本纪》）的殷墟。当地农民多种植棉花、麦子与小米，在刨地时往往有"字骨头"出土，或用以填塞枯井，或则磨粉作刀尖药于集市中出售，或称斤卖给药材店作为药材中的龙骨和龟板。村中有李成者，剃头为业，以出售龙骨粉配制成的刀尖药为副业，也成批卖给当地药材店，因为龙骨不能有字，故凡有字的都事先刮去。现在已无法估计会有多少甲骨被当作药品毁掉。这是无法弥补的损失。关于这种情况，罗振常在《洹洛访古游记》①宣统三年（1911）2月23日游记里曾记载道："此地埋藏龟甲，前三十余年已发现，不自今日始也。谓某年某姓犁田，忽有数骨片随土翻起，视之，上有刻画，且有作殷色者（即涂朱者），不知为何物。北方土中，埋藏物多，每耕耘，或见稍奇之物，随即其处掘之，往往得铜器、古

---

① 罗振常：《洹洛访古游记》，上海蝉隐庐石印本，1936年。

泉、古镜等,得善价……且古骨研末,又愈刀创,故药铺购之,一斤才得数钱。骨之坚者,或又购以刻物。乡人农暇,随地发掘,所得甚伙,检大者售之。购者或不取刻文,则以铲削之而售。"

光绪二十五年(1899)秋季,有山东潍县的古董商范维卿将甲骨贩卖到北京,以甲骨文十二版售与国子监祭酒王懿荣,每版价银二两(《甲骨年表》①据明义士《甲骨研究》②讲义引范估所言)。翌年庚子(1900)丹徒刘鹗在《铁云藏龟·自序》③中亦云:"庚子岁有范姓客挟百余片走京师,福山王文敏公懿荣见之狂喜,以厚价留之。后有潍县赵君执斋得数百片,亦售归文敏。"是年7月,八国联军侵京,王氏殉难,二十八年(1902)其子崇烈售其先父所藏古器物以清夙债,甲骨千余片尽归刘鹗。其实最早鉴定收藏甲骨的除王懿荣之外,应推天津的孟定生与王襄两位穷秀才,据王襄《题易穞园殷契拓册》④说:"当发现之时,村农收落花生果,偶于土中检之,不知其贵也。潍贾范寿轩辈见而未收,亦不知其贵也。范贾售古器物来余斋,座上论言所见,乡人孟定生世叔闻之,意为古简,促其诣车访求,时则清光绪戊戌(1898)冬十月也。翌年秋,携来求售,名之曰龟版。人世知有殷契自此始。"1953年王氏给陈梦家的信中说:"其时计字论值,每字一金,吾侪所不能得者,全数携往北京售诸王懿荣,全部得价三千金。"⑤早期的甲骨收藏者可能还有端方,据云1900年范维乡亦曾购甲骨若干片,"献端方,端极喜,每字酬银二两五钱,范乃竭力购致,至今小屯人尚能称述其事,传为美谈"⑥。

自此以后,古董商们认为殷墟甲骨乃"奇货可居",不但要价愈来愈高,并且对出土地点秘而不宣。罗振玉说:"龟甲兽骨潍县估人始得之,亡友刘

---

① 董作宾、胡厚宣:《甲骨年表》,"中研院"历史语言研究所单刊乙种第四号,商务印书馆,1937年。
② 明义士:《甲骨研究》,齐鲁大学讲义石印本,1933年。
③ 刘鹗:《铁云藏龟》,抱残守缺斋石印本,1903年;又蟫隐庐石印本,1931年;又台北艺文印书馆重印本,1959年。
④ 王襄:《题易穞园殷契拓册》,刊于《河北博物院半月刊》1935年第85期。
⑤ 陈梦家:《殷虚卜辞综述》,科学出版社,1956年,页648,以下简称《综述》。
⑥ 董作宾、胡厚宣:《甲骨年表》,"中研院"历史语言研究所单刊乙种第四号,商务印书馆,1937年。

君铁云问所自出,则诡言得之汤阴。"①又说"估人讳言出卫辉"②。卫辉府治即今河南汲县。因此当时许多学者都上了商人们的当,如刘鹗认为甲骨文出土"在河南汤阴县属之古牖里城"③。罗振玉说:"光绪己亥(1899)予闻河南之汤阴发见古龟甲兽骨。"④他还相信过甲骨文出于河南卫辉。日本的林泰辅曾写过《清国河南汤阴发现之龟甲兽骨》⑤,1910年富冈谦藏写过《古羑里城出土龟甲之说明》⑥。美国人方法敛1906年也曾说:在1903年至1904年间潍县商人赵执斋告诉他"1899年卫辉府附近古朝歌故址,有特殊的古物发现"⑦。

一方面是秘而不宣,另一方面真正的出土地点小屯却掀起了一股私掘风暴。从光绪二十五年(1899)起至民国十七年(1928)止,可说是私人盗掘盛行时期。董作宾据其历年调查所得在其《甲骨学六十年》第二章中列举了九次私人挖掘。

第一次,应是光绪二十五年(1899)至二十六年(1900)前后。因为在王懿荣发现了甲骨文字以后,就有山东潍县的古董商人范维卿到安阳去收买,端方曾按字数给价,每字酬银二两五钱,小屯村人至今传为美谈。二十六年,范估曾以800片售与王懿荣,其中有全甲一块,大概都是当时出土之物。(之瑜按:据陈梦家言:"所谓'其中有全甲一块'当如王襄《题易穞园殷契拓册》所说:有全甲之上半,珍贵逾他品,闻售诸福山王文敏公。"见《综述》页647)

第二次是光绪三十年(1904)。光绪二十九年(1903)《铁云藏龟》出版,购求甲骨的古董商人麇集小屯,一天多似一天,美国方法敛氏首先注意搜求,曾得到400片。为供应日增之购求,小屯村人乃大举向村北滨河之地挖

---

① 罗振玉:《五十日梦痕录》,雪堂丛刻本,1915年,页32。
② 罗振玉:《集蓼编》,《贞松老人遗稿甲集》,上虞罗氏铅印本,1915年。
③ 刘鹗:《铁云藏龟》序,抱残守缺斋石印本,1903年;又蟫隐庐石印本,1931年;又台北艺文印书馆重印本,1959年。
④ 罗振玉:《殷商贞卜文字考》序,玉简斋石印本,1910年。
⑤ 林泰辅:《清国河南汤阴发现之龟甲兽骨》,《史学杂志》20卷1909年8、9、10期。
⑥ 富冈谦藏:《古羑里城出土龟甲之说明》,见《史学研究会讲演集》第3集,1911年。
⑦ 方法敛:《中国原始文字考》,《卡内基博物院报告》第4期,1906~1907年。

掘。地主朱坤，率领佃农，搭席棚，起炉灶，工作甚久。所得甲骨文字有数车之多。后因村人霍文元、刘金声等，与朱姓争挖掘之地，械斗兴讼，从此县官禁止。罗振玉、黄浚、徐枋、美国方法敛、英国考龄、金璋诸人所得的，都是这一批甲骨文字。

第三次是宣统元年（1909）。在小屯村前张学献地内，因挖山药沟发现甲骨文字。村人称肩胛骨臼部分曰"马蹄儿"，边缘部分曰"骨条儿"，此两者出土甚多。

第四次是民国九年（1920）。这一年华北五省有大旱灾，村人迫于饥寒，相约挖掘甲骨文字于村北河边。凡以前出土甲骨之处，搜寻再三。附近村庄居民，也来参加。

第五次是民国十二年（1923）。小屯村中张学宪菜园内有"字骨头"（村人称有文字的骨版）出现。得大骨版二。

第六次是民国十三年（1924）。村中筑墙起土，又发现一坑甲骨文字，其中有大版者。以上村中所出，大部分为明义士买去。

第七次是民国十四年（1925）。村人大举在村前路旁挖掘，得甲骨数筐，牛胛骨有长至尺余者。闻多售与上海商人。

第八次是民国十五年（1926）。此年春天，张学献被匪掳去。索巨款，村人乘机与他家人相商，掘菜园，得甲骨平分。此次挖掘集数十人，分三组，鼎足而立，各向深处及四面探求，忽然虚土塌下，活埋四人，急救出，皆死而复苏，因罢工。闻所得甚多，也为明义士买去。

第九次是民国十七年（1928）的春天。北伐军在安阳作战，驻兵洹南，小屯村人因废农作。4月，军事结束，村人无以为生，相约在村前路旁及麦场中大举挖掘，所得甲骨文字多售与上海开封商人。

这九次都是小屯村人的盗掘。宣统三年（1911），罗振玉曾派其弟罗振常至小屯村的"朱家十四亩地"，雇工发掘甲骨，他在《殷虚书契前编·序》[①]中说：

---

① 罗振玉：《殷虚书契前编·序》第1册，台北大通书局影印本，1968年。

"因遣山左及厂肆估人至中州,瘁吾力以购之,一岁所获殆逾万。意不自歉,复命家弟子敬(振常)、妇弟范恒斋(兆昌)至洹阳采掘之,所得又再倍也。"罗氏毫不隐瞒,这自然也是一次盗掘,所以共是十次①。

二、殷墟科学发掘的开始

从 1928 年 10 月开始至 1937 年 6 月抗日战争爆发前夕为止,是殷墟科学发掘阶段。

1928 年 8 月,"中研院"历史语言研究所派了董作宾在小屯调查,结果认为小屯地下还有甲骨出土的可能。董说:"……经探察后,始知罗振玉所称洹阳宝藏搜探一空者,实系虚语。今春有多人在小屯左近大肆打探,翻获甚多,为其地英国教士明义士买得。如不由政府收其余地,别探文字以外之知识,恐以后损失更大矣。"②于是自同年十月开始,对殷墟进行第一次科学考古发掘。到抗日战争前夕,先后进行了十五次发掘。在"要了解小屯,必须兼探四境"思想指导下,除小屯村之外,还在洹河两岸发掘了四盘磨、后冈、侯家庄、高井台子、王裕口、霍家小庄、武官村南霸台、同乐寨、范家庄、大司空村等地方。除了第十、十一、十二这三次是在洹河北岸的侯家庄西北岗发掘商朝的王陵没有出土甲骨,其他十二次都有甲骨出土,一至九次出土甲 4 411 片,骨 2 102 片,共计 6 513 片(《甲》著录了 3 938 片),十三至十五次出土甲 18 307 片,骨 98 片,共计 18 405 片(《乙》著录了 9 103 片),总计出土甲骨 24 918 片(著录 13 041 号),参与发掘的主要工作者有李济、董作宾、梁思永、郭宝钧、石璋如、王湘、尹焕章、李光宇、刘屿霞、祁延霈、刘耀、高去寻、吴金鼎、潘悫、胡厚宣等人。现根据胡厚宣所著《殷墟发掘》③一书,将历次发掘

---

① 严一萍:《甲骨学》(上、下),台北艺文印书馆,1978 年。
② 董作宾:《民国十七年十月试掘安阳小屯报告书》,载《安阳发掘报告》第 1 期,"中研院"历史语言研究所,1929 年;又《新获卜辞写本后记》,台北世界书局,1962 年。
③ 胡厚宣:《殷墟发掘》,上海学习生活出版社,1955 年。

情况简述如下：

第一次试掘：自 1928 年 10 月 13 日开工，到 10 月 30 日停止，共作 18 天。发掘工作由董作宾主持。工作地带在小屯村，分为三区进行，第一区在村东北洹河之滨，第二区在村北，第三区在村中。总计这次在三区共开 40 个坑，共掘面积约 280 平方米左右。发现了字甲 555 片，字骨 299 片，共计甲骨 854 片。关于这次发掘的初步报告，有董作宾的《民国十七年十月试掘安阳小屯报告书》①。董氏并著录 381 片于《新获卜辞写本》。

第二次发掘：1929 年 3 月 7 日开工，到 5 月 10 日停止，共 65 天。发掘工作由李济主持。工作地区在小屯村，分在村中、村南、村北三处，共开坑 43 个，约占面积 280 余平方米。发现字甲 55 片，字骨 685 片，共计甲骨 740 片。关于第二次发掘的初步报告，有李济的《小屯地面下情形分析初步》和《殷商陶器初论》②。

第三次发掘：这次发掘分为两期。前期自 10 月 7 日开工，21 日停止，共作 15 日。后期自 11 月 15 日开工，12 月 12 日停止，共 28 日。前后二期共 43 日，发掘工作由李济主持。工作地点在小屯村北的高地和村西的霸台。共开坑 180 个，约 43 个单位（以宽 1 米、长 3 米为一单位），占地 836 平方米。计发现字甲 2 050 片，有名的"大龟四版"就在其中，字骨 962 片，共计甲骨 3 012 片。同时还发现了一个牛头刻辞、一个鹿头刻辞。关于第三次发掘的初步报告，有李济的《民国十八年秋季发掘殷墟之经过及其重要发现》③。

第四次发掘：于 1931 年 3 月 21 日开工，至 5 月 12 日止，为期 52 天，发掘工作仍由李济主持。工作地点有三处：（一）小屯村北，就第三次发掘地区继续工作重新测量，确定永久标点。另分遗址为 A、B、C、D、E 等五区，梁

---

① 董作宾：《民国十七年十月试掘安阳小屯报告书》，载《安阳发掘报告》第 1 期，"中研院"历史语言研究所，1929 年。
② 李济：《小屯地面下情形分析初步》《殷商陶器初论》，载《安阳发掘报告》第 1 期，"中研院"历史语言研究所，1929 年。
③ 李济：《民国十八年秋季发掘殷墟之经过及其重要发现》，载《安阳发掘报告》第 2 期，"中研院"历史语言研究所，1930 年。

思永领 A 区,郭宝钧领 B 区,董作宾领 C 区。(二)四盘磨:工作人员是吴金鼎、李光宇。此处吴金鼎以为"或为当时平民之居址"(《摘记小屯迤西之三处小发掘》,载《安阳发掘报告》第 4 期)。(三)后冈:工作人员是梁思永,后又有吴金鼎、刘耀。在遗踪方面最重要的是小屯龙山及仰韶文化的成层堆积。梁思永说:"上层所包含的是白陶文化(即小屯文化)的遗物,中层所包含的是黑陶文化(即龙山文化)的遗物,下层所包含的是彩陶文化(即仰韶文化)的遗物。"①另外,在后冈发现了一块字骨,这是小屯村以外地区第一次发现的甲骨文。董作宾以为这是"民间所用"②。关于第四次发掘的初步报告,有李济的《安阳最近发掘报告及六次工作之总估计》③,分区报告有郭宝钧的《B 区发掘记之一》④。

第五次发掘:自 1931 年 11 月 7 日开工起至 12 月 19 日止,共 43 天。发掘工作由董作宾主持。工作地点在小屯村北和村中。在村中又增辟 F 区。发掘工作分为三区,郭宝钧作 B 区,石璋如作 E 区,董作宾作 F 区,大体上继续春季未完工作。开坑 93 个,约占面积 818 平方米。总计发现字甲 275 片,字骨 106 片,共计 381 片。其中有牛肋骨刻辞一版,为前所未见。这次发掘证明地下堆积为废弃状况,不是如先前所说漂流来的,甲骨原在地,显系堆积而非漂没。一至三次发掘所假定的殷墟甲骨漂流淹没的学说,第四次发掘后已经修正,到这次发掘,便根本推翻。第五次发掘的初步报告见第四次报告《六次工作之估计》⑤,分区的报告有郭宝钧《B 区发掘记之二》⑥。

第六次发掘:1932 年 4 月 1 日至 5 月 31 日,共工作 61 天。发掘工作由

---

① 梁思永:《后冈发掘小记》,载《安阳发掘报告》第 4 期,"中研院"历史语言研究所,1933 年。
② 董作宾:《释后冈出土的一片卜辞》,载《安阳发掘报告》第 4 期,"中研院"历史语言研究所,1933 年。
③ 李济:《安阳最近发掘报告及六次工作之总估计》,载《安阳发掘报告》第 4 期,"中研院"历史语言研究所,1933 年。
④ 郭宝钧:《B 区发掘记之一》,载《安阳发掘报告》第 4 期,"中研院"历史语言研究所,1933 年。
⑤ 李济:《安阳最近发掘报告及六次工作之总估计》,载《安阳发掘报告》第 4 期,"中研院"历史语言研究所,1933 年。
⑥ 郭宝钧:《B 区发掘记之二》,载《安阳发掘报告》第 4 期,"中研院"历史语言研究所,1933 年。

李济主持。工作地点集中 B、E 两区,开坑 82 个,占地约 900 平方米。仅在小屯村北发现了一片字骨。为了达到"由外求内""兼探四境"的目的,又发掘了小屯西北洹河北岸的侯家庄、高井台子和小屯西南的王裕口、霍家小庄。关于第六次发掘的初步报告见李济的《安阳最近发掘报告及六次工作之总估计》,关于侯家庄、高井台子和王裕口、霍家小庄发掘的报告,有吴金鼎《摘记小屯迤西之三处小发掘》①。

第七次发掘:1932 年 10 月 19 日起至 12 月 15 日止,共工作 58 天。由李济主持。工作地点在小屯村北,开坑 173 个,占地 1 612 平方米。证明此处确为殷代宗庙宫室的所在。在许多遗物中发现一片有字陶片,上墨书"祀"字,锋芒毕露,知殷代必已有了毛笔。此次共发现字甲 23 片,字骨 6 片,共计 29 片。初步报告有石璋如的《第七次殷墟发掘 E 区工作报告》②。

第八次发掘:1933 年 10 月 12 日起至 12 月 25 日止,共 67 天。发掘工作由郭宝钧主持。工作地点在小屯村北,集中全力于 D 区,目的在沟通 B、E 二区,并观察黑陶、灰陶文化的关系。这次发掘发现字甲 256 片,字骨 1 片,共计 257 片。在第八次发掘的同时,又继续发掘四盘磨一次,在后冈也作了第三次发掘。第八次发掘的初步报告,有石璋如的《小屯后五次发掘的重要发现》《小屯的文化层》和《河南安阳后冈的殷墓》③。

第九次发掘:1934 年 3 月 9 日至 5 月 31 日,前后共 84 个工作日。发掘由董作宾主持。工作地点在小屯村北,集中 D、G 两区进行。在工作过程中,董作宾得悉侯家庄的农民侯新文于 3 月 29 日在侯家庄南地掘出几十片甲骨,企图秘密地去古董店"求善价而沽之",赶紧责令他把掘到的甲骨交出,计字甲 1 片,字骨 30 片及无字卜骨数十片(均不列入统计),付以代价十圆,

---

① 吴金鼎:《摘记小屯迤西之三处小发掘》,载《安阳发掘报告》第 4 期,"中研院"历史语言研究所,1933 年。
② 石璋如:《第七次殷墟发掘 E 区工作报告》,载《安阳发掘报告》第 4 期,"中研院"历史语言研究所,1933 年。
③ 《小屯后五次发掘的重要发现》《小屯的文化层》《河南安阳后冈的殷墓》,载《六同别录》上册,"中研院"历史语言研究所集刊编第三种,1945 年;又载《中国考古学报》1947 年第 2 期。

并让他指出甲骨的地方。于是马上停止了小屯村的工作,把全体人员调往侯家庄南地发掘。那里最重要的发现为"大龟七版"(腹甲6、背甲1),大体完整,满版都是文字,为廪辛、康丁时同一史官狄贞卜并记录的大龟,另有小片字甲1、字骨8。同时向农民征购到重要甲骨26片(不列入统计),这是第三次发掘到"大龟四版"之后又一次重要发现。前后两处总计得字甲446片,字骨11片,共计457片。第九次发掘,除小屯村北和侯家庄南地之外,也发掘了后冈和洹河北岸武官的南霸台。关于第九次发掘的初步报告,同前石璋如在《六同别录》上册里的文章,关于侯家庄南地发现的甲骨文,有董作宾的《安阳侯家庄出土的甲骨文字》①。

第十次发掘:自1934年10月3日至翌年1月1日结束,共工作91天。发掘工作由梁思永主持。工作地点在侯家庄西北冈,分东西两区发掘,开掘面积3 000平方米,结果证明侯家庄西北冈地区乃是殷代的墓地。在西区发现4座大墓,从规模及遗物判断应是殷代帝王之陵,在东区发现63座小墓。发掘了其中32座,小墓坑埋有人头、无头肢体或全躯者,多数墓无殉葬品或极少,这些死者身份当为祭祀所用人牲。另外附带发掘了同乐寨,发现了仰韶、龙山和小屯等期的文化三层堆积,进一步证实了梁思永发现的殷墟地层的文化序列。这次虽没有发现有文字的甲骨,但在西区大墓中发现了多块一面涂朱色的龟版,其意义值得研究。关于第十次发掘的概要,见石璋如的《小屯的文化层》②。

第十一次发掘:1935年3月15日开工,至6月15日止,共工作83天。仍由梁思永主持发掘。工作地点也仍在原处,继续东西两区未完的工作。西区四座大墓,这次全部挖掘到底,在1003墓中西墓道北壁发现石簋断耳一个,有铭文十二字:"辛丑,小臣叡入罕,宜才曺,吕簋。"字体颇类似铜器铭文。1004墓发现一牛鼎,一鹿鼎,又玉磬一组三个。东西继续发掘小墓群,

---

① 董作宾:《安阳侯家庄出土之甲骨文字》,载《田野考古报告》第1册,1936年。
② 石璋如:《小屯的文化层》,载《六同别录》上册,"中研院"历史语言研究所集刊编第三种,1945年;又载《中国考古学报》1947年第2期。

共发掘411座,连同上次32座共计443座。除了杀头及全躯殉葬各墓如上次之外,尚有车坑及马坑,马坑最多者埋马三十七匹,最少者一匹。此外还发现有兽坑,为上次所未见。关于第十一次发掘的概况,见石璋如《小屯的文化层》①。

第十二次发掘:1935年9月5日至12月16日止,共工作99天。发掘仍由梁思永主持,工作地点仍在侯家庄西北冈殷代墓地。在西区发现3座大墓,1座未葬人的假墓。东区也发现了2座大墓,连同以前的共发现大墓9座,假墓1座;东区发现了小墓785座,加上前两次发掘的443座,共计1228座。在这次发掘的同时还发掘了范家庄和大司空村。关于第十二次发掘的概况,见石璋如的《小屯的文化层》②。第十至十二次发掘虽未发现甲骨,却因此发现了殷陵和出土了较小屯更多更珍贵的多种遗物,了解了殷代大小墓葬的形制类型,以及殷王朝杀人殉葬的残酷事实。

第十三次发掘:自1936年3月18日起至6月24日止,共工作99天。发掘工作由郭宝钧主持,工作地点在小屯村北,集中在B、C两区。过去在小屯的发掘,由"点""线"逐渐扩展到小部分的"面"。第十三次起至第十五次则全面"平翻",使各地层迹象、遗物一目了然。这次发掘最重要的是发现了未经翻扰的整坑甲骨,即YH127坑,坑为圆形,径约1.8米,深约6米,坑内堆积分层,中间一层厚1.6米,满装着甲骨,甲骨排列并不整齐,有反有正,有的完整,有的残缺,有的比较坚硬,有的已经腐朽。甲骨上的文字,有写的,有刻的,还有的涂墨、涂朱,有的卜兆曾用刀契刻。有72片背甲居中锯开,改造成有孔的椭圆形片,可以穿成册。又多特大的龟甲,当为南方所贡。坑内彼此叠压,相互枕藉,由北向南堆成斜坡形。这些甲骨可能从坑的北边倾入,所以才能形成北高南低的斜坡现象。在堆积的甲骨中,有一具蹲曲而侧

---

① 石璋如:《小屯的文化层》,载《六同别录》上册,"中研院"历史语言研究所集刊编第三种,1945年;又载《中国考古学报》1947年第2期。
② 石璋如:《小屯的文化层》,载《六同别录》上册,"中研院"历史语言研究所集刊编第三种,1945年;又载《中国考古学报》1947年第2期。

置的人骨紧靠坑的北壁，大部分已被埋在甲骨中，仅头及上躯露出甲骨以外，这个人可能就是当时管理甲骨的人员。此坑出土龟甲17 088片，牛骨8片，共计甲骨17 096片。完整的龟甲，以前只有三次发掘所得大龟四版和第九次所得的大龟七版，现在这次完整的龟甲将近有三版之多，这是殷墟发掘以来空前未有的盛事。第十三次发掘出土的甲骨除了YH127坑之外，还有很多坑也出土了零碎的甲骨，连127坑所出，总计得字甲17 756片，字骨48片，共计甲骨17 804片。关于十三次发掘的报告，有石璋如的《小屯后五次发掘的重要发现》①、《小屯的文化层》②。

第十四次发掘：自1936年9月20日至翌年2月28日止，共工作103天。发掘工作由梁思永主持。工作地点仍在小屯村北，继续第十三次未完的工作，后来扩展到I区。得字甲2片，另外对第十二次发掘过的大司空村又作了进一步发掘。关于十四次发掘的初步报告，有石璋如的《小屯后五次发掘的重要发现》《小屯文化层》，关于大司空村的情况，有高去寻的《黄河下游的屈肢葬问题》③。

第十五次发掘：自1937年3月16日起至6月19日止，共工作九十六天。发掘工作由石璋如主持，开坑37，挖掘面积为3 700平方米，除发现居住遗址、墓葬，及铜、石、玉器等遗物外，得字甲549片，字骨50片，共计甲骨599片。

殷墟甲骨埋藏的情况，董作宾在《殷虚文字甲编·自序》中说，可以分为四类："第一类是'存储'，存储，是有意的保存储藏，例如第一次发掘的第九坑，包涵一、二、五期，第三次发掘的'大连坑'，包涵一、二、三及五期……第二类是'埋藏'，这一类似乎很少，第十三次发掘，得到了17 000多片龟版（已收入《乙》）在YH127一个灰坑之中……第三类是'散佚'，在许多复穴内或者版筑土中、灰土中，偶然发现几片甲骨文字，都应该属于这一类……但这

---

① 石璋如：《小屯后五次发掘的重要发现》，载《六同别录》上册，"中研院"历史语言研究所集刊编第三种，1945年；又载《中国考古学报》1947年第2期。
② 石璋如：《小屯的文化层》，载《六同别录》上册，"中研院"历史语言研究所集刊编第三种，1945年；又载《中国考古学报》1947年第2期。
③ 高去寻：《黄河下游的屈肢葬问题》，载《中国考古学报》第2册，1947年。

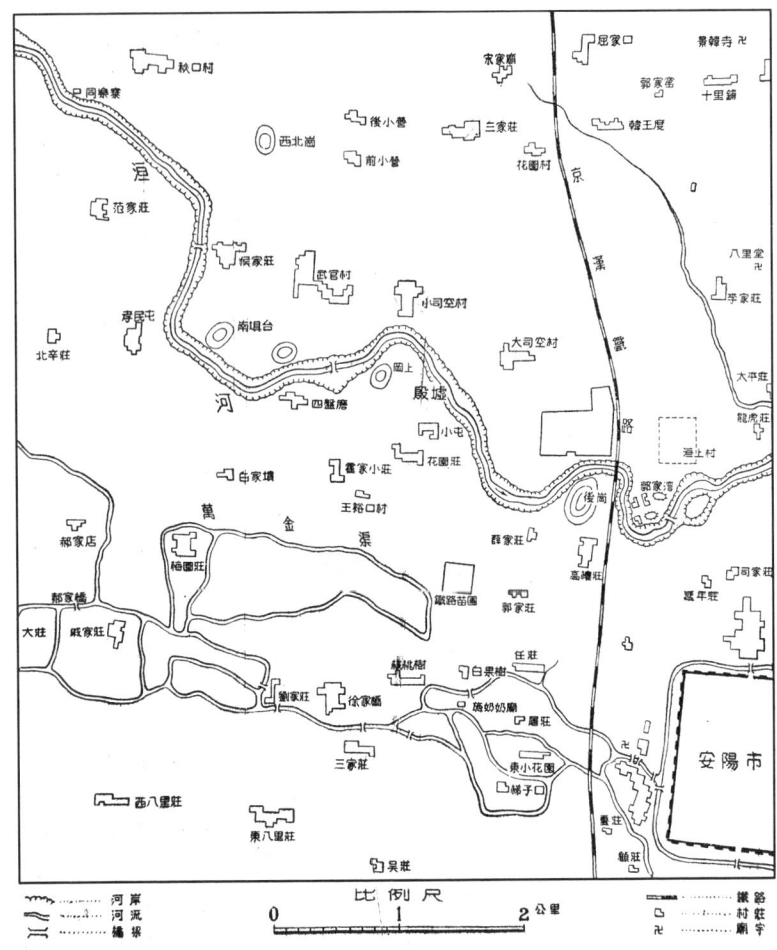

图 1-1　安阳殷墟范围图

些都是少数……第四类是'废弃',这种情形也不多,我们可以看见,一块骨版被锯去了文字的一半,改为他物的,有时把用过的骨版,拿来作练习书契之用的,许多干支表,就是如此。"①

1929 年来,正当第三次发掘时,当时的河南省政府看见出土了许多甲

---

① 董作宾:《殷虚文字甲编·自序》,载"中研院"历史语言研究所中国考古报告集之二《河南安阳殷虚遗址之一·小屯》,商务印书馆,1948 年。

骨，认为有利可图，安阳又属河南省政府的管辖之下，于是也组织了河南省博物馆的何日章去小屯抢着发掘，为期两个月。1930年春何日章又作了第二次发掘。两次共获字甲2 673片，字骨983片，共计3 656片，曾由关百益选拓为《殷墟文字存真》①，共出了八集，每集100片，后孙海波于1938年在《甲骨文录》②中选录了930片。

三、抗日战争时期的盗掘

1937年7月抗日战争爆发，"中研院"历史语言研究所对殷墟的科学考古发掘被迫中断。在这八年抗战中，殷墟又经历了一个盗掘阶段。一方面是日本人借文化考察之名，来安阳盗掘，另一方面是当地村民迫于生计亦乘机盗掘，据胡厚宣说：

一、民国二十七年春天，庆应义塾大学文学部组织了北支那学术调查团，由大山柏率领来安阳考古。

二、同年秋，东方文化研究所水野清一、岩间德也等人来安阳侯家庄考察发掘。

三、民国二十九年至三十年，东京帝国大学考古学教室来安阳发掘。

四、民国三十一年到三十二年，驻河南的日本军队也曾利用汉奸大肆挖掘，出土古物不少，都运往日本去了。

抗战开始后，安阳沦陷，当地土人又乘机盗掘起来，所发现的甲骨，除一部分流落国外未能明了外，在国内的分别在北平、天津、上海出售给以下各处：

1. 辅仁大学　　　　　195片
2. 北平图书馆　　　　200片
3. 李泰棻　　　　　　1 000片　　归复旦胡厚宣，又转让给北平图书馆

---

① 关百益：《殷墟文字存真》，河南博物馆出版，1931年。
② 孙海波：《甲骨文录》，河南通志馆，1938年；又台北艺文印书馆重印本，1958年。

4. 于省吾　　　　　　1 000 片　后让给清华大学

5. 谢午生　　　　　　500 片

6. 徐宗元　　　　　　300 片

7. 孙海波　　　　　　200 片

　　（以上在北平）

8. 陈保之　　　　　　100 片

　　（以上在天津）

9. 孔德研究所　　　　1 500 片

10. 郭若愚　　　　　　80 片

11. 孙师匡　　　　　　50 片①

　　（以上在上海）

此为沦陷时期出土甲骨的转让情形。但在胜利后，民国三十四年胡厚宣奔走南北，买得好几宗甲骨，这些甲骨也应当是沦陷时期出土的。

1. 在北平买到：

　　庆云堂碑帖铺　　　　400 片

　　通古斋　　　　　　　600 片（六七百片）

　　晋雅斋　　　　　　　9 片

　　兴记古玩铺　　　　　900 片

2. 在天津买到：

　　曹家所存　　　　　　19 片

3. 在上海买到：

　　叶叔重　　　　　　　1 000 片

　　中国古玩社　　　　　100 片

　　郭墨林、金贵南　　　400 片（四五百片）

---

① 胡厚宣：《殷墟发掘》，上海学习生活出版社，1955 年，页 121—122。

1981年笔者请濮茅左赴小屯调查沦陷时的情况，其归后说："自1937年日军占领安阳后，殷墟便无人管理，当地村民纷纷自行挖掘，这种严重破坏地下文物的状况一直持续至解放。那个时期安阳城里成立了一个所谓文物保管所，它的性质实际上是挖掘文物、买卖文物的税务所，凡私人挖掘文物只要登记后交税，就可以公开自由挖掘，所得文物买卖双方各得上交百分之八的税，盗掘文物获得了合法地位。挖掘先是个体，一直发展到八十人一伙，公开搭房挖掘，以挖铜器、玉器为主，亦得甲骨，当时甲骨卖不出高价了。考古所安阳工作站负责人杨锡璋同志说：'从目前调查的结果来看，这里没有一块地方是未经盗掘过的。'据向村民了解：1. 朱先仲（61岁，花园庄村民，张学献亲戚）说：日本人刚来时，在小屯南地（即张学献菜园），村民挖杨树时偶尔发现杨树底下有一个很大的骨头坑，厚处有一尺，一般有半尺，坑的面积约有四十平方米，当时张学献躲在安阳城，这些甲骨被村民一抢而空。2. 屈如忠（58岁，现考古所工作人员）在张学献菜园挖过三个沟，挖出了一大筐甲骨。日本人来小屯时，向群众收买过甲骨，其中何根卖给日本人最多。3. 何振荣（57岁，小屯村民）说：日本人来了以后每家都挖，据说小屯阎佩海挖1 000余片。曾拾到二三十有字甲骨，都有一寸多长。4. 霍凤店（65岁，小屯村民）抗战时种张学献的地，共得到100余片，小的像马蹄，大的有一尺余，基本完整的也有五六十块。5. 张金海（58岁，霍家小庄村民）抗战时得甲骨二十余块卖给商人。6. 王养修（62岁，四盘磨村民）抗战时在村中挖了一二百坑，仅在四盘磨西边看见一块甲骨，上面有二三字。7. 何国富（68岁，小屯村民）在十四亩地处，挖出一堆甲骨，约有几百片大的，卖掉后仅得几十元大洋。日本人来小屯时，曾在西地挖掘过，所得甲骨不详，只知当时挖出一些铜器。"

这个调查报告当然不是全面的，但我们从中可以了解当时的混乱情况。调查时还核对陈梦家《综述》中插图六《安阳小屯村"东北地"简图》（见图1-2），补充了其中各块地地主的姓名①。

---

① 陈梦家：《殷虚卜辞综述》，科学出版社，1956年，页674，校后附记图六。

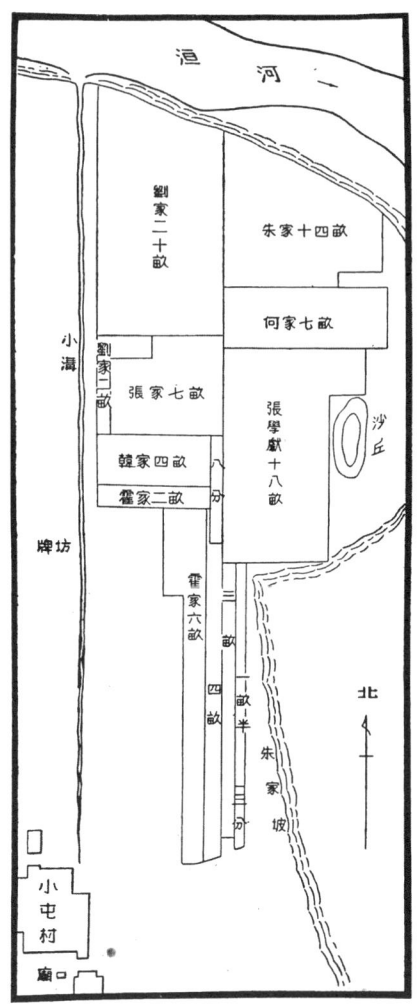

图 1-2 安阳小屯村"东北地"简图

四、解放后殷墟在国家保护下的科学发掘

新中国建立以后,殷墟便得到国家的重点保护,中国科学院考古研究所在安阳小屯村建立了考古工作站。1950年春第一次大规模发掘殷墟,在四盘磨西地 SP11 一个小坑内发现一块卜骨,横刻三行由数字组成的小字,文

句与卜辞通例不合。此为小屯以外出土卜骨的又一新地点。1953年在大司空村出土甲骨60片,有字者仅2片,均系习刻龟甲。1955年秋在小屯灰坑H1内出土一块胛骨,上刻"丁卯。癸亥卜,王其入商,奉乙丑,王弗每（悔）,引吉",是一块属第三期的卜骨。1958年至1959年,又在大司空村发现了两片有字卜骨,未切臼角,一片正面刻有"辛贞在衣"四字,另一骨刻有"文贞"二字,二骨均为习刻。1971年冬至1973年冬,中国科学院考古研究所在殷墟进行了重点发掘。1971年12月8日,在小屯西地一探沟内发现了21片牛肩胛卜骨,这些卜骨堆放有序,大致分为三组,其中十块有完整的刻辞。同年,考古研究所安阳工作队在后冈进行发掘,于第四十八号出土有字残骨1片,存二字,仅一"又"字完整,笔画粗壮。

1972年12月下旬,小屯村的社员在村子南面公路边挖土时,挖出了6片有字甲骨,当时就交给了中国科学院考古研究所设在安阳的工作站。根据社员发现的这一线索,经过钻探和测定后于1973年3月下旬开始进行发掘,到12月4日结束。工作分两次进行,共开探方21个,总面积达430平方米。这年的发掘工作是新中国建立后殷墟的一次重要发掘,出土了许多重要文物,仅甲骨一项就出了7 150片,其中卜甲110片,有刻辞的60片,卜骨7 040片,有刻辞的4 771片。这是解放以来出土甲骨最多的一次。后于1980年出版了《小屯南地甲骨》[①],著录4589版。解放后,在殷墟以外也发现了甲骨,1953年4月,在河南郑州二里冈商代遗址里发现了一片有字牛骨,上刻"又土羊,乙丑贞,从受……七月"。同年8、9月间又出土一片有凿痕龟甲,疑刻一"出"字,这两片甲骨从字体风格上看可能为武乙文丁时的。此外,1952年在河南洛阳泰山庙遗址LT53探沟中发现一片带字腹甲,刻一"五"字。这一事实告诉我们,甲骨文不仅在殷墟有,也不只是殷王室,而且外地的商贵族也使用甲骨文,证明甲骨文是商朝较经常使用的一种文字。

---

① 中国社会科学院考古研究所:《小屯南地甲骨》（上册第一、二分册）附册一,中华书局,1980年。

图 1-3　二里冈出土牛肋骨卜辞

五、甲骨的鉴定问题

首先是正名。甲骨问世之初，诸家对它的称谓很不一致。或称"龟"，或称"甲文"，或称"龟甲""龟甲文"及"龟甲文字"，或称"龟版文"。然而甲骨文不仅刻于龟甲，刻在牛胛骨上的亦很多，也有少数刻在鹿骨上，甚至有刻在人头骨上的，所以单称"龟"或"龟甲文"，似不能概括。或称"契文""殷契""甲骨刻辞"。诚然，甲骨文以契刻为主，但也有用毛笔写的，故"契文"不能独擅其名。或有称之为"贞卜文字""卜辞""殷墟卜辞"。其实甲骨文除了卜辞之外，也还有不少记事文字。或有称之为"殷墟书契""殷墟文字""殷墟遗文"。考古学在殷墟发现的文字，除甲骨文外，还有铸在青铜器上的铭文，刻在玉器、石器、陶器上的文字。所以甲骨文不能概括"殷墟文字""殷墟书契""殷墟遗文"的全貌。后来许多学者主张"皆不如称为'甲骨文'或'甲骨文字'之较为贴当也"。对这个问题，1978年严一萍在《甲骨学》①第一章开宗

---

① 严一萍：《甲骨学》上，台北艺文印书馆，1978年。

明义就说："甲骨学研究的对象是'甲'与'骨'。甲是龟甲,骨是兽骨。不过这研究不是'动物学'的,而是'考古学'的,所以在甲、骨两个字上面,要加'占卜用的'四个字,又因为甲骨出土的地域很广,河南、河北、山东、山西、陕西、甘肃、热河、吉林、辽宁、四川、湖北、江苏等省都有,而经历的时间又很长,自新石器时代开始,一直到春秋战国为止,所以在'占卜用的甲骨'之上,还应该加上'殷墟'两个字。而古来殷墟共有三个:《左传》昭公元年:'迁阏伯于商丘,商人是因。'这是一个殷墟。《左传》定公四年:'命以康诰而封于殷墟。'杜预注:'殷墟,朝歌也。'这是第二个殷墟。《史记·项羽本纪》'项羽乃与期洹水南殷虚上',《集解》云:'瓒曰:洹水在今安阳县北,去朝歌殷都一百五十里,然则此殷墟非朝歌也。'这是第三个殷墟。今天甲骨的出土地,正是洹水南岸三里,当安阳县西北,恰好就是今天的小屯,所以在'殷墟占卜用的甲骨'之上,还要加上'安阳'或'小屯'两个字。这'小屯殷墟占卜用的甲骨'才是这本'甲骨学'研究的主要目的。"这个意见是值得我们参考的,特别是他在时间、空间、用途上确定了甲骨学的范围,区别了周原发现的西周甲骨文。现在可以说这已不成问题了,大家都习惯了,如果它包含记事刻辞,我们可以叫它"甲骨文",如果不包含的话,称"卜辞"亦可。

其次,最早鉴定的人是谁?是孟定生还是王懿荣?前面已说过,1898年孟定生说是"古简",当时他尚未见到甲骨实物,只是听了古董商范寿轩介绍发现的情况。所以首先鉴定人是王懿荣,他曾"细为考订,始知为商代卜骨,至其文字,则确在篆籀之前"[1]。

从前讲甲骨发现时,总相信这样一个传说故事:"是年(1899)丹徒刘鹗铁云客游京师,寓福山王懿荣正儒私第。正儒病痁(音珊),服药用龟版,购自菜市口达仁堂。铁云见龟版有契刻篆文,以示正儒,相与惊讶。正儒故治金文,知为古物,至药肆询其来历,言河南汤阴安阳居民掊地得之,辇载衔

---

[1] 王汉章:《古董录》,《河北第一博物院画报》第50、51期,1933年10月10日、10月15日。

粥,取价至廉,以其无用,鲜过问者,惟药肆买之云云"①。1980年孟世凯著《殷墟甲骨文简述》力驳其谬,他说:"根据我们的了解,北京菜市口在清光绪年间没有一个'达仁堂'中药店。据老中药店的人讲,中药店按药方抓出的'龙骨'都是捣成粉或颗粒,根本不可能在上面发现有文字。根据过去的调查及小屯村农民的回忆,当年卖给中药店的甲骨都是无字的,有字的都要刮去字才能卖掉。"②由此可见这个传说故事不足信。

第三,时代的确定。1903年10月,刘铁云在他编著的《铁云藏龟》自序中认为是殷人的"刀笔文字"。"以天干为名,实为殷人之确据也。"罗振玉在《铁云藏龟·序》中说:"至其文字之缔造,与篆书大异,其为史籀以前之古文无疑,为此龟与骨乃夏商而非周之确证。"③其后1910年罗振玉作《殷商贞卜文字考》亦悟其物当属于殷室王朝,自序说:"又于刻辞中得殷帝王名谥十余,乃恍然悟此卜辞者,实为殷室王朝之遗物。"④当时因为罗氏已了解到真实的出土地点——"乃在安阳县西五里之小屯,而非汤阴",所以能助其有此恍悟。及作《殷虚书契考释》⑤,乃以甲骨文所涵的时代为武乙、文丁、帝乙三王,在自序中说:"洹水故墟,旧称亶甲,今证之卜辞,则是徙于武乙,去于帝乙。"到了1925年王国维作《古史新证》发现了一片武丁祀其父辈阳甲、盘庚、小辛的卜辞,及其他卜辞中所祀王迄于武乙、文丁,"则知盘庚以后,帝乙以前,皆宅殷墟"。于是殷墟所出甲骨文的时代上限遂由武乙上推至盘庚之世。惟其中是否有盘庚、小辛、小乙时期的甲骨,国内外学者意见不一,有待继续研究。至于殷墟甲骨的下限是否有帝辛的卜辞,董作宾在《殷历谱》⑥(下二:页15~16)提出三事作为帝乙、帝辛卜辞个别的标准:(一)《前》

---

① 董作宾、胡厚宣:《甲骨年表》,"中研院"历史语言研究所单刊乙种第四号,商务印书馆,1937年,页1。
② 孟世凯:《殷墟甲骨文简述》,文物出版社,1980年,页24。
③ 刘鹗:《铁云藏龟·序》,抱残守缺斋石印本,1903年。
④ 罗振玉:《殷商贞卜文字考·序》,玉简斋石印本,1910年。
⑤ 罗振玉:《殷虚书契考释》,王国维手书石印本,1915年。
⑥ 董作宾:《殷历谱》下二,"中研院"历史语言研究所专刊,1945年,页15~16。

3.27.7 和《前》3.28.1 都是彡祭卜辞,都有"隹王二祀"的记录,而一在四月一在十二月,可证必须分隶于帝乙与帝辛;(二)根据《左传》昭公四年、十一年的记载纣伐东夷,凡伐人方的卜辞都是帝辛卜辞;(三)《珠》391 有父丁乃帝乙所以称之丁者。又于《安阳侯家庄出土之甲骨文字》一文中指出:"骨 27、辞 197 曰'其用牛于乙'。这一辞与同版另二辞,由字体书法、文例,皆可定为第五期之物。第五期仅帝乙、帝辛两世……此仅称乙,当是帝辛祭帝乙之卜辞。"①1956 年陈梦家在《殷虚卜辞综述》中作了进一步研究,肯定了殷墟确有帝辛卜辞的存在,他说:"就诸名的同片关系可如下列:

武乙——母癸	(《续》1.25.8)
武——母癸	(《续》2.5.4)
武——匕癸	(《明后》785)
武乙——文武帝	(《前》1.22.2)
武且乙——文武丁	(《佚》984、《明》1680、《前》1.18.1)
武且乙——康且丁	(《前》1.10.3)
武乙——康且丁	(《前》1.21.1、《卜通》53、《上》25.5、《续》1.26.7)

其中母癸是文丁之配,帝乙时称'母癸',帝辛时称'匕癸',而武与武乙并有'母癸',则'武'与'武乙'是帝乙时的称谓。但'武'又与'匕癸'同片,则'武'又是帝辛时的称谓。文武帝是帝乙,凡称'文武帝'的卜辞是帝辛卜辞;'武乙'之称与'文武帝'并见,则'武乙'也是帝辛时的称谓。"②

虽然现在大家都同意殷墟的甲骨时代自盘庚迁殷至帝辛(纣)之亡,经过八世十二王,二百七十三年。但其具体起讫从哪年到哪年,现在有两种说法:陈梦家说"应是纪元前 1300～1028 年"③,严一萍从董作宾的推算认为"它的时间是从西元前 1384 殷盘庚十五年丁巳迁殷起,到西元前 1111 帝辛

---

① 董作宾:《安阳侯家庄出土的甲骨文字》,载《田野考古报告》第 1 册,1936 年,页 125;又日本东京大安书店影印。
② 陈梦家:《殷虚卜辞综述》,科学出版社,1956 年,页 420。
③ 陈梦家:《殷虚卜辞综述》,科学出版社,1956 年,页 35。

六十四年庚寅亡国为止"①。目前我们还不能遽断。

第四,评其价值。罗振玉概括为"其文字虽简略,然可正史家之违失,考小学之源流,求古代之卜法"②。从当时认识而论,此言无可厚非,就今日研究之成果而论,其历史价值、科学价值远远超过上述三点。

六、甲骨的外流

就在国内学者致力搜求和研究甲骨文的同时,欧美和日本一些国家的传教士和学者也对这种珍贵资料产生兴趣。许多国家利用当时中国处于半封建半殖民地的状况,通过各种手段,掠走了大量甲骨。

早在1903年,美国长老会驻我国山东潍县的传教士方法敛(Frank H. Chalfant)即开始染指甲骨,他将所得400片转卖给英国人在上海办的亚洲文会博物院,得了一笔巨款。1904年他和英国的浸礼会驻山东青州的传教士库寿龄(Samuel Couling),两人合伙做甲骨买卖在潍县古董商手里买到了许多甲骨,其后古董商从河南来山东者,络绎不绝,二人遂尽量收买,转手让与美国匹兹堡喀尼各博物馆。后又得一批,售与爱丁堡皇家苏格兰博物院。继又得第四批,先为二人合购,后归库寿龄一人。于1911年又售与英国不列颠博物院。后来方氏对他们收藏的甲骨加以整理摹写编成《库方二氏藏甲骨卜辞》③一书,于1935年在中国出版。

1904年英国人金璋(L. C. Hopkins,曾任英国驻天津领事)也获得八百版,同年德国柏林博物院得700余版,青岛德国人威尔次(Wilhelm)得70版④。

德国人威尔次于1909年在青岛买了甲骨711片,卫礼贤买了71片甲

---

① 严一萍:《甲骨学》上,台北艺文印书馆,1978年,页2。
② 罗振玉:《殷商贞卜文字考·序》,玉简斋石印本,1910年。
③ 方法敛、白瑞华:《库方二氏所藏甲骨卜辞》,商务印书馆石印本,1935年。
④ 以上材料见明义士:《甲骨研究》,齐鲁大学讲义石印本,1933年。

骨,威尔次收购的甲骨后归德国柏林民俗博物院,卫礼贤所得甲骨归于瑞士巴骚民俗陈列馆等地。金璋还通过方法敛之手,代剑桥大学图书馆收买了约900版。1914年英国驻安阳长老会牧师加拿大人明义士(James M. Menzies),乘一匹老白马游于洹水南岸,考察殷墟出土情形,自矜为中外考古学家探访殷墟而对甲骨有兴趣者之最初一人。自此以后频往调查搜求,所获颇多。惟明氏初得大胛骨,乃新牛骨仿制者,售者欺其不识真伪,举以鬻之。未久,乃腐臭不可向迩。然明氏从此悉心考究,终成鉴别真伪能手。明氏自谓"第一次所得之大者,乃全为伪物"。以后乃知小者之不可忽,故所得甲骨以碎片为众。据明义士《殷虚卜辞·自序》①说:从1914年至1926年搜集甲骨约50 000片。从所藏50 000片甲骨中选出2 396片编成《殷虚卜辞》。他在离开我国之前已将所藏大部分运出国,另一部分约10 000片埋藏在山东济南原齐鲁大学的校舍内,直到解放以后1952年挖出来时,发现都已腐烂成碎片。

日本研究甲骨的先驱是林泰辅,1909年作《清国河南汤阴县发现之龟甲兽骨》②一文。先此《铁云藏龟》出,林氏颇疑书中所载恐为伪造之物。其后东京文求堂购得甲骨文百版,以之贩卖,林氏从中购得十版,既见实物,始觉涣然,于是乃信其真为古代之物。后林氏又购得六百版,三井源右卫门亦得三千版,次若河井仙郎、中村不折亦均藏百余版或数十版。1918年4月林泰辅来华旅行,亲至安阳小屯村,调查殷墟,搜集甲骨,记载甲骨出土地方之风土区域甚详。购得甲骨二十版,陶骨贝蚌之类甚多,归国后作《殷墟遗物研究》③一文(据徐嘉瑞《日本甲骨之收藏与研究》④)。

流散日本的甲骨,1932年郭沫若在日本曾一度探访诸家收藏,谓"东大

---

① 明义士:《殷虚卜辞·自序》,上海别发洋行石印本,1917年。
② 林泰辅:《清国河南省汤阴县发现的龟甲牛骨——文字和文章》,载《史学杂志》第28编8号,1909年。
③ 林泰辅:《殷墟遗物研究》,载《东亚之光》14卷5至8号,1919年;又《支那上代之研究》,日本东京光风馆书店,1927年。
④ 徐嘉瑞:《日本甲骨之收藏与研究》,载《清华研究院国学月报》第2卷1期,1927年。

考古学教室所藏约百片,上野博物馆廿余片,东洋文库五百余片(林博士旧藏),中村不折氏约千片,中岛蠔山氏二百片,田中子祥氏四百余片……京大考古学教室所藏四五十片(半为罗叔言氏寄赠,半为滨田青陵博士于殷虚所拾得),内藤湖南博士廿余片,故富冈君㧑氏七八百片……此外闻尚有大宗搜藏家,则因种种关系,未得寓目"①。另外,金祖同于1937年东渡日本常亲诣东京诸收藏家处,就其藏品拓而编成《殷契遗珠》二卷、《发凡》一卷②,于1939年由孔德图书馆影印,计收河井荃庐337片、中村不折283片、堂野前种松86片、中岛蠔山127片、田中救堂202片、三井源右卫门424片,凡1 459片。其中中岛氏、中村氏之所藏可能与郭氏探访重复。

殷墟究竟出土了多少甲骨?流散到外国去的有字甲骨到底有多少?目前还不能统计出一个确实数字,现将胡厚宣《八十五年来甲骨文材料之再统计》③一文中发表的一些比较接近实际的数字,摘录如下(单位名称及藏家姓名从略):

关于国内收藏的甲骨,由于近些年来,编辑《甲骨文合集》一书,我们也作了近乎普查的工作。……以上内地三十八个城市九十八个单位,共藏甲骨95 880片……以上十四个城市四十七个藏家,共收藏甲骨1 731片。台湾省收藏甲骨的有五个单位,共藏甲骨30 101片,三个私人收藏家,13片。公私收藏,合共30 204片。

总上内地机关收藏95 880片,私人收藏1 731片,台湾省收藏30 204片,香港地区收藏89片,合共127 904片。

国外收藏的甲骨,以日本为最多,计有三十一个单位7 667片。三十一个私人收藏家,4 776片,公私共藏12 443片。

加拿大安大略博物馆藏明义士旧藏、怀履光旧藏及其零散收藏及最近

---

① 郭沫若:《卜辞通纂·序》,日本东京文求堂石印本,1933年。
② 金祖同:《殷契遗珠》二卷《发凡》一卷,上海中法文化出版委员会,1939年;又台北艺文印书馆重印本,1974年。
③ 胡厚宣:《八十五年来甲骨文材料之再统计》,《史学月刊》1984年第5期。

所得碎片，共 7 802 片。

英国收藏甲骨的，有七个单位 3 329 片，两个私人收藏家 26 片，公私合共 3 355 片。（之瑜按：据 1985 年出版之《英国所藏甲骨集·前言》："在英国共有甲骨十一宗。七宗属于单位所有，包括：不列颠图书馆，皇家苏格兰博物馆，剑桥大学图书馆，不列颠博物院，牛津大学亚士摩兰博物馆，伦敦大学亚非学院珀西沃·大卫基金会和剑桥大学考古与人类博物馆。四宗属于私人收藏。其中一宗现存维多利亚与阿尔伯特博物馆。一宗为柯文〔1909～1974〕所藏，已由其家属赠予中国社会科学院历史研究所。其余二宗分属孟克廉夫妇和库克。"此书共著录甲骨 2 674 片。）

美国收藏甲骨的，有二十一个单位 1 779 片，九个私人收藏家 103 片，公私合共 1 882 片。

前联邦德国收藏甲骨的，有两个单位 712 片，私人收藏家一个 3 片，公私合共 715 片。

前苏联收藏甲骨的，有一个单位 199 片。

瑞典收藏甲骨的，有一个单位 100 片。

瑞士收藏甲骨的，有一个单位 70 片，私人收藏家一个 29 片，公私合共 99 片。

法国收藏甲骨的，有四个单位 54 片，私人收藏家一个 10 片，公私合共 64 片。

新加坡收藏甲骨的，有一个单位 28 片。

比利时收藏甲骨的，有一个单位 7 片。

韩国收藏甲骨的，有一个单位 6 片。

内地及港台收藏甲骨 127 904 片，加上国外十二个国家收藏甲骨 26 700 片，国内外总共收藏甲骨 154 604 片。举成数而言，我们就可以说，八十五年来殷墟出土的甲骨文材料，总共约有 150 000 片左右。

解放后殷墟得到了国家的保护，法令规定出土文物属国家所有，并严禁珍贵文物出口，任何单位考古发掘要经过批准手续，从此结束了祖国文物任人巧取豪夺的历史。

第二章　甲骨的整治、卜法、来源与刻辞

一、甲骨卜前的整治

我国占卜的起源很早,在田野考古中,于河南、山东、陕西、河北、内蒙、辽宁、吉林、甘肃等地都有新石器时代晚期的占卜用骨发现,但均有灼而无字。在商代,崇拜至上神、祖先神和自然神的原始宗教是占统治地位的意识形态,商王有疑难诸事一定要烧灼龟甲或牛胛骨,看甲骨上的裂痕——兆纹,借以判断吉凶祸福,以定出入行止。当时常把卜问的事项及其结果用青铜刀刻在甲骨上,或先写后刻,多数是不写径刻,每字一般先刻直画,后刻横画;或刻后再涂以朱墨,有的甚至在笔画中镶嵌绿松石作为装饰,各种情况都有,这种与占卜有直接关系的刻辞通称为"卜辞",此外甲骨文中也有不少记载龟甲来源与整治情况及其他事项的刻辞,通称为"记事刻辞",不以契刻而以笔写的,或可称为"书辞"。罗振玉说:"龟卜之书,《汉志》著录者五家,至隋唐两《志》,则《汉志》所著录者皆不复存。故古龟卜之法,除《周官》、《士礼》、《毛诗》、《戴记》、《庄》《荀》《韩非》诸子及《史记·龟策传》所述以外他无可征。……康熙间光山胡氏煦撰《卜法详考》四卷,援据《周官》及《史记》之说,并参以理想,其所考证以予所目验,盖十得六七。"(见《殷商贞卜文字

考·卜法第三》)罗氏在书中条述八端:一曰贞、二曰契、三曰灼、四曰致墨、五曰兆坼(音彻)、六曰卜辞、七曰虢藏、八曰骨卜。我们也根据殷墟出土甲骨实物观察,述其整治与卜法如下,以补罗氏之未详者。

  商代皇室占卜的仪式是非常隆重的,有专管卜事的"卜人",所用的龟甲事先都经过整治,首先要将乌龟的头、脚、内脏、血肉剔除干净,如图 2-1。据小屯村人说,1928 年的"前数年,村北河干(指朱家十四亩地,后来称为 E 区者)曾发现一储藏龟料之处,大小数百只,皆为腹背完整之龟甲"①。这很明显是剔后储藏备用的。据董作宾在《商代龟卜之推测》一文"衅衅"一节中说,杀龟之前要先经过衅、衅、祓等仪式,他引用《甲》279 片"衅龟三牛"一辞,谓"殷商有衅龟之祭"。(之瑜案:但此辞中的"龟"字实际是"淹"字,全辞应是"……衅淹……一牛",当是以一牛衅于淹的意思,故此说不可据。)

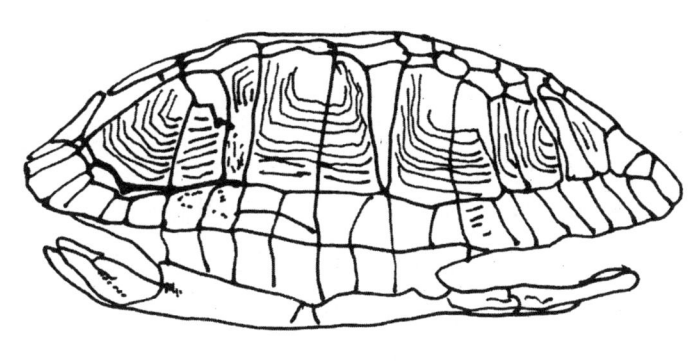

图 2-1

  第二步是将甲壳从背甲和腹甲两边结合处(叫作甲桥或甲墙)锯开。由于锯的高低不同,显出留在腹甲上的甲桥有多有少,造成不同类型的腹甲,大体上可分三种类型:

  A. 全桥型腹甲,即锯在甲桥的最上部,使甲桥全部留在腹甲上,甲桥的四角不修成弧形(见图 2-2)。

  B. 半桥型腹甲,即在甲桥中间把龟锯开,使背、腹甲上各带有一半甲桥,

---

① 董作宾:《商代龟卜之推测》,载《安阳发掘报告》第 1 期,"中研院"历史语言研究所,1929 年。

然后修整留在腹甲上的甲桥四角成弧形(见图2-3)。

C. 无桥型腹甲,即在剖龟时,锯于甲桥最下端把甲桥完全和腹甲分开(见图2-4)。图2-3、2-4中的虚线表示未经修锯前甲桥的形状。

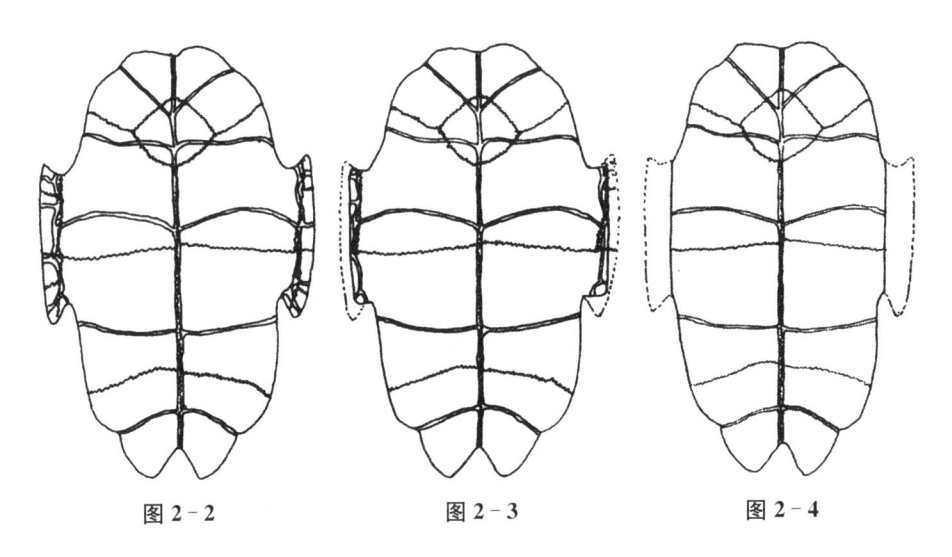

图2-2　　　　　　　图2-3　　　　　　　图2-4

所留甲桥的作用详后。

现在我们顺便还要讲一腹甲各部位的名称。我们可以从腹甲上见到一道道深陷的痕迹,一般称为"盾纹"。甲与甲接合的地方,叫"齿缝",因为它像牙齿,龟版的碎裂,往往都在齿纹的地方,盾纹是不易影响碎裂的。以盾纹为界,腹甲各部盾版的名称可列表制图如下(详见表2-1、图2-5)。

表2-1

部位代号	旧　称	通　用　名
1	左、右一鳞	左、右喉版或左、右喉盾
2	左、右二鳞	左、右腕版或左、右腕盾
3	左、右三鳞	左、右胸版或左、右胸盾
4	左、右四鳞	左、右腹版或左、右腹盾
5	左、右五鳞	左、右胫版或左、右股盾
6	左、右六鳞	左、右臀版或左、右肛盾

腹甲中间的一条纹路,用占卜的术语讲,叫"千里路",两边各分左右。现在把腹甲以齿纹为界各部位的骨版名称也列表制图如下(详见表2-2、图2-6)。

表2-2

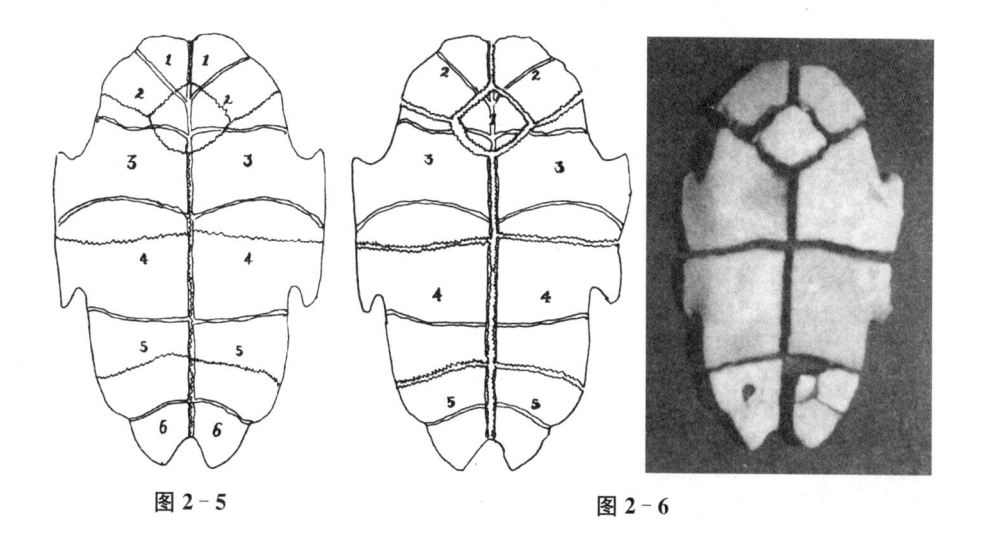

部位代号	旧　称	通　用　名
1	中甲	内版或内腹甲
2	左、右首甲	左、右舌版或左、右舌腹甲
3	左、右前甲	左、右上版或左、右上腹甲
4	左、右后甲	左、右下版或左、右下腹甲
5	左、右尾甲	左、右剑版或左、右剑腹甲

图2-5　　　　　　　　　　图2-6

关于龟背甲,以盾纹为界,各部盾甲的名称、数量如下:颈甲(部位号1)一块,最小;脊甲(部位号2)五块;肋甲(部位号3)共八块,左右各四;边甲(部位号4)共二十四块,左右各十二。以上各部位置见图2-7。

龟背甲以齿纹为界,各版名称数量如下,边甲(部位号1)它有一个古老的名称"䫂"(音冉),共二十二块,左右两边各十一,肋甲(部位号

2)共十六,左右各八;脊甲(部位号3)共八块,不包括第一上尻甲,第二上尻甲;颈甲(部位号4)六角形一块;尻甲(部位号5)共三块,包括第一上尻甲、第二上尻甲。但有的学者也把第一、第二上尻甲归入脊甲(见图2-8)。

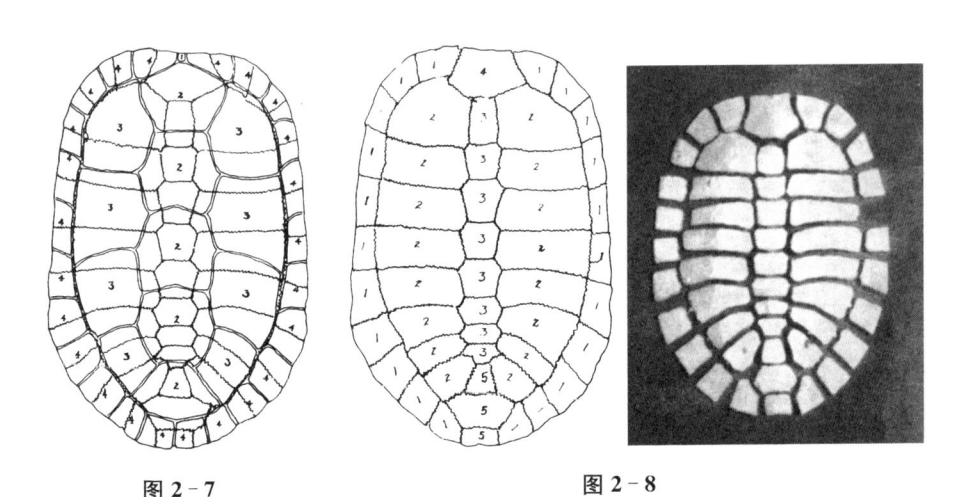

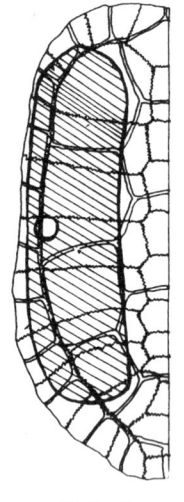

图 2-7

图 2-8

图 2-9

以上将龟的腹甲、背甲各部名称、数量、形态作了初步介绍,熟悉这些是治甲骨学的基本功,对缀合甲骨尤为必要。

在第十三次殷墟发掘时,发现有把龟背甲改制为椭圆形鞋底式的,盖因背甲凸凹太甚,不便占卜契刻,故将其从中锯开,取其近边甲较平坦部分,锯为椭圆形,不及脊甲,仅用肋甲一至七,边甲一至十,中间必有一孔,其意似在便于穿绳保存,此种整治过的背甲在《乙》中收录有十二块,皆属武丁时代,书中编号为4679、4683、4747、5301、4682、4748、5241、5271、6382、6684、4681、5267。其形制如图2-9。

但也曾发现从中锯开后的背甲未经加工过就整半片背甲占卜使用的,见《甲》3404。

殷人占卜用骨,绝大多数是用牛的肩胛骨,它的结构比较简单,主要分骨面、骨脊(又称胛冈)、骨臼、茎块四个部分。在整治过程中要锯去茎块,削平骨脊(或称胛冈),见图2-10。

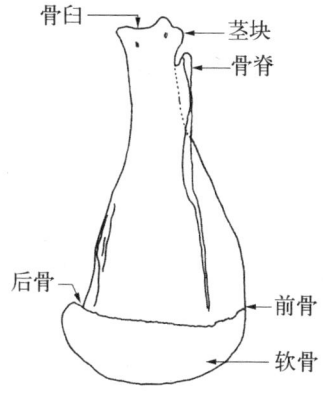

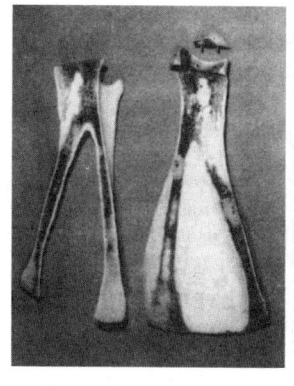

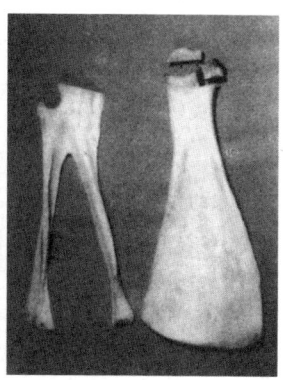

图 2-10

占卜时所用肩胛骨有刻辞的一面,我们称它为正面(在牛身上却是反面),有骨脊(或称胛冈)的一面,我们称它为反面。肩胛骨取用时估计当时一定得经过蒸煮的手续,才可能把软骨及骨内所含的脂肪脱去,这样就像一把扇子,所以整个胛骨俗称"扇子骨"。然后施行切割,先后骨臼部分锯去一半或三分之一,成为月牙形。再向下锯,把突出的骨脊及后边缘全部削平,直至前后角为止。其后再把茎块切除,最后加以刮磨,使之光滑。

龟甲正面的表皮上有胶质鳞片,必须去其鳞片并刮平其鳞片交叠处的坼纹,这样易于见兆,易于刻辞。正反面不平之处,亦须错平刮磨。就实物观察,牛胛骨的正反面,其锯削处或未锯削处,亦有经过刮磨的迹象。

第三步是钻凿。《荀子·王制》云:"钻龟陈卦。"钻凿的目的是灼兆,兆纹是占卜判断吉凶的根据。一般钻凿都施在甲骨的反面,均不穿透正面,先凿而后钻,凿的排列是整齐有序的,先凿一束核形,两头尖中间宽,其深处形成一直线；再于凿旁施一圆钻，钻底较平。通常腹甲的钻凿是相对的，即左右两半，各施钻凿的数目相等，左边的钻凿一定凿在左，钻在右，右边的就相反。但亦有少数钻凿分布不相对的。甲骨亦间有只凿不钻，或只钻不凿的；骨版亦间有于正面凿钻而灼的，据陈梦家说："无论有钻无钻，灼处总在凿的紧旁，故其正面必显出兆干兆枝等成卜字形。由此可知，灼或钻在凿左或右，即决定正面兆枝的方向，若背面的灼钻在左，则正面的兆枝向右。甲与骨，其卜兆大致有一定的方向，腹甲左半向右，右半向左；背甲左半向右，右半向左；胛骨右骨向右，左骨向左。它们的原则是：龟甲以中缝或中脊为标准，无论腹甲或背甲，左甲或右甲兆向一律向中缝或中脊；胛骨的兆向一律向有脊骨（骨臼切口）的一边。但是胛骨的卜兆方向并不如龟甲的谨严。它可有例外，即钻凿施于正面；卜兆不向外边骨脊而向内者。"①每版甲骨的钻凿数量是没有一定的，少者几个，多者几十乃至一二百。一般而论，龟甲钻凿并施者居多，胛骨是凿多钻少（见图2-11）。钻凿的工具，在殷墟尚无发现，但1952年在河南郑州二里冈出甲骨的灰坑中，却发现了直铜的钻子，长14.5厘米，宽8厘米（见图2-12）。其刃头径度和弧度与同地所出土卜骨的钻眼恰好相合。近年来赵铨、钟少林、白荣金三人曾做过实验证明，"用青铜刀具直接向不加处理的骨料上刻字，不仅是可能的，而且经模仿古人刀法，已经达到比较近似的程度"②。

殷墟出土最大的龟腹甲，长44厘米，宽约35厘米，背有凿孔204个（由《乙》4330、4773两片缀合而成），远远超过《庄子·外物篇》说"七十二钻而无遗策"的数目。据伍献文研究③，这种大龟和现在产于马来半岛的龟类是同种。殷人占卜所用的绝大部分是中国胶龟和田龟（见图2-13）。牛胛骨之最大者，长43厘米，宽28厘米，此骨最早为罗振玉所藏，著录于《殷墟古器物图录》。过去罗振玉、王襄都认为"卜用之骨有绝大者，殆

---

① 陈梦家：《殷虚卜辞综述》，科学出版社，1956年，页11。
② 赵铨、钟少林、白荣金：《甲骨文字契刻初探》，《考古》1982年第1期。
③ 伍献文：《"武丁大龟"之腹甲》，载"中研院"动植物研究所集刊》第14卷1—6期，1943年。

卜兆　　　　　　　　　　　　　　　钻　　凿

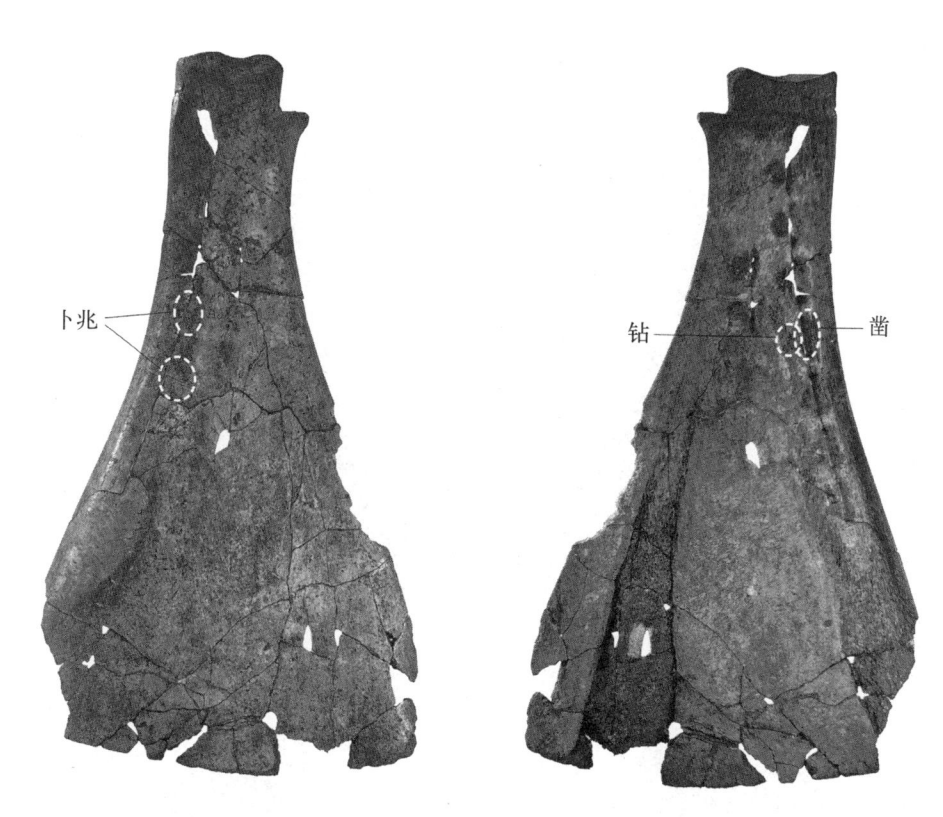

图 2-11　卜骨正反(《小屯南地甲骨》2314)

亦象骨",董作宾认为"大肩胛骨绝非象骨"①,陈梦家也说"象骨只是一种推测"②。

加工完竣的甲骨成品,就由管理占卜的卜人保管。保管者都要刻上名字,这种签字叫作"署辞"。以上都是卜事的准备。

---

① 董作宾:《大肩胛骨绝非象骨之证》,《中国文字》第三册,台湾大学文学院古文字学研究室,1962年。
② 华案:1928—1937年史语所发掘15次,解放后又大规模出土有南地、东地、村中村这些甲骨。从地层和陶片共存的关系、叠压的甲骨关系,来推动甲骨的分期的讨论。1984年10月,中华书局出版《小屯南地甲骨》(下册),其书的特色,除了将甲骨单字、词组人名、地名做了索引,还第一次公布了所出土的完整甲骨背面钻凿323片的拓片,便于读者利用,为甲骨分期断代提供了信息资料。

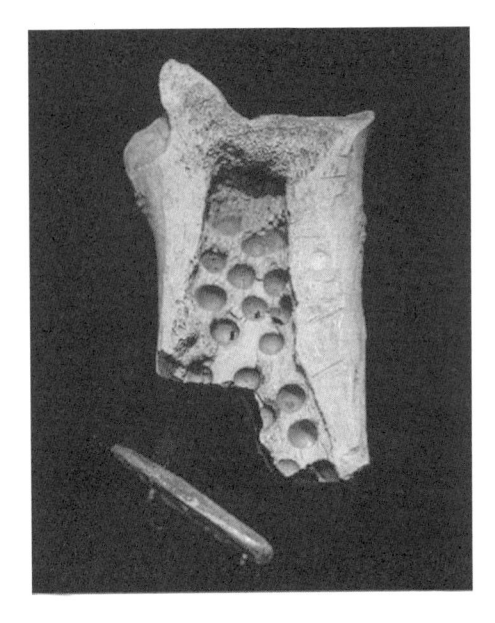

图 2-12 二里冈出土钻凿

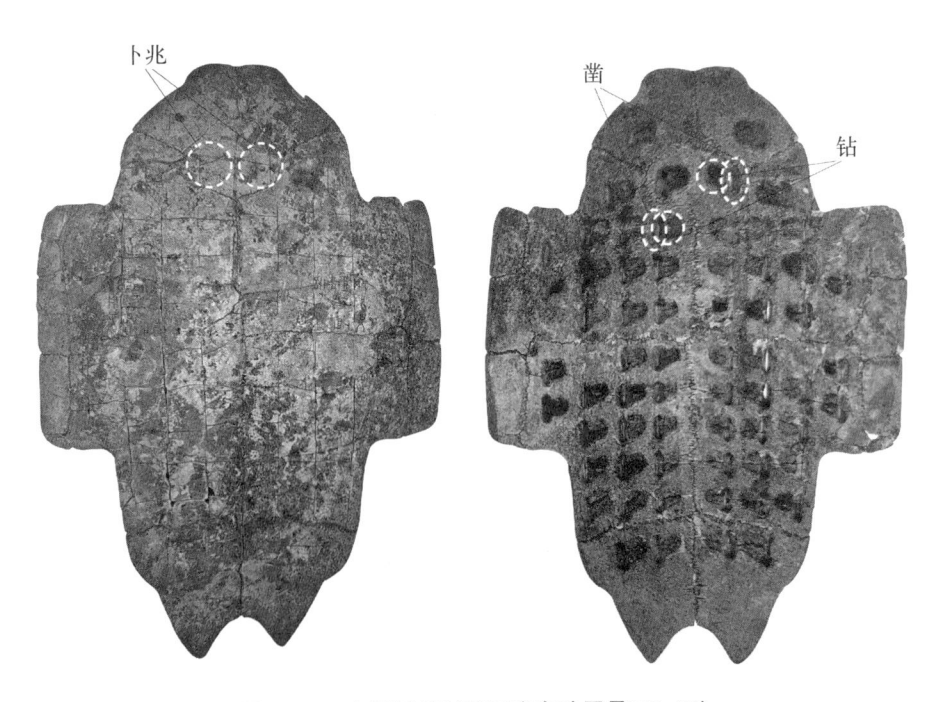

图 2-13 卜甲正反(《花园庄东地甲骨》61、62)

二、卜法与卜辞

施行占卜的卜者，有时虽可能是王或贵族，但多数应是专职的卜人。由卜者用荆枝燃烧后吹之使成炽炭而后直接灼于甲骨，故灼痕每呈圆形，有钻的甲骨必在钻处施灼，无钻的甲骨则在靠近凿的一边施灼，边吹边灼，如燃尽则更递而灼，务使甲骨的正面呈现这种 ㇏、卜、㇀、㇏、㇂卜字形的裂痕，这称为"兆"，这直纹叫兆干（亦称墨），横出的叫兆枝，典籍称"坼"，亦称璺（音汶）。据董作宾说，卜人与贞人是有区别的："贞与卜，本是两件事，早期是太卜司卜，太史司贞，有时王亲贞，晚期有时王要自卜自贞，所以也称'王卜贞'。贞人并不是名词，意思只是'问卜的人'，问卜的人，任何人都可以充任，或是王自己去任。至于卜人应该是只限于太卜，才有这灼龟见兆，断定吉凶的专长。"①但实际王也常常自己视兆判断吉凶。特别是武丁喜欢这样做。商王或卜人根据卜兆断吉凶，先根据卜问次序在卜兆之上记一（一）、二（二）、三（三）、亖（四）、㐅（五）、ハ（六）、十（七）、八（八）、㇈（九）、丨（十）的数字，这叫"兆序"，这样可以看出卜问的先后顺序来，再于其旁记"兆辞"，或言"不告""不告黾"。杨向奎释不玄冥，意为"兆璺之不昏暗，不模糊"②。或言"一告""二告""三告""小告"；或言"吉""大吉""引吉"③，"引吉"旧释"弘吉"④。其次再记用，或言"用""兹用""兹不用"，或言"兹御"，御者，用也，用

---

① 董作宾：《甲骨学六十年》，台北艺文印书馆，1965年，页69；又载《董作宾先生全集乙编》第五册，台北艺文印书馆，1977年。
② 杨向奎：《释"不玄冥"》，《历史研究》1955年第1期。
③ 华案：于豪亮根据帝乙同版卜辞出现"弘（引）吉"和"大吉"不同用语，认为含义稍有区别，卜辞习语见于《周易》："引吉，无咎。""大吉，无咎。""引吉"与"大吉"相合，认为《周易》实在是殷代卜辞占卜的继承和发展"，根据"毛公鼎""秦公簋"词句，将过去学者错释的卜辞习用语"弘吉"改成"引吉"。"引"，《尔雅》训为"长也。""引吉"即"长吉"。近年陈剑对"引"字又作进一步的出土文献资料补充，作者根据云梦睡虎地秦简和马王堆帛书"引"字形体指出大体相同，认为："如释'弘吉'则训为'长'，则'长吉'与'大吉'义各有当。"详见于豪亮：《说引字》，载《考古》1977年第5期；刘钊、陈剑主编：《传承中华基因——甲骨发现120周年论文精选即提要》（四），商务印书馆，2021年，页2632。
④ 于豪亮：《说引字》，《考古》1977年第5期。

即施行,言按所占者施行。殷人往往一事多卜,"兆序"每卜必记,而"兆辞"则不是每卜必记。不记者多数。最后则契刻卜辞,有时并记其征验,称为验辞。在武丁时还有一种风尚,即在卜辞上填朱涂墨,在兆纹上用刀再加以刻划,意或在于显其隆重壮观。卜事至此已完成。最后就是入档,甲尾刻辞中有"某入"者或即此①。

殷人有时占卜,同时用几块不同的甲骨,来贞问一件事,将卜辞分别刻在几块不同的甲骨之上,但内容都是相同的,这称之为套卜②。遇到套卜中的某一块的字有残缺,可以同文互相补足,有时套卜的某一块多一"兆辞",为其他所没有,现举例如下。上海博物馆藏有大骨一版,其上有十一条卜辞:

1. 辛未贞:在丂,遨(牧)来告,辰衛(卫)其从史(事),受又(祐)。 三
2. 弜从。 三
3. 秦其上。 三
4. 秦其下。 三
5. 秦其上自祖乙。 三
6. 秦其下自小乙。 三
7. 秦叀(唯)甲酌。
8. 秦叀乙酌。
9. 秦叀丁酌。
10. 秦其即宗于上甲。
11. 弜即宗。

---

① 华案:殷人占卜序数,是指灼龟占卜次序,反映了殷人向神灵反复求神,进行一事多卜,排忧解惑的心理需求。通常同日同事卜用三骨或三龟,直到占卜出现吉兆择用,形成一个卜法制度。宋镇豪认为卜辞实行"三卜制,曰:一事多卜,曰习卜,曰三卜制",最多可达六卜。详见宋镇豪:《殷代"习卜"和有关占卜制度的研究》,《中国史研究》1987年第4期;又《论古代甲骨占卜的"三卜制"》,《殷墟博物苑刊》创刊号1989年。
② 华案:1971年,考古所在安阳洹河附近发现一堆21片完整重叠有序的牛胛骨,郭沫若先生在《安阳新出土的牛胛骨及其刻辞》一文中指出:"卜骨或卜龟甲是以三枚为一组,一次卜用三龟或三骨,卜毕后储存,在当初想必有帛以裹之,有绳以缠之,有篋以藏之,年代既久,帛朽,绳烂,篋毁,化为灰土,便仅剩下甲与骨。"见《考古》1972年第2期。

这是套卜中的第三版，内容大意是：辛未日，王在亏地时，牧来报告，是否要跟从辰去出伐？为了这件事进行了占卜，问这样做祖先会保佑吗？肯定语意卜问后，又用否定语意卜问，如不跟从辰去出伐，祖神不会保佑吗？王对此事非常慎重，接着向上下祖神祈求保佑，范围是上自祖乙、下自小乙诸神，并且准备酚祭的仪式进行，究竟在哪一天呢？于是选了甲、乙、丁三天中决定一天。本版共有五组卜辞，内容密切相关。第一组（1与2）是叙述占卜的时间（辛未日）、地点（在亏）、事件（牧来告：辰卫其从事）、目的（受祐）。第二组（3与4）求祐上下祖神。第三组（5与6）明确祈求对象，上自祖乙，下自小乙。第四组（7、8、9）确定祈求形式（酚祭），选择祭祀日期甲、乙、丁。第五组（10与11）决定祈求地点（宗庙），并问先祖上甲是否来享祀。它们组成了不可分割的整体。其占卜的结果在本版中没有记录，但与本版同套的《掇一》420版中得到了消息，彼版是套卜中的第一卜，内容与第三版完全相同，惟多了兆辞"兹用丁亥"四个大字，明确告诉我们在丁亥日进行酚祭。酚，郭沫若谓"酒假为榹"；叶玉森谓"酚"为"酒彤"合文；吴秋辉释"酬"，谓即旅酬之"酬"；金祖同释"酹"，谓义有二：（一）以酒沃地祭也，（二）连续祭也；屈万里谓"酚"殆谓酒醴，非祭；孙海波隶定为"酚"，即酒祭。我们认为孙释可从①。

已发现的成套龟甲卜辞，较为完整的有两套，每套五枚，有些龟甲是由碎片缀合而成的，这两套卜辞的拓本见于《丙》图版11、13、15、17、19等，另一套为同书图版31、30、33、34、35等。

凡是一条完整的卜辞，都由前辞、命辞、占辞、验辞四部分组成。前辞（或称叙辞）是占卜的日期（干支）和贞卜的人（商王或贞人）；命辞（或称问辞）是要卜问的事；占辞是视兆后判定将发生什么事情；验辞是占卜后的结果或应验的情况。我们以《乙》6664正反腹甲一辞举例如下：

---

① 详见沈之瑜、濮茅左《套卜大骨一版考释》，载于《上海博物馆集刊》1982年总第2期，页10。

甲骨文	释文
丙𠦂𠂆𠂉𠂊𠂋乙	丙申卜㱿贞来乙
巳彡下乙王固	巳酚下乙王固
曰彡隹㞢	曰酚隹㞢
希其㞢𠂑	希其㞢设
乙巳彡明	乙巳酚明
雨伐既雨咸	雨伐既雨咸
伐亦雨	伐亦雨
改卯鸟	改卯鸟
星	星

（以上正面）

乙巳	乙巳
夕㞢设	夕㞢设
于西	于西

（以上反面）

丙申卜，㱿贞：（以上是叙辞）来乙巳酚下乙（以上是命辞）。王固曰，酚，隹㞢希，其㞢（有）设（过去隶定为殟）（以上是占辞）。乙巳酚，明雨，伐。既雨，咸伐。亦雨，改。卯，鸟星。乙巳夕㞢（有）设于西（以上是验辞）。

辞中下乙即是祖乙，酚、伐、既、改、卯，都是祭名和用牲之名。酚是酒祭，伐是杀人祭，既读作饩（音系），饩者，生牲之祭名。改，《说文》读与施同，乃裂牲之名。卯为对剖用牲之名。希读作祟。设，天示兆象之意。咸，在此辞中旧释"大乙汤咸"，余谓《说文》"咸，皆也，悉也"。"咸伐亦雨"，意谓全部完成伐祭后仍下雨。此辞大意为："丙申日占卜，贞人㱿问卦，问从丙申日起第十天到将来的乙巳日用酒祭祀祖乙好不好？商王武丁看了卜兆，最后判断说，酒祭则有祟，将有兆象。到了乙巳这天举行酒祭，天刚明，就下雨，当即杀人并用牲祭祀，仍然下雨，全部完成伐祭之后，还是下雨，最后就用裂牲和剖牲的祭法祭祀鸟星。在乙巳这天晚上，果然在西方有了设，出现了鸟星。"卜辞中具有这样叙辞、命辞、占辞、验辞四部分完全的是少数,不全的居多。这一条是很典型的武丁时代的卜辞,由贞人殼问卜,王亲自占卜,它反映了是吉是凶的判断权属商王,这也就体现了商王在政治上的决定权。

三、甲骨的来源和记事刻辞

从武丁时代的甲骨文中我们可以知道,殷王占卜所用龟许多都是由有关人员进贡的①。如《乙》6670"贞:㞢(有)来自南氏龟",《前》4.54.5"贞:龟不其南氏",《丙》621"㞢(有)南来氏龟,不其氏",氏有致义,即卜问南方是否有龟贡致。在古籍里也有这种贡龟的记载,如《诗·鲁颂·泮水》:"憬彼淮夷,来献其琛。元龟象齿,大赂南金。"《正义》引《汉书·食货志》:"龟不盈尺,不得为宝。此言元龟,龟之大者。"今本《竹书纪年》:"周历王元年,楚人来献龟贝。"《史记·龟策列传》:"神龟出于江水中,庐江郡常岁时生龟尺二寸者二十枚,输太卜官,太卜官因以吉日剔取其腹下甲。"庐江郡,春秋时之舒国,汉初置舒县,为庐江郡治,今安徽省合肥市。关于贡纳征取龟甲的记载,胡厚宣有《武丁时五种记事刻辞考》②,论之甚详。兹摘录要点如下:

"甲桥刻辞"刻于龟腹甲两桥之背面;"甲尾刻辞"刻于龟腹甲正面之尾端;"背甲刻辞"刻于龟背甲背面缘中剖线之一边;"骨臼刻辞"刻于牛胛骨狭端转节处之骨臼内;"骨面刻辞"刻于牛胛骨宽薄一端之正面,或背面近于两边缘的地方。前三者为龟甲刻辞,后二者为牛骨刻辞,五种刻辞所记事类略同。"总观'甲桥''甲尾''背甲''骨臼''骨面'等五种刻辞,五百二十五例,其较完整者,凡包含两个主要部分,一部分言'某入若干'或'乞自某若干',

---

① 华案:保利收藏豳公盨曰"天令禹敷土,随(堕)山濬川,差地设征",证实今文《尚书·禹贡》序中"禹别九州,随山濬川,任土作贡"的传说。卜辞所见殷王室已建立"四封方"和"内""外"体系,对外"使"者,说明四方来朝贡,最初也正是从严密的管理机制基础上产生和建立的。详见沈建华《卜辞所见商代的封疆与纳贡》,《中国史研究》2004年第4期。
② 载《甲骨学商史论丛》初集第3册,成都齐鲁大学国学研究所专刊,1944年。

一部分言'某示若干',此外,尚有一附加之部分,则记日期、地域及史官之签名。"凡记"某入若干"者,都是记贡纳龟甲的。这类刻辞仅限于"甲桥""甲尾"和"背甲"三种龟甲刻辞中有之,"骨臼""骨面"等牛骨刻辞中则绝未见。足证北方牛多,卜用牛骨可就地取用;龟甲主要产自南方,除少数自行采集、征取者外,多数系由他处贡入。

除言"某入若干"之外,亦言"某来""某氐","入""来"是进贡的意思,"氐"字有"致"义。故"某氐"即是记某贡致的。"乞自某若干"的"乞"字,于省吾释气,俗作乞,在卜辞之用法有三:"一为气求之气,一读为迄至之迄,一读为终止之讫。"其说至确。胡厚宣云:"……释气读为取。"盖记采集龟骨之事也。第二部分"某示若干"的"示",诸家各释不一,胡厚宣训为祭,谓:"'甲桥''背甲''骨臼''骨面'等龟甲及牛骨刻辞言'某示若干'一类者,则记祭祀龟甲牛骨之事也。盖殷人既得龟骨之后,必须先经过一种祭典而后用之,《周礼·龟人》所谓'上春衅龟,祭祀先卜'即其典矣。"

在525例中,经常入贡的个人和方国计有:我、雀、贮、周、奠、冉、夫、亘、永、文、喜、禽、易、逆、小臣、牧、老、殷、唐、戈、龛、义,以及妇井、妇好、妇内、子商等。贡龟数量多者为一次500,《乙》1053、2684,《丙》268皆云"我氐千",说明"我"一次贡纳千龟,这是贡龟的最高纪录。最少者为一龟。在若干的单位名辞中有丨、)两字,如"七丨㞢(又)一)","丨"")"两字在记事刻辞中惟牛骨及背甲有之,"丨"字于省吾先生释屯,读作纯,纯正端名也,因谓"'骨臼刻辞'之某示几丨……卜辞记舍纯,以妇某为最多者,蚕桑丝织之事乃妇职也"。胡厚宣先生认为"似是而未安"。郭沫若释勹(音苞,里也),胡先生说:"郭沫若氏释丨为勹,虽不可尽信,然据'七丨又一)''四丨㞢(又)一自'等例谓'于七勹四勹之外,尚有零余,可知一勹不止一骨,言零余之例无过一者,则一勹必仅二骨,丨字亦正合二骨而缔结之之形'。以一丨为二骨,其说诚无可易。"

胡氏说:"余谓《无忌鼎》匹字作区,与丨字极相似,区字之下笔稍一不慎,即可冲出,而成𠬝形,故疑𠬝即匹字也,《诗·文王有声》'作丰伊匹',传'匹,配也';《礼记·三年问》'失丧其群匹',注'偶也';《楚辞·怀沙》'独无匹兮',注'双也,二人为匹';《公羊传》宣公三年'无匹不行',注'匹,合也',言配、言偶、言双、言合,与记事刻辞若干𠬝,即若干对之义正相合。盖牛胛骨有左右二骨,龟背甲心中刻为二而后用之,皆二骨为一对,故刻辞之中,惟牛骨刻辞及背甲刻辞独以𠬝计也。"

"郭沫若氏释㕚为咼,读为骨,其说可从。至)字者,余疑为片字之古文。一㕚一)皆半副牛骨或背甲之谓。故'背甲刻辞'言'三(乞)自某若干𠬝'者,某人或自某处采背甲若干对也。'某示若干𠬝'者,某人祭背甲若干对也……其言'若干𠬝㞢(又)一㕚'者,牛胛骨若干对又零一骨也。言'若干𠬝㞢(又)一㕚'者,牛胛骨若干对又一半也……言'一)'者,半对牛胛骨也。执此以释'背甲'及牛骨刻辞,则无不可通也。"

殷人占卜所用,最常见的是龟甲和牛胛骨,除其上所刻占卜的记录即卜辞外,也有诸种记事刻辞,除前述武丁时的五种刻记事辞之外,尚有干支刻辞①,其用途当如今日之日历。家谱刻辞②。记事刻辞中较重要的有牛距骨刻辞。高去寻在《殷墟出土牛距骨刻辞》③谈到第十三次殷墟发掘中,在小屯村北地第六号坑(YH0006 南井)发现一骨,它的上下两端歧出的凸骨面,都已经过人工锯去一截,变成了平面,可以使它直立着,内外两面的边缘地方,也曾经过稍微的锯平,其余的地方仍保持原状。经杨钟健氏审定为牛的一块左距骨,有刻辞直书三行(见图 2-14):

王口(曰)卽(饇)大乙襾(襟),

丮(于)白菉(麓)盾。

宰丰。

---

① 郭沫若:《卜辞通纂》1—8 片,日本东京文求堂石印本,1933 年。
② 陈梦家:《殷虚卜辞综述》,科学出版社,1956 年,校后附记页 674,图版贰拾。
③ 高去寻:《殷墟出土牛距骨刻辞》,《中国考古学报》第 4 册,1949 年。

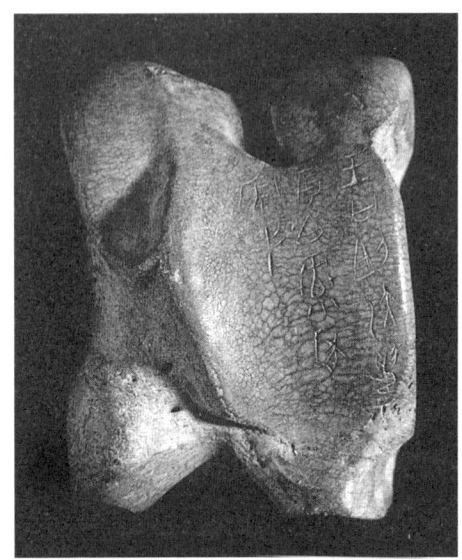

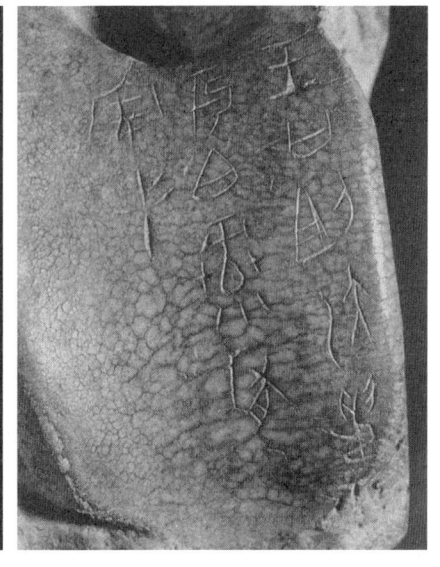

图 2-14

骨骼上不见灼痕、卜兆，这无疑是一篇记事刻辞。甲骨文中羉字，从𠬞，从倒隹，从示。偶或互易其颠倒作羉（《后》1.19.13），从𠬞，从隹，从倒示。此字于卜辞义当是一种祭名，罗振玉曾释此字为荐鸡之祭，胡光炜曾疑是彝字之类。高去寻认为"所释都不恰当，因此字所从的隹不能必定是鸡，卜辞中也有用作祭名的彝字"。他同意吴其昌先生的解释："羉字谊为倒执鸟类以祭之祭名，犹祭字谊为手执块肉以祭之祭名矣。"辞中"厃"字不见于卜辞、金文、《说文》。字从厂有声，高先生说："我疑心它的涵义与宥字相同，也可能是宥字的另一种写法。……宥字的古谊有两种可以在此引用……一在礼经中宥字是侑字的古文，在经籍内也常见宥侑又有等字的通用。……二、《春秋左氏传》僖公二十五年，'晋侯朝王，王享醴，命之宥'，杜注'宥助也'。"王国维认为此宥字即侑字，并在《释宥》①中提出它的另一涵义说："且侑者，有

---
① 王国维：《观堂别集补遗》一卷，1927年未及刊行，后附《观堂集林》2004年中华书局版。

配偶之义。……"许维遹更引申王氏的解释,以为配偶亦含相助之意①。辞中宰丰是人名,宰是他的官职。这块牛距骨刻辞的大意是:殷王于白麓俎祭先王大乙,曾命刻辞的作者宰丰助王祭祀,所以宰丰引以为荣,便有这篇刻辞。此外宰丰这一人名,又见于传称殷墟出土的两根肋骨的刻辞,有人认为是骨匕,有人认为是骨柶(音四),柶是礼器,用以舀取食物者(见图2-15)。一枚字较完整,另一枚字有残缺,然可以按前者补足,系同文。

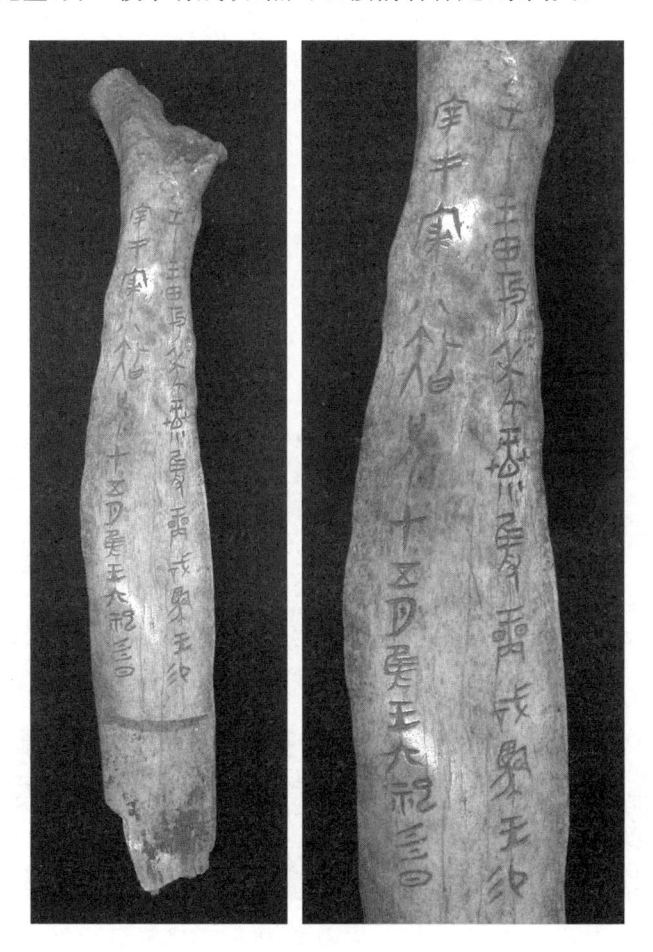

图 2-15

---

① 许维遹:《飨礼考》,载《清华学报》14卷1期,1947年。

壬午,王田孜(于)麦彔(麓),隻(獲)商戠兕,王易宰丰㐭小㚒兄,才(在)五
月,隹王六祀,彡日。　　　　　　　　　　　　　　　　　　（《佚》518）

"王六祀",一般认为是帝辛六年。"麦彔",即麦地之山麓。"戠兕",指黄色的犀牛。小㚒,为祝官名。

此外,尚有一肋骨刻辞,文曰:"辛巳,王剸武𢆶彔隻(獲)白兕、丁酉……"(《佚》427)。商承祚说:"辛巳获白兕,丁酉用之,相隔十六日,字中嵌松石,疑此即兕骨,治以为柶,以旌田功,非用具也。"其说甚是①。其他小屯出土的牛肋骨,都是习刻。在小屯第三、第四两次发掘中有两具鹿头刻辞(见图2-16、2-17),为帝乙、帝辛时代的记事刻辞:

　　己亥,王田于㠱,才(在)九月,隹王……　　　　　　（《甲》3941）
　　戊戌,王蒿田,文武丁祊,王来正(征)……　　　　　（《甲》3940）

图 2-16

---

① 陈炜湛:《甲骨文简论》,上海古籍出版社,1987年,页95。

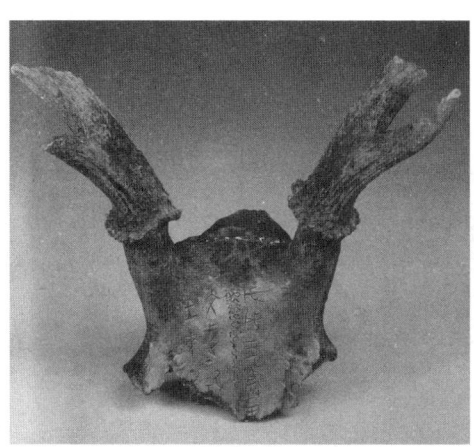

图 2-17

在加拿大安大略博物馆藏有一版虎骨刻辞（见图 2-18），文曰："辛酉田于鸡箓（麓）隻（獲）大票虎，在十月，隹王三祀肜日。"据许进雄说："此版的年月日及祭祀周期合于帝辛三祀的祭谱。此骨经鉴定为老虎的右上膊骨……其上镶有绿松石，当是帝辛猎获老虎的珍贵纪念品。"（见《怀特》B1915）票字作霏，义不详①。

于省吾旧藏小臣墙牛骨记事刻辞（见图 2-19，现藏国家博物馆），辞虽不全但内容极为重要，乃追记一次战役的俘获，辞云：

……小臣墙比伐，擒危、美……廿人四，而千五百七十，娜（馘）百，……〔马〕丙，车二丙（辆），伐（甲）八十三，函（按：甲胄）五十，矢……又白麐于大乙，用惟白印……娜（馘）于祖乙，用美于祖丁，俘甘京。易……

（《存》下 915）

图 2-18

---

① 许进雄：《怀特氏等收藏甲骨文集·序》，加拿大皇家安大略博物馆，1979 年，页 3。

此辞不能全部释读,大意谓小臣牆随王出征,俘获危、美、而等地许多俘虏和马匹车辆,以及甲胄弓矢等战利品,因此用俘获的酋长作牲以祭祖先①。

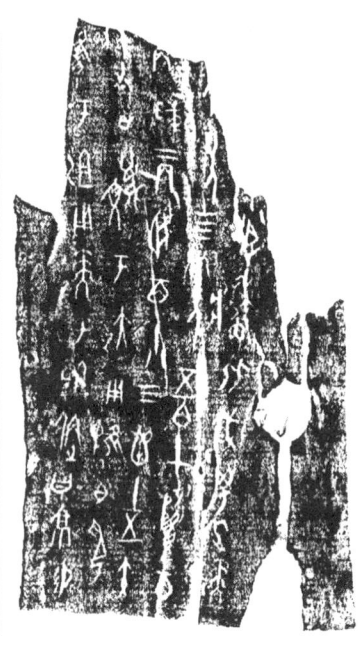

图 2-19

另外在殷墟还发现有人头骨刻辞,可惜无一全辞。据研究此类刻辞是商王把俘虏来的方国首领,杀了祭祀以后,将其头盖骨刻上文辞,用来炫耀战功的。据陈梦家统计,共有 6 片②:

    1. □丑,用于……乂友……　　　　　　　　　　　　　(《掇二》49)

---

① 华案:《左传》僖公廿八年描述晋文公城濮之战后凯旋归来献俘于周之状况:"振旅,恺以入于晋,献俘授馘。"《诗·大雅·皇矣》:"攸馘安安。"毛传云:"馘,获也,不服者,杀而献其左耳曰馘。"将俘虏作牲祭祖又见于《左传》昭公十年:"平子伐莒,取郠。献俘,始用人于亳社。"可见春秋时战俘被用作祭牲,当时视为天经地义的事。献俘习俗,实应产生于早期原始部落宗教行为,而这一种遗风在商周卜辞与金文中已经得到证实。详见中国国家博物馆编:《中国国家博物馆藏文物研究丛书·甲骨文卷》,上海古籍出版社,2007 年。
② 陈梦家:《殷虚卜辞综述》,科学出版社,1956 年,页 326~327。

2. ……且乙戌……人方白(伯)

         （明义士《表较新旧版〈殷虚书契前编〉并记所得之新材料》，

         见《齐鲁大学季刊》第 2 期，《综述》图版拾叁）

3. ……用……　　　　　　　　　　　（陈梦家《综述》图版拾叁）

4. ……❲字❳……　　　　　　　　　　　　　（刘体智善斋旧藏）

5. ……隹……　　　　　　　　（《掇二》87，现藏上海博物馆）

6. ……白(伯)……　　　　　　　　　　　　　　　（《存》1.2358）

此外，尚有 2 片，亦像人头骨刻辞。其一《京津》5281 刻有"方白(伯)用"三字，其二《怀特》B1914 刻有"大甲"二字。

识别刻辞与卜辞的主要区别特征是：凡是卜辞背面一定有钻凿和灼痕，正面一定有兆纹，凡是刻辞均没有这些特征。

第三章 汉字的起源与甲骨文构形的特点

一、文字起源的传说

　　文字是人类文明的标志,文字的发明对社会进步起着巨大的推动作用。中国文字起于何时?历史上曾有过许多传说。大约从战国末年到汉代,在学者之间曾盛传着仓颉造字的故事。许慎《说文解字·叙》、《世本》《汉书·古今人表》都说他是"黄帝史官",《荀子·解蔽》《吕氏春秋·君守篇》《韩非子·五蠹篇》都说仓颉作书。当然这些皆属传说,而且还带有神话的色彩。但有一点必须明确的,即文字绝非一人一时所能创造的,它是融合了广大群众的智慧,随着社会的发展经过长期的积累而逐渐演变形成的,它也将随着社会的发展而继续演变下去。

　　第二种有影响的传说是文字始于结绳说。最早提出此说的是《易经·系辞》,其文曰:"上古结绳而治,后世圣人易之以书契。"书是指文字,契就是刻木记数、记事。《易经·系辞》里有些话常被附会是孔子说的,实际上《易经》是一部战国晚期的书。郑玄《周易注》说:"结绳为约,事大,大结其绳;事小,小结其绳。"许慎在《说文解字·叙》中也说:"神农氏结绳为治而统其事。"这种说法比前一种传说较为可信,在文字产生以前的原始氏族时代,人们采用结绳的方法帮助记忆,这是完全可能的,据说现在仍有后进民族在使用这种方法。但是,结绳只能帮助自己记忆,却不能交流思想,它只是自己备记的记号而不是记录语言的工具,所以结绳不是文字。

二、文字和语言的关系

说到这里,我们就该说明文字是怎样发生的,它和语言有什么关系。

语言和文字都是人们在社会活动中进行交际的工具。语言是以词和句子的形式,通过语音来表达人们的思维活动;文字是记录语言的符号,它以自己的形体,通过读音,表达语言的意义。故文字除了音义之外,还有一个形体。世界上无论是哪一个民族的文字,都必须以本民族的语言为基础,汉字就是在汉语的基础上产生的,文字不过是表达语言的一种书面形式。章太炎曾指出:"音以表言,言以达意,舍声音而为语言文字者,天下无有。"

语言因受时间和空间的限制,话讲出口,语意即随着语音而消失。当社会发展到一定阶段,不留痕迹的语言,不能满足社会的要求,需要把语言记录下来,传给生活在不同空间和不同时间的人们,因而记录语言的文字,即应运而生。文字即是以语言为基础,是记录语言的工具,因此,它和语言一样也不属于社会经济基础或上层建筑,同样没有阶级性。但由于历史上长期以来统治者垄断了文化,文字形体经过不断地整理和修订,不论在字形和字义上,都免不了受当时统治者的思想影响。例如对少数民族的族名上加上犬旁,如古代的猃(音险)狁(音允)、狄、猺、猓猓族等;再如在字义上的影响,"朕"字古音同"身",因而假借作"身"(自身)字用,成为一个自称的代词,意思就是"我"。本来,这个自称是大家都可以用的,《离骚》的"朕皇考曰伯庸",是屈原的自称,《招魂》的"朕幼清以廉洁兮",是宋玉的自称。但从秦始皇开始,这个"朕"字就只许皇帝用来作自称,老百姓不能自称为"朕"了。这样"朕"字的字义就缩得非常小了。

以上说明了文字的发生以及它和语言的关系。现在我们得讲一讲汉字是什么时代发生的。

三、仰韶文化的刻画符号与
大汶口文化的陶文

在陕西省西安半坡，距今约 6 500 年的仰韶文化遗址中出土的彩陶钵口沿上，刻有各式各样的符号五十多种，可能是代表不同意义的记事符号，现举例如下：

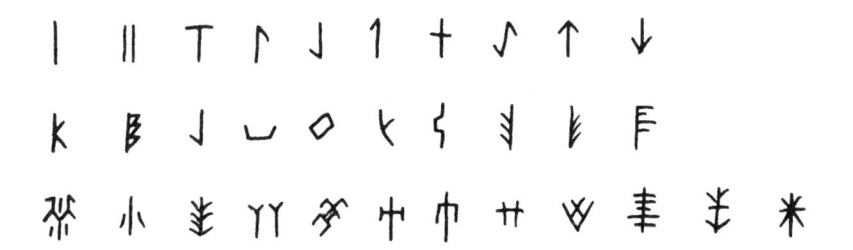

值得注意的是，这些符号中没有图画性强的象形字，还看不到它与后世文字的联系，所以只能说是记事符号，或者说是"具有文字性质的符号"，还未形成广为流传的文字。

距今约 5 700 余年的大汶口文化的陶器上，发现了我国现行汉字的远祖（属于大汶口文化的江苏邳县大墩子遗址第三层下层，出土木炭经 C14 测定，其年代为 5 785±105 年。见《考古》1974 年第 5 期）。在大汶口 75 号墓出土的一件背壶腹部绘朱色图像，如图 3-1。这个图像，唐兰说"……像自然物体，如莽（音忽）字像花朵形"①。我认为这个图像还不能肯定"如莽字"，但同属大汶口文化的莒县陵阳河遗址出土的灰陶缸上刻有的四个图像（见图 3-2-1、3-2-2、3-2-3、3-2-4）和诸城前寨遗址出土的半个残字（见图 3-2-5）都应该承认是早期阶段的汉字。

图 3-1

---

① 唐兰：《从大汶口文化的陶器文字看我国最早文化的年代》，《光明日报》1977 年 7 月 14 日。

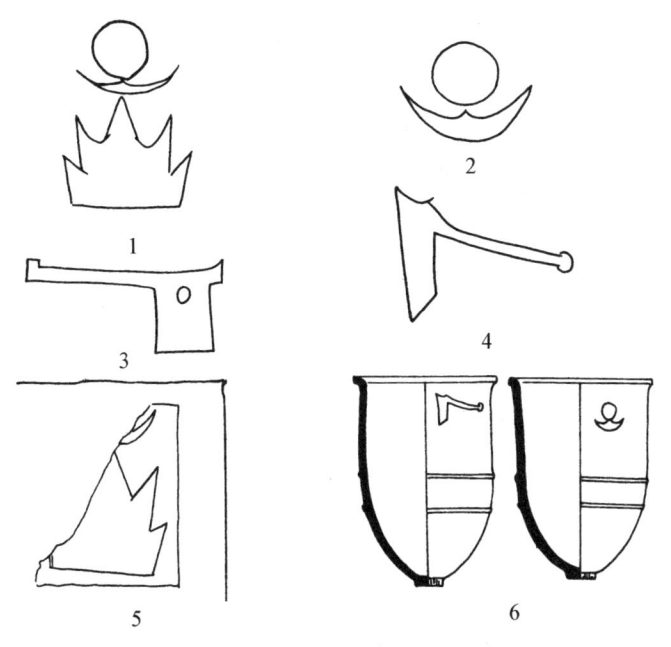

图 3-2 大汶口陶文

《大汶口——新石器时代墓葬发掘报告》[①]:"陵阳河发现的四个早期阶段的文字,都有意识地刻在器物一定的部位。前两个字(图 3-2-1、3-2-2)都像太阳升起之形,太阳下面是云气,第一个还有耸峙的山峰,看来应是同一个字的不同写法。其结构同我国古代象形字十分接近。后两字(图 3-2-3、3-2-4),都是装柄工具之形,一个是石斧,一个是石锛。在我国后来的青铜器铭文中,也往往有模写物形的刻铭。""原始时代,'日出而作,日入而息!'太阳的升起,给人们以光明,以温暖,以时间的观念。每天日出之后,人们最主要的社会实践活动,就是拿起石器等工具进行生产劳动。这些象形文字,应是原始时代人们辛勤劳动生活在意识上的反映。特别值得注意的是, 字在两个遗址三件器物上重出,表示它已经不是偶然出现的东西

---

① 山东省文物管理处、济南市博物馆编:《大汶口——新石器时代墓葬发掘报告》,文物出版社,1974 年,页 117。

了。"我在地图上测量,从莒县到诸城两个遗址直线距离为六十九公里。不到七十公里,居然重出了三个😀字,在狭小规模的氏族社会里,若无共同的民族语言,这是不可想象的。关于此字,于省吾说:"我认为,这是原始的旦字,也是一个会意字,写成楷书则作㫚。"①唐兰释此字为"热",他说"有的是代表一种语义的意符文字,如炅(热)字一共有三个,两个是繁体,上面是日,中间是火,下面是山,像在太阳光照下,山上起了火;一个是简体,只有日下火"②。李学勤说:"这里面'炅'和'㫚'最有意思,在不同的地点出现了好几次,'炅'音 jiǒng,见于《说文》,义为日光,同时在某些文献中用作'热'字的另一种写法。"③不论于释"旦",或唐、李释"热",他们都认定此字是个会意字④。

从大汶口陶文中给予我们几点启示:

(1) 图3-2中3、4两个象形图像,至今还能确认它是后世的钺(大斧)和斤(锛)。可见它们已起到了记录和传达语言,扩大语言在时间和空间上的交际功用。因此,这两个字可以认为是钺字和斤字。

(2) 图3-2的1、2、5三个字,于、唐两先生都认为是会意字,这么说它和图3-2中3、4两个象形字是同时存在的。朱宗莱在《文字学形义篇》中讲:"……造文之初虑只象形一例,厥后无体可象,乃始变画成法,形意兼施,虚实互用,上以济写实之穷,下以开会意之先,后人分别言之,目为指事,推原其始,因一本小变而已。"⑤我们根据地下出土的文物分析当时象形和会意已是同时出现的两种造字方法,因此对朱宗莱的说法应该表示同意。出土陶

---

① 于省吾:《关于古文字研究的若干问题》,载《文物》1973年第3期。
② 唐兰:《从大汶口文化的陶器文字看我国最早文化的年代》,《光明日报》1977年7月14日。
③ 李学勤:《古文字学初阶》,中华书局,1985年,页20。
④ 华案:过去学者认为大汶口文化乙类符号与良渚文化时代相近并有"共同文字联系",裘锡圭认为直接"把这类符号看作原始文字是根据不足的,把它们直接看作古汉字的前身更不妥当了"[详见裘锡圭《汉字的起源和演变》,载《中国古代文化史》(一),北京大学出版社,1989年]。他同意汪宁生的看法:"真正的文字要从表音开始,是能够记录语言的符号陶器上几个孤立的图形还不能证明这一点。"(汪宁生:《从原始记事到文字发明》,载《考古学报》1981年第1期)
⑤ 朱宗莱:《文字学形义篇》,北京大学出版组,1931年。

文告诉我们大汶口文化时代所创造的文字即已"形意兼施,虚实互用"了。

四、六书与甲骨文

解释汉字形体结构的传统理论叫作"六书"。"六书"这一名称,最早见于《周礼·地官·保氏》,但只记载"六书"之名,没有言及六书的具体内容。到了东汉才有人对"六书"作了说明。第一个是班固,他在《汉书·艺文志》中讲:"古者八岁入小学,故《周礼·保氏》掌养国子,教之六书。谓象形、象事、象意、象声、转注、假借,造字之本也。"第二个是郑众,他在《周礼·保氏》注中讲:"'六书',象形、会意、转注、处事、假借、谐声也。"第三个是许慎,他根据班固和郑众对汉字"六书"的分类启示,经过自己长时期的探讨,撰著了一部《说文解字》,此书创稿于东汉和帝永元十二年(100),至安帝建光元年(121)九月于病中始遣其子冲献给朝廷。从创稿至最后写定历时二十二年。班固、郑众只指出了六书的名目,到许慎才建立了义例,这是一个重要的发展。有了义例,六书说才能成立。他说:"周礼八岁入小学,保氏教国子,先以六书:一曰指事,指事者,视而可识,察而见意,上下是也。二曰象形,象形者,画成其物,随体诘诎,日月是也。三曰形声,形声者以事为名,取譬相成,江河是也。四曰会意,会意者,比类合谊,以见指㧑,武信是也。五曰转注,转注者建类一首,同意相受,考老是也。六曰假借,假借者,本无其字,依声托事,令长是也。"清王筠在《说文释例》[①]里把"六书"分为经纬二类:"象形、指事、会意、形声,四者为经,造字之本也,转注、假借为纬,用字之法也。"核之甲骨文,象形、会意、形声、假借较多,指事、转注较少[②]。早期象形字较多,

---

① 王筠:《说文释例》20卷,1936年上海世界书局影印清道光十七年(1837)本。
② 华案:陈梦家在1949年修订西南联大《文字学甲编》讲义中谈到汉字的属性有三个:"一个文字的'义'可由三种方法表出:一由形表出,二由音表出,三由形与义表出。因此可见'形'、'音'、'义'三者并非并立。如此说,则文字的主要属性是形与音,而义是二者共同的属性。如此则文字可分为三类,即完全表形的,完全表音的,一半表形一半表音的。"详见陈梦家《中国文字学》(修订本),中华书局,2021年,页184。

晚期形声字发达。"六书"说在甲骨文中都可找到实例。

一、象形：是描摹实物形态的造字法。如容庚说："羊角象其曲，鹿角象其歧，象象其长鼻，豕象其竭尾，犬象其修体，虎象其巨口，马象其丰尾长颅，兔象其长耳厥尾，虫象其博首宛身，鱼象其枝尾细鳞，燕象其笯（音聂）口布翅，龟象其昂首被甲，且也或立或卧，或左或右，或正视或横视，因物赋形，恍若与图画无异。"①但它毕竟已跨入了文字的范畴，如虎、豕、鹿、犬等已不是爬行形状，而是直立的形状，这说明它已规范化、线条化了。这类字每一个形象都具有一个固定的读音。

二、指事：是以象征性的符号来表示意义的造字法。"指事"可分两类，一类是纯符号的，如甲骨文上作 ⌒、下作 ⌣，指出一短画的上下位置所在表示意义；另一类是在一个汉字的基础上增加指示符号的，如甲骨文刃作 ⺁（《前》4.51.1），指出刀刃所在。又如甲骨文的母字多作 ，即在女字中加二点，像胸前双乳之形，但也有母字不加二点的，这就只能在文义上去辨别了。但是"子女""男女"的女，则绝对不写作" "，凡是从女字偏旁的，都不从作" "。这说明甲骨文中"母""女"二字已经开始分化。

三、会意：独体象形字所代表的词义，最初只局限于本物的名称，不能表达人的具体活动。要表达一句完整的语言，必须要创造一些能表示人们从事活动的文字，古人最初是利用已有的字，依据事理加以组合，表示出一个新的意义。如 像手擒鸟，即今隻字，本义为获； 乃用手握贝，即今之得字；甲骨文休字作 ，像一人靠在树木边休息；尽字作 ，从又（手）执 以涤器皿，有食尽之意；监作 ，孙海波谓"像人临皿俯视之形"。自从这种表示活动的文字出现之后，汉字基本上具备了表达汉语的功能。

四、形声：即形符（或称意符）、声符并用的造字法。如 （祀）左为意，

---

① 容庚：《甲骨文字之发现及其考释》，载北京大学《国学季刊》1924年1卷4期。

右为声；盂（盂）上为声，下为形①。

五、转注：《说文·叙》说"转注者，建类一首，同意相受，考老是也"。即谓一类意义相同的字，应属于"一首"之下。后来各家解释不一，有以"一首"指字形同一部首的（老和考同属老部）；有以"一首"指词源同韵同声的（老和考同属一韵）；有以"一首"指同一主要意义的（老和考两字主要意义相同，可以互训）。关于转注的解释，大致有如上"形转""音转""义转"三说。甲骨文考作 ҈、҈，像老者拄杖而行，老字作 ҈，像人老佝背之形。但这只能说明甲骨文中有"考""老"两个字，卜辞中还不能证此二字可以转注。据《前》7.352"呼多老"、《库》637"不其氐老"，老字在卜辞中可能是人名。

六、假借：人类社会中的事物，概念、语言、文字是互相依存而又相继产生的。可是，往往当某些新事物出现之后，概念和语言可能很快地相继而生，但表达此一语言的文字不一定马上能创造出来，在这种情况下，不得不采取"假借"的办法来解决。所以王筠才说"转注""假借"是"用字之法也"。如 ҈҈（丝）像二束丝，借为指示词或指示代词，同兹，近于"此"。这里与丝的形状毫无关系，只借了一个音。又卜辞中凤字借为风字，从形态上看凤与风也毫不相干，只有单纯的表音作用。

六书理论虽然并不能解释所有甲骨文，其中有合，有不合，但运用六书理论来考释甲骨文，分析偏旁，不生搬硬套，从罗、王以来收获是很大的，因为许慎借以证成六书之说的小篆毕竟是由甲文、金文演变而来的，它有承上启下的作用。因此《说文》一书所阐述的六书理论，还是应该引起我们重视，

---

① 华案：于省吾说："我认为，形声字的起源，是从某些独体象形字已发展到具有部分表音的独体象形字，然后才逐渐分化为形符和声符相配合的形声字……会意字的出现当然要先于形声字。"《甲骨文合集》21427 片有"҈"（舞）字，从大腋下左右从二亡字，由"舞"异体字，可证于说"这是由無字孳乳为舞，成为舞字的初文""古文無与舞均用作舞蹈字"。见于省吾：《释具有部分表音的独体象形字》，载《甲骨文字释林》，中华书局，1979 年。

并认真学习的①。

五、甲骨文构形的特点

我认为甲骨文的构形有四大特点，初学者应严格掌握，现在分别举例说明如下：

（一）变通性

一字有多种写法，即异体字多。殷墟文字，在二百余年之间，形体的演进变化很多，如果能依各种断代标准，逐一加以整理，很可以找出文字变化的线索和系统来，这对文字学研究将是极大的贡献。当然有些构形不同的字是同期存在的；有些字是因时间演变的关系先后异形的。可惜我们现在还没有一本甲骨文的字典是按断代分期著录每个字的形体演变的。这种变通性可举例如下：

羊　◯（《甲》231）　◯（《河》646）　◯（《后》2.33.9）

笔画多少可以变通，但其羊角特征不变。

牛　◯（《甲》525）　◯（《拾》1.14）

均突出牛角。

鸟　◯（《乙》6664）　◯（《甲》3475）　◯（《铁》43.3）　◯（《拾》13.7）
　　◯（《京津》2859）　◯（《后》1.12.12）

笔画多少不拘，鸟喙的特征不变。

鹿　◯（《甲》265）　◯（《甲》3162）　◯（《甲》2491）　◯（《柏》206）

---

① 华案：裘锡圭对文字归纳成三大类即意符和记号，作了进一步的总结，揭示汉字的本质存在三类，有着很深的启示：跟文字所代表的词，在意义上有联系的字符是意符，在语音上有联系的是音符，在语音和意义上都没有联系的是记号。他认为西周以前基本是使用意符和音符，并例举了"特""我""笨"字，说明了"在我们现在使用的汉字里，原来的意符和音符有很多变成了记号。相应地，很多表意字、形声字和假借字，也就变成了记号字或半记号字"（详见《汉字的性质》，《裘锡圭学术文集·语言文字与古文献卷》，复旦大学出版社，2006年，页55）。

笔画多少不拘,均像其歧角。

以上诸例,要之以不失动物特征为主。但有一点必须注意,如在牛旁、羊旁、豕旁、鹿旁下各加⊥形义符,如 ⩘、⩙、⩚、⩛,便成甲骨文的牡字,表示雄性动物;如果加上 ⩜(匕)形义符,则成甲骨文的牝字,表示雌性动物。另外,匕字卜辞中亦用为妣字,即用来称呼死去的上二代以上的女性祖先。

衣　☖(《甲》337)　　☖(《佚》916)

左衽右衽不分,均是衣字。

般　☖(《南师》2.147)　☖(《京津》2133)

《说文》:"般,辟也。象舟之旋,从舟从殳,殳所以旋也。☖ 古文般,从攴。"案甲骨文、金文皆从攴作,与古文同,像以手执物操舟之状,舟之在左在右不拘。

逆　☖(《掇》2.114)　☖(《佚》766)

方　☖(《佚》18)　　☖(《甲》1356)

兄　☖(《铁》121.3)　☖(《铁》543)

元　☖(《甲》752)　　☖(《河》256)

吏　☖(《甲》68)　　☖(《京都》923)

卜辞用吏为事,史、事同字,吏、史、事三字可通假。

昔　☖(《甲》2913)　☖(《佚》386 背)

以上这种左右不拘、上下可从的例子在甲骨文中是很多的,初学者应记住特征,分析偏旁,从总体上把握。

灾　卜辞中先后用字不同,最常见者为灾字。在武丁、祖庚之世用 ☖,祖甲之世,也把 ☖ 字直书作 ☖,这字一直用到廪辛、康丁之世。到了武乙时代田游卜辞,一律改用 ☖ 字,同时也用一个从 ☖、在声的字作 ☖。到了第五期帝乙、帝辛之世,便完全改用 ☖ 字了。

王　卜辞中还有一个常见的王字,作 ☖,为武丁至祖庚时书体。祖甲以后，加横于上作 王，此体沿用至武乙之世。文丁时，据董作宾谓，锐意"复古"，王字复作 王，但书法却有不同。武丁时 王 字四画，文丁时却为五画，"即分"二画为三画，形亦小异，一作 王，一作 王。

冓　武丁时作 ✕，像木相结构，引申之为相遇之遇。至祖甲以后，乃加止为 冓，作 ✕，加止形以示走而相冓。以后又加彳形为遘，作 ✕，以示相冓必行于道。

羌　在武丁时作 ✕，像人戴角。后来便加上了绳索，作 ✕、✕，以示羁縻之意。

来　本为瑞麦之形，假作往来之来。武丁时皆作 ✕，至武乙以后则加横画于上作 ✕，沿用至第五期。

其　作 ✕，本像枝条编制之箕形，自武丁至武乙前四期皆作此形，少数廪辛卜辞有作 ✕ 的，至第五期则多于箕之口部加一横画作 ✕，为帝乙、帝辛时其字之特征。

先后异字的另一原因，是由象形字演变为形声字。例如：

凤　像凤尾之华美。甲骨文用为风，晚期从 片（凡）声，成为形声字，兹列其演变如下：

✕（《铁》55.3）→ ✕（《菁》5.1）→ ✕（《前》4.43.1）→ ✕（《前》4.42.6）→ ✕（《后》上 14）→ ✕（《前》2.30.6）

前三字皆为武丁时的书体。自武乙以后直至第五期帝乙、帝辛时，凤字全都加了凡声，见后三字。

此外，还有一种构字部件变换或增减可以通用的例子：

祝　✕（《甲》743）　✕（《后》下 23.17）

这两个字都像人跪在 T（示）即神主前祷告，"示神事也"。但字形不同，一从 ✕，一从 ✕（廾，音戟），像伸出双手跪拜之形，均为祷告之状。

斗 ｢鬥｣(《铁》181.4) ｢鬥｣(《乙》7119)

这两个字都像二人斗争之形,前者仅绘人的侧面,后者则已怒发冲冠了。

耤 ｢耤｣(《乙》4306) ｢耤｣(《京都》705) ｢耤｣(《乙》7396) ｢耤｣(《乙》3155反)

这四字或双手持耒,或单手执耒,或以足踏耒而耕,均无别。

寐 ｢寐｣(《前》6.29.2) ｢寐｣(《乙》1046)

二字一从㚔(女),一从㔾,像人踞,均为人状,故可通。

莫 ｢莫｣(《甲》2034) ｢莫｣(《存》1938) ｢莫｣(《甲》1410) ｢莫｣(《甲》2595)

即"暮"之本字,像日落于草林丛中,艹艹(草)、林林(木)在甲骨文中通用。

麦 ｢麦｣(《佚》426) ｢麦｣(《戬》18) ｢麦｣(《库》610)

三字,一从禾(禾),一从来(麦的象形),一从屮(麦的简笔象形),都表示稼穑,故可通用。

洹 ｢洹｣(《前》6.32.5) ｢洹｣(《后》2.3.11) ｢洹｣(《掇》2.476,或从㳄)

｢洹｣(《珠》393)

这四个字都是洹河的洹字,水旁写法不同而已。

在甲骨文里表意相近的义符,虽然形体不同,亦得相通。如止表示人足,即今之"趾"字,彳表示道路,足必行于道,二者义相近故可通用。如:

遘 ｢遘｣(《甲》2187) ｢遘｣(《甲》2409)

另外还有以器物为形符的字,虽然器型不同,但亦可相通。如:

盂 ｢盂｣(《前》5.5.6) ｢盂｣(《甲》3939)

凵为圜底器,皿像有底座的器皿。

饮 ｢饮｣(《菁》1) ｢饮｣(《合》229) ｢饮｣(《菁》2)

都像人俯身吸饮酒状。酉即酉字,像酒罐;㔾即酉音假借字,指盛酒器。

以上都是在义符意近前提下的变通。

(二) 谨严性

文字是语言的书写符号，人们为了更好地进行交际，更精密、准确地表达思想与语言，必然要求书写符号尽可能和语言的音读及意义相统一，这样就必然要求文字在演变过程中保持其谨严性。

有人只看到甲骨文可变通的一面，以为可以任意书写，由于字多象形，故亦认为其文字尤为原始，但他没有注意到甲骨文字亦有它谨严的一面，有些字的结构虽十分相似，但在某些部位不能有分毫之差，否则就会变成另一个字了，这是它谨严的一面。如：

㇆ "云"字，如上面稍出头，就成㇉(旬)字了。

豕 "豕"字，如尾部稍向上卷，就成犬(犬)字了。

土 "土"字，如一竖破横画，就成十(七或甲)字了。

丁 "丁"字，天干的第四位，如二竖向上露出一点就成凵(口)字了。同样，邑是"邑"字，如把口方形写成凵即成为甲骨文的祝(祝)字了，下二笔分开则成兄(兄)字了，邑(邑)、祝(祝)、兄(兄)三字在卜辞中区分是极严格的。

日 "日"字，如把外面的方框写成圆笔，则成白(白)字了。

豆、豆 "豆"字，与豆、豆之"殳"有别，不能相混。

玉 "玉"字，三画为平画，与三画作斜画之介(介)字有别。

戊 "戊"字，伐作伐，二字判然有别。

示 "示"字，如中间一竖曲一点就成云(云)字了。

如 "如"字，女作女，口形移在女之后作如则就成为审讯的讯字了。

甲骨文的谨严性还包括有的笔画不能任意增减。如：

冬 "冬"(终)字，如缺终端二点，就成入(人)字了。

木 "木"字，如加上二点，写成木，就成燎字了。

力 "力"字，如加上一横，则成为尤(尤)字了。

﹅ "刀"字,如上边斜笔向上挑起,则成 ﹂(亡)字了。

𦫳 "朕"字,如少写 ｜(右手),则成 𦙷(般)字了。

𠃌 "父"字,如直画往下移,则成 ⺋(尹)字了。

◨ "目"字,像人的眼睛,如向上旋转90°,则成 ⺋(臣)字了。

⊟ "贝"字,如写成 ♡ 形,则是心字了。

╋ "巫"字,如旋转45°,则成 ✕(癸)字了。

ϣ "火"字,如横写则成 ⊱(耳)字了,写作平底 ⏝ 即成了山字。

𡴃 "每"字,亦作 𡴃,如少写∨形,便成 𡴃(母)字了。

"变通性"与"谨严性"表面上看好像是矛盾的,但存在此两种性质却是客观的事实。甲骨文是商代晚期二百余年这一历史阶段里的遗物,这一矛盾现象恰恰反映了此一时期中甲骨文在发展过程中逐步趋向规范化的事实。例如甲骨文中月、夕二字同形,而早期大多以 ☽ 为月、以 ☾ 为夕,以 ☾ 为月、以 ☽ 为夕者例外;晚期则基本上以 ☾ 为月、以 ☽ 为夕,以 ☽ 为月、以 ☾ 为夕者为例外。这通例与例外的互易,是经历了二百余年的演变、"互用",从而逐渐完成的,乃是长期积累的结果。又如殷人先公上甲作"⊞",十与口之间有空隙,不能相连,为了避免与田猎的"田"相混,就运用附加符号的办法来区别,把上甲写成"⊞""⊞",稍晚便固定为"⊂⊞"了。

(三)异字同形

异字同形,即一个字形可以代表两个乃至三个音义全然不同的字。遇到这种情况只能从全辞文义贯通上来区别。例如:

1. 甲骨文女作"𡛀""𡚽",母字作"𡛀""𡚽",加二点以像双乳之形,但卜辞中母有时不加两点与女相混,如《库》6633"贞隹多母耆"、《乙》5640"多母",母字作 𡛀,无二点。

2. 甲骨文征伐之征,正月之正,均作 𧾷,像足趾形,正与足同形,如殷王征人方、征土方之征,均作 𧾷。《甲》2247"正月"作"𧾷月"。然 𧾷 字亦有读为"足",作为丰足之义者,如《前》4.40.1"己酉卜,黍年出(有) 𧾷

(足)雨"。征、正、足同形,从文义上可以别之。

3. 武丁时工字作"☐",祖庚、祖甲以后作"工",与干支壬(工)字相同。

4. 甲骨文丙字作"内",与内字作"内"相同。

但这种现象在甲骨文中终究是少数例子,因为这对文字的使用带来诸多不便,所以它是文字发展中的一条小小的支流,是文字发展中必然的沉积物。

(四) 合文、倒书和侧书

在甲骨文中,往往有一些专用名词、成语、数量词有合写在一起的情况,这一特点我们称之为合书,合书后的两字或三字,称为合文。

1. 专用名词的合书

☐(上甲)、☐(报乙)、☐(报丙)、☐(报丁)、☐(示壬)、☐(示癸)、☐(大乙,即商先王天乙)、☐(大丁,即太丁)、☐(卜丙,即外丙)、☐(南壬,即仲壬)、☐(大甲,即太甲)、☐(大庚,即太庚)、☐(小甲)、☐(雍己)、☐(大戊,即太戊)、☐(中丁,即仲丁)、☐(卜壬,即商先王外壬)、☐(戋甲,即商王河亶甲)、☐(祖乙)、☐(羌甲,即沃甲)、☐(祖丁)、☐(南庚)、☐(唐甲,相当于商先王阳甲)、☐(盘庚)、☐(小辛)、☐(小乙)、☐(武丁)、☐(祖庚)、☐(祖甲)、☐(康祖丁,即康丁,《殷本纪》《竹书纪年》《汉书古今人表》皆作庚丁)、☐(武乙)、☐(文武丁,即文丁)。以上先王名合书。亦有先妣名合书者,如☐(妣乙)、☐(妣丙)、☐(妣丁)、☐(妣戊)、☐(妣己)、☐(妣庚)、☐(妣辛)、☐(妣壬)、☐(妣癸)。亦有方国名和地名合书者,如☐(人方)、☐(刀方)、☐(北录)。亦有干支、月份合书者,如☐(乙卯)、☐(丙寅)、☐(戊午)、☐、☐(一月)、☐、☐(四月)、☐(七月)、☐(十三月,武丁时于年终置闰,故称十三月)。

2. 成语合书

☐(上下)、☐(下上)、☐(亡巷)、☐(有巷)、☐(亡戋)、☐(有戋)、☐(亡囚)、☐(有囚)、☐(亡尤)、☐(受祐)、☐(弘吉,或释引吉)、☐(大吉)、☐(受年)、☐(兹用)、☐(不用)、☐(风雨)、☐(允雨)、☐(征雨)、☐(其雨)、

◯(昜日)、☒(小采)、☒(又又，即又祐)、☒(小告)、☒(一告)、☒(二告)、☒(之日)、☒(今日)、☒(今夕)、☒(翌日)。

3. 数量词合书

殷人往往把十位以上数字写成合文，如☒(十三)、☒(十五)、☒(五十)、☒(六十)、☒(七十)、☒(八十)、☒(二百)、☒(九百)、☒(千，不能读作一、人合书)、☒(二千)、☒(四千)、☒(五千)、☒(三万)。也有把单位名称与数字合书的，如☒(十人)、☒(七十人)、☒(二牛)、☒(卅牛)、☒(小牢)、☒(十牢)、☒(十朋)等等。

甲骨卜辞的辞例大多是反复出现的，有时二字刻得很接近，所以在没有任何其他卜辞辞例证明之下，均不得任意识为合书，也不得任意把二字组合起来识为某一个字。例如《后》下 8.18 片有"☒"字，《甲骨文编》卷十·九编号 1206 下误释为"栽"认为从才从火，与说文同①，李孝定《集释》3.77 页沿其误，应是"在火"二字②。《文编》3332 著录《甲》2926 有一"☒"字，屈万里《甲释》③、《文编》、《续文编》2.32 均以为一字，岛邦男《综类》分为☒☒二字是正确的。《合》354 有一"☒"字，《文编》971 谓"从网从雉，《说文》所无"，《续文编》7.30 亦以为"羅"字，屈万里《甲释》3112、岛邦男《综类》236 均分二字是正确的。

关于倒书，我在《文物》1979 年第 11 期上发表过一篇《说至》的文章，举了甲骨文"至"字倒书的例子。

《粹》1590 片辞云"贞☒三龏"。☒字郭沫若隶定为夭，无释。今得三证知是至字的倒书。一、《甲》1790 片"贞至□龏，吉"，此片"至"字的箭头向下，下一横略残，字作☒，是"至"字的正书，内容与《粹》1590 完全相同。二、卜辞习见"雉(☒)众"，或作"雉(☒)众"，例如《佚》922"……其雉众"，《前》5.6.1 作"……其雉众吉……"，辞例相同。足见雉雉一字，从矢与从至相通。《综

---

① 孙海波：《甲骨文编》，中华书局，1965 年。
② 岛邦男：《殷墟卜辞综类》，日本汲古书院，1967 年，页 173。
③ 屈万里：《殷虚文字甲编考释》（附图），"中研院"历史语言研究所，1961 年。

类》《集释》收为二字,失之。三、《京都》2138 片"弜至二䍙、至"两至字均正书,足证《粹》1590 片"✦"为至的倒书。这种倒书的结体,《文编》正编至字下未收,列入附录上,字号为 3925。

至字篆文作✦,《说文》:"鸟飞从高下至地也。从一,一犹地也,象形,不上去而至下来也。"历来许多文字学家都从许说,都把字的上部看成是一只往下飞的鸟,直到罗振玉方认出来是"矢的倒文",他说:"……金文如散氏盘及同敦'至'并作✦,从✦,实像矢形,告田敦侯字作✦,匽侯鼎同,并从✦,量侯敦及孟鼎作✦,从✦(乃✦之变),矢伯卣作✦。以此例之,知✦乃矢之倒文,一像地,✦像矢远来降至地之形,非像鸟形也。"①罗氏的意见是对的,矢可以倒书,则从矢的"至"字当然亦可倒书了。不论正书(✦)或倒书(✦),矢与地的关系没有变,只是视觉的位置不同,都像一箭着地,因而"至"字是会意,不是象形字。"我们了解了至字本义之后,就可明了为什么甲骨文从矢的字每每倒书,如室字可写作✦"。另外,李亚农《摭续》185 版卜辞"叀王令侯归"。这条卜辞中的侯字写作✦,也是倒书。此外倒书的例子还有很多,如《粹》1557"□申,子囚,贞风□才我","才"字倒书为✦,读为✦。《甲》3074 系甲尾刻辞"佘入","入"字倒书为✦,在廪辛、康丁卜辞有许多"自"字倒书为✦,如《甲》2580、2658、2674、2719、2805、2807 等片。

在《小屯南地甲骨》②一书中我们还发现有全句倒书的例子,如 2309 片"甲戌奚乞囚十",3028 片"乙未奚乞囚六自正甸",3593"甸囚三"。郭沫若在《殷契粹编·考释》中说:"右自 1524 片以下凡 11 片,其文均自成一例,与寻常之卜辞不同,与骨臼刻辞亦复不同。……余意,此等当是治作龟骨之纪录。奚殆镌之初文,后人以钻为之。从矢从口,示以刃器穿孔也。咼字作动词用,今俗所作剮。'奚若干,咼若干'者,前者盖就龟言,后者盖就骨言,即谓钻若干龟、凿若干骨也。"又说:"又有系以囵字者,盖殷人于龟甲亦称囵

---

① 罗振玉:《雪堂金石文字跋尾》,载《罗振玉藏北周金石册页拓本》,1906 年。
② 中国社会科学院考古研究所:《小屯南地甲骨》(上册第一、二分册)附册一,中华书局,1980 年。

也。"(《粹》1534 片考释)① 姚孝遂、肖丁在《小屯南地甲骨考释》②第 6 页中说:"郭说不可据,奂与匄皆人名,为主管卜事之官。"这种全句倒刻的现象说明它与其他卜辞不是同时刻的。到目前为止,我们没有发现倒书在文义上与正书有什么不同。

总的来说倒书的字还是不多的。有些字倒书之后就变成另外一个字了。如武丁时代的 ⚊(王)字,如倒书便成 ⚊(辛)字了。⚊(丘)字,如倒书便成 ⚊(丙)字了。⚊(祖)字,如倒书便成 ⚊(酉)字了。这种例子在卜辞中亦曾发现过,如《甲》2436 和 2764 缀合,全文是:"辛酉卜壴贞:王宜⚊燕隹吉。不冓雨。壬戌卜宜贞:王⚊辛壬丁燕,隹吉。"其中辛酉的"辛"和两个王字,都是倒书。辛作 ⚊,王作 ⚊,辛是干支字,王是常用字,故可一目了然。

卜辞中还有侧书的例子,多数是纪贞卜次序的兆序,数字自五至九每多侧书。另外《甲》2079、1012 两版中的一个鹿字都是侧书。

以上甲骨文的四个特点都是从构形上举例说明而已,没有涉及音、义方面的问题,不是完备的材料。事实上甲骨文中还有一大批构形不明、本义未知的字,如 ⚊、⚊、⚊、⚊、⚊、⚊ 等等,我们只知道它们即后代的有(又、侑)、㠯、气、勿、兮、乃等字,就是不明白它们的构形,不清楚究竟象什么形、会什么意、指什么事,只能将它作为一个音符对待。

甲骨文有 4 000 多单字,我们现在认识的不过 1 000 多,其余的 3 000 多字,其中绝大多数是人名、地名、祭名。我们只能说还找不出与之相对应的后代文字。这里面有很多是属于已"死亡"了的文字。

---

① 郭沫若:《殷契粹编》附考释,日本东京文求堂石印本,1937 年。
② 姚孝遂、肖丁:《小屯南地甲骨考释》,中华书局,1985 年。

第四章 识字、释字和通读卜辞

一、前辈的经验

研究甲骨文,首重识字,能识字才谈得上通读卜辞,才能运用甲骨文资料去研究古文字学或商代历史的各个方面。要真正认识一个字,就得把这一字的形、音、义都弄清楚。这不是一件很容易的事。我们的前辈学者经过八十多年,到今天才认识了一千多个字,其中有些字各家的意见还不一致。比较容易认识的字,已经考释得差不多了,现在剩下的,都是难于索解的字。其意义在一个整句中,也许可以推勘出来,如地名、人名之类,但其形代表什么,原义究竟是什么,音读怎样念,那就很难确定,对初学者来说要学甲骨文,首先是去认识前人已认识的字,这可以从两方面入手,一方面可以备几部字典,查阅时要多注意甲骨文构形的变通性与谨严性,这我们已在前章中介绍过了。另一方面,可以选择几部有图版有考释的书,如郭沫若的《卜辞通纂》①、《殷契粹编》②,唐兰的《天壤阁甲骨文存》③,以及《小

---

① 郭沫若:《卜辞通纂》附考释,日本东京文求堂石印本,1933年。
② 郭沫若:《殷契粹编》附考释,日本东京文求堂石印本,1937年;又日本东京三一书房重印本,1976年。
③ 唐兰:《天壤阁甲骨文存》,北京辅仁大学,1939年。

屯南地甲骨》①,此书姚孝遂、肖丁有《小屯南地甲骨考释》②,读时可以图版与释文考释对照着读,读时要注意区分卜辞的四个部分,即前辞、命辞、占辞、验辞。注意每条卜辞在甲骨上的部位,同时从中学习甲骨文的辞句、文法,并注意它的分期断代。此外可以阅读几部研究考释的书,如于省吾的《甲骨文字释林》③、李孝定的《甲骨文集释》④、王国维的《观堂集林》⑤中有关部分的考释。

然后,可以多读原片,现在《甲骨文合集》⑥出齐了,资料已具备了。读时注意每条卜辞应该如何读,是横读、顺读、直行从左读,还是从右读,从下往上读,还是从上往下读,都要按照兆序的先后、干支的顺序、对贞的形式,分清每条的先后、起讫⑦。

对初学者来说还要掌握和善于运用工具书,最少要备五部书。一是《甲骨文编》,1965年中华书局出版。此书正编和附录共收4 672字,而其中有些字还可以归并,其中见于《说文》的941字。其最大的缺点是所收之字没有注明分期。二是日本岛邦男的《殷墟卜辞综类》,日本汲古书院1977年增订版。此书将卜辞摹录,按卜辞内容中主要用字分类,附有汉字楷书索引,颇便检索,根据其已隶定的汉字一览(602页)统计,共收字1 261个。此书资料收录比较完备,截至1967年所著录的所有原始资料,均加收录,并综合、分类、排比。其字头下有一号码,此号即李孝定《甲骨文集释》中此字之页号。此书的优缺点,姚孝遂《"殷墟卜辞综类"简评》⑧中有评价。三是李孝定的

---

① 中国社会科学院考古研究所:《小屯南地甲骨》(上册第一、二分册)附册一,中华书局,1980年。
② 姚孝遂、肖丁:《小屯南地甲骨考释》,中华书局,1985年。
③ 于省吾:《甲骨文字释林》,中华书局,1979年。
④ 李孝定:《甲骨文字集释》,台北"中研院"历史语言研究所,1965年。
⑤ 王国维:《王国维全集》第十一卷,浙江、广东教育出版社,2010年。
⑥ 郭沫若主编,胡厚宣总编辑:《甲骨文合集》1—13册,中华书局出版,1978～1982年。
⑦ 华案:清代研究《说文》有著名的四大家,段玉裁《说文解字注》、桂馥《说文解字义证》、王筠《说文解字句读》《说文释例》、朱骏声《说文通训定声》。早在清末孙诒让已看到商代甲骨,通过已知的西周铜器文字推测未知的商代文字。在《名原》叙中说:"窃思у商周文字展转变异之际,上推书契之初轨。"这种方法古文字学界沿袭至今,由于出土文献资料不如今日层出不穷,释文难免有误受到限制,使用须谨慎。
⑧ 姚孝遂:《"殷虚卜辞综类"简评》,《古文字研究》第三辑,中华书局,1980年。

《甲骨文集释》,1965年台湾出版。正编14卷、补遗1卷,总计正文1 062,重文75,《说文》所无字567,又存疑136字。每字先集各家之释,然后判其是非参以己意而定其说。第四是段玉裁《说文解字注》。大家知道许慎《说文解字》成于汉和帝永元十二年(100),收字9 353,又重文1 163字,按文字的形体及偏旁构造,分列540部。以小篆为主,列古文、籀文等异体为重文。东汉去古未远,它保存了许多古字的原始形体,历来为治小学者所宗①。段玉裁用了三十一年的工夫,校订了传世《说文》版本的讹读,逐字注解,引证丰富,凡《玉篇》《广韵》及各经典训诂与《说文》有异同者,无不采集考订而求得其精确的说解,但武断之处,亦所难免,段氏没有见过甲骨文,所以有的解释,不免带有主观成分。今天我们要正确解释甲骨文字,必须得熟读这一部书。第五是阮元编的《经籍籑诂》。此书采经、史、子诸书唐代以前人的训诂注释于每一字下,按《佩文韵府》韵目归类。《韵府》未载者,依次以《广韵》《集韵》所载补录,全书106卷,王引之序云:"展一韵而众字毕备,检一字而诸训皆存,寻一训而原书可识。"是研究经籍文字训诂的重要参考书。1936年世界书局有阮刻影印本,1982年中华书局再次影印阮氏原刻本。

如何考释古文字,前辈学者有许多经验谈。杨树达在《积微居金文说·自序》②中提到他研究金文的经验说:"每释一器,首求字形之无牾,终期文义之大安,初因字以求义,继复因义而定字。义有不合,则活用其字形,借助于文法,乞灵于声韵,以假通读之。"

这虽说的是金文,但亦适用于甲骨文。从这段话里我们可以得到几点启发:凡释一字要照顾到形、音、义的统一;第二要有训诂学、音韵学的基础;第三还要有文献学方面的知识。可以说,没有在古代文献方面相当的修养,就不可能在古文字学上有真正的成就③。

---

① 段玉裁:《说文解字注》(经韵楼藏版),上海古籍出版社,1981年。
② 杨树达:《积微居金文说·自序》,科学出版社,1952年。
③ 华案:陈梦家在1949年修订西南联大《文字学甲编》讲义第四节《文字学的材料、分期、方法和内容》一文中最初认为考释古文字,字形是音和义的主要载体,而古文字在读音语境中多有训诂差异列入次要,"每个字不能离'音''义'而独立,研究文字学之不能离开'音'(转下页)

考释甲骨文第一步就是要把所释的这个字的形体结构辨认清楚,注意甲骨文中反写、倒写、左右易置、上下易置等变例,不然,往往因写法不同,很容易识的字,都变得难识了。然后将这个甲骨文按照其原有结构写成现在的字体,这叫作"隶定"。"隶定"这个词出于传为西汉孔安国所撰的《尚书序》。序中说:"至鲁共王,好治宫室,坏孔子旧宅以广其居,于壁中得先人所藏古文虞夏商周之书,及《传》《论语》《孝经》,皆科斗文字。……时人无能知者,以所闻伏生之书,考论文义,定其可知者,为隶古定,更以竹简写之。"当时写在竹简上是隶书,现在我们说的"隶定"是指用现在的楷书字体把字形固定下来。这在释字工作上仅仅是完成了第一步。

第二步就是要进一步研究,指出究竟相当于后世的什么字,将它的形、音、义都弄清楚。这就需要查一下《说文解字》,这部书为我们保存了古文、籀文和小篆未尽讹变的字形和前代学者所传的训诂,这是我们今天探寻文字本义必由的阶梯。研究《说文》的学者很多,名著亦不少。可以备一部近人丁福保编的《说文解字诂林》,此书将以往研究《说文》的诸家著作和其他著述中论及《说文》的材料汇集为一书,以大徐本为第一类,小徐本次之,段玉裁、桂馥、王筠等有关《说文》的论著又次之。又以甲骨文、金文附列每字之下,并加以考订。1932年又刊《补遗》十六册,全书共八十二册,为《说文》注释的总汇。

第三步,把释出的这个字,放到卜辞原来句子里去,看看能不能上下贯通,放到其他同类的卜辞文句里去看看是否也能上下贯通,这是对考释正确与否的最好检验。

释文之难,唐兰说得很透彻,他在《殷墟文字记·序言》①中说:"盖古文字之难释也,其偏旁或与小篆迥殊,非真积力久,忽得神悟,不能识也。即识

(接上页)'义'犹如车之不能无轮。研究文字学,是以字形为其主要的对象,以'字音''字义''字法'为辅翼。一个有形的字必有音读意义,而此音读意义每受其所处的句位影响,所以单个的字和缀合单个字的章句,其音读意义便有差异,这是'文法学'所以列入文字学次要的对象。"详见陈梦家《中国文字学》(修订本),中华书局,2021年,页175。

① 唐兰:《殷墟文字记·序言》,北京大学讲义石印本,1934年。

其偏旁矣,而其字无传于今世,或字形虽同,而音义与后世颇异,是又非习熟诸古代刻辞,谙其辞例,而兼明训诂声音之学者,不能通也;即通其音义矣,其本义犹多不可知,虽考之地下遗物、历史传说,证之异族社会文化,亦不能尽明也。"这些话确是说尽了释字之难处。甲骨研究初期,孙诒让的考释方法,绝大部分是从比较金文所得,例如:甲,"字皆作十,金文《母甲觯》《苏公子敦》甲字正如是作"。子,"又有作籀文者,如云'甲㜽卜',《说文·子部》㜽籀文子,囟有发,臂胫上几上也。此㜽即籀文字之省,金文《召伯虎敦》子作㜽,与此同。"复(复),"《说文·夊(音吹)部》:复,行故道也。从夊畗省,此上从畐即畗省,下从夂即夊也。金文《智鼎》复作復,《散氏盘》作復,偏旁正相似。"乎(呼),"皆作乎,即评之省。《说文·言部》:'评,召也。'金文多借乎为评,《师遽敦》作乎,此与彼正同。"孙氏《契文举例》中所释的字大部分是干支字和易释的象形字如牛、羊、豕等,或者是《说文》中可资比较的字。自然他释错的字也不少,如把土、玉释为立,又把王字认作玉,止字认作正,田字释为猎,又因不识巳及午,乃谓甲骨文"巳午两字独未见"等等。前面所举的例子中凡青铜器名定为"敦"的,都应改为簋,定为敦是错的。因为金文𣪘字,宋人释作"敦",孙氏从宋人旧释。到钱坫、严可均才把这字改正释作簋。

1934年唐兰在《古文字学导论》①一书中提出了四种释字的方法:

第一,对照法(或比较法)。他列举的巫字,在甲骨和铜器里常见,向来无释,过去有人错释成癸字,其实在《诅楚文》就有"巫咸"的"巫"字。还有金文里的"筮"字,通过认识"巫"字,由此而知此为"筮"字,音霁去声,即古文筮字。前人不明其义错释筮字。筮即占卜的一种工具,《史懋壶》曰"窥命史懋路筮",后来学者张日升、杨树达、方浚益等指出筮从玉,不从巫。甲文与金文并作巫,与筮字同。

第二,推勘法。唐先生认为除了"对照法"以外,就是"推勘法"。许多不认识的文字,通过寻绎文义,便可理解,根据成语把"䁚寿"释作"眉寿",根据

---

① 唐兰:《古文字学导论》,北京大学讲义石印本,1935年。

辞例把"🔲又下国"读作"奄有下国",根据叶韵把"高弘又🔲"读作"高弘有庆",这都是应用推勘的办法而达到释字的效果。

第三,偏旁分析法。利用已识的甲骨文偏旁,进一步扩大认识与其偏旁相同的各种字形。唐先生举了从斤旁许多不识的字,如:🔲、🔲、🔲,靳字,《说文》无收,只有蕲字从战声,王国维根据🔲(䖒)字释"旂"(按《颂鼎》《颂簋》均作🔲),假借为祈求之祈。再如:🔲、🔲,"新"字,《说文》无收,应释"新",字与🔲、🔲形新字同,亦有作🔲形,当是"新"字繁文,从宀(音绵平声)新声,犹"亲"或作"寴",此字与新同义,为祭名,如《粹》146 片"薪祖乙"、146 片"薪大乙"。

第四,历史的考证。唐先生认为:"……我们所见的古文字材料,有千余年的历史,不独早期的型式和晚期的型式间的差异是很大的,就是同一时期的文字,也因发生迟早的不同,而有许多差异。文字是活的,不断地在演变着,所以我们要研究文字,务必要研究它的发生和演变。"

以上四点为唐兰《古文字学导论》第四节《怎样去认识古文字》所述,其中偏旁分析法中从斤的二十字,有的只是作隶定,有的还没有放到有关卜辞中去检验是否文义贯通。关于比较、推勘、偏旁分析等法①,陈梦家《综述》②有一个概括性介绍,他说:"无论比较、推勘、分析,都是从已知的自后追溯而上去辨别文字的形、音、义的发展规迹。由今天还保存着象形的'日''月'等字,上溯到甲骨文的'日''月',是比较法。卜辞常见的术语'亡尤',王国维以为'犹言亡咎、亡它',胡光炜以为即《吕氏春秋》的'无邮',邮尤音同③,丁

---

① 华案:1931 年唐兰创立了甲骨文字自然分类法,将甲骨文字分成 21 自然大类,"把整部文字历史用最合理的方法编次出来",放弃旧式勉强凑合的分类法。"自然分类法"检索便捷,是在 1935 年出版的《古文字学导论》上发表的(又山西教育出版社,1999 年,唐复年整理唐兰手抄本《甲骨文自然分类简编》遗稿)。比日人岛邦男《殷墟卜辞综类》分类法早了 32 年。该书其中有不少疑难字,如页 77 下栏的"敖"字,如"就"字(页 80 上栏,甲骨文像人登高之形)最早是唐兰考释,后来被出土文献不断所证实。
② 陈梦家:《殷虚卜辞综述》,科学出版社,1956 年,页 70。
③ 胡光炜:《甲骨文例》,中山大学语言历史学民考古丛书之一,1928 年。

山以为是《周易》象辞中的'无尤'①。这是推勘法。罗振玉以为卜辞术语的'亡㞢',即《说文》'上古草居患它(蛇),故相问无它乎'的'无它',是兼用比较、推勘。孙诒让根据《说文》廪、啚、畐等字都从亩(廪之本字),认识了金文的亩(用作禀受)及从亩的啬(用作吝啬)和图等字,从而上推卜辞的亩(用作仓廪)和啚(用作边鄙)②,这是分析法。"

二、熟悉干支的重要性

至于通读卜辞。董作宾在《殷虚文字甲编·自序》③中谦逊地说:"拿我作一个例子,我做过二十五年的工夫了,也尝被称为专家,但是翻开任何一本甲骨拓片,就会到处碰壁,遇着'拦路虎',甚至对着一片卜辞,半晌目瞪口呆,完全莫名其妙。"这话多少反映了通读卜辞之困难实情。要通读卜辞,当然首先要懂得文法,我们将在第七章专讲文法,这里只想说一些有关通读的知识。对初学者来说首先要熟悉干支,每条卜辞都离不开干支,现在我们还通用干支纪年,但在殷代是通用干支纪日的,即是以十干和十二支交相组合成六十单位,以一个单位代表一日。可以依序排成六行,如同现在我们使用的日历一样。如:

甲子、乙丑、丙寅、丁卯、戊辰、己巳、庚午、辛未、壬申、癸酉
甲戌、乙亥、丙子、丁丑、戊寅、己卯、庚辰、辛巳、壬午、癸未
甲申、乙酉、丙戌、丁亥、戊子、己丑、庚寅、辛卯、壬辰、癸巳
甲午、乙未、丙申、丁酉、戊戌、己亥、庚子、辛丑、壬寅、癸卯
甲辰、乙巳、丙午、丁未、戊申、己酉、庚戌、辛亥、壬子、癸丑
甲寅、乙卯、丙辰、丁巳、戊午、己未、庚申、辛酉、壬戌、癸亥

---

① 丁山:《殷契亡尤说》,载"中研院"历史语言研究所集刊第1本1分,1928年。
② 孙诒让:《名原》二卷一册,上海千顷堂书局翻印本,1905年。
③ 董作宾:《殷虚文字甲编》,载"中研院"历史语言研究所中国考古报告集之二《河南安阳殷虚遗址之一·小屯》,商务印书馆,1948年。

这六行都以甲为开始,所以汉唐时称之为"六甲",熟悉六甲后,就可以按干支分辨出在同一版甲骨中所卜的几条卜辞的先后日期。如《粹》665 片,郭云:此骨原始零碎,今复合之。刻辞颇参差,依日辰之次读之,当为:

一、丁酉卜,己亥雨。
二、丁酉卜,戊戌雨,允雨。丁酉卜,戊戌雨,允雨。
三、丁酉卜,辛丑至癸卯雨。允雨,戊又□
四、丁酉卜,庚子雨。
五、辛丑卜,不征雨。及今夕,雨。
六、癸卯卜,乙巳雨。不雨,允雨。
七、癸丑卜,乙卯雨,不雨。允不雨。

这里我们就可以知道丁酉卜后隔了三天辛丑卜,卜后又隔一天癸卯卜,最后在下旬的末日癸丑又卜。熟悉干支后,如果我们读到这样一条卜辞,如《粹》972:"戊辰(卜)贞王〔其田〕殷,亡〔戋〕。辛未卜贞王田盂,亡戋。"我们就可以根据干支推知自殷地至盂地需三日路程。

三、通读卜辞要熟悉商代世系

通读卜辞其次要熟悉商代世系,商代的先王先公都是祭祀的对象,又是卜辞断代研究中称谓的根据,不能不熟悉。现在将《史记》与卜辞中商代世系对照列表如表 4-1。

关于甲骨文卜辞中的商代世系,除"说明"第 5 点注之外,《屯南》2342 有这样一条卜辞:"……丑贞,王祝伊尹,取且乙鱼,伐告于父丁、小乙、且丁、羌甲、且辛。"据姚孝遂、肖丁的考释说:

这片刻辞很明确,是下而上之武丁、小乙、祖丁、羌甲、祖辛这一直系世系。
卜辞每一世只能有一个直系。过去大家一直根据史籍记载,以为羌甲乃祖辛之弟,根据卜辞,这是不可能的。羌甲与祖辛不能同属一个世次,羌甲当是祖辛的下一辈。

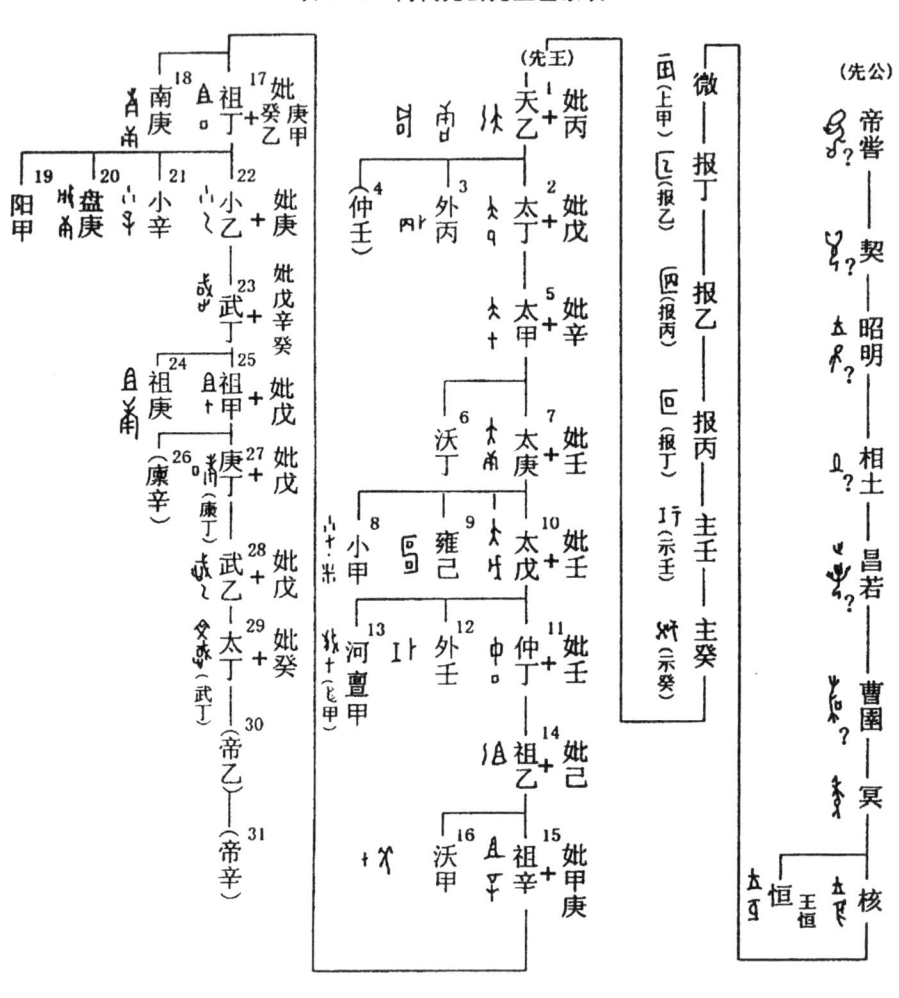

表 4-1　商代先公先王世系表

说明：
1. 人名右肩数字表示王位继承之次第。
2. 直线贯行者为父子，平列者为兄弟。十号表示配偶。
3. 加方括号者，为卜辞中未见此王，妣名者，并非没有此王时期的卜辞。
4. 阳甲据甲骨文隶定为虘甲，旧释象甲、荞甲、昏甲。
5. 《三代世表》云"帝雍己小甲弟，帝大戊雍己弟"，以"小甲—雍己—大戊"为次，而在帝乙、帝辛时的周祭卜辞中雍己的祭序在大戊之后，中丁之前，先祭大戊后祭雍己，周祭次序的排列，是以商王即位先后为序的。故其世次似应"小甲—大戊—雍己"，特此注明，未敢擅改。

《粹》250:"己丑卜,大贞:于五示告,丁、且乙、且丁、羌甲、且辛。""且乙"即"小乙",其自下而上的世次均属直系,与《屯南》2342同①。

《乙》3063自上而下的顺序是"祖辛、羌甲"。

《粹》260自下而上的顺序是"祖丁、羌甲"。这些记载表明,在祖辛之后,祖丁之前,应该还有一个世次羌甲。或者说,羌甲是祖辛的子辈、祖丁的父辈。

问题在于:《佚》986载有"自匸、大乙、大丁、大甲、大庚、大戊、中丁、祖乙、祖辛、祖丁十示"的世次。祖辛之后、祖丁之前,没有羌甲。这一世次和《殷本纪》的世次是一致的。

我们不应该据此而简单地否定《屯南》2342等所记载的,祖辛与祖丁之间尚有"羌甲"这一直系世次的事实②。

这是一个很值得我们深究的问题,因为卜辞记载相互不同,一时还很难作出定论。

关于商代世系,对初学者来说还有几点应该知道的,即卜辞庙号每有倒称之例,如《粹》82"大乙"作"乙大",《粹》193"大甲"作"甲大",《粹》218"大戊"作"戊大",《粹》908"祖乙"作"乙祖",等等。

还有一点初学者也应该知道的,即卜辞中常见的特殊称谓:

祖乙:卜辞又称"下乙""中宗祖乙""高祖乙"。

小乙:卜辞又称"毓祖乙"。

小丁:见《屯南》963"于小丁卯",《明》740"丁卯卜,旅贞,王宾小丁岁眔父丁,刐伐羌五"。此"父丁"为武丁,则"小丁"当是小乙之父祖丁。卜辞"四祖丁",王国维谓即祖丁,以其在殷先王号丁者居第四位也,大

---

① 华案:殷人合祭祭祀先祖卜辞有:"四示""五示""六示""十示"等称谓。"五示"通常指上甲、报丁、报乙、报丙、示壬、示癸直系。朱凤瀚通过卜辞"以大示至于多毓"(《合集》14851)对"至于后毓"进一步考证分析认为:"大示"既然可以指上甲至大戊六示,则按照顺祀的原则,六大示排在祀首,祭毕才祭"多毓","多毓"只能是指大示以后的诸直系先王。"大示"并非指所有的直系先王。详见朱凤瀚《论殷墟卜辞中的"大示"及其相关问题》,载《古文字研究》第十六辑,中华书局,1989年;又《甲骨与青铜的王朝》,上海古籍出版社,2022年,页128～141。

② 姚孝遂、肖丁:《小屯南地甲骨考释》,中华书局,1985年,页51～52。

丁、沃丁、中丁、祖丁。卜辞有"三祖辛"者,王氏谓准"四祖丁"之例,"三祖辛"当为廪辛,其前有祖辛、小辛,其居第三位也。

武乙:卜辞又称"武祖乙"。

康丁:《史记》作"庚丁",卜辞又称"康祖丁"。

文丁:卜辞又称"文武丁"。

此外,商代武丁以后,在死后的直系先王庙号前加上"帝"的称号,例如卜辞中祖庚、祖甲把亡父武丁称作帝丁,廪辛或康丁称其亡父祖甲为帝甲,帝乙称其亡父文丁为文武帝等。

表中诸王名号,亦称庙号,所谓庙号,即后世皇帝崩后,升祔太庙,特立名号,是为庙号。以天干为名,不始于商。《夏本纪》中之孔甲,履癸等亦以天干为名。论庙号之所以设者,自来共有六说:

一、死日说。《断代例》[①]说"成汤以来以日干为名,当是死日,非生日"。如商时以死日定庙号,则亡国之君帝辛之庙号是哪里来的?将如何说起?

二、生日说。《殷本纪索隐》引皇甫谧曰:"'微字上甲,其母以甲日生故也。'商家生子以日为名,盖自微始。"

三、庙主说。陈梦家《综述》[②]举《殷本纪索隐》"谯周以为死称庙主曰甲也",又引"谯周云夏殷之礼,生称王,死称庙主,皆以帝名配之,天亦帝也,殷人尊汤故曰天乙"。由此可知,所谓庙主说实际上就是死日说。

四、王国维祭名说。"殷之祭先,率以其所名之日祭之,祭名甲者用甲日,祭名乙者用乙日,此卜辞之通例也。"[③]他发现了庙名与祭日的关系,是极重要的,但对庙号的由来仍然没有说清楚。

五、陈梦家在《综述》[④]中论述了以上四说之后提出他的意见:"……卜辞中的庙号,既无关于生卒之日,也非追名,乃是致祭的次序;而此次序是依

---

① 董作宾:《甲骨文断代研究例》,载《"中研院"历史语言研究所集刊》外编第1种《庆祝蔡元培六十五岁论文集》上册,1933年,页326。
② 陈梦家:《殷虚卜辞综述》,科学出版社,1956年。
③ 王国维:《观堂别集补遗》一卷,1927年未及刊行,后附《观堂集林》,中华书局,2004年。
④ 陈梦家:《殷虚卜辞综述》,科学出版社,1956年,页405。

了世次、长幼、及位先后、死亡先后，顺着天干排下去的。凡未及王位的，与及位者无别。"陈氏对庙号产生的排列提出四个标准，即世次、长幼、及位先后与死亡先后，但根据前三个条件，除了从上甲至示癸之外，并无法按天干排出一张与商世次相符的王位名号来的，第四个条件"死亡先后"与他自己所说的"卜辞中的庙号，既无关于生卒之日"的话是矛盾的。所以他和王国维一样也仍然没有说清庙号的由来。至于从上甲至示癸的排列，王国维有过这样一种推论，自上甲至示癸"与十日之次全同，疑商人以日为名号，乃成汤以后之事，其先世诸公生卒之日，至汤有天下后定祀典名号时，已不可知。乃即用十日之次序以追名之。故先公之次乃适与十日之次同，否则不应如此巧合也"（同上书440页）。于省吾认为这一推论对了一半，上甲、三匚的庙号是由于无典可稽，故后人有意识地排定为甲乙丙丁，而上甲和三匚配偶的庙号，也由于同样原因而付之阙如。但示壬的配偶妣庚和示癸的配偶妣甲的日干并不相次，很明显，她们的庙号是根据典册的记载，决非后人所追疑。因此可知，示壬、示癸的庙号也有典可稽，是可以断定的①。

六、李学勤根据卜辞指出商王庙号源于卜选商王死后祭日的十干之称，"《库》985＋1106卜'乙巳卜，帝日叀丁？又曰叀乙？又曰叀辛？'是武乙为康丁选择日名。乙、辛二卜下均记'有日'，故定康丁日名为丁"②。这与第一说一样，同样无法说明帝辛庙号是如何定的。

目前我们对商王庙号的知识，只能说到这里，揭示其所以，尚有待后来学者的深入研究。

四、甲骨文字的通假

要通读卜辞还要经常注意了解某些甲骨文字使用时的通假规律，其中

---

① 于省吾：《略论甲骨文"上甲六示"庙号及我国成文历史的开始》，《甲骨文字释林》，中华书局，1979年，页193。
② 李学勤：《评陈梦家殷虚卜辞综述》，《考古学报》1957年第3期，页123；又《论殷代亲族制度》，载《文史哲》1957年第11期。华案：引此条卜辞加"又曰""又曰"。

有的属于义近形符通用而造成的同一字有不同的异体,有的则属于音同假借。现将卜辞中常见的此类文字举例说明如下:

1. 形符中从艸从木可以互通。如蒿字,《甲》3940 作【字】,从𦫳,地名;《菁》10.10作【字】,从棥。甍字,《乙》8502 作【字】,从屮;《前》5.48.2 作【字】,从二木。莫,《甲》203.4 作【字】;《京都》278A 作【字】,从棥。

2. 篆文从辵(音逴)之字卜辞常从止,知止辵二字古文无别。《六书正讹》云:从彳从止会意,隶作辶,有与足、走、彳三部相通者。辵字,《说文》"乍行乍止也"。止字甲骨文为趾,与行意相近。甲骨文【字】(金),于省吾释为途字,其用法有二,一为道途之途,一假为屠杀之屠。又如追字甲骨文从止作【字】(《甲》243),逐字甲骨文从止作【字】(《甲》20),遘字甲骨文作【字】(《甲》522),或作【字】(《甲》1190),或省止作【字】(《铁》12.2),用为遘,遘,遇也。通字作【字】(《京津》3136),或从彳省止作【字】(《京津》3135)①。

3. 甲骨文中"母"常通作"女",是此时女读作母,但"女"基本上不能用"母"代,《掇一》195"母己",母字作女字【字】,《乙》1089"母丁"合文,作【字】,字作女丁合文。《粹》340"叀母己及子癸酒",母己之母作【字】(每);《库》663"多母"作多【字】;《拾》3.5"多母"作多【字】(每)。

4. 从女从人可通。【字】从女从倒子,王国维释毓,像妇人产子之形,即育之初形,字或从人作【字】(《前》1.30.5),卜辞用为后。又如【字】(《菁》1.1),或不从女,从人、从卩,如【字】(《铁》172.4)、【字】(《库》1313),此字罗振玉以为即《说文》之𠯑字。唐兰云卽字当读囏(之瑜按:囏即艰字,此字籀文从喜,卜辞含有灾害之意)。

5. 每字常假作晦、悔、海。卜辞中每亦用为晦,如《甲》573"从省田其【字】(每)",假为晦。又假每为悔,不从心,卜辞恒言"其每""弗每"均此义。又用每为海,如《甲》354"以众王弗海"。

6. 又假作右、祐、侑。卜辞【字】字用作又,如《前》2.13.2"在十月又一"。又

---

① 于省吾:《双剑誃殷契骈枝三编》,中华书局,2009 年,页 22 下。

用为右,如《粹》597"王作三师又中左"。又假为祐,如《前》1.27.4"受出又"。或假为侑,如《粹》13"又于帝五臣"之"又"读为侑。

7. 尸、人、夷可通。《粹》519"酌尸册祝",尸字作〔〕,与人字同,郭沫若云:"此似可为殷人用尸之证。"《粹》1299"〔〕人三千",人字作〔〕。又与夷通用,《粹》1187"侯告伐尸方",尸方即夷方。

8. 兄、祝可通。〔〕(《甲》2292字),用为祝;《甲》801"祝于父甲"、《甲》1655"其至祖丁祝王受祐",祝作〔〕(兄)字。

9. 易、锡可通。〔〕,易字,《甲》3364"易日",犹今言变天;卜辞又用为锡,如《坊间》3.81"易贝二朋",锡字作〔〕。锡有赐予之义,"锡贝二朋"即赐贝二朋。

10. 帝假作禘。用帝为禘,如《乙》4549"癸未卜帝下乙",帝读为禘,禘,祭名。

五、卜辞中常见的同义词

以上是卜辞中常见的通假字,例子很多,不胜枚举,要求初学者勤于笔记。另外还有常见的同义词。关于卜辞中的同义词,陈炜湛在香港中文大学国际中国古文字学术研究会上发表过一篇《甲骨文同义词研究》[①]的文章,他例举了不少甲骨文中有相关联系的同义词,约有十五词组,分别有:

1. 大、天、元
2. 妻、母、奭、姜
3. 征、伐、璞、循、臺
4. 幸、执、俘、隻(獲)、禽、罗
5. 少、小

---

① 陈炜湛:《甲骨文同义词研究》,载香港中文大学中国文化研究所吴多泰语文中心编《国际中国古文字学研讨会论文集》,1983年。

6. 奴、嫂、昇、叟

7. 灾、它、尤、祸、希、蛊

8. 闻、听

9. 禾、年

10. 不、弗、非、亡、勿、毋

11. 叀、于、隹(唯)、其

12. 氐、来、人

13. 我、朕、余

14. 岁、年、祀

15. 田、兽(狩)、省

以上这几组词是卜辞中最多最常见的文字，根据陈炜湛的分析，每组中的各字相关词义相近。因篇幅关系略举几例：

例如第二组的妻、母、奭、妾，这一组是关于配偶称谓的同义词，在殷代母除了母亲义，称母庚、母辛、母壬、母癸等之外，又有配偶义，与奭同义。这与后世的妻与母严格区别是完全不同的称谓。

第四组的幸、执、俘、隻(获)、禽、罗，这一组是表示捉获、捕获之义的同义词。幸、执多用于征伐卜辞，谓战争中有所俘虏，主要是对人而言；隻、禽、罗多见于田猎卜辞，谓狩猎追逐中有所捕获，主要是对禽兽而言。二者的区别在于捕获对象不同，在使用上殷人偶尔也并不严格，如"获羌"，可以看出"羌"的地位与动物同等低贱。

第七组的灾、它、尤、祸、希、蛊，这一组是表示灾祸不吉的同义词。表示有灾祸在其字前冠以"有"，无灾祸加"亡"(即无)。亡灾，习见于田猎卜辞，如"往来亡灾""湄日亡灾"。亡祸，多见于贞旬卜辞，称"旬亡祸"。亡它，多用于王及亲属臣下占卜、祭祀，也用于日夕的时序及个人安危占卜。这组词使用的习惯和范围不尽相同，但往往可通用。以占卜事类言，卜日卜夕时既可用亡祸，也可用亡尤；但卜旬时只用亡祸，不用亡尤；王及臣下占卜吉凶时,亡灾、亡它、亡祸皆可用,亡尤亦偶见;祭祀卜辞既用亡尤,也用亡它,但不用亡灾;田猎卜辞习惯用亡灾(戋),不用其他三个词①。

殷人在使用关于有无灾祸的同义词上的交配,显示出灾、它、祸、希等词的细微差别。最能说明的是贞旬卜辞,命辞曰"旬亡祸",占辞曰"有希",验辞记"希"的内容,但是另一些卜辞则表明有希未必就有祸的现象,正可说明希与亡它、亡祸的区别。

第十一组是叀、于、隹(唯)、其,这一组是意义和用法相似的虚词。于本为关系词,叀、隹、其多用作语气词,这几个词的区别在于:其,可直接修饰动词,如"其来、其雨"。叀,一般不直接修饰动词,而是起将宾语置于动词前的作用,如"叀多子族令""叀多臣乎从证叀";或直接修饰名词,表示一种语气,如"叀牢""叀牛""叀父丁"。叀和于字之前未见不、弗等词修饰之例,隹与叀的区别就在于"隹"可用"不"修饰。在有关祭祀、田猎、使令等卜辞中,"其"与"叀"常见一版,同卜一事,两个词的用法、含义也是大同小异②。按卜辞近称的记时之辞多用虚字"叀",远称者多用"于"字。

第十四组是岁、年、祀,这一组是关于纪年的同义词。岁,作纪年用之属假借;年,禾熟为一年,是为义之引申;祀,按卜辞晚期称"唯王若干祀"习语,帝乙、帝辛时每年自彡至翌五种祭祀依顺序举行,祭祀一周,恰足三百六十日,约相当一年日数,故此时把一年称为一祀,即把祭祀来代表年岁,称"隹王若干祀"。此三词音义各异,皆因假借或引申,成了一组同义词。

近日读徐中舒《怎样考释古文字》③一文中提到一组同义词亦摘引如下:如言、舌、告诸字,都是同义的异体字④。在甲骨文中言作舌,舌作舌,告作𠙵或𠙵。……言、告、舌三字在甲骨文的辞例中都可以训为告。例:

---

① 沈建华:《试论亡、亡尤、亡灾、亡戋、亡㞢的辞义异同性》,《中国语文研究》第 5 期,香港中文大学,1987 年。
② 岛邦男:《殷墟卜辞综类》,日本汲古书院,1967 年,页 229。
③ 徐中舒:《怎样考释古文字》,见《出土文献研究》第一辑,文物出版社,1985 年。
④ 华案:如卜辞"祝"字异体作"𥛱""𥛱""𥛱""𥛱"。见沈建华、曹锦炎《甲骨文字形表》(增订本),上海辞书出版社,2017 年,页 35。

贞：✦疾于祖乙。　　　　　　　　　　　　　（《京都》1650）
　　贞：王有✦祖丁正。　　　　　　　　　　　　（《乙》4708）
　　贞：王✦父乙。　　　　　　　　　　　　　　（《合》148）

其他关于甲骨文的通假同义词的材料，日本岛邦男博士在其《殷墟卜辞综类》①一书后附有《通用、假借、同义》用例三百余例，但所收者失之过滥，其中有许多是一个字同时期或早晚的异体字，这就不能算是通假同义了，但也可作参考。

六、卜辞中常见的祭名

通读卜辞还有一只"拦路虎"，这就是祭名。

殷人祭祀的对象有祖先神、自然神，以及旧臣如伊尹、巫咸等人，其祭名有些我们现在只知其名，不知其实。以下是卜辞中常见的祭名：

1. 殷代帝王用彡、翌、祭、壴（䬻，音载）、劦五种主要祭法，按天干日名与王名相应周祭祖先，遍及祖妣。依次举行，周而复始。每一周复，谓之一祀。"彡"用鼓乐，"翌"用羽舞，"祭"用酒肉，"壴"用黍稷，"劦"是最后大合祭。据董作宾的研究，"五种祭祀由彡祭开始，毕，继之以翌祭，翌祭完毕，则为祭祭、壴祭、劦祭三种顺次复叠举行，每年循环一次，《殷历谱》称之为'祀统'，每一种祭典则称为'祀系'。祀系祭日以上甲始，所以每一祀系分甲寅、甲辰、甲午、甲申、甲戌、甲子六种。在彡祭的前一旬必有'工典'这种礼节，是一个祭统的开始。'工典'的一天必在甲日，所以祀统也分六甲。这是属于先祖的。先妣的祭祀，自示壬奭妣庚的庚日开始，因此祀系分庚寅、庚辰、庚午、庚申、庚戌、庚子六系。集合先祖先妣，五种祀典、六种祀系，交互错综，形成一个严密的独立组织"又说"五种祀典，到了帝乙、帝辛时，每年自彡至劦依顺序举行祭祀一周，恰足三百六十日，约相当一岁的日数，所以在此时，

---

① 岛邦男：《殷墟卜辞综类》，日本汲古书院，1967年。

把一年称为一祀，也就是把祀来代表年岁，称'惟王岁祀'，就等于说王的第岁年。五种祀典的制定，是祖甲开始的，到帝乙、帝辛时，祖妣增多了，重加厘定，乃更为谨严完密。五种祀典的办法，是彡、翌各自单独举行而相连续。翌之后接以祭，祭之下一旬加入𩰪，𩰪之下一旬加入肜以后三种联合举行，各成系统。彡祭需时十一旬，翌祭需时十一旬，祭、𩰪、肜三种联合举行需时十三旬，开始彡祭时的'工典'占一旬，共三十六旬，三十六旬，遍及祖妣，周而复始，极有规律。"

2. 䙴祭。卜辞每多用于攘除灾祸之祭，王国维曰："御，卜辞作䙴，从午从卩，或作䙴不省，盖假为御字，《说文》'御祭也'。"（《戬考》十二叶下①）兹从王说。

3. 伐祭。吴其昌曰："殷代人祭之确证，则在甲骨《前编》卷1页18片4，其文如下：'丁酉卜贞王宾武丁伐三十人卯六牢鬯六卣亡尤。'以伐三十人、卯六牢对举，则人与牢之地位必相等；而伐与卯之意思必相同，卯之意义为杀，已经罗、王诸先生所考定，而为古史学者所公认，卯牢与伐人并举以祭先公先王，则伐人之为杀人意义了然矣。"②兹从吴说。

4. 匚、亡祭。王国维曰："匚甲匚，《史记》谓之报乙、报丙、报丁，谊当如《鲁语》'商人报焉'之报，其称盖起于后世，至丑匚甲匚四名所以从口或匚者，或取匸（音丹）主及效宗石室之谊，然不可得考矣。"（《戬考》五叶）唐兰谓："王说报乙、报丙、报丁即取报上甲微之意是也。谓报为后世追号当时称匚甲匚非也。报即祡祊二字之双声，报祭即祊祭，《拾遗》一叶七版云'贞其㞢匚于田牢其口'当读为'贞其㞢祊于上甲牢其口'；即报于上甲也。报乙、报丙、报丁，即匚乙、匚丙、匚丁也。盖殷祊祭上甲于门内，故甲字从口，而乙丙丁三个配两旁焉，故从匚或匚以象之也。口匚皆象方形，金文国或作国可证，则于门内为藏主方函以祭也，故《尔雅》即以閟为门矣。后世读祊如报，

---

① 王国维：《戬寿堂所藏殷虚文字考释》，石印本，1917年；又收入《王观堂全集》第3册，台北文华出版公司，1968年。
② 吴其昌：《殷代人祭考》，载《清华周刊》1932年第37卷9·10期文史专号。

则谓之报。"(见《卜通》页 41①,《天壤文释》页 34②)按《说文》:"匚,受物之器,象形,读若方。🈯,籀文。"匭,宗庙盛主器也。室经典作主,神主也。

5. ※(燚)祭。《说文》:"尞,柴祭天也。"又,"柴,烧柴樊燎以祭天神。"柴、尞两字义同,尞甲骨文作※燚,正像以火烧木柴之形,木旁诸点像火焰上腾之状。许书云"从眘者"非也。尞除祭之外还兼用牲之法。如"尞几牛",就是在尞祭中燔牛若干。

6. 𠭴祭。唐兰云:"王卒□𠭴者,𠭴当读为刿,割也。谓割牲以祭也。《墨子·明鬼》引古逸《书》曰:'吉日丁卯,周代祝社方,岁于社者考,以延年寿。'此谓伐人以祭于社若方,岁牲以祭于祖若考也。《洛诰》云:'戊辰,王在新邑,烝、祭、岁,文王骍牛一,武王骍牛一。'烝为𥎊,登新米之祭也;祭即卜辞之叙,以肉祭也;岁文王骍牛一,武王骍牛一者,岁用骍牛于文王武王各一也。"(《天壤文释》页 31)日本岛邦男认为:《尔雅·释天》"载,岁也"。𠭴有载义,《仪礼·少牢馈食礼》"用荐岁事于皇祖伯某"之岁亦有载义,要之,𠭴是岁乃载牲之义③。

7. 苯祭。此字郭沫若、唐兰据金文隶定为奉,为祈求之祭,郭云"奉年犹祈年"(《粹》考释页 3)。卜辞每多"苯雨""苯年""苯生""苯于岳""苯于河""苯于某祖先神"。此字李孝定释求,饶宗颐释祈④。释求释祈,并行不悖辞义。

8. 㞢(往)祭。如《乙》1465"往于河,㞢从雨"、《合》109"于羌甲卯,克往𣴎"。"往"祭多与御疾、祈雨有关。"往"当读作"禳"。于省吾云:"就古音言之,往禳叠韵,故通用。……再就义训言之,典籍每训往为去,又训禳为攘除,以为除凶去殃之祭。然则往和禳不仅音通,义亦相涵。"⑤

---

① 郭沫若:《卜辞通纂》附考释,日本东京文求堂石印本,1933 年。
② 唐兰:《天壤阁甲骨文存》,北京辅仁大学,1939 年。
③ 岛邦男:《殷墟卜辞研究》,日本汲古书院影印本,1958 年,页 263。
④ 饶宗颐:《殷代贞卜人物通考》下册,香港大学出版社,1959 年,页 978。
⑤ 于省吾:《甲骨文字释林》,中华书局,1979 年,页 154。

9. 🐃祭。此字从水从牛,《说文》所无。罗振玉说此像沈牛于水中,殆即貍沈之沈字,此为本字,《周礼》作沈乃借字也①。

10. 🐂祭。罗振玉曰:"《周礼·大宗伯》'以貍沈祭山林川泽'。此字像掘地及泉实牛于中,当为貍之本字。貍为借字。"如《粹》38"凼于河一牢",又有作凶,如《前》7.3.3"凵三犬"。《甲骨文编》中将畋猎卜辞中的凶、凼均收在貍字下欠妥,应读陷②。

11. 叙祭。此字卜辞第二期作𣪘。第五期作叙,其异体殊多,如𣪘、𣪘、𣪘、𣪘、𣪘等。日本岛邦男谓即禋祀③,贝塚茂树谓即烧薪祭④,董作宾谓𣪘即第一期之㡀祭⑤。王国维云:"古从祟之字或从奈,如隶字篆文作隸,古文作隷,疑或作𣪘,知𣪘叙亦一字也,殷墟卜辞有叙字,叙从古音同部,故以为从字。"⑥陈梦家谓"叙从同音相假,而从于《诗经》通句……卜辞叙奈皆祭名,即祷祝之类"⑦。于省吾云:"罗振玉谓:'许书有𣪘字,注楚人卜问吉凶曰𣪘,从又持祟,祟非可持之物,出殆木之讹。叙即许书之𣪘。然此字卜辞中皆为祭名,岂卜祭谓之叙与?'⑧按罗氏释形是也,但不得其义而作疑词。承培元《广说文解字答问疏证》:'𣪘即冬赛报祠之赛。冬𣪘报祠谓祈丰穰问水旱也。《周礼·都宗人》注《汉书·郊祀志》《急就篇》皆借塞为之。'按承说是也,但谓借塞为赛,不知赛为后起字,失之。《说文》:'𡨄,塞也,从宀𣪘声。'是𡨄与赛以声为训,𡨄从叙声,故知叙亦通塞。《汉书·郊祀志》:'冬塞祷祠。'颜注:'塞谓报其所祈也。'《说文》新附:'赛,报也。'徐灏《说文段注笺》曰'塞,实也',戴氏侗曰,引申之则诺许而实言曰塞,是也。盖有所祈祷,

---

① 罗振玉:《殷虚书契考释》(增订本)三卷二册,东方学会石印本,1927年,页16。
② 于省吾:《甲骨文字释林》,中华书局,1979年,页270。
③ 岛邦男:《殷墟卜辞综类》,日本汲古书院,1967年,页264。
④ 贝塚茂树、伊藤道治:《京都大学人文科学研究所藏甲骨文字》,京都大学人文科学研究所,1959年,页377。
⑤ 于省吾:《甲骨文字释林》,中华书局,1979年,页35。
⑥ 王国维:《王国维全集》第十一卷,浙江、广东教育出版社,2010年,页34。
⑦ 陈梦家:《古文字中之商周祭祀(附表)》,载《燕京学报》第19期,1936年,页105。
⑧ 罗振玉:《殷虚书契考释》(增订本)三卷二册,东方学会石印本,1927年,页18。

许以牲礼为报,自实其言,故谓之塞也。"①兹从于释。

12. 福（福、畐）祭。罗振玉曰:"从两手奉尊于示前,或省収,或并省示,即后世之福字。在商则为祭名,祭象持肉,福象奉尊。《周礼·膳夫》'凡祭祀之致福者'注'致福谓诸臣祭祀进其余肉归胙于王';《晋语》'必速祠而归福'注'福,胙肉也'。今以字形观之,福为奉尊之祭,致福乃致福酒归,胙则致祭肉。故福字从酉,胙字从肉矣。"②

13. 祳（祳、禣、升）祭。于省吾云:"祳字从𠬞或𠂇,即古升字。……祳字应隶定作𥙡。𥙡从示𠭥声,𠭥从𠬞升声。𥙡字从示,为祭时进献品物之𥙡,此与甲骨文聂亦作𥙡,彗亦作彗同例。……《仪礼·士冠礼》:'若杀则特豚载合升。'郑注:'煮于镬曰亨,在鼎曰升,在俎曰载。'按此乃分别言之,通言之,则进献品物以祭,均可谓之升。典籍多训升为进为献。要之,殷礼以𥙡为进献品物之祭,与周制可互证。周代以升代𥙡,升行而𥙡废矣。"(《释林·释𥙡》)③

14. 㞢祭。胡厚宣曰:"㞢为武丁时常见祭名,当为侑之借字,或假为有。"(见《集释》)④此说极是,侑,劝也。《诗·小雅·楚茨》:"以为酒食,以享以祀,以妥以侑,以介景福。"盖向受祭之鬼神劝进酒食也。

15. 友祭。《明》2356"贞:于友帝"即习见之友祭。

16. 彡夕、彡日祭。吴其昌云:"彡夕之祭皆于所祭先祖生日上一日举行,在卜辞中绝无例外,而彡与彡日则于所祭先祖生日之本日举行。"⑤杨树达曰:"殷人卜祭必以王名之日卜,如上举二例,示壬肜日之卜以壬寅,大甲肜日之卜以甲申,是也。卜用王名之日,则祭用王名之日可知,盖先十日卜后十日之祭也。殷人肜日之外,更有肜夕之祭,其卜也,必用王名之先一

---

① 于省吾:《甲骨文字释林》,中华书局,1979年,页36。
② 罗振玉:《殷虚书契考释》(增订本)三卷二册,东方学会石印本,1927年,页17。
③ 于省吾:《甲骨文字释林》,中华书局,1979年。
④ 李孝定:《甲骨文字集释》第七,台北"中研院"历史语言研究所,1965年,页2262。
⑤ 吴其昌:《殷虚书契解诂》,1934年起在武汉大学《文哲季刊》第三卷二、三、四号,四卷二、四号,五卷一、四号,六卷三号连载。

日。……王名丙则以丙之先一日乙日卜,王名庚则以庚之先一日己日卜,是其例也。此亦非以卜日祭,亦先十日卜之也。如上所说,殷人肜夕以王名先一日祭,而肜日以王名之日祭,然则前人所谓祭之明日又祭者,第一祭字盖指肜夕言之,明日又祭则指肜日言之也。以事理言之,先夕之祭盖豫祭,而当日之祭则正祭也。正祭为重而豫祭为轻,则先儒谓初祭为正祭,等于复祭者,非其实也。"①

17. 衣祭。王国维曰:"衣为祭名未见古书,惟潍县陈氏所藏《大丰敦(簋)》云'王衣祀于丕显考文王'。案:衣祀疑即殷祀,殷本月声,读与衣同。故《尚书·康诰》'殪戎殷',《中庸》'壹戎衣'郑注:'齐人言殷声如衣。'《吕氏春秋·慎大》'亲郼如夏'高注:'郼读如衣,今兖州人谓殷氏皆曰衣。'然则卜辞与《大丰敦(簋)》之衣殆皆为借为殷字。惟卜辞为合祭之名,《大丰敦(簋)》为专祭之名,此其异也。"②

18. 烄(㷻、㷼)祭。烄像人在火上,卜辞烄多与雨并见,当为祈雨之祭。叶玉森曰:"《尸子》曰:汤之救旱也,素车白马,布衣,身婴白茅,以身为牲,是殷初祈雨以人代牲之证,后世变而加厉乃投罪人于火示驱魃意,本辞云'烄奴之从',㷼像投交胫人于火上,'丷'像火焰。"③

19. 橆(雩)祭。求雨之祭也。《粹》845:"翌日庚其乘,乃橆,祁至来庚又(有)大雨。"郭沫若云:"橆当是雩之异,从雨无声,无亦会意,无古文舞。"④《说文》:"雩,夏祭乐于赤帝以祈甘雨也。䨵,雩或从羽,雩无羽也。"甲骨文像双手各执牛尾而舞,非舞羽也。

20. 登(豋)祭。典籍作"烝"或"蒸"。《尔雅·释天》孙炎注:"烝,进也,进品物也。"陈梦家曰:"卜辞所记登尝之礼也。当然就是当时王室所享用的粮食,因为登尝就是以新获的谷物先荐于寝庙让祖先尝新。卜辞所记所登

---

① 杨树达:《积微居甲文说·卜辞琐记》,中国科学院,1954 年,页 52。
② 王国维:《殷礼征文》,收入《王静安先生遗书》,商务印书馆,1940 年。
③ 叶玉森:《殷墟书契前编集释》,上海大东书局石印本,1933 年。
④ 郭沫若:《殷契粹编》附考释,日本东京文求堂石印本,1937 年;又日本东京三一书房重印本,1976 年。

的谷品有以下四类：来、秾、米、鬯。以上的登，卜辞作异，或增示。"①来是小麦，秾是黍，米是稻米，鬯是以郁金香合黍酿造的香酒。

21. 既（𝄞、𝄟）祭。孙诒让释既。罗振玉云："即像人就食，既像人食既。许君训既为小食，谊与形为不协矣。"②郭沫若云："既殆粢省，《说文》以粢为饩(音戏)之异。《礼·中庸》'即虞称事'注云：'既读为饩。'饩者以生物为献也。郑注《仪礼》《周礼》《论语》并云：'牲生曰饩。'杜注《左传》曰：'熟曰饔，生曰饩。'故既即粢即饩，其义为生牲，杀而不熟，生以为祭也。"③

22. 即（𝄞），祭祀用语，即像人就食。卜辞屡言"即宗""其即"，郭沫若云："其即"殆犹言其至，其格，(此片)谓"夒"眔"上甲"其来就享祀也(《粹》考释3片)。岛邦男云："即"与"飨"有通用之例，如《粹》486"多子即"，《甲》2734作"多子其飨"④。

23. 宜（𝄞）祭。陈梦家云："卜辞之宜作𝄞，亦即俎字。"《金文编》以为俎宜一字，是对的。宜字在卜辞中有两种用法：一、祭名。"贞我一月酌，二月宜"(《前》1.39.2)，"其宜于妣辛一牛"(《上》19.15)。二、用牲。"寮于河十牛，宜十牛"(《上》24.4)、"甲辰宜大牢，寮小宰"(《甲》246)都是动词。后世祭社曰宜：《王制》"天子将出，类乎上帝，宜乎社，造乎祢"；《周礼·大祝》"大师宜于社，造于祖，设军社，类上帝""大会同，造于庙，宜于社"；《尔雅·释天》"起大事动大众，必先有事乎社而后出，谓之宜"。卜辞之宜有可注意的四事：(1) 常常"宜于某京"；(2) 宜之祭常用羌；(3)《乙》6879"王广三羌于宜，不广若"，宜似是宗庙；(4) 除宜于某京的记事刻辞外，其他卜辞中以宜为祭名或用牲之法的，先公多于先王先妣⑤。

24. 血（𝄞、𝄟）祭。《库》1551辞云"乙巳卜，出贞：其丝王血□牛曾五羌

---

① 陈梦家：《殷虚卜辞综述》，科学出版社，1956年，页529～530。
② 罗振玉：《殷虚书契考释》(增订本)三卷二册，东方学会石印本，1927年，页16。
③ 郭沫若：《殷契粹编》附考释，日本东京文求堂石印本，1937年；又日本东京三一书房重印本，1976年。
④ 岛邦男：《殷墟卜辞研究》，日本汲古书院影印本，1958年，页287。
⑤ 陈梦家：《殷虚卜辞综述》，科学出版社，1956年，页266～267。

五……";《文》326"丁卯卜，大贞：其王又于……血父丁"，此血祭之辞。按《说文》血字篆作盅，"血祭所荐牲血也，从皿，一象血形"。卜辞从○者，罗振玉云："血在皿中，侧视之则为一，俯视之则成矣。"①有关血祭之卜辞尚有一作丮、𠬝、𠬜等形之字，此字于省吾释丮，认为即《说文》衋之初文。《说文》："衋，以血有所刉（音机）涂祭也。从血幾声。"于氏云："甲骨文言丮，皆谓刉物牲或人牲，献血以祭也。此与周代祀典取牲血以涂衅祭器者，显而不同。"②卜辞每有"告于血室""坐于血室"等语。郭沫若云："古者立宗庙'其祭尚气，先迎牲杀于庭。取血告于室以降神，然后奏乐，尸入，王乃裸以郁鬯'（见《通典》卷4、7）。盖祭时先取血，而后王宾尸。"③

25. 嬪（𡠗），祭名。《乙》2866＋4151"贞王嬪羌甲日，贞勿嬪羌甲日"可证，祭仪不详。

26. 祭祀言步者，如"步于母庚""其步十牛"，步应读作酺。《周礼·族师》"春秋祭酺亦如之"，郑注："故书酺或为步。"

27. 新，祭名。"辛未，坐设新星"（《前》7.141）。新字至廪辛康丁时则变作薪，如言"薪大乙，又彳王受又"（《粹》145）。郭沫若云："薪殆新之繇文，读为薪。《诗·棫朴》'薪之槱（音酉）之'，薪大乙犹言槱大乙也。"④

28. 米（𩱞），祭名。以谷米致祭于神祖谓之米。如《屯南》936"庚寅贞：王米于囧以且乙"。囧为地名，辞乃卜问王于囧地米祭祖乙之可否。

29. 帝（柰），祭名读作禘，即大祭禘。《尔雅·释天》："禘，大祭也。"《礼记·丧服小记》："王者帝其祖之所自出，以其祖配之。"故卜辞每以帝祭祭先公和祖乙。

30. 取，祭名。陈梦家以为假作"槱"，据《风俗通》谓"槱者，积薪燔柴也"⑤，

---

① 罗振玉：《殷虚书契考释》（增订本）三卷二册，东方学会石印本，1927年，页31。
② 于省吾：《甲骨文字释林》，中华书局，1979年，页24。
③ 郭沫若：《卜辞通纂》附考释，日本东京文求堂石印本，1933年，页835。
④ 郭沫若：《殷契粹编》附考释，日本东京文求堂石印本，1937年；又日本东京三一书房重印本，1976年。
⑤ 陈梦家：《殷虚卜辞综述》，科学出版社，1956年，页355。

于省吾进一步加以申论,认为应读作㷉而通作橺①。

31. 正,甲骨文作𠯟,与足同形。此字用法有假作征,如"征人方""征盂方"等。又用为足,如"帝令雨足年"(《前》4.40.1)、"帝其令足雨"(《乙》6951)。亦用为祭名,如"贞:正祖乙"(《合》54),"贞:正唐,弗其正唐",唐即殷王成汤。于省吾认为殷人之正祭,即周代的祡(音营)祭。他说:"甲骨文祭名之正应读作禜,正禜叠韵,故通用。……再就义训来说,甲骨文多以正为征伐,而祡则是攘除殃患之祭,两者义也相涵。"②

以上三十一个祭名是卜辞中常常见到的。一些不常见的祭名和用牲方法的专名,如卯、改、酉等就不一一介绍了。关于祭名,饶宗颐《殷代贞卜人物通考》③末附《祭名索引》,包括祭仪、用牲、用人及宗庙名称等,可以参考。

七、关于卜辞的断句

通读卜辞时有一个断句问题要注意。举例说明如下:

《屯南》第2384片第1辞:"庚辰贞,其陟……高且囧丝用王吉……"姚孝遂、肖丁说:"'高且囧'此属仅见。但卜辞'高祖'与'囧'是相对为言的。《明后》470:'庚寅贞:其告高且,来于囧三牛。'《缀》13:'辛未卜,高且㚔,其卯囧。'据此,则此片之'高且囧'不能连读,应分读作'高且、囧'。犹言'高且暨囧'。"④由此可知有疑难之辞的断句,需要参考他辞而定。

与断句有关而需注意的是:殷人契刻有一字双用的习惯。例如:

1.《屯南》2953第2辞:"癸卯贞:酻彳岁于大甲辰五牢,丝用。""甲"字一字双用,当为"大甲、甲辰"。

2.《粹》477:"乙亥卜,又十牢十伐大甲申。"当为"大甲、甲申"。

---

① 于省吾:《甲骨文字释林》,中华书局,1979年,页160。
② 于省吾:《甲骨文字释林》,中华书局,1979年,页156。
③ 饶宗颐:《殷代贞卜人物通考》上下册,香港大学出版社,1959年。
④ 姚孝遂、肖丁:《小屯南地甲骨考释》,中华书局,1985年,页34。

3.《京都》1793:"己巳卜,又伐且乙亥。"当为"且乙、乙亥"。

4.《库》1005:"又且乙未。"当为"又且乙、乙未"。又借作侑,祭名。

5.《甲》3374:"丁卯卜,征晋佣大戊辰。"当为"大戊、戊辰"。

总之,断句是通读卜辞的前提条件。事前必须细读斟酌,无把握时应参考同类辞句之后再断句①。

八、关于夺字、衍字、误字

殷人契刻卜辞,少数是先写后刻的,习之既久,每每不经书写、直接奏刀,因此往往有夺字、衍字、误字,不便通读。胡厚宣有《卜辞杂例》②一文言之甚详,现各摘录数条如下,以示一斑。

1. 夺字

《续》3.8.9:"□□卜,旁贞:今㫑(春)︎正(征)土方。"""字后夺一"人"字。

《续》1.5.1:"癸未王卜,贞:旬亡𡆥(祸)。王︎(占)曰:吉。才(在)月又二,甲申︎酉(酒)祭上甲。""才(在)"后"月"前夺一"十"字。

《粹》1456:"癸酉卜,才(在)上䨿,贞旬亡𡆥。"以同版他辞言"癸亥卜,才(在)向,贞王旬亡𡆥",言"癸未卜,才(在)潘,贞王旬亡𡆥"例之,知此辞"贞"后"旬"前夺一"王"字。

2. 衍字

《佚》527:"□午卜卜,旁贞:王叀(传)帚(妇)好令正夷。"衍一"卜"字。

《续》6.22.11:"贞:其其㞢(震)。"衍一"其"字。

---

① 华案:关于卜辞的断句,除了断句之外值得注意的是卜辞还存有"合文的偏旁省略"即借笔,如写第二个字借横笔"五朋""五牢""王亥",裘锡圭根据《合集》27310片"惠祖丁︎奏"和《屯南》1055片,纠正了同版被过去学者对从庚从凡从父的︎字读作"父︎(庚)"或"盘庚"字的误解,裘锡圭认为其实应读为"父庚庸"字,无疑是正确的。详见裘锡圭《甲骨文字考释》,载《古文字研究》第四辑,中华书局,1980年。

② 胡厚宣:《卜辞杂例》,《"中研院"历史语言研究所集刊》第8本3分册,1939年。

3. 误字

《续》6.22.10:"甲子贞:王从沚成,才(在)才(在)月。"第二个"才(在)"字乃一纪月数字之误。

《甲》2996:"〔贞〕隹其苺。"以同版他辞言"〔贞〕雀不苺""贞雀不苺"例之,知"隹"字乃"雀"字之误。

《契》360:"其牢又一牛。丝巛。""丝巛"之"巛"乃"用"之误。

这种夺字、衍字、误字,只要我们细心阅读卜辞,是不难发现并纠正的。

九、关于相间刻辞与正反两面相续

一般卜辞的行款有直行而左、直行而右、自上而下或自下而上,少数也有横刻的,或从左向右,或从右向左,这些都是容易辨别的,但也有一些特殊的。在牛胛骨卜辞中,往往有卜问二事相间刻辞之例,不明此例者易误读。如《契》131:

受年,一月
登人
〔贞〕:不〔其〕受年。

此牛胛骨之左边,自下而上。一三两辞同贞"受年",与他辞"登人"相间刻之。又如《续》1.36.4:

㞢来自西。
勿于河幸。
亡其来自西。

此牛胛骨之左边,自上而下。一三两辞同贞"㞢来自西"之事,与"勿于河幸"相间刻之。又《甲》2.4.6:

受年,十一月。
王从沚咸。五月。

不其受年。

此牛胛骨之左边,自下而上。一三两辞同贞"受年"之事,与他辞相间刻之①。

我在《戬寿堂所藏殷墟文字补正》②一文中揭示卜辞有正反相续的例子,现摘录如下以示一斑。如《戬》3.10 原著失反拓,反面刻叙辞"癸卯卜宁",正面刻命辞:"贞:㞢(侑)于祖乙。贞:㞢得㞢牛。"《戬》24.2 原著失反拓,反面刻"己巳卜亘",与正面"贞:㲃牛……勿……"相接。《戬》26.7 原著失反拓,反刻"戊戌卜殻",正刻"贞乎竒子西,贞㞢"。《戬》36.5 原著失反拓,反刻"壬申卜",与正面"翌乙亥啓"相接。《戬》35.7 原著正反失联,正刻命辞"〔帚妌〕㚔三月",反刻验辞"帚妌允㚔"。《戬》17.16 原著失反拓,反刻"壬申卜宁",与正刻"贞亦盅雨"相续。

十、关于同文互足

最后,通读卜辞还有一点是应该注意的,即卜辞记所卜之事或记所卜应验,每一事书于数版,故有同文例。胡厚宣有《卜辞同文例》③一文言之甚详。如《掇一》179"壬午卜,宁贞:河㞢我?"与《金》598"壬午卜,宁贞:河㞢我?"完全相同。正因为有这种同文例,所以有些残辞可以互相补足。例如:《佚》141"乙酉……?"可以据《后》下 29.13"乙酉卜,方弗?十月"补足,但此二辞是正反对贞辞,所以补足应作"乙酉卜,方其?"又如:"癸酉卜,出贞:㞢(侑)于唐,叀羽(翌)乙……"(左行)"癸酉卜,出贞:㞢(侑)于唐,叀羽(翌)乙亥酒,六月。"(右行)(《续存》上 1490,骨)两版同文可以互证,并补缺字。"出,为祖甲时人,知其时仍称成汤为唐"④。

---

① 胡厚宣:《卜辞杂例》,《"中研院"历史语言研究所集刊》第 8 本 3 分册,1939 年,页 432。
② 沈之瑜:《戬寿堂所藏殷墟文字补正》,《上海博物馆馆刊》1981 年第 1 期。
③ 胡厚宣:《卜辞同文例》,见《"中研院"历史语言研究所集刊》第 9 本,1947 年。
④ 饶宗颐:《巴黎所见甲骨录》,香港大宏雕刻印刷公司,1956 年,页 16。

第五章 卜辞的辞式与辞序

一、卜辞的组成部分

殷墟甲骨文是以卜辞为主体的王室占卜记录。由于占卜的特殊性质，卜事都是按占卜者的意愿与卜问的形式分别逐一记载的，且时繁时简，有同卜一事数日连续者，或同一甲骨众事并存者。诸辞经契刻者分散处置后，给人造成纷乱无章、辞序不明的现象。因此，要在一块多卜辞的甲骨中正确地理解、还原出三千余年前殷人的卜序，揭示完整的占卜事件，这就必须要对殷人的卜辞组合的辞式、刻序的习惯、卜问的规律作全面系统的研究，探求其内在联系。这就是本章要讲到的殷墟卜辞的辞式与辞序。

早期唐兰提出，一条完整的占卜记录应由前辞、命辞、占辞、验辞四个部分组成。继而有人补充，认为完整的卜辞应由署辞、前辞、贞辞、兆辞、果辞、验辞等六个部分组成。我们从卜辞总体的成分分析，认为一条完整的卜辞应由如下七个部分组成：

1. 前辞。或称"叙辞"。卜辞前部记有干支、地点、贞人名的部分。如"干支卜""干支贞""干支王在某月某地卜""干支卜某贞"等。

2. 命辞。即命龟之辞，亦称"贞辞"或称"问辞"，《说文》"贞，卜问也"，即前辞之后卜问的内容部分。如《簠》34"癸未卜，兄贞：旬亡囚"中的"旬亡囚",《乙》5265"壬寅卜,殸贞：河弗巷王"中的"河弗巷王"。

3. 占辞。或称"果辞",即根据卜兆所作出的判断之辞。如《乙》3421"丙子卜,贞：雨。王固曰：其雨"中的"王固曰：其雨"。

4. 决辞。即占卜事项取用与否的专用词,如"用""不用""兹用""兹不用"等。如《京》3454"庚午卜,王曰贞：翌辛未其田,往来亡灾,不遘囚？丝用"中的"丝(兹)用"即是。

5. 验辞。即记录占卜结果应验与否的刻辞。如《续》4.17.8"丁卯卜,贞：今夕雨？之夕允雨"中的"之夕允雨"即是。

6. 序数。或称"兆序",为卜辞兆纹旁的数目字,用以标明占卜时的次序。如《存》下 157"壬子卜,宾贞：我受年？一、二、三、四、二告、五、六、七、八"中的"一、二、三、四、五、六、七、八"。

7. 兆辞。一称"兆记",或称"兆语",即卜兆的专用语,这些专用术语刻于卜兆旁。如"一告"、"二告"、"吉"、"引吉"（或释弘吉）、"大吉"等。上举《存》下 157 辞中的"二告"即是。

至于"署辞",是贡龟、治龟及整治之后甲骨的保管者等人的签名,与卜辞内容并无直接关系。而前辞、命辞、占辞、决辞、验辞、序数、兆辞都与卜事有直接密切的关联,是研究殷墟卜辞的辞式和辞序的主要依据。其中序数最易为人忽略,其实是很重要的部分,不注意这个问题,就会把单贞卜辞和其他形式的卜辞混淆起来,并难以发现卜辞的组合群。

关于序数,郭沫若早在《卜辞通纂》中就指出："一、二、三、四等数字乃纪卜之次数,数止于十,周而复始。"①之后张秉权专门撰写了《卜龟腹甲的序数》②一文来论之,他认为："在殷墟的甲骨中,无论龟甲或兽骨上,标记卜兆的序数,从来没有发现过'十'以上的,因此,我们断定：殷人对于一件事情（即一个题目）的占卜,最多不会超过十次以上,那是离事实不会太远的。"又

---

① 郭沫若：《卜辞通纂》第 9 片考释,日本东京文求堂石印本,1933 年。
② 张秉权：《卜龟腹甲的序数》,"中研院"历史语言研究所集刊第 28 本上册,《庆祝胡适先生六十五岁论文集》,1956 年。

说:"序数是一种甲骨上的数目字,即一、二、三、四、五、六、七、八、九、十等数字,在甲骨上,它们是用来标记卜兆的占卜次序的,是用来标明某一卜兆属于某一事件的贞卜之中的第若干次占卜的,它们并不是卜辞,但与卜辞有着十分密切的关系,和兆语一样,它们在甲骨上是独立的部分。"现在我们才真正弄明白序数的性质:每个序数都有相对应的占卜灼痕;在单列重贞卜辞、选贞卜辞、对贞卜辞、定型卜辞中序数表示占卜的次数;在多列重贞卜辞、重复选贞卜辞、重复对贞卜辞、对选卜辞、三联卜辞中,序数不是代表占卜次数,而是表示占卜的组类;序数,一般以十为终,越十者仅见《乙》5399版一例,序数有十一;序数有时还是卜辞辞意最省略的表现形式。它是判别殷墟卜辞辞式的准绳之一,亦是辞序确认的标志。

下面我们通过卜辞中各组成部分的内在联系,卜辞与卜辞间的联系,分析介绍殷墟卜辞各种辞式如下。

二、单贞卜辞

对某一事件或某一内容只进行一次占卜,这种卜辞称之为"单贞卜辞"。单贞卜辞在殷墟卜辞的辞式中是最普遍最简单的独立的卜辞。如《合集》38861:

1. 丙申卜,贞:王今夕亡㱿。
2. 戊戌卜,贞:王今夕亡㱿。
3. 庚子卜,贞:王今夕亡㱿。
4. 壬寅卜,贞:王今夕亡㱿。
5. 甲辰卜,贞:王今夕亡㱿。
6. 丙午卜,贞:王今夕亡㱿。
7. 戊申卜,贞:王今夕亡㱿。
8. 庚戌卜,贞:王今夕亡㱿。
9. 壬子卜,贞:王今夕亡㱿。

10. 甲寅卜,贞:王今夕亡𢘑。

这一版十条卜辞都只有前辞和问辞,分别在丙申、戊戌、庚子、壬寅、甲辰、丙午、戊申、庚戌、壬子、甲寅十天内占卜当天晚上是否有祸害。卜辞亡囚犹言无祸,前期作囚,后期作𢘑。这十条卜辞是彼此独立的,对于"今夕亡𢘑"的占卜,一日只进行一次,故这十条卜辞都是单贞卜辞。但在殷墟甲骨文中,并非"卜旬""卜夕"辞都属单贞卜辞,有些是经过反复多次占卜的,这就构成重贞卜辞(详后述)。现再举几个单贞卜辞的例子如下:

庚寅卜,㱿贞:🈺妃亡不若。　　　　　　(《合集》2869 正)
丙申卜,㱿贞:㞢(侑)于且乙十白豕。　　　(《合集》1524)

前者庚寅日,由贞人㱿卜问,🈺妃不会不顺利吧?后者在丙申日,由贞人㱿卜问侑祭祖乙用十白豕事。这两条卜辞都只进行了一次占卜,故亦属单贞卜辞。

三、重 贞 卜 辞

对于相同的某一内容在一日之内进行二次或二次以上的连续占卜,这种同一内容,经反复占卜的情况下所形成的卜辞组称之为"重贞卜辞",如《合》49:

正:甲子卜,〔宁〕贞:正〔宔〕上甲𠭴〔亡尤〕。
　　甲子卜,宁贞:王宔上甲𠭴亡尤。
　　甲子卜,宁贞:王宔上甲𠭴亡尤。
　　甲子卜,宁贞:王宔上甲𠭴亡尤。
　　〔甲〕子卜,〔宁〕贞:王宔上甲𠭴亡尤。
　　甲子卜,宁贞:王宔上甲𠭴亡尤。
反:甲子卜,〔宁〕贞:王宔上甲𠭴亡〔尤〕。
　　甲子卜,宁贞:王宔上甲𠭴亡尤。
　　甲子卜,宁贞:王宔上甲𠭴亡尤。

甲〔子卜，宁〕贞：王宾上甲耏亡尤。

《合》49 版共十辞，骨正面六辞，骨反面四辞，都在甲子日，由贞人宁占卜，问王亲自耏祀上甲"无尤"一事，对这一内容重复占卜了十次，构成了一组重贞卜辞。"王宾（宾）"之文大半当解为动词，乃傧敬之义。"亡尤"从丁山说，犹言无灾异，《说文》："尤，异也。"因为重贞卜辞的内容字句完全相同，故殷人在契刻时往往省略，如下组《乙》3212 重贞卜辞，用字逐渐递减省略：

己亥卜，内贞：王㞢石在 ✶（麓）北东作邑于之　　一

王㞢在 ✶（麓）北东作邑于之　　　　　　　　　　二

作邑于 ✶（麓）　　　　　　　　　　　　　　　　三

此版在己亥日由贞人内卜问，王有石在 ✶ 地之北东就地作邑。"作邑于之"的"之"通"兹"①。首辞序数为一，刻辞内容完整，次辞序数为二，省略卜辞的前辞，第三辞序数为三，更为省略，只刻"作邑于 ✶（麓）"四个字。最常见的重贞卜辞只有首辞内容完整，其余相同的卜辞都被省略了，只刻字序数。例如《存》下 157：

壬子卜，㝌贞：我受年　　一

（辞　全　省）　　　　　二

（辞　全　省）　　　　　三

（辞　全　省）　　　　　四　二告

（辞　全　省）　　　　　五

（辞　全　省）　　　　　六

（辞　全　省）　　　　　七

（辞　全　省）　　　　　八

此版在壬子日卜，由贞人㝌卜问，我地（指商地）是否受年。除了首辞完整外，其余七辞相同的内容都省略了，只刻序数，以表示同一内容的延续占卜。

---

① 唐兰：《天壤阁甲骨文存》，北京辅仁大学，1939 年，页 55。

最后序数八,表明反复卜问了八次。由此可见,序数也起到省略卜辞内容的作用。或者说,它表示了卜辞被省略的内容。

重贞卜辞有见于甲骨一面的(或正、或反,如上《存》下157),有见于正反两面的(如上《合》49),亦有分见于数块甲骨的,就目前已发现有同一内容卜辞分刻于五版龟腹甲上的:

贞:屮犬于父庚卯羊。　一　　　　　　　　(《丙》12)

贞:屮犬于父庚卯羊。　二　　　　　　　　(《丙》14)

贞:屮犬于父庚卯羊。　三　　　　　　　　(《丙》16)

贞:屮犬于父庚卯羊。　四　　　　　　　　(《丙》18)

贞:屮犬于父庚卯羊。　五　　　　　　　　(《丙》20)

此乃反复五次卜问用犬、羊侑祭于父庚(盘庚)事。辞旁都刻有序数,组成重贞卜辞。

重贞卜辞可分为单列重贞卜辞和多列重贞卜辞。凡同一内容连续占卜次数不超过十次,所记序数为十以内的自然数,而序数无重复者,为单列重贞卜辞,其序数表示占卜的次数。以上所举诸例都属于单列重贞卜辞。

多列重贞卜辞由若干同内容的单列重贞卜辞所组成。其序数形成为"一一、二二、三三、四四……十十"。这就说明了多列重贞卜辞的序数不仅表示占卜的先后次序,而且也表示重贞卜辞的组数与组序。每组各重复占卜二次以上。如《丙》347:

$\begin{cases} 疒阎 \quad 一 \\ 疒阎 \quad 一 \end{cases}$

$\begin{cases} (辞省略)二 \\ (辞省略)二 \end{cases}$

$\begin{cases} (辞省略)三 \\ (辞省略)三 \end{cases}$

$\begin{cases} (辞省略)四 \\ (辞省略)四 \end{cases}$

此版是占卜病有祟事。殷人对此事分组逐一反复占卜,每组以相同内容各重复占卜二次,共占卜四组才结束,总达八次,它的简省写法可作:

　　疒鼎　　一二三三
　　疒鼎　　一二三三

兹将单列重贞卜辞与多列重贞卜辞再各举两例以资比较。单列重贞卜辞举例:

1. 贞:吕〔不〕其受年。　　一〔二〕三〔四〕五
　　贞:吕不其受年。　　六七八九十　　　　　　　　(《丙》11)

"吕"非"吕"字,各家说者纷纭,其为地名当不误。

2. 其雨。
　　其雨。　　　　　　　　　　　　　　　　　　　(《合集》29846)

多列重贞卜辞举例:

1. 乙未宁贞:氏武㞢。　　一二三
　　氏武㞢。　　　　　一二〔三〕　　　　　　　　(《丙》106)
2. 贞:甲子㘝,乙丑王寮牧石麋,不隹囚,隹又二月。　　一、二
　　乙丑卜,㱿贞:甲子㘝,乙丑王寮牧石麋,不隹囚,隹又。　一、二告、二
　　　　　　　　　　　　　　　　　　　　　　　　　　(《丙》96)

㘝字于省吾释盟,读为覭(《集韵》"当侯切,音兜"),乃天气荫蔽之义①。"囚"读为咎,义为灾祸。"隹又"即"唯佑"。

四、对贞卜辞和重复对贞卜辞

对贞卜辞即是对某一内容,以否定和肯定的语意各占卜一次,这种情况

---

① 于省吾:《殷契骈枝续编》,石印本,1941 年。华案:"㘝"字有多种形体。裘锡圭指出:过去被释为"血"的很多字实际是"盟"字异体或跟"盟"字音近相通的字。见《释殷虚卜辞中的"㘝""㘝"等字》,载《裘锡圭学术文集·甲骨文卷》,复旦大学出版社 2012 年,页 394。

下所组成的一对卜辞称之为"对贞卜辞",对贞卜辞只能有两条卜辞。我们把否定语意的卜辞称之为"反卜",把肯定语意的卜辞称之为"正卜",反、正二辞的序数是连续的。如《丙》109:

　　翌癸卯帝不令风。　　　一
　　贞:翌癸卯帝其令风。　　二

此版贞卜翌日癸卯上帝是否命令有风,先反卜,"不令风",序数为一;次正卜,"其令风",序数为二。对贞卜辞以先反卜、次正卜为常,在殷墟卜辞中凡记有序数的都可证明,或有反卜序数为二,正卜序数为三,反卜均在正卜之先。

对贞卜辞在腹甲上所处方位往往是左右对称的,对贞卜辞习见于第一期,第四期次之,其他诸期少见。

重复对贞卜辞是对某一内容,以否定与肯定的语意进行反复地卜问,这种情况下所组成的卜辞称之为"重复对贞卜辞"。它们的反卜和正卜之辞在腹甲上往往是对称部位,或右边全部刻正卜,左边全部刻反卜;或右边全部刻反卜,左边全部刻正卜。如《丙》338:

　　⎰〔丙寅卜,□贞:父乙〕不〔𡧛〕于且乙。　　一
　　⎱丙寅卜,□贞:父乙〔𡧛〕于且乙。　　　　一
　　⎰父乙不𡧛于且乙。　　二
　　⎱贞:父乙𡧛于且乙。　　二
　　⎰父乙不𡧛于且乙。　　三
　　⎱〔父乙𡧛于且乙。　　三〕
　　⎰父乙不𡧛于且乙。　　四
　　⎱父乙𡧛于且乙。　　四
　　⎰父乙不𡧛于且乙。　　五
　　⎱父乙𡧛于且乙。　　五

此版整个腹甲有残缺,共刻十辞(六角括号内的字据同文补足),分为五组,

都在丙寅日占卜父乙是否宾于祖乙事。正卜为肯定语卜问"父乙宾于祖乙",反卜为否定语卜问"父乙不宾于祖乙"。这样一反一正的相同内容共反复占卜了五次。第一组对贞卜辞序数是一,二、三、四、五组的序数相应为二、三、四、五,五条正卜全部刻在腹甲右边,五条反卜全部刻在腹甲左边,彼此一一相对。又例如《合集》6728：

$$\begin{cases}贞：方允其来于沚。 \quad 一、二告\\ 不其来。\quad 一\end{cases}$$
$$\begin{cases}方其来于沚。\quad 二\\ 方不其来。\quad 二\end{cases}$$
$$\begin{cases}其来。\quad 三\\ 不其来。\quad 〔三〕\end{cases}$$

此骨版共六辞,系占卜"方"是否侵犯沚地事。每组对贞辞均有序数标明顺序,由此可以说明,重复对贞卜辞的序列是成对的、重复的。

单列重复对贞卜辞,常有省略,如《丙》353：

$$\begin{cases}丙午卜,宾贞：呼省牛于多奠。\quad 一\\ 贞：勿呼省牛于多奠。\quad 一\end{cases}$$
$$\begin{cases}(辞\ 省\ 略) \quad 二\\ (辞\ 省\ 略) \quad 二\end{cases}$$
$$\begin{cases}(辞\ 省\ 略) \quad 三\\ (辞\ 省\ 略) \quad 三\end{cases}$$
$$\begin{cases}(辞\ 省\ 略) \quad 四\\ (辞\ 省\ 略) \quad 四\end{cases}$$
$$\begin{cases}(辞\ 省\ 略) \quad 五\\ (辞\ 省\ 略) \quad 五\end{cases}$$
$$\begin{cases}(辞\ 省\ 略) \quad 六\ 吉\\ (辞\ 省\ 略)\end{cases}$$

此版整个腹甲占卜一事,即在丙午日,由贞人宾卜问是否省牛于多奠事。殷人只刻第一组对贞辞,自二至六组的对贞卜辞全省略了,只用序数表示,这是一种规范化的省简形式。

单列重复对贞卜辞习见于第一、三、四期,而以第一期为最多。

多列重复对贞卜辞,即由相同内容的若干单列重复对贞卜辞所组成。如《丙》93:

$$
\left\{\begin{array}{l}
\left\{\begin{array}{ll}\text{庚午卜,内贞：王勿作邑在兹帝若。} & 一\\ \text{庚午卜,内贞：王作邑帝若。} & 一\\ (\text{辞 省 略}) & 二\\ (\text{辞 省 略}) & 二\\ (\text{辞 省 略}) & 三\\ (\text{辞 省 略}) & 三\\ (\text{辞 省 略}) & 四\\ (\text{辞 省 略}) & 四\end{array}\right.\\
\left\{\begin{array}{ll}\text{贞：〔王〕勿作邑帝若。} & 一\\ \text{贞：王作邑帝若。八月} & 一\\ (\text{辞 省 略}) & 二\\ (\text{辞 省 略}) & 二\\ (\text{辞 省 略}) & 三\\ (\text{辞 省 略}) & 三\\ (\text{辞 省 略}) & 四\\ (\text{辞 省 略}) & 四\\ (\text{辞 省 略}) & 五\\ (\text{辞 省 略}) & 五\end{array}\right.
\end{array}\right.
$$

此版前记在庚午日由贞人内卜问,王在兹作邑是否受帝若,"若"读作"诺"。第一列重复对贞卜辞反正对贞重复四次,除了第一组有卜辞外,其他三组内容全部省略了,只用序数表示相同辞意。四组重复对贞结束后,又重复演一次,即第二列对贞重复卜辞,第二列对贞重复卜辞共有五组重复的对贞,亦只记一组卜辞,且正卜反卜均有省略,其余四组亦均省略,用序数表示,有关此事的占卜共有两列序数,即"一一、二二、三三、四四""一一、二二、三三、四四、五五"。第一列重复对贞卜辞的正卜刻于腹甲左边,反卜刻于腹甲右边,第二列重复对贞卜辞则与第一列相反,正卜在右,反卜在左。

多列重复对贞卜辞的序列只能按上述方法排比,而不能把《丙》93版作如下比次:

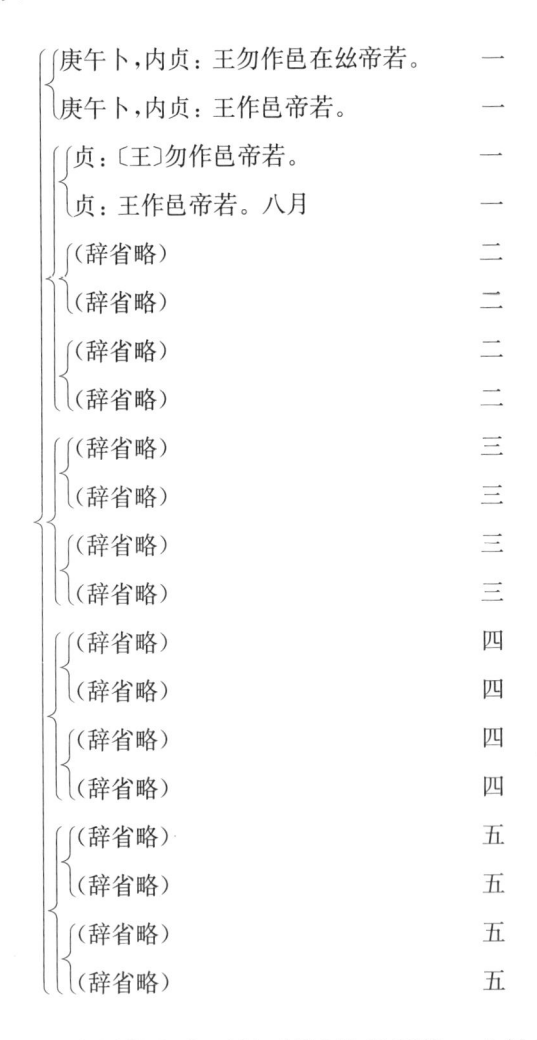

庚午卜,内贞:王勿作邑在兹帝若。	一
庚午卜,内贞:王作邑帝若。	一
贞:〔王〕勿作邑帝若。	一
贞:王作邑帝若。八月	一
(辞省略)	二
(辞省略)	二
(辞省略)	二
(辞省略)	二
(辞省略)	三
(辞省略)	三
(辞省略)	三
(辞省略)	三
(辞省略)	四
(辞省略)	四
(辞省略)	四
(辞省略)	四
(辞省略)	五
(辞省略)	五
(辞省略)	五
(辞省略)	五

因为《丙》93腹甲的左右下版,剑版的背部第一个钻凿都经灼用,灼后正面

所呈的每一兆旁都有序数，无一省略，如按后者序列排比，势必使组合序数、刻辞处位失调乱序。多列重复对贞卜辞也有分刻在数块龟甲和牛胛骨上的。

重复对贞卜辞与对贞卜辞的区别是：对贞卜辞只有两条卜辞，一条反卜，一条正卜，正卜与反卜的序数是相接续的，即"一、二"；而单列重复对贞卜辞则可有一个2X（X为二至十的自然数）、多列重复对贞卜辞则可有若干个2X（X为二至十的自然数）条的卜辞，而且每组对贞的反卜、正卜序数都相同。参见上列《丙》93版第一排列式。

五、选贞卜辞和重复选贞卜辞

选贞卜辞是选择两个或两个以上并列的内容分别进行一次占卜，借以肯定其中的某一吉利的内容，这种情况下形成的卜辞组称之为"选贞卜辞"。如《拾》662：

> 其一小宰。
> 二小宰。
> 三小宰。　大吉

此版所记载的是殷王将举行祭祀时，选问究竟用多少小宰为牺牲，用一小宰呢，还是二小宰，或三小宰？结果是三小宰为大吉。这三条卜辞内容并列，彼此组成选贞卜辞。选贞卜辞的序数是相连续的，如《京津》127：

> 庚子卜，行贞：其又（侑）于妣庚牡。　　一
> 贞：牝。　　　　　　　　　　　　　　　二

此版是在庚子日由贞人行选卜，侑祭妣庚时用牡牲还是用牝牲。二辞内容并列，序数"一、二"相续，组成一组选贞卜辞。

选贞卜辞的内容有选问时日、祭名、用牲种类、用牲数量、地名、年成、方位、祖神、自然神、人物等等。选贞卜辞中的受选对象的顺序是按世系为序，

是有规律的。又如用牲选贞卜辞，占卜时择数或递增，或递减，绝无忽大忽小漫无规则的情况，而是由小数至大数，逐渐递增，如《缀付》108：

$$\begin{cases}贞：小宰。 & 二 & \cdots\cdots 1\\ 贞：宰。 & 三 & \cdots\cdots 2\\ 贞：二宰。 & 四 & \cdots\cdots 3\\ 贞：三宰。 & 五 & \cdots\cdots 4\\ 贞：五宰。 & 六 & \cdots\cdots 5\end{cases}$$

此版是占卜祭祀的用牲数，共有六辞。第一辞完全残缺；第二辞是占卜用小宰为牺牲，未能得吉，结果改用宰为牺牲；第四辞开始则占卜用二宰，还是三宰，或五宰。记有序数"四、五、六"辞中用牲数逐渐增加。此版共有两组选贞卜辞，辞1、2组成用牲选贞，辞3、4、5组成用牲数量的选贞卜辞。另一例是由大数至小数，逐渐递减，如《摭续》65：

$$\begin{cases}庚申卜，王贞：翌辛酉其陞飨。 & 一\\ 庚申卜，王贞：翌辛酉十人其二陞。 & 二\\ 庚申卜，王贞：其五人。 & 三\end{cases}$$

此版"陞"字从自从夂从且，《说文》所无，疑是祭名。记载庚申日由王亲自占卜，问第二日辛酉陞祭时，用十人还是五人？

有关用牲的选贞卜辞无一不合上述规律，绝无忽大忽小的现象。张秉权在考释《丙编》187版时没有注意这一规律，以致释序不能还原卜序，卜辞顺序相混。

殷人为了确定某行动的具体时间，往往采用选贞。选贞的规律是：或自远日至近日，或由近至远，绝无混乱跳跃式的选卜。由远至近，如《掇二》159：

$$\begin{cases}庚辰卜，壬雨。 & 一\\ 庚辰卜，辛雨。 & 二\\ 庚辰卜，雨。 & 三\end{cases}$$

此版是在庚辰日卜雨事,由序数一、二、三可知顺序是第三天壬午,第二天辛巳,当天庚辰,由远及近。又如由近日选至远日,如《甲》3915:

> 甲辰卜,狄贞:王其田叀翌日乙亡灾。　　一
> 甲辰卜,狄贞:叀翌日戊亡灾。　　　　　二
> 甲辰卜,狄贞:叀壬亡灾。　　　　　　　三

此版记在甲辰日,由贞人狄选卜王畋猎的日期,由序数"一、二、三"可知其贞问顺序是第二天乙巳日,第五天戊申日,第九天壬子日,由近及远。可注意此版"翌"字不仅指第二天,第五天殷人亦称"翌"。

殷人在占卜有关祭祀时,除周祭是按祭谱轮番祭祀外,其他祭祀,则往往要选贞祭祀对象,在选贞祭祀对象时也按一定规律进行的。如:

> 屮于成。
> 屮于大丁。
> 屮于大甲。　　　　　　　　　　　　　　　(《合集》1369)

> 于小乙尞。
> 于且丁尞。
> 于父己尞。
> 于父甲尞。　　　　　　　　　　　　　　　(《合集》27348)

《合集》1369 版中的"成"作㞢,昔王国维释为"咸戊"①,即《尚书·君奭》之巫咸,《白虎通·姓氏篇》作巫戊。陈梦家先生改说谓:"卜辞戊咸之'咸',从戊从口,与从戊后丁之'成'字极易混淆而实有别,后者是成唐之成,乃是大乙。"②饶宗颐认为,成汤省称成,古籍乏证,仍主旧说③。但从占卜顺祀先王的卜辞看,大乙的位置与成相同,故陈说可从,如:

---

① 王国维:《古史新证》,清华研究院讲义本,1925 年;又《国学月报》1927 年第 2 卷 8、9、10 期合·王静安专号,又《燕京大学月刊》1930 年第 7 卷 2 期。
② 陈梦家:《殷虚卜辞综述》,科学出版社,1956 年,页 365。
③ 饶宗颐:《巴黎所见甲骨录》,香港大宏雕刻印刷公司,1956 年,页 14。

……上甲、成、大丁、大甲……　　　　　　　　（《乙》5303）

……上甲、大乙、大丁、大甲……　　　　　　　（《佚》986）

成即成汤大乙。《合集》1369版三辞完全以世系为序。《合集》27348版属第三期,辞中的小乙乃武丁之父,祖丁即武丁,父己即祖己,父甲即祖甲,四辞亦完全以世次为序。

现在再讲重复选贞卜辞。即在占卜时,选择两个或两个以上并列的内容,分别进行反复地卜问,据以肯定其中的某一内容,这种情况下所组成的卜辞组称为"重复选贞卜辞",重复选贞卜辞是由若干相同的选贞卜辞所组成。如《京津》3974：

{ 丁巳卜,叀今夕酚俎。
  丁巳卜,于来夕酚俎。
{ 丁巳卜,叀今夕酚俎。
  丁巳卜,于来夕酚俎。

此版由下而上释读,二组同问一事,四辞恰成一组重复选贞卜辞。值得注意的是"叀"与"于"的用法,今夕用叀,来夕用于,叀系近指,于系远指。又如《甲》2902：

{ 壬戌卜,㞢(侑)母壬用(盧)豕。
  壬戌卜,㞢母癸用豕。
{ 壬戌卜,㞢母壬用豕。
  壬戌卜,㞢母癸用豕。
{ 壬戌卜,㞢母壬用豕。
  壬戌卜,㞢母癸用豕。

此版共载六辞,每组二辞,共三组。三组内容完全相同,在壬戌日选卜,侑祭母壬卢豕? 或侑祭母癸卢豕? 于省吾谓用(盧)字训为剥割①。这三组相同

---

① 于省吾:《甲骨文字释林》,中华书局,1979年,页32。

内容的选贞，构成了一组重复选贞卜辞。

在重复选贞卜辞中，亦往往只刻一组或两组选贞辞，其他相同内容的辞句都省略了。如《合集》1416：

$$\begin{cases}辛酉卜，贞：奉于大甲。 & 一\\ 辛酉卜，贞：奉于大丁。三月 & 一\end{cases}$$

$$\begin{cases}（辞省略） & 二\\ （辞省略） & 二\end{cases}$$

$$\begin{cases}（辞省略） & 三\\ （辞省略） & 三\end{cases}$$

此版是在三月辛酉日选卜，奉于大丁，或奉于大甲？只刻了一组选卜内容，其余因内容相同全被省略了，仅刻序数表示。重复选贞卜辞习见于第一期、第四期。

六、对选卜辞

对选卜辞由若干内容并列的对贞卜辞所组成。在概念上容易与重复选贞卜辞混淆，实际上两者辞式是不同的。重复选贞卜辞是在一组内容中并列的两个被选对象的重复选贞中选定其中一个。而对选卜辞则不然。例如《拾》678版，此版由下而上为序，中间辛巳日所卜四辞，排列如下：

$$\begin{cases}不易日。\\ 辛巳卜，王步壬午易日。\end{cases}$$

$$\begin{cases}不易日。\\ 辛巳卜，王步乙酉易日。\end{cases}$$

在辛巳日占卜王出行日期，殷人选择了壬午和乙酉两个日期，并分别以肯定

和否定的语意卜问是否易日。这四辞组成了对选卜辞,其分两组,每组二辞。又如《合集》29880:

$$\begin{cases} \begin{cases} 戊不雨。\\ 其雨。\end{cases} \\ \begin{cases} 己不雨。\\ 其雨。\end{cases} \\ \begin{cases} 庚不雨。\\ 其雨。\end{cases} \end{cases}$$

此版由三组正反对贞卜辞组成,选卜戊、己、庚三日何日下雨,由近及远。

对选卜辞的序数是表示占卜的对贞组数,并非表示这一事的占卜次数。例如《丙》59同版二组:

$$\begin{cases} \begin{cases} 翌乙亥不其易日。 \qquad 一\\ 易日。\end{cases} \\ \begin{cases} 〔癸未卜,争贞:〕翌甲申不其易日。\quad 二\\ 〔癸〕未〔卜〕,争贞:翌甲申易日。\quad 二、二告\end{cases} \end{cases}$$

此版在癸未日,由争卜问,选择了乙亥、甲申二日,分别正反卜问其中哪一天易日,第一对贞辞序数为一,第二对贞辞序数为二,此事共占卜四次,而最高序数为二。因此,把对选卜辞的序数单纯看作占卜次数是错误的。

对选卜辞的序列原则:首先罗列第一选贞对象的反卜、正卜二辞,然后,按同样方法罗列第二、第三等选贞对象的反卜、正卜二辞,对于选卜对象确定的顺序,则与选贞卜辞相同。对选卜辞在殷墟卜辞中并不普遍。

七、三联卜辞

所谓三联卜辞是重贞、对贞、选贞卜辞的结合体,为殷人最复杂的一种占卜辞式。如《合集》30812:

$$\left\{\begin{array}{l}\left\{\begin{array}{l}\text{弜乙未酚} \quad\quad\quad\quad\quad\quad\cdots\cdots 1\\ \text{叀乙未酚又正}\quad\text{吉}\quad\cdots\cdots 2\end{array}\right.\\ \left\{\begin{array}{l}\text{弜乙未酚} \quad\quad\quad\quad\quad\quad\cdots\cdots 3\\ \text{叀乙未酚又正}\quad\text{吉}\quad\cdots\cdots 4\end{array}\right.\\ \left\{\begin{array}{l}\text{弜乙亥酚} \quad\quad\quad\quad\quad\quad\cdots\cdots 5\\ \text{乙亥其酚又正}\quad\quad\quad\cdots\cdots 6\end{array}\right.\\ \left\{\begin{array}{l}\text{弜乙亥酚} \quad\quad\quad\quad\quad\quad\cdots\cdots 7\\ \text{〔乙亥其酚又正〕}\quad\quad\cdots\cdots 8\end{array}\right.\end{array}\right.$$

此版记录了殷人为举行酚祭或酒祭又正祭而选择日期。殷人选择了乙亥、乙未日,分别经过反复对贞,终于以乙未日得吉。上辞的1与2为一组对贞、3与4一组也是对贞,两组组合成重贞;5与6、7与8都是对贞形式,两组组合也形成重贞;而1、2、3、4与5、6、7、8是对乙未还是乙亥的选贞。这样,上组卜辞就形成了对贞、重贞、选贞三种占卜形式的联合,我们称它为三联卜辞。

三联卜辞不一定集中刻于一块甲骨上,亦有分刻于数版之上的。例如:

$$\left\{\begin{array}{l}\left\{\begin{array}{l}\text{辛酉卜,殻贞:今㞢王勿比望乘。}\\ \text{伐下危弗其受㞢又。}\quad\quad\quad\quad\text{一}\quad\quad\quad\quad\quad\quad\quad\cdots\cdots 1\end{array}\right.\\ \left\{\begin{array}{l}\text{辛酉卜,殻贞:今㞢王比望乘。}\\ \text{伐下危受㞢又。}\quad\quad\quad\quad\quad\text{一}\quad\quad(《丙》12)\cdots\cdots 2\end{array}\right.\\ \left\{\begin{array}{l}\text{辛酉卜,殻贞:今㞢王勿比望乘。}\\ \text{伐下危弗其受㞢又。}\quad\quad\quad\quad\text{二}\quad\quad\quad\quad\quad\quad\quad\cdots\cdots 3\end{array}\right.\\ \left\{\begin{array}{l}\text{辛酉卜,〔殻〕贞:今㞢〔王〕比望乘。}\\ \text{伐下危受㞢又。}\quad\quad\quad\quad\quad\text{二}\quad\quad(《丙》14)\cdots\cdots 4\end{array}\right.\\ \left\{\begin{array}{l}\text{辛酉卜,殻贞:今㞢〔王〕勿比望乘。}\\ \text{〔伐〕下危弗受㞢又。}\quad\quad\quad\quad\text{三}\quad\quad\quad\quad\quad\quad\quad\cdots\cdots 5\end{array}\right.\end{array}\right.$$

$$\left\{\begin{array}{l}\left\{\begin{array}{l}\text{辛酉卜,㱿貞:今} \text{〲} 〔王〕\text{比望乘。}\\ \text{伐下危受㞢又。} \qquad 三 \qquad (《丙》16) \cdots\cdots 6\end{array}\right.\\ \left\{\begin{array}{l}\text{辛酉卜,㱿貞:今} \text{〲} 〔王〕\text{勿比望乘。}\\ \text{伐下危弗其受㞢又。} \qquad 四 \qquad \cdots\cdots 7\end{array}\right.\\ \left\{\begin{array}{l}\text{辛酉卜,㱿貞:今} \text{〲} \text{王比望乘。}\\ \text{伐下危受㞢又。} \qquad 四 \qquad (《丙》18) \cdots\cdots 8\end{array}\right.\\ \left\{\begin{array}{l}\text{辛酉卜,㱿貞:今} \text{〲} \text{王勿比望乘。}\\ \text{伐下危弗其受㞢又。} \qquad 五 \qquad \cdots\cdots 9\end{array}\right.\\ \left\{\begin{array}{l}\text{辛酉卜,㱿貞:今} \text{〲} \text{王比望乘。}\\ \text{伐下危受㞢又。} \qquad 五 \qquad (《丙》20) \cdots\cdots 10\end{array}\right.\\ A\left\{\begin{array}{l}\text{貞:王勿比沚} \text{㦰}\text{。} \qquad 一 \qquad \cdots\cdots 11\\ \left\{\begin{array}{l}\text{辛酉卜,㱿貞:}〔\text{王比沚}\text{㦰}〕\text{。} \quad 〔一〕 \quad (《丙》12) \cdots\cdots 12\end{array}\right.\\ \text{辛酉卜,㱿貞:王勿比沚}\text{㦰}\text{。} \qquad 二 \qquad \cdots\cdots 13\\ \text{辛酉卜,㱿貞:王比沚}\text{㦰}\text{。} \qquad 二 \qquad (《丙》14) \cdots\cdots 14\\ \text{貞:王勿比沚}\text{㦰}\text{。} \qquad 三 \qquad \cdots\cdots 15\\ \text{貞:王比沚}\text{㦰}\text{。} \qquad 三 \qquad (《丙》16) \cdots\cdots 16\\ 〔\text{辛酉卜,㱿貞:王勿比沚}\text{㦰}〕\text{。} \quad 〔四〕 \quad \cdots\cdots 17\\ \text{辛酉卜,㱿貞:王比沚}\text{㦰}\text{。} \qquad 四 \qquad (《丙》18) \cdots\cdots 18\\ \text{貞:王勿比沚}\text{㦰}\text{。} \qquad 五 \qquad \cdots\cdots 19\\ \text{貞:王比沚}\text{㦰}\text{。} \qquad 五 \qquad (《丙》20) \cdots\cdots 20\end{array}\right.\\ B\left\{\begin{array}{l}\left\{\begin{array}{l}\text{辛酉卜,㱿貞:王勿隹沚}\text{㦰}\text{比。} \quad 一 \quad \cdots\cdots 21\\ \text{辛酉卜,㱿貞:王叀}〔\text{沚}〕\text{㦰}〔\text{比}〕\text{。} \quad 〔一〕 \quad (《丙》12) \cdots\cdots 22\end{array}\right.\\ \text{辛酉卜,㱿貞:王勿隹比。} \qquad 二 \qquad \cdots\cdots 23\\ \text{辛酉卜,㱿貞:王叀沚}\text{㦰}\text{比。} \qquad 二 \qquad (《丙》14) \cdots\cdots 24\\ \text{辛酉卜,㱿貞:王勿隹沚}\text{㦰}\text{比。} \qquad 三 \qquad \cdots\cdots 25\\ \text{辛酉卜,㱿貞:王叀沚}\text{㦰}\text{比。} \qquad 三 \qquad (《丙》16) \cdots\cdots 26\\ 〔\text{辛酉卜,㱿貞:王勿隹沚}\text{㦰}\text{比。}〕 \quad 四 \quad \cdots\cdots 27\\ \text{辛酉卜,㱿貞:王叀沚}\text{㦰}\text{比。} \qquad 四 \qquad (《丙》18) \cdots\cdots 28\\ \text{辛酉卜,㱿貞:王勿隹沚}\text{㦰}\text{比。} \qquad 五 \qquad \cdots\cdots 29\\ \text{辛酉卜,㱿貞:王叀沚}\text{㦰}\text{比。} \qquad 五 \qquad (《丙》20) \cdots\cdots 30\end{array}\right.\end{array}\right.$$

上例三联卜辞分别刻于五块甲骨,属成套卜辞。凡是在占卜的时候,同时用几块不同的甲骨来贞问一件事,而将卜辞分别刻在这几块甲骨上,即为成套卜辞。因为卜辞内容相同,偶有部分辞句或单字残缺,可以采用同文补足,上例三联卜辞中凡标明有六角括号的字、句就是采用"同文补足"办法补齐的。

上例卜辞"㞢"字各家意见纷纭,莫衷一是。叶玉森释"春"字,董作宾从叶说,唐兰释屯假为春,陈梦家释世,于省吾释条,说条从攸声,攸、秋,音近相假,李孝定、岛邦男均从于释①,杨树达释载②,刘钊释者③。我认为此字释"者"较安。"望乘""沚或"都是武丁的大将。"比"字旧释从《易·比卦·象辞》"比,辅也,下顺从也"。《论语》"义之与比",朱注"比,从也"。"隹"与"叀"均为助词,叀后期写作車,读作惠。下危,方国名,为殷之敌国。

上述一组套卜三联卜辞,都是在辛酉日均由贞人㱿占卜,在望乘或沚或二人中选择一人辅从殷王征伐下危。征伐是国之大事,所以反反复复贞卜了三十次。辞1与2、3与4、5与6、7与8、9与10分别是对贞,内容都相同,占卜王是否由望乘辅从出伐下危,这五对相同内容的对贞卜辞,彼此构成了重复对贞卜辞;辞11与12、13与14、15与16、17与18、19与20、21与22、23与24、25与26、27与28、29与30亦分别是对贞卜辞,内容相同,占卜王是否由沚或辅从出伐下危? 根据序数可知,11与12、13与14、15与16、17与18、19与20这五对相同内容的对贞卜辞,彼此构成了一列重复对贞卜辞A;21与22、23与24、25与26、27与28、29与30这五对相同内容的对贞卜辞彼此又构成一列重复对贞卜辞B;A、B二列内容相同的重复对贞构成了多列重复对贞。1至10是占卜是否比望乘,望乘属第一选择对象;11至30是占卜是否比沚或,沚或属第二选择对象。因此,1至10辞与11至30辞彼此又构成了选贞。这组三联卜辞集合了对贞、重贞、选贞等才完成了这一内容的占卜

---

① 李孝定:《甲骨文字集释》第六卷,台北"中研院"历史语言研究所,1965年,页1953～1974。
② 杨树达:《耐林廎甲骨文说·卜辞求义》,1954年群联书店,页14。
③ 刘钊:《释㞢》,《古文字研究》第十五辑,中华书局,页229。

过程,且反卜全部分刻在腹甲左边,正卜全部分刻在腹甲右边,其中每一对贞所处部位彼此对称,一事三十条卜辞井然有序。

三联卜辞习见于第一期,第三期偶然也有。

八、定型卜辞

殷人占卜时所用固定形式的卜辞,我们称它为"定型卜辞"。定型卜辞有时代与内容上的独特风格,它的组辞秩序严格,不容颠倒。在殷墟甲骨文中,"卜旬卜辞""卜夕卜辞"习见,但不属于定型卜辞,因"卜旬""卜夕"辞可以构成单贞卜辞,也可以构成重贞卜辞,而定型卜辞则无生成其他辞类的可能,只能保持其固定形式。

根据现有材料分析,定型卜辞可有三种:

1. "亡囚""亡尤"型卜辞

只见于第二期,为王参与某种祭祀,或王出巡而占卜的专项卜辞。首辞模式为"干支卜某贞王××亡囚"序数为一,次辞模式为"贞亡尤",序数为二。例如《合集》24341:

{乙亥卜,尹贞:王窀福亡囚。在五月
 贞:亡尤。

{乙〔亥卜,〕尹贞:王窀夕福亡囚。在五月
 贞:亡尤。在自澶。

{丙子卜,尹贞:王窀福亡囚。　　一
 贞:亡尤。在五月　　　　　　　二

{丁丑卜,尹贞:王窀福亡囚。　　一
 贞:亡尤。　　　　　　　　　　二

此版记载了在五月乙亥、丙子、丁丑连续三天贞卜王亲临福祭事。根据卜日及序数可分别组成四组"亡囚""亡尤"模式卜辞,每组分别由首卜"干支卜某王宾(夕)福亡囚"序数为一,次卜"贞亡尤"序数为二这样的定型卜辞。"囚"

读为咎,《说文》:"咎,灾也,从人从各,各者相违也。""尤"字,丁山曰:"亡尤""疑即《易传》之'无尤',《广雅·释言》'尤,异也',异尤一声之转。……《公羊·定元年》传'异大乎灾也',然则《易传》之言'终亡尤'犹言终无灾异。"①"亡囚"与"亡尤"过去都认为是同义词,此处见于同版卜辞,细审辞义,不能两者都释为无灾祸,尤字有过义,《左传》襄公十五年"尤其室",注"尤,责过也"。《诗·小雅·四月》"莫知其尤",笺"尤,过也"。据此"亡囚"即无灾祸,"亡尤"即无过失。宾即"窋"之后起字,"王窋"者王傧也。《礼运》"礼者所以傧鬼神"即卜辞所用窋字之义。又如:

> 丁酉卜,旅贞:王窋戠亡囚。　　一
> 贞:亡尤。　　　　　　　　　二　　(《合集》25693)

> 戊子卜,旅贞:王窋戠亡囚。　　一
> 贞:亡尤。　　　　　　　　　二　　(《合集》2578)

> 己卯卜,行贞:王窋戠亡囚。　　一
> 贞:亡尤。　　　　　　　　　二　　(《合集》25703)

> 丁卯卜,尹贞:王窋戠亡囚。　　一
> 贞:亡尤。　　　　　　　　　二　　(《合集》25672)

上例四版分别在丁酉、戊子、己卯、丁卯日各由贞人旅、行、尹占卜王傧戠祭事。戠字甲骨作㦰,《说文》"戠,阙,从戈从音",甲骨文从戈从言,或从言省,古言音偏旁得通用,戠在此辞中疑为祭名。辞式、序数均同上例。

王亲出时亦用亡囚亡尤型卜辞。例如:

> 戊辰卜,行贞:王出亡囚。　　一
> 贞:亡尤。在〔七月〕　　　二

> 〔戊〕辰卜,行〔贞〕:王出亡囚。　一
> 贞:亡尤。在七月　　　　　二　　(《合集》23726)

---

① 丁山:《殷契亡尤说》,载《"中研院"历史语言研究所集刊》第1本1分,1928年10月。

$\begin{cases}辛未卜,旅贞:王出亡囚。 \quad 一\\ 贞:亡尤。\quad\quad\quad\quad\quad\quad\quad 二\end{cases}$ （《合集》23727）

$\begin{cases}壬戌卜,尹贞:王出亡囚。 \quad 一\\ 贞:亡尤。\quad\quad\quad\quad\quad\quad\quad 二\end{cases}$ （《合集》23755）

以上三版分别在戊辰、辛未、壬戌日各由贞人行、旅、尹占卜王亲出事。辞式、序数均同上。

2. 宾叔型卜辞

宾字前面已作解释,现在对叔字需要首先说明,董作宾谓叔即奭之后起新字。于省吾有《释叔》一文,现摘引如下:"罗振玉谓:'许书有敊字,注楚人卜问吉凶曰敊,从又持祟,祟非可持之物,出殆木之讹。叔即许书之敊。然此字卜辞中皆为祭名,岂卜祭谓之叔与?'（《增考》中一八）按罗氏释形是也,但不得其义而作疑词。承培元《广说文解字答问疏证》:'敊即冬赛报祠之赛。冬敊报祠谓祈丰穰问水旱也。《周礼·都宗人》注、《汉书·郊祀志》、《急就篇》皆借塞为之。'按承说是也,但谓借塞为赛,不知赛为后起字,失之。……《汉书·郊祀志》:'冬塞祷祠。'颜注:'塞谓报其所祈也。'《说文》新附:'赛,报也。'徐灏《说文段注笺》:'塞,实也。戴氏侗曰,引伸之则诺许而实其言曰塞,是也。盖有所祈祷,许以牲礼为报,自实其言,故谓之塞也。'……叔字均应读为塞,指报塞鬼神之赐福言之。"[①]

宾叔型卜辞只见于第二期、第五期,他期未见。凡王亲宾皆、岁祭等用此辞式。其中以皆祭、岁祭为最常见。宾皆型卜辞恒由"干支卜某贞王宾先王名祭名（皆、岁）亡尤""干支卜某贞王宾叔亡尤"二辞组成。

王亲傧皆祭用的宾叔型卜辞,见《合集》23120:

$\begin{cases}乙亥卜,行贞:王宾小乙皆亡尤。在十一月\\ 乙亥卜,行贞:王宾叔亡尤。\end{cases}$

---

① 于省吾:《甲骨文字释林》,中华书局,1979年,页36。

> ┌ 丁丑卜,行贞:王宾父丁翌亡尤。
> └ 丁丑卜,行贞:王宾叙亡尤。在十一月
>
> ┌ 己卯卜,行贞:王宾兄己翌亡尤。
> └ 己卯卜,行贞:王宾叙亡尤。
>
> ┌〔辛巳〕卜,行〔贞:王〕宾兄庚〔亡〕尤。
> └〔辛巳卜,行贞:王宾叙亡尤。〕

根据乙亥、丁丑、己卯均隔一日,可知第四组残缺之干支必为辛巳,此版为第二期祖甲时之卜辞,由下而上依次为序,分别卜祭祖父小乙、父武丁、祖甲之兄己(祖己)、兄庚(祖庚)。首卜均为"干支卜行贞王宾某翌亡尤",次卜模式均为"干支卜行贞王宾叙亡尤"。

王亲侑岁祭的宾叙型卜辞,见《合集》23193:

> ┌〔乙丑卜,涿贞:王宾小乙〕岁〔宰亡尤〕。
> └ 乙丑卜,〔涿〕贞:王宾叙亡尤。
>
> ┌ 丁卯卜,涿贞:王宾父丁岁宰亡尤。
> └ 丁卯卜,涿贞:王宾叙亡尤。
>
> ┌ 丁巳卜,涿〔贞:王〕宾兄庚〔岁〕宰〔亡尤〕。
> └ 丁巳卜,涿贞:王宾叙亡尤。

此版为第二期祖甲时之卜辞,于乙丑、丁卯、丁巳三日岁祭于小乙、父武丁、兄祖庚事,其中乙丑、丁卯二日由下而上依次为序,丁巳日则由上而下读,首辞模式均为"干支卜涿贞王宾岁宰亡尤",次卜模式均为"干支卜涿贞王宾叙亡尤"。

凡第五期的宾叙型卜辞,全部刻于龟背甲,而绝无刻于腹甲、胛骨之例。这里举出的仅是几个例子。

3. 五祖型卜辞

五祖型卜辞为第五期所独有,常玉芝谓有文丁卜辞[①],所祭对象不出五

---

① 常玉芝:《"礿祭"卜辞时代的再辨析》,刊于《甲骨文与殷商史》第二辑,上海古籍出版社,1986年。

世直系近祖，即武丁、祖甲、康祖丁、武乙、文武丁。祭必用丁祭（卜辞作"口"，王国维、叶玉森、王襄、郭沫若释"丁"，吴其昌、杨树达、陈梦家释"祊"）。以牢为牺牲，祭祀的卜日，在王名日之前一日，即卜武丁之祭在丙日，卜祖甲之祭在癸日，违者极少。首辞模式为"干支卜贞王名丁其牢或必其牢"，序数为一，宗与必是相对的，"宗"是宗庙，"必"为祭神之室。次辞模式为"其牢又一牛"，序数为二。五祖型卜辞只刻于龟腹甲之上，且首辞必刻于腹甲之右。次辞必刻于腹甲之左，二辞处位对称。如《合集》35931：

{丙子卜，贞：武丁〔丁〕其〔牢〕。　　一
{其牢又一牛。　　　　　　　　　　二

{癸卯卜，〔贞：祖甲丁其牢。〕　　　一
{其牢又一牛。　　　　　　　　　　二

{甲辰卜，〔贞：武乙〕宗丁〔其牢〕。　一
{其牢又一牛。　　　　　　　　　　二

{〔丙午卜，〕贞：武丁丁其〔牢〕。　〔一〕
{其牢又一牛。　　　　　　　　　　二

{癸巳卜，贞：祖甲丁其牢。　　　　一
{其牢又一牛。　　　　　　　　　　二

{甲午卜，贞：武乙宗丁其牢。　　　一
{其牢又一牛。　　　　　　　　　　二

此版比较明显的有六对五祖型卜辞，但五祖不全，只有祭武丁、祖甲、武乙三世。武丁之卜祭都在丙日，祖甲之卜祭都于癸日，卜祭武乙都在甲日，卜祭日都在王名前日。首辞全部刻在腹甲之右，次辞在左。

由于五祖型卜辞全部刻在腹甲，首辞、次辞分列右左两边，而腹甲中间的盾沟（千里路）与齿缝相重。因此，中间特别容易脱位分离，从而难以发现大量完整的五祖型卜辞，幸存完整者仅三版而已，除上例所举一版之外，还有《合集》36032，卜祭武丁、祖甲、武乙；《合集》35818，亦是卜祭武丁、祖甲、武乙的。因为我们知道了五祖型的辞式，即首辞"干支卜贞王名丁其牢或必

其牢"均刻于右腹甲,绝无见于左腹甲之例,序数均为一;次辞"其牢又一牛"全见于左腹甲,绝无见右腹甲之例,序数均为二。知道这一辞式的规律之后,我们在碎片中找到了武丁、祖甲、武乙之外另两位先王:一为康祖丁,见《合集》35965、35969、35975、35976、35985、35995;二为文武丁,见《合集》36115。这样就确定了五祖,确定了辞式。

第六章 卜辞的文法

关于卜辞的文法,胡光炜在1928年出版了《甲骨文例》①,卷下辞例篇讲到卜辞中常见的二十个虚字的用法,但错误甚多。1953年管燮初出版了一册《殷虚甲骨刻辞的语法研究》②,作了比较系统的论述。1956年7月陈梦家在他的《殷虚卜辞综述》③中专门辟了一章论文法,对各种词类叙述甚详。此外,赵诚有《甲骨文虚词探索》④一文,陈炜湛发表《卜辞文法三题》⑤一文,都是很重要的专题性研究文章。本章的目的在于引导初学者了解卜辞文法的初步知识,帮助他们通读卜辞,确切地了解它的辞意。因此我们应当从分析卜辞辞句的语法结构入手,在结构中认定词性及其变化活用的现象,从而解释某条卜辞词语的意义。我们不能先确定了某个字的词类或词性而去分析句子,我们应该先从句子中去看某一个字的地位及其作用。陈梦家举过一个很好的例子:"解衣衣我"。同样是一个衣字,前面的衣是名词,后面这个衣是动词。把这一句四个字拆开来分析即是:动词(解),名词(衣),动词(衣),代名词(我)。现在我们根据这个原则,按各词类分别举若干例子说明。

---

① 胡光炜:《甲骨文例》,1928年7月中山大学语言历史学民考古丛书之一。
② 管燮初:《殷虚甲骨刻辞的语法研究》,中国科学院语言研究所专刊,中国科学院,1953年。
③ 陈梦家:《殷虚卜辞综述》,科学出版社,1956年。
④ 赵诚:《甲骨文虚词探索》,《中国语文研究》1986年第8期。
⑤ 陈炜湛:《卜辞文法三题》,《古文字研究》第四辑,中华书局,1980年。

一、名　　词

名词是表示人或事物的名称的词。从卜辞归纳出其中的名词可分：1. 人名（私名、庙号，女字如帚好、帚妌等）；2. 物名（马、牛、龟、鹿）；3. 权位（王、侯、后、臣、公）、职位（尹、工、卜、史等）；4. 集体名（族、自〔师〕、众）；5. 区位（鄙、麓、邑、土、方）、方位名（东、西、南、北、左、中、右、内、外等）；6. 抽象名（囚〔祸〕、巛〔灾〕、又〔祐〕、年〔稔〕等）。

1. 人名名词

在卜辞中构成最重要的词类之一，占有相当比例，往往起着主语的作用，多接在动词之后，表示事物的状态。如：

　　甲辰卜，行贞：翌乙巳祭于小乙，亡尤。在九月　　　　　（《粹》280）

这里的"行"是祖庚、祖甲时的贞人名，"小乙"是庙号，属于人名名词。"卜""贞""祭""尤"是动词，"于""在"是介词，"甲辰""翌乙己""九月"是时间词，"亡"是否定副词。

2. 物名名词

通常在卜辞中使用范围很广，多带有象形字的特点，表示某一类的某一事物，往往与数词结合，前后并没有严格区别。如：

　　隻（獲）隹（鸟）二百五十，象一，雉二。　　　　　　（《英藏》2542）

这里的"隹（鸟）""象""雉"都是指物名与其数字系联，表示单位词，"隻"是动词的"獲"字省形，也有将物名放在数字前的，如《合集》30914"勿用二十鬯"，鬯是盛香酒之器。

3. 权位名词

这一类名词往往限制在人名之下，或者干脆省去人名，直接代表主语，说明身份地位。如：

贞：叀小臣令众黍。一月　　　　　　　　　　　　　　（《合集》12）

侯告伐尸方。　　　　　　　　　　　　　　　　　　　（《粹》1187）

这两条中"小臣""侯"都是作主词，"令""黍""告""伐"是作动词，"尸方"是方国名词，"叀"是副词。

4. 集体名词

这一类名词，表示集合的群体身份，在其词前往往冠以数字，如"三族""五族""三自（师）"，构成一个名词或复合名词，如"多子族""在自雇"。起到了词语中的主导地位，如：

……丑卜，五族戍弗雉王……　　　　　　　　　　　（《合集》2688）

丙辰卜，争贞：自亡其灾。　　　　　　　　　　　　（《合集》5809）

贞：勿令众人。六月　　　　　　　　　　　　　　　（《合集》6）

这三条中"五族""自""众人"都是集体名词。"贞""卜""雉""戍""令""灾"都是动词，"丙辰""六月"是时间词，"亡""勿"是否定副词。

5. 区位名词

这类词前往往附加东、西、南、北、中形成一个方位性质的名词，如：

丁酉贞：王乍（作）三自（师）右、中、左。　　　　　（《粹》597）

北土受年？　　　　　　　　　　　　　　　　　　　（《乙》4433）

……沚𢎥告曰土方征于我东鄙，戋二邑……　　　　　（《合集》6057正）

这三条卜辞中的"右""中""左""北土""东鄙""二邑"都是方位词，"乍""告曰""受""征""戋"都是动词，"土方"是方国名，"沚𢎥"是人名，"我"是代词，"丁酉"是时间名词，"年"是抽象名词。在句子的结构上多见主—动—宾的形式出现。

6. 抽象名词

这是整个甲骨卜辞中最频繁的词，其前往往结合"亡"和"㞢（有）"为对文的名词，表示肯定的用"㞢（有）"，表示否定的用"弗"和"不"。如：

……甫弗其受年。　　　　　　　　　　　　　　　（《合》9779）

癸亥卜，王贞：㞢（有）其降囚（祸）。　　　　　　　（《合》21300）

邛方上下若，受我祐。　　　　　　　　　　　　（《英藏》553 正）

这三条卜辞中的"年""囚（祸）""祐"都是抽象名词，年为丰稔之意，非纪年之年。"卜""贞""降""受""若"为动词，"上""下"为方位词，"王"为权位词，"邛方""甫"为方国和地名，"㞢（有）"为肯定词，"我"为代词，"癸亥"为时间词，"其"为副词。

二、代　　词

代词是代替名词、动词、形容词以及其他实词的词。可分三类：1. 人称代词；2. 指示代词；3. 疑问代词。但卜辞只有 1、2 类，因卜辞本身的性质是占卜问疑的，故还举不出第 3 类疑问代词。

1. 人称代词

卜辞中第一人称有"余""朕""我"三词。据陈梦家的研究，"余""朕"都是时王的自称，所以是单数的，"朕"就是"我的"。卜辞"我受年"相当于"商受年"，"我"是集合的名词，主格宾格之"我"就是"我们"。卜辞的"受余又"和"受我又"是不同的，前者是授王祐，后者是授商祐。领格之"我"就是"我们的"①。

卜辞第二人称，为例甚少。主宾格用"女（汝）"领格用"乃"。

由于卜辞内容的限制，没有出现第三人称。

甲戌卜，王：余令角帚载朕事。　　　　　　　　（《粹》1244）

"余""朕"，人称代词，殷王自称。"令"，动词。"角帚"，人名名词。"载"，甲骨文作出，从于省吾释载，于谓：出字既为甾之初文，契文甾王事之甾应读为

---

① 陈梦家：《殷虚卜辞综述》，科学出版社，1956 年，页 96。

载,载从才声,从才从甾之字古每音近通用①。"载朕事"即行朕事也,字为动词。此字郭沫若释古,谓"王事靡盬"之盬,古为盬之初形②。盬音古,《经义述闻》盬者息也。王事靡盬者,王事靡有息止也。然则古字甲骨文作峀,于字形不合,故从于说。

    我叹人伐土方。   (《铁》259.2)

"我",第一人称代词,是殷王自称。"叹""伐"都是动词。"叹"与"登"同,有征集的意思。"土方"是方国名,殷之敌国。"我叹人"是此辞的主词,"伐"是动词,"土方"是宾词。

    □丑卜,帚□九月我入商。   (《粹》1064)

"我",第一人称代词;"入",动词;"商",名词。

    王曰:侯虎,余其败女使,受。   (《菁》7)

"余",第一人称代词。"女",第二人称代词,陈梦家谓"'女'是'你的'抑'你们的',不能一定"。此辞"王曰"乃时王武丁曰,"余"亦武丁自称。"侯虎",人名。"败女使"即"毁汝事","女"即后世之汝字。"汝"乃指"侯虎"。

    氐乃史归。   (《前》7.36.1)

甲骨文乃字作ろ、ヽ,构形本义不明。卜辞用作第二人称代词,则为借音字。"氐",动词,此用作致,有召致之义。"史"用作使。"乃史"和"女史"同,即"你的使"。"归",动词。

    氐乃邑。   (《卜通》173)

"乃邑"即"你的邑"。"邑"为区位名词。卜辞的"乃"均有"你的"含义。

 2. 指示代词

  卜辞指示代词主要有"兹"与"之"二字。兹,甲骨文作88,本义像丝,借

---

① 于省吾:《甲骨文字释林·释甾》,中华书局,1979年,页36。
② 郭沫若:《甲骨文字研究》二卷二册,大东书局石印本,1931年,页2;又人民出版社影印本不分卷,1952年。

作兹,即此。如指时间,训今。之字作㞢,像㞢(足趾)下加一,似人足在地上之形,亦是借字。卜辞中"之月""之日"即"是月""是日"。唐兰云:"'癸未卜,贞:丝夕又大雨,丝钔夕雨',同片云'于之夕又大雨'(《后》下18.13),是之兹通用之证。"①但之、兹亦有一些不同之处,兹是近指,之是远指,有此与彼之别。卜辞指示代词"兹"之前常附有介词"若""自""才"(在)等字。

　　丝夕亡大雨。　　　　　　　　　　　　　　(《甲》616)

即"今夜无大雨"。"丝",指示代词;"夕",时间词;"亡",否定副词;"大",形容词;"雨"名词。

　　丝羞。　　　　　　　　　　　　　　　　　(《前》6.4.1)

即"兹风"。"风",名词。

　　乍邑才丝。　　　　　　　　　　　　　　　(《丙》86)

即"作邑在此"。

　　辛酉卜,㱿贞:翌壬戌不雨,之日夕雨。　　　(《乙》5278)

"之日"指辛酉的第二天壬戌,所以"之日夕"应是壬戌"那一天夜里"。"㱿"是武丁时贞人名。

　　洹其乍兹邑祸?　　　　　　　　　　　　　(《续》4.28.4)

问洹水会不会对此邑造成灾祸?

　　甲午卜,争贞:翌乙未用羌?用,之日霍。　　(《合》165)

"之日霍"指"乙未那天雾"。"霍",雾字,甲骨文作𩄎。"争"是武丁时的贞人名。"用"作动词,"用羌"指某一种祭祀中用羌人为牺牲。

三、动　　词

　　"动词表示事物在一定时空内、一定人物关系中的移动或变化。移动或

---

① 唐兰:《天壤阁甲骨文存》,北京辅仁大学,1939年,页55。

变化可以是事物自身的,如'雨'是自己落下来的;也可以是有主动目的的,如'王伐土方',王是主动者,伐是动作,而目的物是土方;可以有动作的内容,如'告水入于上甲'是把'水入'这件事告诉上甲;可以说出事物的关系,如'妇好出子'是说妇好从无身到有身。由此诸例,可知动词说明事物的变动、事物变动的对象、事物与对象(即主词与宾词)的关系等等。"①

　　　贞:乎(呼)伐昌。　　　　　　　　　　　　　　(《粹》1087)

"昌"即昌方,方国名。"乎(呼)"是动词,"伐昌(方)"是宾词,在这一宾词的短句中"伐"是动词,"昌(方)"是宾词。

　　　其鱼?　　　　　　　　　　　　　　　　　　(《粹》1309)

后一字郭沫若隶定为䲣②,认为"像两手张网以捕鱼之形,当即渔字之异"。渔是有主动目的的动词。

　　　庚辰贞:日又戠(音职),其告于父丁,用九牛,在䕲。庚辰贞:日戠,其告于河。　　　　　　　　　　　　　　　　　　　　　(《粹》55)

郭氏云:"'日戠'若'日又(有)戠',当是日之变。因有此变,故卜告于河,卜告于父丁,以稽其祯祥。"此辞"告"是动词,"于"是介词。"父丁"是名词。从整个句子来分析,"日又戠"是"告"的内容,是直接宾词。"河""父丁"是"告"的对象,是间接宾词。

　　　王宾毓祖乙岁宰。　　　　　　　　　　　　　(《林》1.12.15)

"王"是主词,"宾"是动词,郭沫若举《卜通》161"王其宾"为例,纠正罗、王以为"王宾"是名词之误是正确的。"王宾"即"王傧"。《礼运》"礼者所以傧鬼神",即卜辞所用宾字之义。毓祖乙是人名,在此句中是宾词。"毓祖乙"是小乙,王国维误以"毓祖乙"为武乙,郭沫若曾因祖甲卜辞中有"毓祖

---

① 陈梦家:《殷虚卜辞综述》,科学出版社,1956年,页99。
② 郭沫若:《卜辞通纂》附考释,日本东京文求堂石印本,1933年。

乙"之称,故知非武乙而系小乙(见《卜通》)。"岁"是祭名,当读为刿,刿,割也,即割牲以祭也,是动词。"宰"是名词,但又是"岁"的宾词,"岁牢"在整个句子中也是宾词。

    奉于王亥九牛。   (《金》624)

"奉",动词,祭名。"于",介词。"王亥九牛"是宾词,其中"王亥"是殷先公名,"九"是数词,"牛"是名词。

    三且(祖)丁眔且丁酚。   (《佚》260)

"三且(祖)丁"就是中丁。"眔",及也。"酚",祭名,动词。"三祖丁及祖丁"是宾词。此辞宾词先置于动词酚之前。杨树达有《甲文中之先置宾词》一文载于《甲文说》①,现选一例介绍如下:"贞勿隹沚馘比?""贞王勿比沚馘?"前者先置宾词,后者不先置。

    ……龙其兄(祝)王受又(祐)。   (《巴》15)

卜辞龙为人名,习见,亦每见祀龙之文:"其兄龙,丝用。壬戌……"(《后》下 6.14)殷代文法,时或宾词先行,故"龙其兄"与"其兄龙"同义,兄即祝也。②

    父甲不我𡥀。   (《林》1.2.8)

"父甲",主词。"不",否定副词。"我",宾词。"𡥀",抽象名词,在此句中为动词,具有灾害义。

    甲申卜,王用四牢大乙,翌乙酉用。   (《粹》150)

"王",主词。"用",动词。"四牢",直接宾词。"大乙",庙号,在此句中为间接宾词。

---

① 杨树达:《甲文中之先置宾词》,载《积微居甲文说·卜辞琐记》,中国科学院,1954年。
② 饶宗颐:《巴黎所见甲骨录》,香港大宏雕刻印刷公司,1956年,页 17。

四、形 容 词

表示人或事物的形状、性质,或者动作、行为、变化的状态的词,故亦可称为状词。状词每接于名词之前形容这个名词的状态,例如大、小、多、少、白、黄、黑、幽、赤、新、旧、终等。

大——牛、子、宗、示、邑、室、雨、牢

小——牛、子、宗、示、室、雨、王、臣、牢

多——臣、公、白、尹、君、子、父、母、方

少——臣

白——牛、牡、牝、豕、马、豚

黄、黑、幽、𢆶、莫——牛

赤——马

新——鬯、宗、禀、鼎、醴、壳

旧——宗、醴、臣

终——日雨、夕雨

状词总是紧接在名词之前的,若有数词则数词一定在状词之前,如"三大牢"。但也有极少数的例外,如《甲》903"大三牢"。一个名词之前的附加词不限于一个字。如:

我(代)家(名)旧(状)老(状)臣(名)亡(否)壱(动)我(代、宾)。

(《前》4.15.4)

"旧"和"老"都是形容名词"臣"的。此句中,"我家"是第一个名词组,"旧老臣"是第二个名词组;第一个名词组限制第二个名词组,它是领位的。这个大名词共由五个字(我家旧老臣)组成,而"臣"是最基本的,在它之前的四个字都是形容它限制它的[1]。

---

[1] 以上见陈梦家:《殷虚卜辞综述》,科学出版社,1956年,页104～105。

卜辞中常见的"今日其雨""今日不雨""之日允雨"之类的句子,"雨"字可以用作名词,如"又雨""亡雨",但在这些句子里都是动词,动词前面可以加副词修饰语。"其""不""允"都是副词:"其"是疑问副词,"不"是否定副词,"允"是肯定副词。关于雨的形容词很多,如盄雨、甹雨、大雨、小雨、少雨、雨少、雨弘、幺雨、多雨、足雨,这里的许多雨字都是名词,另一字都是形容词。"盄"字,于省吾说:"甲骨文盄字《说文》讹作盄,读盄为调,训调雨为调和之雨。"① "甹"即后世的宁字,此字从皿,《说文》讹从血,《说文》"甹,定息也,读若亭",《尔雅·释诂》"定,止也","甹雨"即止雨。"幺",小也,细也,"幺雨"即细雨。

卜辞中每有"大吉","弘(一读"引")吉"等语,此"吉"字都是形容词,"大"、"弘"(或"引")是附加在形容词前的形容词,即副词。

据陈炜湛研究,"卜辞中有些名词又兼具形容词的词性,不仅可作主语、宾语,也可在名词前作定语。例如'生'字,作名词用时,是指生育这件事,卜辞有'奉生'之辞,……或称'受生'……'奉生'与'受生'相对。奉生为求生,即求子;受生即为有子。'生'又可作名词的修饰语,用为形容词,如'其隻(获)生鹿'(《粹》951)。'生鹿'即为活鹿。其用作指示形容词用,义同'下''来',习见的辞例有'生月'"②。

五、时 地 词

时地词即时间词和地位词的简称。据陈梦家研究:"期名是代表一段时间的,可以分为两种:甲、表示多于十二小时的期间,如祀、岁、旬、月、日、夕等字,在它们之前常冠以代表三时的附加词:即过去时的'昔''之',现在时的'今''兹',未来时的'羽(翌)''来''生';乙、表示小于十二小时间,如'朝'

---

① 于省吾:《甲骨文字释林》,中华书局,1979年,页120。
② 陈炜湛:《卜辞文法三题》,《古文字研究》第四辑,中华书局,1980年。

'莫''明''旦''分''食''昊''昏'等,无需加以三时。"①

在过去、现在、未来三时中还要解说一下。1. 过去时之"之"。《说文通训定声》:"之假借为是,之是双声。"《玉篇》:"之,是也,适也,往也。"故我们前面讲指示代词时说"之月""之日"即"是月""是日"。但"之"字在验辞中它就成了过去时了,如《粹》769"庚辰卜史贞:今夕雨?之夕〔允〕雨","之夕〔允〕雨"是后刻的验辞,意思是"那晚果真下雨了"。这里的"之"便成了追记应验的过去词了。2. 未来时的"生"字,卜辞中每有"生月"之称,生月是下月,例如《库》998"兹月至生月又大雨",又如《下》18.13"兹月又大雨?于生月又大雨?","兹月"与"生月"对贞都可以证明"生月"是下月。

到了帝乙、帝辛时期,殷人的系年纪日方法,陈梦家根据甲骨文和金文归纳成两种公式②:

甲、记事 干支记日——才(在)某月——隹王某祀——祀季。
乙、卜辞 干支记日——才(在)某月——隹王某祀。

所谓"祀季",董作宾称谓"礼系",即在某祀之后记上"彡日""啻日""羽日"等祭名。

关于地名词,日本的岛邦男根据"在某""田于某""某受年"这三个标准,在《殷虚卜辞研究》③自349页起收集了542个地名。但第三种"某受年"的"某"有时不是地名而是人名。除此之外,地名的特征在卜辞中还有"过(伐,或作徍)于某""在某卜""征(昻)某""伐(忄)某""步于某""涉于某"等,初学者可以依据这些标准去区别它。

六、关　系　词

所谓关系词者,即连词与介词。

---

① 陈梦家:《殷虚卜辞综述》,科学出版社,1956年,页92。
② 陈梦家:《殷虚卜辞综述》,科学出版社,1956年,页235。
③ 岛邦男:《殷墟卜辞研究》,日本汲古书院影印本,1958年。

1. 连词

连词多半是用来连接名词与名词的,有时也连接词组和词组。例如:

贞:三祖丁眔毓(后)祖丁彭,王受又(祐)?　　　　　(《佚》260)

即贞问彭祭三祖丁(中丁)和毓祖丁(小乙父祖丁),商王能受福佑吗?其中"眔"(音榻)是连词中常见的一个字,甲骨文作🜛,像眼流泪。郭沫若云:"眔字卜辞及彝铭习见,均用为接续词,其义如及如与,《说文》有此字曰:'眔,目相及也,从目从隶省。'……上列诸形之不从隶省显而易见……余谓此当系涕之古字,象目垂涕之形。"

丁酉卜,王其酻岳,尞、叀犬十眔豚十,又大雨。……尞,叀羊十豚十……大吉。　　　　　　　　　　　　　　　　　　　　　　　　(《粹》27)

此辞的眔,郭沫若释暨,他据新出三体石经《皋陶谟》残字暨,认为暨字古文作🜛,隶书作泉,从自从水,从自虽已形变,从水尚不失古意,然此又用洎为暨之所从出矣。之瑜案:《说文》小徐本"眔"下有"读若与隶同也"六字,涕、眔、暨古音俱在十五部①,故卜辞多假为暨字。

癸未卜,行贞:王父丁岁三牛眔兄己一牛……　　　(《后》上 19.14)

王字下原辞漏刻一宜字,为动词。"父丁岁三牛"和"兄己一牛"为两个并列的词组,中间用眔相连接。

辛酉贞:王令吴以子方奠于拜。　　　　　　　　　(《存》1.1916)

"以",连词,字作🜛,构形不明②,似为借音字,有"和""同""及"之义。此辞意为"商王命令吴与子方于拜地进行奠祭"。

余其比多田于多白征盂方白。　　　　　　　　　　(《甲》2416)

于字甲骨文作🜛,晚期作🜛,构形不明,连词中表并列。此辞意为"我偕同多甸与多伯征伐盂方伯"。

---

① 段玉裁:《六书音韵表》,中华书局,1983 年。
② 华案:🜛构形像古人犁地农具耒耜。

辛巳卜,其告水入,于上甲,兄大乙,一牛,王受又(祐)。 (《粹》148 片)

郭沫若说:"兄字在此当是介系词,义犹及与。以声类求之,殆假为竝。"按此辞"兄"如是作"㲋",与其他卜辞中之兄字不同,我疑其非兄字,然其词性为连词则了无疑问。

甲寅卜,妣庚舌,牢又一牛。 (《粹》391)

又,甲骨文写作㣈,像右手之形。卜辞用作连词,表并列,则为借音字,辞意是"甲寅卜问向妣庚进行舌祭,用牢和一头牛好不好?"牢是经过专门饲养的牺牲,牛是一般的牛,所以两者并列。

壬辰卜,翌甲午尞于蚰(音昆),羊㞢豕? (《后》上 9.11)

㞢字构形不明,卜辞用作连词表并列,则为借音字,辞意为"壬辰卜问:来日甲午向蚰进行尞祭时用羊和猪好不好?"蚰在《乙》3214 为神祇名。

丁未贞:㓞岁叀祭冓。㓞岁于彡冓。 (《粹》422)

甲骨文叀字作㯱或㯱,构形不明,用作连词,表示并列。此辞上句用"叀",下句用"于",可见"叀"与"于"均为连词,其义相近。惟他辞指近称的时间词每加虚字"叀",远称者每用"于"字。㓞、岁、祭、彡都是祭名,冓即遘遇之遘,意思是主祭者与被祭的神灵在灵感上是否会相遇,亦即是否会降临就食。叀字在这里起连接作用,意思是进行㓞祭、岁祭和祭祭,何者能使神灵降临就食在灵感上相遇。

□□〔卜〕,殻贞:我勿巳宁,乍帝降不若。□□卜,殻贞:我其巳宁,乍帝降若。 (《粹》1113)

乍,甲骨文作㣇,正反无别,构形不明。乍字郭沫若注作"则"字,可从。"巳宁"之说,实有商榷之必要。郭氏云:"宁者,余谓即武丁时所习见之卜人宁。'巳宁'者,盖谓罢免其官职。"① 实则"巳"乃祀之古字,祀字从示巳声,其

---

① 郭沫若:《卜辞通纂》附考释,日本东京文求堂石印本,1933 年。

义为祭。"已宁"实为"祭宁",宁是否就是武丁时的贞人宁不敢断定。"若"有顺义。

2. 介词

关于介词,根据赵诚的研究①,现介绍如下:

自,甲骨文写作㠯,象鼻子之形。卜辞用作介词,则为借音字。其用法大体可以分为三类:

(1) 介绍时间的起讫

  甲戌卜,宁贞:自今至于戊寅雨。   (《前》3.21.5)

  自今癸巳至于丁酉雨。   (《前》3.20.1)

(2) 介绍地点和方位

  癸丑卜,行贞:王其步自臬于🔲亡灾。   (《佚》271)

步,动词,本义为步行。这里用来表示从某地到某地,词义已经抽象化。臬、🔲均为地名。

  乙酉卜,雨自东。   (《乙》144)

(3) 介绍被祭祀的对象

  王宁自武丁至武乙衣、亡尤。   (《后》上 20.6)

  自三匚至父乙。   (《粹》119)

衣,祭名。三匚指匚、匚、匚。

关于自字的用法,陈炜湛说:

卜辞中"自"早期写作㠯、㠯,中、晚期或稍变其形作㠯、㠯,均象鼻形……历代文献中未见用"自"的本义,但在卜辞中有之,其例见于武丁卜辞:

  贞:业疾自,隹业㞢?贞:业疾自,不隹业㞢?   (《乙》6385)

"疾自"与卜辞中习见的疾目、疾齿、疾口、疾足、疾首、疾腹等辞例相同,是一

---

① 赵诚:《甲骨文虚词探索》,载《中国语文研究》第 8 期,香港中文大学,1986 年。

个动宾结构,意思是鼻子有疾。这个"自"是名词,作动词"疾"的宾语。在下面几个句子中"自"又是代词,其义与今"自己""自身"同:

  戊午卜,争贞:叀王自往阱?   (《丙》112)
  ☐其来,王自郷(飨)?   (《前》4.22.5)
  贞:王其出,自渔于丘多若?   (《佚》926)
  庚戌贞:叀王自正(征)人方?   (《粹》1186)

此四例之"自",均是王自身之意,在句子中充当主语。阱为田猎的一种手段,郷为祭祀之辞,渔即"捕鱼也",正即征,皆为动词,作谓语("往阱"为连动结构作谓语)。

  通常情况下,"自"在卜辞中属于介词,表示结构成分之间的各种关系,其含义相当于后世的"从……",与"鼻子"之义相去已远。它可以表示时间的次序,称"自今某日""自今某日至于""自今至于""自今……至于……"。又可与地名相结合,表示始于某地。

  左告曰:㞢往㞢自益,十人㞢二。   (《菁》3)

或称"自方"。

  庚子卜,贞:乎侯🀄出自方?
  庚子卜,贞:曰侯☐出自方?   (《合》124)

或与方位词结合,称"自东""自南""自西""自北"[①]。

综上所述,自字在卜辞中可作名词、代词、介词。

  又来告〔方出〕从北🔲,其燎告〔于祖〕乙、父丁……

"从"是介词;"方"是主语,当指某方国;"出"是动词;"北🔲"为地名。🔲字作🔲,郭沫若谓"🔲当是沙字之异,北🔲殆即流沙"。辞意为"某方从北🔲出动,弗灾害北🔲,将此事燎祭告于祖乙、父丁"。细读此辞如按郭释与事理

[①] 以上见郭沫若:《甲骨文字研究》二卷二册,大东书局石印本,1931年;又人民出版社影印本不分卷,1952年。

有背,某方不可能从北🔲出动去灾害沙漠。

  癸卯卜,骰贞,旬亡囚。王固曰,业希,其有来媸,气至七日己巳,允业来
媸自西。   (《菁》1)

"气",介词,"气至"即"迄至"。希,即祟,灾害之义。"业来媸",即"有来
艰",有灾祸也。

  自今丁巳至于庚申不雨。   (《合》421)

"至"字甲骨文写作🔲,从矢从一,一,地也,象矢有所止,有到达之义,用
作介词为本义之引申。

在以上连词中我们讲到了"于"字,表示并列,但它更多的是作介词
来用:

(1) 用以指定地点和方位,如:

  今六月王入于商。   (《前》2.1.1)
  贞……于东、于西。   (《前》1.48.6)

(2) 用来指定时间,如:

  用于癸酉。   (《甲》2418)
  己丑贞:王于庚寅步自衣。   (《粹》1041)

《说文》:"用,可施行也。""衣",否定副词。

(3) 用来指定祭祀的对象。如:

  于兄丁御用牛。   (《佚》449)
  庚申卜,王贞:其又于母辛。十月   (《戬》)

"御",祭名。"又(侑)",祭名。

介词中此外尚有一个"才"字,即"在"之初文。甲骨文作🔲、🔲、🔲等形,
构形本义不明,其用法大体上与"于"字同,即指定地点、时间及受祭祀之对
象。现各举一例说明如下:

己卯卜,行贞:王其田,亡灾,在杞。 (《后》上13.1)

"杞",地名。另,《后》下37.5有"杞侯",或为方国之名。

乙亥卜,行贞:王宫小乙㝬、亡尤。在十一月 (《粹》279)

"在"指定时间和地点一样往往都系于辞末,如在某月、在某地。"㝬",祭名。

七、副　　词

副词是表示动作、行为、发展变化、性质、状态的程度、范围、时间等的词,它在句子中的主要功用是作修饰语。管燮初在《殷虚甲骨刻辞的语法研究》[1]一书中把副词的性质分为三种:1. 疑问副词,2. 情状副词,3. 否定副词。

《乙》3414:"贞:今日壬申其雨?之日允雨。"《甲》3404:"贞:今夕其雨?"这里"其"是疑问副词,"允"是"情状副词。""其雨"是"会下雨吗"?"之日允雨"是验辞,意为"那天果然下雨"。"允"作为副词用,有"果然""真的"之义。

1. 疑问副词

作为副词的"其"字,据赵诚研究[2],可表示五种语气:一、表示该、当。"贞,来庚寅其雨"(《乙》4511)——即将到来的庚寅日该会下雨吧! 二、表示假设。"丙戌其雨不吉"(《京津》1256)——丙戌那一天如果下雨就不吉利。三、表示决定,即提示未来要做某一件事。"甲寅卜,行贞王其田,亡灾"(《佚》271)——商王要去畋猎,没有灾害。四、表示原因。"乙丑卜,王弜征往田,其雨"(《后》上30.16)——商王不继续去畋猎,因为将要下雨。五、表示将要。"王其田,其告妣辛"(《存》2.769)——商王要去畋猎,将要告祭妣辛。

---

[1] 管燮初:《殷虚甲骨刻辞的语法研究》,中国科学院语言研究所专刊,中国科学院,1953年。
[2] 赵诚:《甲骨文虚词探索》,载《中国语文研究》第8期,香港中文大学,1986年。

王虫梦隹祸？贞王虫梦不隹祸？　　　　　　　　　　　（《合》211）

"隹"，甲骨文作🐦，像飞禽，用作疑问副词用"将要"之义。"隹祸"，"将有祸"？"不隹祸"是反贞，即"不将有祸"？隹字卜辞中亦常作助词使用。

2. 情状副词

　　大食，不□。于壬，王迺田，不雨。壬弜田，其雨。吉。不启。壬不雨。
　　　　　　　　　　　　　　　　　　　　　　　　　　　　　（《粹》999）

"迺"是情状副词，修饰语气，甲骨文作⊙，构形不明，用作副词，和乃字同义。甲骨文"乃"字作𠄎，构形亦不明。"弜"为否定副词。此辞为卜问王畋猎晴雨之事。

副词迺和乃可通用，例如《粹》845："翌日庚其乘、乃霝，祁至来庚又（有）大雨。"《粹》847："其霝、至翌日。于翌日迺霝……雨。"前版作"乃霝"，后版作"迺霝"，是为迺乃二字通用之明证。霝字，郭沫若谓即"零"字，求雨之祭也①。

卜辞中每有"延雨"（《前》2.9.3）、"延改"（《金》451）、"延风"（《粹》841）等辞，延字像止（趾）行于道路之上，释作延，读作延，为情状副词，有"连绵""延续"之义。

　　癸巳卜，复朕舟。　　　　　　　　　　　　　　　　（《粹》1060）

复，甲骨文作🅐，卜辞用作情状副词，有"又""再"之义，郭沫若云："朕与枚当是一字，或是字之未全刻者。'枚舟'盖犹言泛舟或操舟，上片假枚字为之，盖殷语如是。""复枚舟"意为"再泛舟"。《南师》447："丁卯卜，戊辰复旦。"旦，此旦字之或体，旦，日出也，此辞中为动词，意即"戊辰再出太阳"。

　　辛未卜，殻贞：王勿逆伐邛方，下上弗若，不我其受又（祐）。八月
　　　　　　　　　　　　　　　　　　　　　　　　　（《续》1.36.5）

---

① 郭沫若：《殷契粹编》附考释，日本东京文求堂石印本，1937年，页566；又日本东京三一书房重印本，1976年。

“逆”，副词，甲骨文作“”，《说文》：“逆，迎也，从辵屰声，关东日逆，关西日迎。”段注：“逆迎双声，二字通用。”此说尚存古谊，甲骨文“逆”字正有迎意，此辞谓“辛未日㱿卜问，王不去迎伐𢀛方，上下神祇均不顺应，神灵不保佑，八月”。“𢀛方”各家所释不一，王国维据《菁》1谓“𢀛方亦牧我西鄙田”，则其国在殷之西矣。

癸巳卜，㱿贞：旬亡𡆥，丁酉雨，己雨，庚亦雨。　　　　（《续》4.10.1）

“亦”字甲骨文作“”，卜辞用作副词，状其雨也。有“又”“也”“还”等义。杨树达曰：“亦者又也，又者一事而再见之辞也。”①此辞为卜旬问雨之辞，“己”即己亥，丁酉的后两天“雨”，“庚”为庚子，丁酉的后三天“亦雨”。

命望乘先归田。　　　　（《金》586）

“先”，甲骨文作。孙诒让云：“疑古文先字本从止与歬(前)，从止在舟上意略同，止皆谓人足趾所履，不行而进谓之歬，歬进不已则谓之先。”此说极是，卜辞先字作为副词已由“向前”而引申为“先后”。此辞即武丁命武将望乘先归田猎。“先”为情状副词。

3. 否定副词

卜辞里的副词性否定词有“不”“弗”“弜”“𢎪”“勿”“母(毋)”等字。前四字是主要的，后两字出现的次数比它们少得多。“弜”是发射之发的初文，卜辞多用作否定词。从文例看，“弜”和“勿”有可能是假借来表示同一个词的。但是二者本来并非一字，所以不能把“弜”直接释作“勿”。在四个主要的否定词里，“弜”和“𢎪”的用法很相似，“不”和“弗”的用法也比较接近，而“弜”“𢎪”和“不”“弗”的用法则有明显的区别。粗略地说，“不”“弗”是表示可能性和事实的，“弜”“𢎪”是表示意愿的。如果用现代的话来翻译，“不……”“弗……”，往往可以翻译成“不会……”，“弜……”“𢎪……”，则跟“勿……”一样，往往可以翻译成“不要……”。卜辞有时说“不受年”，有时说“弗受年”，

① 杨树达：《积微居甲文说・卜辞琐记・释亦》，中国科学院，1954年，页24。

但是从来不说"弜受年""弭受年"。因为他们卜问的是会不会有好年成,而不是要不要好年成。同样,在卜问田猎或战争中能否有捕获的时候,也总是说"不获""弗获",而不说"弜获""弭获"。同类的例子可以举出很多,例如只说"弗擒""不擒",而不说"弜擒""弭擒";只说"不受祐""弗受祐",而不说"弜受祐""弭受祐"等。另一方面,在卜问要不要做某件事的时候,通常就只用"弜""弭"一类否定词而不用"不""弗"。例如卜辞常说"弜狩(本作兽)""弭狩",而不说"不狩""弗狩";常说"弜侑"(一种祭名,本作"屮"或"又")、"弭侑",而不说"不侑""弗侑"等。

"不""弗"和"弜""弭"的区别,在下列的两条卜辞里可以看得更加清楚:

庚申卜,㱿〔贞〕:王弜正(征)舌方,下上弗若不我其受(授)又(祐)。

(《前》5.22.2)

征不征舌方是要不要这样做的问题,否定词用"弜"。上下神祇高兴不高兴,保佑不保佑殷人,是会不会这样的问题,否定词用"不""弗"。

弭黒,弗受又(有)年。　　　　　　　　　　　(《后》下 41.15)

黒是农业生产上的一种工作,他辞或言"黒田"可证。黒不黒田是要不要这样做的问题,所以否定词用"弭"。"弗受有年"跟前面讲过的"弗受年"是一个意思。这一条卜辞"弭""弗"并用,是"弭弗通用"说的有力反证[1]。

卜辞中否定副词"不"字,甲骨文作 ⿻、⿻、⿻,常和有关气象的动词"雨""改""风""易日"等相结合。如"不雨"意思是"不下雨吧",而并不是"无雨"。另外,如《乙》882"且乙若王不?"《乙》35"雨不?"这两个"不"字相当于现代汉语中的"否",都是疑问副词[2]。

---

[1] 以上论述详见裘锡圭:《说"弭"》,《古文字研究》第一辑,中华书局,1979年。
[2] 裘案:"不"除了作否定副词之外,也有当作验辞用,见裘锡圭举例师组卜辞中:"90A…云其雨。不雨。90B格云不其雨。允不,启。"《合集》21022 又:94A 癸卯卜:甲启。不启,终夕雨。A94B不启。允不启,夕雨。《屯南》历组744。裘文指出:"《屯南》释文的标点把'不启终夕雨'全部包括在命辞里更无道理。详见裘锡圭:《关于殷墟卜辞的命辞是否问句的考察》二,殷墟卜辞中是否有"V不V"式问句和其他不用末疑问语气词的选择问句,载《中国语文》1988年第1期。

"勿"字,甲骨文作🄰或🄱,用作副词表示否定。《存》1.559:"贞,勿乎伐🅐方。"胡小石释为"'勿䩎勿伐'之勿"①,董作宾云"勿与不、弗、亡等字略同,皆有否定及禁止之义"②。"乎"即"呼",有命令之意。

"弜",甲骨文作"弜"。《库》974:"辛卯卜王弜入。"按《说文》:"弜,彊也,从二弓。"契文正从二弓,张宗骞释弜,读为弗,李孝定谓"实则弗之初义为矫矢,弜之初谊为辅弓,其事类相近,其音读适亦相同(从王氏说读如弼),其用为否定词同为假借"③。

八、助　　词

助词是虚词的一种,它附着在词、词组或句子上表示某些附加意义。

甲骨文中的"隹"字不仅用于副词,亦常用作助词。据赵诚研究,"隹"在甲骨文中作助词使用有七种意义。现摘录如下:

1. 表示被动

　　贞:亘其果隹🄲。　　　　　　　　　　　　　　　(《乙》5303)

亘果然被捕捉。

2. 用在句首,无义,或称为发语词

　　隹王来征人方。　　　　　　　　　　　　　　　(《前》2.15.3)

商王前来征伐人方。人方,与商王室为敌之方国。

　　辛亥卜,殻贞:勿隹王往伐🅐方。　　　　　　　　(《后》上16.12)

勿,否定副词,用在隹之前,是甲骨文语法的特点之一。🅐方,与商王室为敌之方国。

---

① 胡光炜:《甲骨文例》,中山大学语言历史学民考古丛书之一,1928年,页27。
② 朱芳圃:《甲骨学文字编》,商务印书馆石印本,1933年。
③ 李孝定:《甲骨文字集释》,台北"中研院"历史语言研究所,1965年,页3852。

隹的这种用法后来写作唯。"不隹"这一形式后来被淘汰。

3. 表示原因

  贞：㞢疾隹黄尹耂。   （《六》17）

有疾病，是因为黄尹伤害。㞢用作有。黄尹，商王室之旧臣。后世商王不仅祭祀祖先，也祭祀旧臣，可见旧臣之地位崇高。

  贞：疾隹父乙耂。   （《乙》3403）

4. 表示假设

  其隹甲㞢至，吉。   （《簠·典礼》103）
  其㞢设，其隹庚，吉。   （《前》7.32.3）

将要有设立之兆象，如果是在庚日，就会吉利。自然界有时会有某种异常现象，商代人以为这是上帝有意的设置，是某种吉凶的预兆，所以把这种现象称为设。庚指庚日。

5. 可以将宾语提前，而无其他意义

  王勿隹龙方伐。   （《丙》23、《京津》126）

即王勿伐龙方。龙方，方国。

6. 用来表示时间，有"在"的意思

  帝隹癸其雨。   （《前》3.21.3）

近似于说帝"于"癸日下雨，即"在"癸日下雨。这种用法的隹，近似于"于"，有"在"的意思，好像是介词。但"隹癸"所说的时间带有推测的成分。从这一点来说，"隹"又不完全等于"于"，而只能看作是表示某种意义的助词。

  王固曰：氪(风)其出，其隹丁。丁不出，其㞢疾。 （《存》附一）

风将要刮出来，在丁日。丁日不出，将有疾病。氪用作风。"其隹丁"，近似乎"其于丁"，即"在丁日"之义。但不像说"于丁"那样肯定，而带有推测的语意。

7. 用来表示时间,有"到"的意思

己卯卜,㱿贞:雨?王固曰,雨隹壬。壬午允雨。

(《丙》235+《乙》4524)

乙卯那一天占卜,㱿贞问,下雨吗?商王固曰,到壬日那天下雨。壬午那一天果然下雨。"雨隹壬"即"隹壬雨",乍一看似乎与"于壬雨"同,其实有别。壬午是己卯的第四天,于己卯日说壬午日下雨是预卜之词,不像一般说"于……"那样肯定。表面看来隹的这种用法和第六类的"帝隹癸雨"相同。从语感上来体味却略有差别。"雨隹壬虽然是预卜,但其推测的意味不如'帝隹癸其雨'那样重,后者还多少有一点'大概'的成分。"

另外赵诚还对助词叀字作了研究:

叀,甲骨文作 ⚘,或作 ⚘,读作惠。构形不明。卜辞用作助词,似为借音字。

1. 用在句首

乙巳卜,争贞:叀王往伐舌方,受㞢又。 (《粹》1081)

舌方,与商王室为敌之方国。㞢用作有,又用作祐。

叀王出,伐方。 (《甲》556)

这种用法的叀无实义,叀后面一般为一个完整的句子,所以有人把这种叀称为发语词。

2. 把宾语提前

癸卯卜,㐱贞:叀圃乎令沚䝿羌方。 (《前》6.60.6)

呼圃命令沚打击羌方。乎即呼,有命令之意。"叀圃乎"即"呼圃",由叀把宾语圃提前成了"叀圃乎"。圃,人名。沚,人名。䝿,动词,有打击、伤害之义。羌方,与商王室为敌之方国。

庚戌卜,叀疒令。 (《佚》187)

疚,人名。"叀疚令"就是"令疚",叀把宾语疚提前就成了"叀疚令"。《宁》1.596 作"王令疚",没有用叀字,宾语就没有提到动词之前,整个句子语序为典型的主动宾。这可以证明,"叀疚令"的叀有提前宾语的作用,但无实义;也说明叀不是非用不可。

  叀田眚。   (《南南》1.160)

眚用作省亲之省。"叀田省"即省田,省视田地之义。叀田省也可以说成"叀田"(《明》585),省去田后面的动词。又"王叀盂田眚"(《戩》11.7)可以说成"叀盂田"(《戩》116),也是省去后面的动词。在祭祀卜辞里也有这种现象:

  叀岳取。   (《拾》2.8)

岳,祭祀对象。取,用作叙,祭名。"叀岳取"即"叙岳",向岳进行叙祭。也可写作"叀岳"(《前》5.47.3),省去了后面的动词。可见叀的语法意义很强,不仅可以提前宾语,而且可以使后面的动词省去。也可能这省去的部分正好是甲骨残损所致,后面的动词根本不是省略,这是可以再研究的。但能提前宾语却是事实。

叀作为助词与隹有相同之处,后代典籍均写作唯、惟或维①。

九、数 词

  数词是说明人事、品物、数量的词。于省吾说:"我国古文字,当自纪数字开始,纪数字乃古文字中之原始字。纪数字由一至九分为二系而五居其中。由一至四,均为积画,此一系也;由五至九,变积画为错画,此又一系也。数至十则反于一,故不列十也。"又说:"数至十复反为一,但既已进位,恐其与一混,故直书之。是十与一之初形,只是纵横之别,但由此可见初民以十

---

① 以上见赵诚:《甲骨文虚词探索》,载《中国语文研究》第 8 期,香港中文大学,1986 年。

进位,至为明显。"①

在甲骨研究初期,"七"字是罗振玉认出来的。过去一直把"五十"误读成"十五",这是郭沫若考释出来的。卜辞十五合文作╳|或|╳,五十合文作 ᚼ,要倒读才对,六十作 ᚽ 或 ᚾ,七十作 ᚿ,八十作 ᛀ,都要倒读。甲骨文 一 二 三 亖 都是积画而成,五字的演变由 ╳ 而 ⊠ 进而为 ᚼ,六字初文作 ∧ 后变为 ᚽ ᚾ ᛀ ᚿ 等形,七字作 ᚿ,是切的初文。八字作 ᛀ,像相背之形。九字作 ᚹ 或 ᚻ,为蛇形。十字作 |。卜辞中最大数字三万,最小者为一,没有小于一的分数。

甲骨文数字有合书的习惯,百作 百 或 百,千作 千。如二百作 二百,二千作 二千,五千作 五千,二万作 二万,万字作 万 为蛋,即蝎子。据陈梦家研究②,卜辞数字与名词的结合形式共有以下各种:

毘一百廿七	名——整——零
五十五牢	整——零——名
十犬又五犬	整——名——连——零——名
十羌又五	整——名——连——零
鹿五十屮六	名——整——连——零
人十屮六人	名——整——连——零——单位词

这里名为名词,整为整数,零为零数,连为连词。

---

① 于省吾:《甲骨文字释林·释一至十之纪数字》,中华书局,1979年。
② 陈梦家:《殷虚卜辞综述》,科学出版社,1956年,页109。

第七章 甲骨的缀合

一、缀合的重要性

甲骨被埋在地下，经过了三千余年的土壤压力和腐蚀，又经发掘、运输、辗转流传，很多甲骨损坏严重，互相分离，加上古董商人无情地拆群分售，散落各处，使许多重要的有历史价值的内容，变成断句残字。缀合，就是将原来因断折破碎而分散的甲骨，根据内容、书体、断痕拼合起来，往往断片一经缀合，便揭示出较原来更重要、更具有历史价值的内容来。例如：1917 年春，王国维曾在《戬》1.10（甲）拓片中，发现 1 片可以与《后》8.14（乙）相合的卜辞，后来董作宾在这个基础上又拼缀上 1 片（丙），使辞更为完整，其辞为："乙未酹兹咎上甲十、报乙三、报丙三、报丁三、示壬三、示癸三、大乙十、大丁十、大甲十、大庚十、卅三囗祖乙十。"（大庚十，《粹》112 释"大庚七"，乃拓片不清所致，见图 7-1）

这个重大的缀合，揭示了商代的直系世系的顺序，不但纠正了《史记》中的错误，而且还验证了其他商王的位次，从而证明《史记·殷本纪》商代世系基本上是正确的。

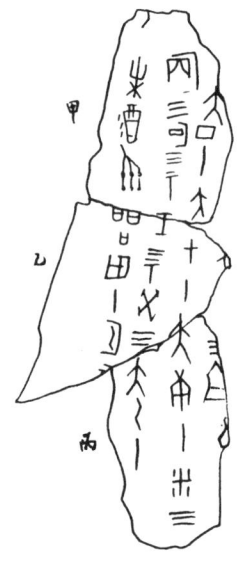

图 7-1

1937 年郭沫若在其《殷契粹编》①中著录了第 113 片,这片是由三个断片缀合而成的,缀合后得上甲以来周祭的顺序,为研究殷代祀谱奠定了基础(见图 7-2)。

辞中"翌"字是祭名,殷代帝王用彡、翌、祭、壹、劦五种主要祭法周祭祖先。依次举行,周而复始。每一周复,谓之一祀。"彡"用鼓乐,"翌"用羽舞,"祭"用酒肉,"壹"用黍稷,"劦"是最后大合祭。除这五种主要的祀典外,也还有其他各种祭祀。

严一萍曾把《殷虚文字甲编》《乙编》全部剪开分期分类整理过一遍,并且致力于拼合残片的工作,他把五片碎小的甲骨缀合在一起,揭示了一条甲骨文记载月食的卜辞:"癸未卜,争贞:旬亡田?三日乙酉夕,月㞢食,闻,八月。"②后来董作宾把这五片小腹甲检出来核对,果然使它们"破镜重

---

① 郭沫若:《殷契粹编》附考释,日本东京文求堂石印本,1937 年;又日本东京三一书房重印本,1976 年。
② 严一萍:《八月乙酉腹甲的拼合与考证经过》,载《大陆杂志》1954 年第 9 卷第 1 期。

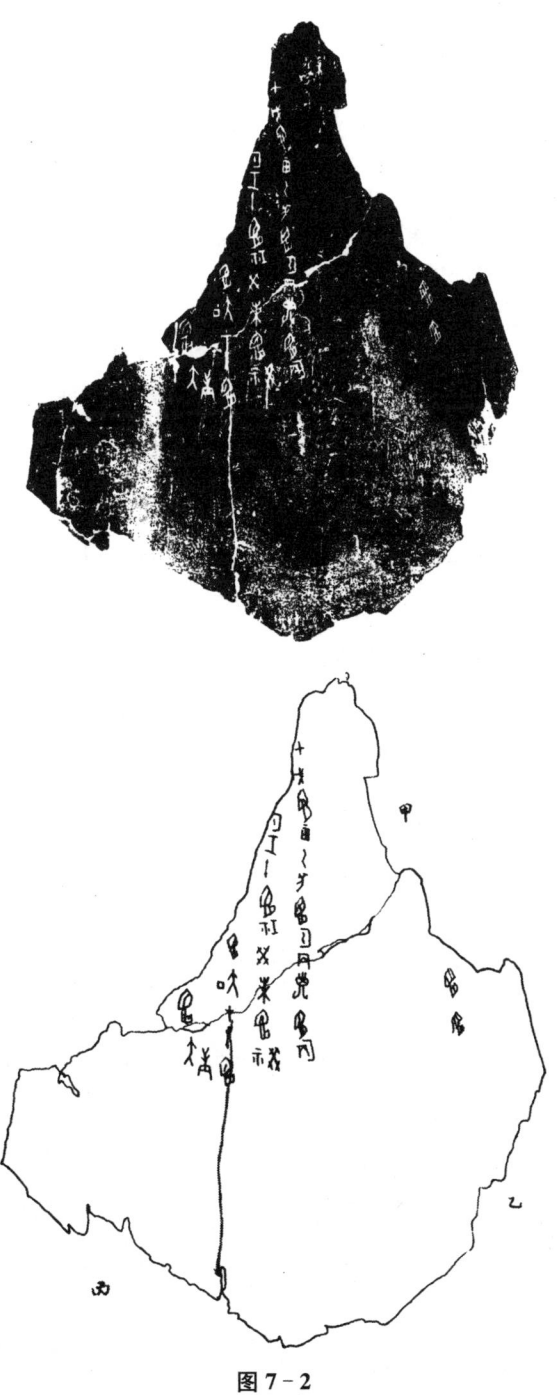

第七章 甲骨的缀合 147

图 7-2

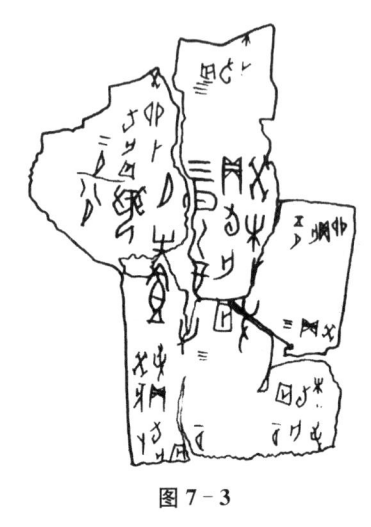

圆"①。这五片出土坑位都不同,说明在殷代当时已分裂了。这样的拼合是件非常不容易的事,这块缀合后的腹甲为研究商代的天文历法,提供了切实可靠的依据。图7-3即缀合的腹甲,片号为《甲》1114＋1749＋1156＋1801＋1289。

拼缀后的甲骨其史料价值要远远超过那些小片的内容,因此甲骨缀合工作是甲骨学研究中不可忽视的重要环节。

图7-3

二、甲骨缀合以往的成就

甲骨的缀合专著有下列几部:

《甲骨叕存》,曾毅公撰。1939年齐鲁大学研究所出版。此书是最早的甲骨缀合专著,后来包括在《甲骨缀合编》中。共缀合75版。取用材料为:刘鹗《铁云藏龟》、叶玉森《铁云藏龟拾遗》、李旦丘《铁云藏龟零拾》、姬佛陀《戬寿堂殷墟文字》、罗振玉《殷墟书契前编》《后编》《续编》《殷墟书契菁华》、王襄《簠室殷契征文》、林泰辅《龟甲兽骨文字》、明义士《殷墟卜辞》、郭沫若《殷契粹编》、孙海波《甲骨文录》、容庚《燕京大学殷契卜辞》、商承祚《殷契佚存》、郭沫若《卜辞通纂》。

《甲骨缀合编》,曾毅公撰。1950年出版。此书包括《甲骨叕存》,其中缀合396版。取用材料:刘鹗《铁云藏龟》、罗振玉《殷墟书契前编》《后编》《续编》《铁云藏龟之馀》、明义士《殷墟卜辞》、姬佛陀《戬寿堂殷墟文字》、林泰辅《龟甲兽骨文字》、叶玉森《铁云藏龟拾遗》、王襄《簠室殷契征文》、商承祚《福氏所藏甲骨文字》《殷契佚存》、郭沫若《卜辞通纂》《殷契粹编》、容庚《殷契卜

---

① 董作宾:《卜辞中八月乙酉月食考》,《大陆杂志》特刊1952年第1辑下册;又收入《平庐文存》上册卷3,台北艺文印书馆,1963年。

辞》、许敬参《殷墟文字存真》、黄浚《邺中片羽》初二三集、方法敛《库方二氏藏甲骨卜辞》《甲骨卜辞七集》《金璋所藏甲骨卜辞》、孙海波《甲骨文录》《诚斋殷契文字》、唐兰《天壤阁甲骨文字》、李旦丘《铁云藏龟零拾》、金祖同《殷契遗珠》、梅原末治《河南安阳遗宝》、于省吾《双剑誃藏甲骨文字》《元嘉造像室藏甲骨文字》《颂斋藏甲骨文字》、金祖同《龟卜》、董作宾《殷虚文字甲编》。另外还有摄本：明义士《殷墟卜辞后编》（鄞县马氏凡将斋藏本）、《辅仁大学藏甲骨文字》（海城于氏双剑誃藏本）、《殷墟书契墨本》（上虞罗氏退思斋藏本）、《殷墟文字》（陈氏铸盦藏本）、《喆厂甲骨文字》（著者自藏。此书误缀之片不少,笔者先后两次指出其缀误12版）。

《殷墟文字缀合》,郭若愚、曾毅公、李学勤缀。1955年4月科学出版社出版。其中郭若愚缀合的是编号1至324,1至76是利用《殷虚文字甲编》中的材料缀合的,77至324是利用《乙编》的材料缀合的。曾毅公、李学勤缀合的编号是325至482,325至360是利用《甲》的材料缀合,361至482是利用《乙》中的材料缀合的①。

《殷墟文字丙编》,张秉权编,台北"中研院"历史语言研究所1957年出版。共分上中下三辑,每辑二册,每册之后都附考释。三辑六册共缀合349版：

　　上辑（一）　1957年8月出版,共缀合54版

　　上辑（二）　1959年10月出版,共缀合56版

　　中辑（一）　1962年出版,共缀合57版

　　中辑（二）　1965年4月出版,共缀合60版

　　下辑（一）　1967年12月出版,共缀合55版

　　下辑（二）　1972年出版,共缀合67版

《丙》是《乙》的附属品。原来第十三次殷墟发掘在YH127坑有一堆甲骨,早

---

① 华案：1973年曾毅公遗稿回忆："解放后,笔者曾加以整理（时《殷虚文字甲编》及《乙编》上中二辑,及《战后平津新获甲骨集》摹写本均已出版）,发现所谓'四方风名'龟腹甲的首甲、中甲和上腹甲的一部分（《北图》5396）可与《乙编》4548、4876、5459、4883、4794、5161等片相缀合（《乙编》下辑出版后,又补缀上《乙》6533）兆纹也是经过重刻的。"原载《华学》第4辑,紫金城出版社,2000年。

在南京时就整理分开，每块整甲装入一个纸匣子，一共有三四百完整的龟甲，迨"七七"抗战开始，历史语言研究所随局势的变化而迁移，将纸匣装进几个大木箱，用汽车运输，长途奔波，至四川纸匣已烂，整甲分离，互为混杂，成《乙》之惨状。后又运台湾，张秉权花了近二十年时间整理而成。

《甲骨缀合新编》，严一萍撰。1975年，台北艺文印书馆出版。此书除小屯《乙》之缀合不录，凡其余甲骨书之缀合全部包括，共计705版，另附订伪一编。订正近人所缀合的错误，共有99版，引用甲骨书籍共64种，此书包括曾毅公之《甲骨叕存》《甲骨缀合编》及《殷墟文字缀合》之《甲》部分。此书出版后，发现剪贴缀合号码有少数错误，同时继续有所缀合，于是续成《补编》一册，并附加总目、索引等，查考较前便利。

《殷虚文字甲编考释》（图版），屈万里著。台北"中研院"历史语言研究所1961年出版。共缀合甲骨195版。缀合工作从1955年开始，至1958年毕。取用材料：《殷虚文字甲编》，其中有6版采用方法敛《库方二氏藏甲骨卜辞》，郭沫若《殷契粹编》、商承祚《殷契佚存》、胡厚宣《甲骨续存》中的材料。还有个别为《甲》未著录的甲骨碎片拼合而成。这195版中有董作宾、严一萍及《殷墟文字缀合》拼合的甲骨，"新拼缀的甲骨，不过106版而已"（《殷虚文字甲编考释·序》）。

《甲骨文缀合小录》，白玉峥著。1981年3月出版。缀合甲骨50版。

以上这些专著为我们研究商代史提供了非常丰富且有价值的史料，为今后缀合工作提供了极为宝贵的经验。下面我们来谈谈怎样缀合甲骨。

三、必须熟悉甲骨各部分的特征

就目前来讲，拼缀甲骨的方法有两种：（一）人工缀合法。内又可分据甲骨实物拼缀，这是最可靠的一种方法；据甲骨拓片拼缀。（二）电子计算机缀合法。无论采用哪一种缀合方法，都得熟悉龟甲和左右牛胛骨的各部分特征，只有认识了解整甲、整骨才能对碎片所在的甲骨部位作出正确的判断，为拼缀提供线索。因此了解甲骨的构造、部位、特征是缀合工作的基本功。我们在第二章中曾作过初步介绍，现在再进一步说明如下，请对照研读。

1929年秋季，第二次殷墟发掘时得到一个完整的龟甲，后来由生物学家秉志对安阳田龟的特征进行了详细的叙述①。

（一）安阳龟壳的特征

1. 背甲（图7-4）

壳隆凸，周缘光滑。

颈甲颇大，六角形，前缘最长（即图2-8部位号之4）。

第一脊甲，四角形，长大于宽；第二至第八脊甲，皆六角形（即图2-8部位号3）；第五至第七之中间，有小隆起。

第一上尻甲四角形，长大于宽；第二上尻甲六角形，宽大于长；尻甲，四角形，后缘有凹，宽大于长（即图2-8部位号之5）。

肋甲与肋盾之边缘，大部相合。左右肋甲各八（即图2-8部位号之2），肋盾各四（即图2-7部位号之3）。第一肋甲七角形，第三至第八皆五角形，第八最短。

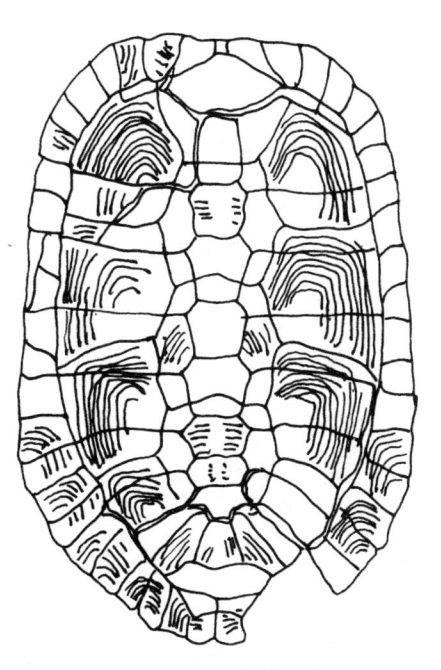

图7-4 安阳田龟背甲

边甲左右各有十二块（即图2-7部位号之4）。第一边甲之前缘较薄，厚度向后渐增。第二大致亦如此。第三之腹面为骨桥，亦称甲桥之前端。第四、五、六等，背面皆四角形，腹面隆起，为甲桥之本部。第七之背面，四角形，腹面向腹渐薄，其前部为骨桥之后端。第八、九、十皆为四角形，第十一系五角形。最后之四甲，其边缘皆较薄于中部。

---

① 秉志：《河南安阳之龟壳》，载李济主编《安阳发掘报告》第3期，"中研院"历史研究语言所出版，1929年，页446。

背甲上各角质盾版的特征：

颈版：最小，四方形，长大于宽（即图2-7之1）。

脊版：皆较大，六角形。第一版似五角形，第二、三、四版，形体相似，第五版似七角形（即图2-7之2）。

肋版：左右相对各四版，最后者最小，第二、三形体相似，皆五角形，第二版大于第三版，第四版小于第二、三者，亦五角形。每肋版之发长纹甚清晰（即图2-7之3）。

边版：共二十二块，左右各十一，皆四角形。第十二枚乃最小者，发长纹甚清晰（即图2-8之1）。①

以上有关龟背甲特征，秉志叙述得非常详尽。过去有许多人只注意龟腹甲，董作宾在《商代龟卜之推测》一文中亦仅以龟腹甲为例证，而未及背甲，事实上在出土甲骨中有相当一部分是龟背甲。在殷墟第十三次发掘中曾经出土过经过整治的较完整的背甲，董作宾在《甲骨实物之整理》一文中说："第十三次所发掘之龟背甲，有改制为小型椭圆形者，盖因背甲凸凹太甚，不易钻凿见兆，故于中间锯开之后（未锯开而卜用之龟背甲仅一见），又取其近边甲较平坦部分，锯为椭圆形，不及脊甲，仅用肋甲一至七，边甲一至一〇，中间必有一孔。"

2. 腹甲（图7-5）

上腹甲：五角形，左右相同（即图2-6部位号3）。

内腹甲：似三角形，宽大于长（即图2-6之1）。

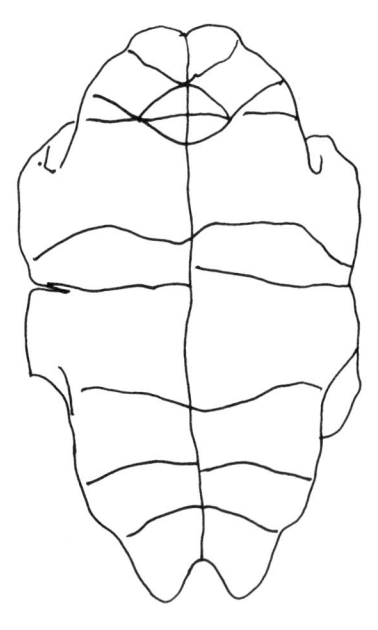

图7-5 安阳田龟腹甲

---

① 董作宾：《商代龟卜之推测》，载《安阳发掘报告》第1期，1929年。

舌腹甲：前侧较厚，后侧向上延展，为骨桥之前下端（即图2-6之2）。

下腹甲：其面积，与舌腹甲几相若，前侧向上延展，为骨桥之后下端（即图2-6之4）。

剑腹甲：其前缘长度二倍于其后缘（即图2-6之5）。

腹甲上角质盾版之特征：

喉版：最小，楔形，其尖与内腹甲之尖相接。左右相对称，以下并同（即图2-5之1）。

腕版：其下缝成一直线，横贯内腹甲（即图2-5之2）。

胸版：大于喉及腕版，其侧部向上延展（即图2-5之4）。

胫版：四角形。较小于胸版（即图2-5之5）。

臀版：较小于胫版，与腕版大小相若、四角形（即图2-5之6）。

腋版与胯版，皆长而窄。

秉志对龟背甲，腹甲进行了精密的分析，如要切实了解龟甲，必须据此而观察现有龟壳，一一加以辨认和核对。特别应该注意的是，甲与甲接缝处的"齿缝"，以及盾版与盾版相接处陷入甲面的"盾纹"。凡"齿缝""盾纹"拓时必有痕迹，且有固定的部位，与契刻文字笔画绝不相同。分析这些特征，就可知道龟甲残片部位所在。

（二）牛胛骨的特征（图7-6）

1. 左牛胛骨特征

正面：光滑，骨臼处左边的骨瘤锯去，成一缺角形。左边缘的曲率比右边缘大。左边缘的厚度比右边缘薄（相对部位）。卜兆方向往左。

反面：骨臼处缺角向右。右边缘有一条如海绵状的骨隙的长带。中下部的左边缘是整个骨版最薄的部位。近左边有一条脊柱被锯除后留下的如海绵状的骨隙。中下部的中间位置有一三角区，骨较薄，无海绵状的骨隙。钻灼均在凿的右边。

2. 右牛胛骨的特征，恰与左胛骨相反，此不再赘述。

以上我们叙述了龟甲与牛胛骨的特征，现在列表来比较两者的主要差异。

正面　　　　　　　　　反面

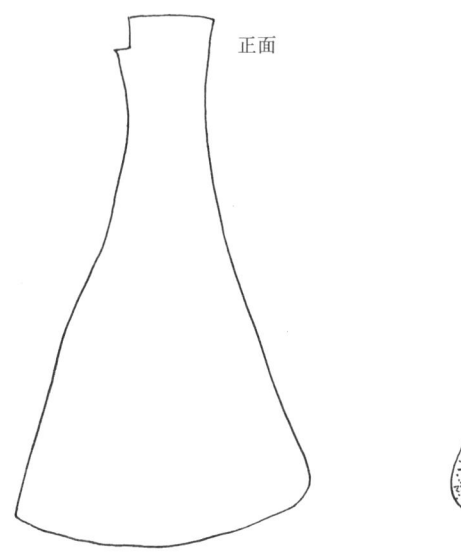

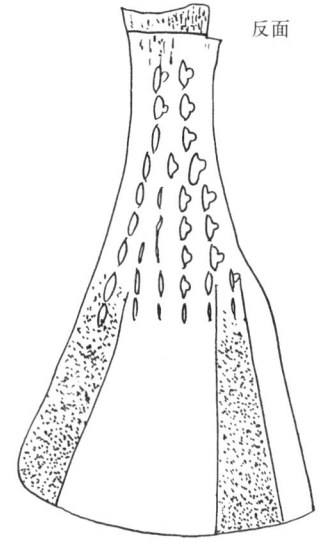

图 7-6

特征 种类	盾沟	锯齿	边缘 曲率	卜兆方向	外形	其他
牛胛骨	无	无	小	左胛骨卜兆向左 右胛骨卜兆向右	梯形	臼头处骨特厚,左 胛骨缺左角、右胛 骨缺右角
龟甲	有	有	大	腹甲卜兆向千里路 背甲卜兆向骨脊	亚形	甲桥处薄,有锯过 痕迹,背甲脊甲中 线有锯痕

我们了解了龟背、腹甲、牛胛骨的特征后,进行缀合工作就有了一定的基础。下面分别介绍人工缀合和电子计算机的缀合方法。

四、人工缀合法

人工缀合法是以拼缀者的经验用实物或拓本,根据甲骨的特征、断痕、弧度、色泽,字体风格,卜辞内容,断痕处的文字笔画,钻、凿、灼痕的吻合和卜兆的方向等来判别缀合甲骨。在拼缀时应尽可能地了解你要拼缀的甲骨的出土时间、地点、坑位。同一地点、同一坑位出土的甲骨能缀合的可能性大，反之可能性就小，甚至根本不可能。屈万里在《殷虚文字甲编考释·自序》①中叹曰："拼缀的工作的甘苦，不是局外人所能想象得到的。每次摆出了几百片甲骨之后，便凝神注目地去寻找它们的'拼头'。有时聚精会神地看上几天，而结果却一无所获。"由于人工缀合甲骨的复杂和艰巨，更需要我们在工作中有条有理，不急不躁。工作时，我们可以采用缩小搜索圈的办法。如有一批同时同坑出土的甲骨，或者不知出土时间、地位、坑位，而是某一家一批收进的藏品。我们第一步可把这批甲骨分成三堆，即骨、腹甲、背甲。第二步分别把每堆甲骨按期分开，然后再把第一期的甲骨按部位分开，最后再按占卜内容、字体风格、断痕等进行试拼，只有工作有条理了，拼缀成功率才会高，工作速度才会快。这里有如下几点必须注意：

1. 齿缝：龟甲骨版与骨版的相接处，必有齿缝。此处最易脱开、各自分离。两版分裂处必有锯齿状。可缀合无间。

2. 兆纹：龟甲经占卜后就会呈现卜兆，卜兆也就是骨版上的裂纹，呈纵横状。如卜 十 卜 ┥ 等形。兆纹处也容易断裂，峭直如削。背面必有钻、灼痕迹，兆纹极细与契刻文字笔画不同。正面每留余兆的一部分。

3. 边缘：龟甲具有天然圆滑光润的边缘，经过错治刮磨后，极易辨认。

4. 盾沟：凹入骨面有规律的纹理，即龟背甲版、脊版、肋版、边版之间的交界线。龟腹甲喉版、腕版、胸版、胫版、臀版、腋版间的交界线。盾沟处的骨版较薄，故容易断，如顺盾沟断裂的骨版，其分裂的边缘是有规律可循的。

5. 锯痕：整治龟甲时，用锯剖龟甲的地方，多见于腹甲的甲桥边，背甲的脊骨中线、牛胛骨的骨脊（或称胛冈）等处，均有锯痕。

6. 钻、凿、灼：正面卜辞缀合后，必须再检查背面的钻、凿、灼痕是否也密合无间。

---

① 屈万里：《殷虚文字甲编考释·自序》，台北"中研院"历史语言研究所，1961年。

7. 弧度：不论是甲或骨，其平面都有或大或小的弧度，如果弧度不一就不能缀合。

8. 骨色：凡能缀合者其骨色必相同。凡骨色不同，是否能缀合，得视其他条件而定。

9. 厚薄：凡能缀合者其甲骨厚薄必相等，否则不能缀合。

以上九点是我们在拼缀时必须注意的事项。现在我们利用《丙编》的成果举一些拼缀的例子。

下面有十块腹甲的碎片（图7-7），都是属于第一期的，而且是同一个腹甲，我们怎样把它们缀合在一起呢？

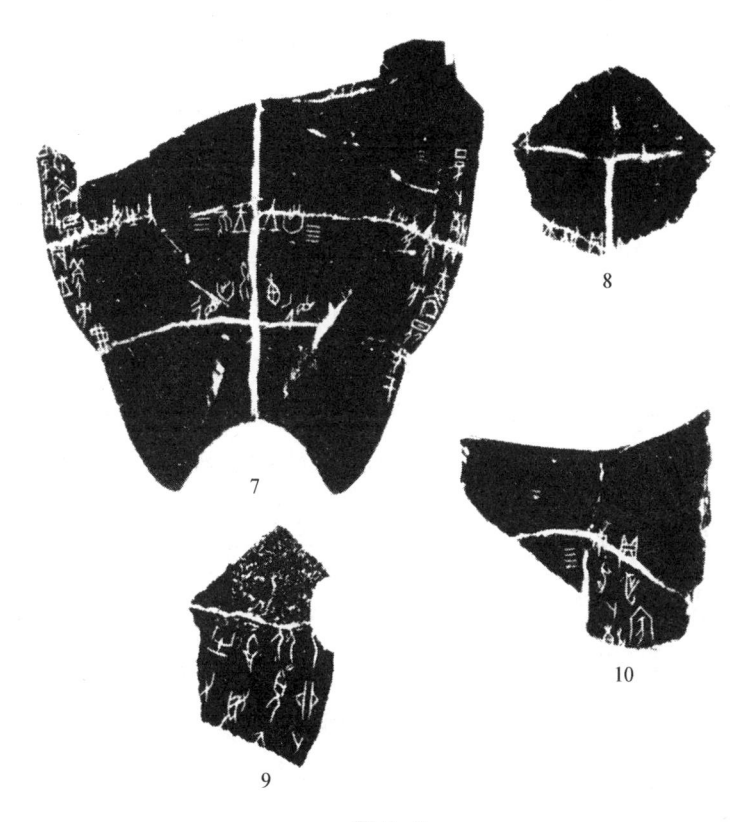

图 7-7

拼缀这样一块腹甲,主要是正确地判别每块碎片所在整甲中的部位,下面我们分别叙述:

1. 从形状来看,很明显有较完整的左甲桥,甲桥上端修整成圆弧形,故它是龟腹甲左甲桥部位。

2. 有纵横相交的盾沟,在纵盾沟的两旁有对贞的残辞,故纵沟必为腹甲的千里路,它当是腹甲中间的碎片。

3. 碎片上有纵盾沟且两旁有成对贞的残辞,故它当是腹甲中间的残片。在拓片中间有左右两条明显的锯齿形横纹,一是上版与下版的接缝处,二是下版与剑版的接缝处。下版与剑版的交接缝成一弧形,向下弯曲。

4. 这是一块很小的腹甲,但上面的卜辞还比较完整,"贞王隹沚𢦔比伐

□"直书右行。根据殷人的契刻习惯,直书右行的款式的腹甲碎片,其部位当是腹甲右半或左甲边缘,我们再仔细观察这块碎片的右边有弯曲的纵盾沟,故这碎片必在右甲桥。

5. 这块碎甲左边是弧形,三边是齿纹,行款直书右行,很明显这是一块完整的左上版腹甲。

6. 下面呈～形曲线,右边有凹形弯口,故这是右腕版上部。

7. 这是最明显的腹甲下部,由完整的左右剑版及左右下版的残部所组成。

8. 四周有齿纹,中间盾沟呈十字形,故必为内甲无疑。

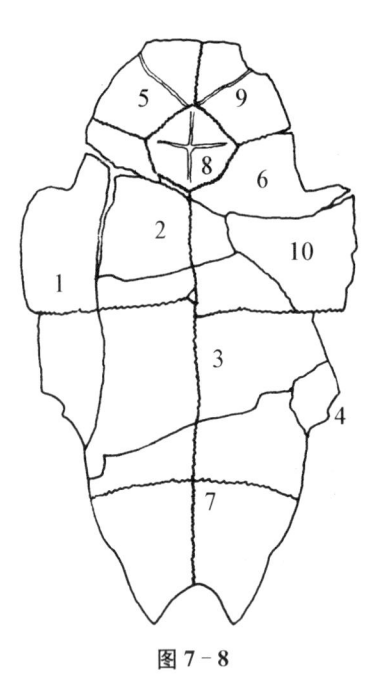

9. 右边成锐角弧形,左边残去一小块,其余三边有齿纹,行款直书而左行,恰与"5"成对称,为右上版。

10. 这一碎片,一定是成弯形近甲桥部分,从拓片上可以看到横盾沟弯曲度大,左段高、右段低,这是近右甲桥上部的特色。

现在把这十块碎甲的部位都确定了,就成这样的一版(图 7-8),原图见《合集》32 正(图 7-9)。

缀合的腹甲,揭示了商王武丁征伐下危及巴方等方国的内容,而且从中我们还可以看到上面的序数全是"四",是成套卜辞的第四版,是研究成套占卜的珍贵材料。

下面我们再举一例:

这八块残腹甲碎片(图 7-10),它们都属于第一期武丁时,而且是同一腹甲上的,应该怎样来正确判断这些碎片在腹甲上的本来部位,并将它们缀合在一起呢?下面我们再来讨论一下。

1. 这块碎甲周围无自然边缘,全是裂纹,中间有纵横交接的盾沟,当属"千里路"两边的腹甲。

图 7-8

第七章 甲骨的缀合 159

图 7-9

图 7-10

2. 是腹甲的右甲桥,右上角有明显的修整痕迹。甲桥处的齿缝及盾沟很清晰。

3. 是腹甲下部,有完整的左剑版和基本完整的右剑版,在左右剑版的上部接左右下版的残片,这是很容易辨别的。

4. 这是一块很小的碎甲,从卜辞的行款来看是直书左行,其右边是光滑的腹甲边缘,边缘弧线方向越往下越偏左,这个特征表明了它的部位一定位于右甲桥以下的边缘部分。

5. 这块碎甲上的卜兆均向右,在卜兆的右上方均有序数"二",故它是腹甲左边的碎片,在这块碎甲的中间有一条横的齿纹,其上有一横盾沟,这些特点表明了这块碎甲部位在近甲桥处的左上、下版。

6. 这块腹甲较完整,是腹甲的上端,左右舌版,内版左右上腹版均在。

7. 这是一块较小的腹甲,上方有一条自左向右低垂的盾沟,左边有光滑的弧形,其势越往下越偏右,这是左甲桥下部边缘的特征。

8. 这块碎甲的右边是光滑的弧线,其势越向下越往左,上方有一条右高左低的盾沟,这两个特点恰与"7"相对,因此它的部位应与"7"相对应,当属右甲桥下部、右下版的碎片。

这八块碎片的部位已定,现将它们排列起来就成为这样一版(图 7 - 11)。原图见《合集》1402 正(图 7 - 12)。拼缀后揭示了重要的祭祀内容。

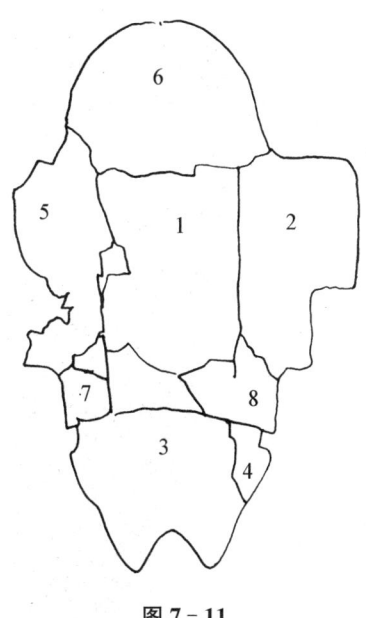

图 7 - 11

辨别拼缀牛胛骨的部位,比龟甲要容易些,如有这样原是同版上的三块残片(图 7 - 13)。

图 7-12

图 7-13

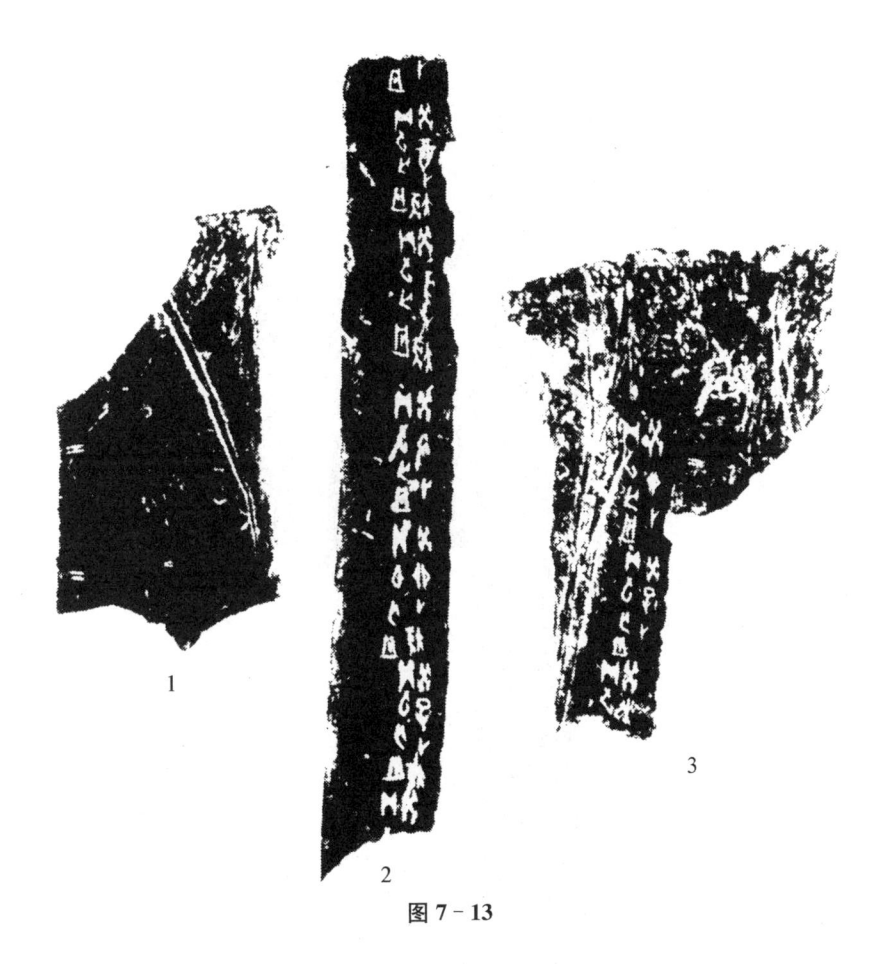

这三块骨版的部位，一望即知：

1. 右边是光滑弧线，上部平直被锯，它当是右牛胛骨近骨臼处的骨片。
2. 左边光滑，弧线曲度小，当为右牛胛骨的右边缘。
3. 是明显的骨臼部分，右边骨瘤已被锯去。

将三块骨版拼缀起来就成为《合集》31381(图 7-14)这样一版。

以上都是同版上碎片的缀合实验，比较简单，实际工作要复杂得多，特别是在无实物可据，仅利用拓片进行拼缀时，更需小心谨慎，拼合后还得设法找实物去验证，不然的话，很容易误缀。我曾把曾毅公的《甲骨缀合编》中缀合的部分甲骨，利用上海博物馆所藏甲骨中可资验证的，进行实物验证，

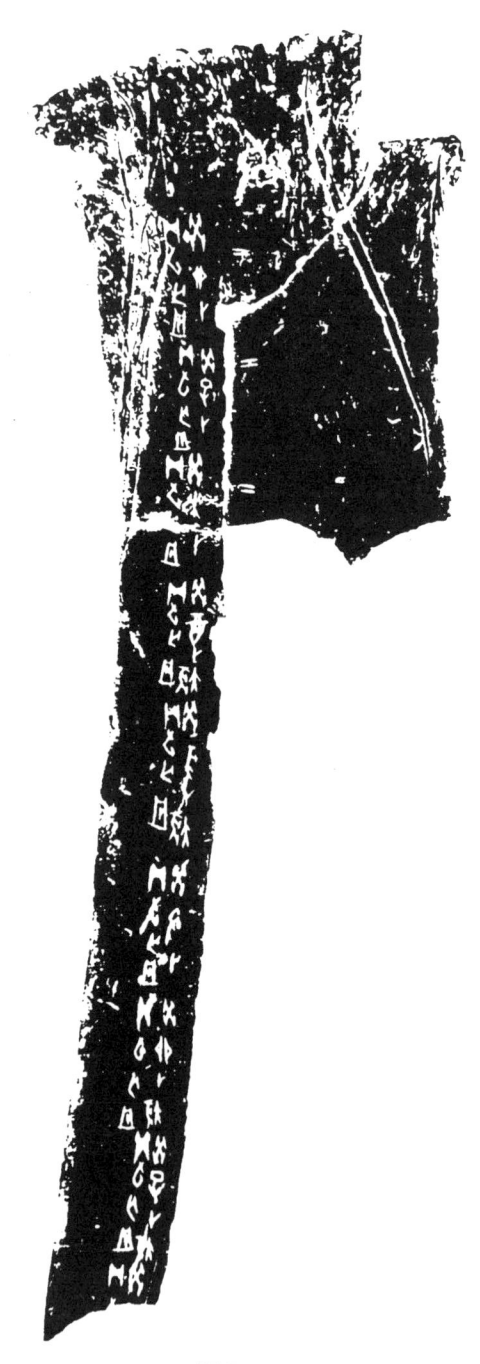

图 7-14

发现有许多拼错的,甚至有把龟腹甲和牛胛骨缀合在一起的错误①,下面我列举一些,并附照片说明。

《缀》第110版(图7-15)。这一版的实物缀合情况如下(图7-16):

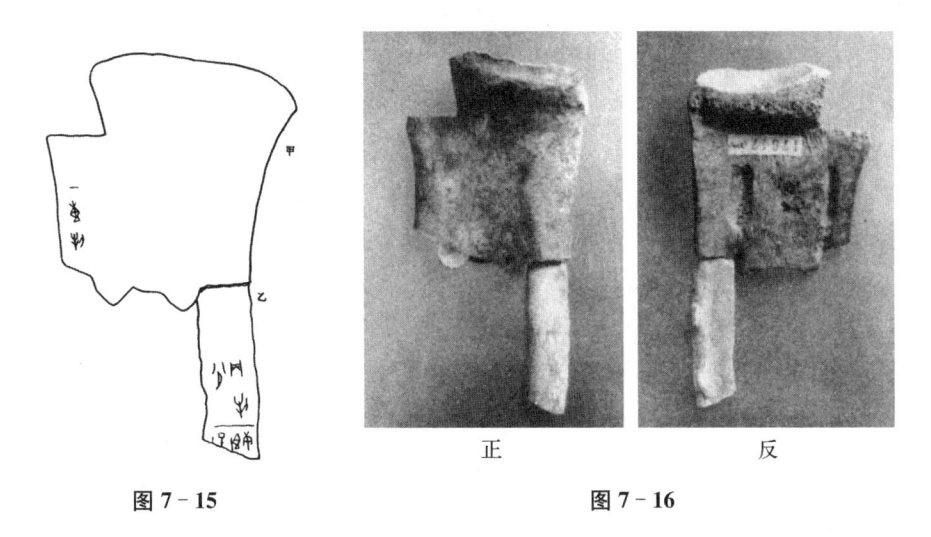

图 7-15

图 7-16

说明:此版编号当为110,原书误为1010,这是两块牛胛骨的碎片,从摹本看,这两版似乎缀合得很密切,而且字体风格相同,占卜内容相同,都是属于第二期之物。缀合者没有仔细分析拓片所表示的部位,被这些共同点所迷惑,以致误缀了。从实物照片中我们可以清楚地看出上下两块骨版色泽不一,上面一版是左胛骨的残片,从正面视之缺角在左,下面一版是右胛骨的左边缘,骨面弧度大、骨厚。从反面的一张照片来看更清楚了,不但凿痕不相合,而且把光边拼缀在内侧,残边在外作为骨版天然边缘,完全错了。另外,曾毅公在描摹中也有错误,把"且乙"的合文,误摹成"丝"字。

《缀》第250版(图7-17)。这一版的实物缀合情况如下(图7-18):

---

① 华案:1981年上海博物馆整理馆旧藏戬寿堂所藏甲骨与《戬寿堂所藏殷墟文字》进行了校对,发现缺失正、反、臼拓片,包括补正,错误,总计70片,其中缀合了17片。除此之外,还纠正曾毅公《甲骨缀合编》(1949年出版)6片缀合甲骨,有边缘已至、弧度不一、断痕不合、凿痕不合、厚薄不一等误缀现象。详见沈之瑜、郭若愚著:《〈戬寿堂所藏殷墟文字〉补正》,原载《上海博物馆馆刊》1981年第1期。

图 7-17　　　　　　　　　　　　图 7-18

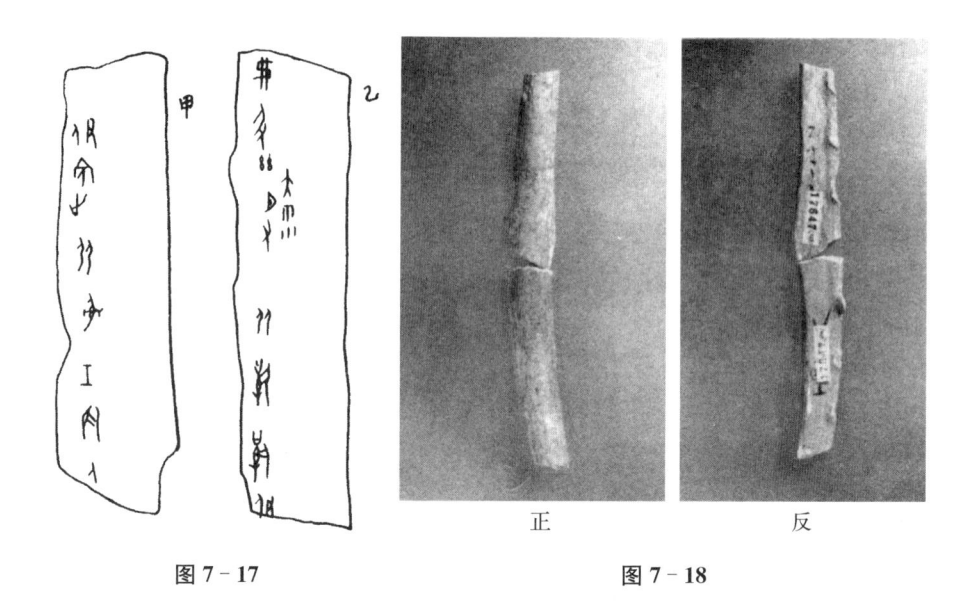

说明：上下两版都是牛胛骨边缘的碎片，字体风格相同，都是属于左胛骨的右边缘，在骨背留下凿的右半，其左半及钻、灼已残失，是第三期廪辛、康丁之物，曾毅公认为是可以缀合的，恰好在断处合成一条卜辞"壬辰卜，弗及"，意思是壬辰日卜问，能否捕捉到逃亡者。我们查看了实物，发现原物比原摹本长，在原摹本中，两块骨版的接触处有一段可吻合，但从实物的照片中我们可看到，两者没有相吻合的地方，尽管两块都是左胛骨的右边缘，它们所在的位置不同，上面一块骨版上端厚，下端薄，从骨的边缘形状来分析，当在牛胛骨的中下部，而下面一块骨版，上下两端厚薄基本相同，从骨版的形状分析当是近臼头处，如图 7-19。

《缀》第 104 版（图 7-20）。这一版的实物情况是这样的，骨版乙是腹甲，骨版甲实物不藏于上海博物馆。下面是此版乙的腹甲正反照片（图 7-21）。

说明：骨版甲虽未见实物，但从拓片上可以分辨得出是一块牛胛骨右边缘残片，此版乙是龟腹甲，左边有天然的光滑弧线，弧势越向下越往右，故这一特征表明其部位是左甲桥的下边缘部分。曾毅公把牛胛骨与龟腹甲缀合在一起，当然一无是处。

图 7-19　　　　图 7-20

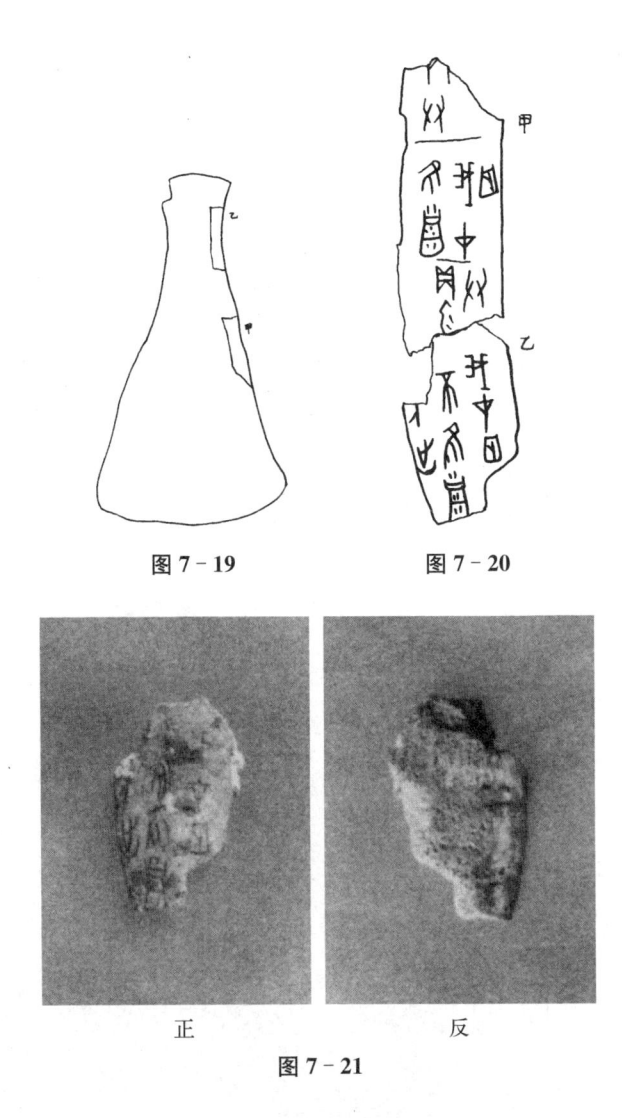

正　　　　反

图 7-21

《缀》第 255 版(图 7-22)。这一版的实物缀合情况如下(图 7-23)：

说明：这两块碎骨字体风格、占卜内容、时代均相同,属第四期武乙、文丁时期。就拓片的接痕来看并不密切。我们找出了原物查对,证实了这两版确实不能缀合。骨版甲是左胛骨的残片,骨正面缺角向左,卜兆向左。骨版乙则是右胛骨左边缘的残片,卜兆向右,背面的钻和灼痕在凿的左边,两块骨版不是同一牛胛骨的碎片,因此不能缀合。

图 7-22　　　　　　　　　　图 7-23

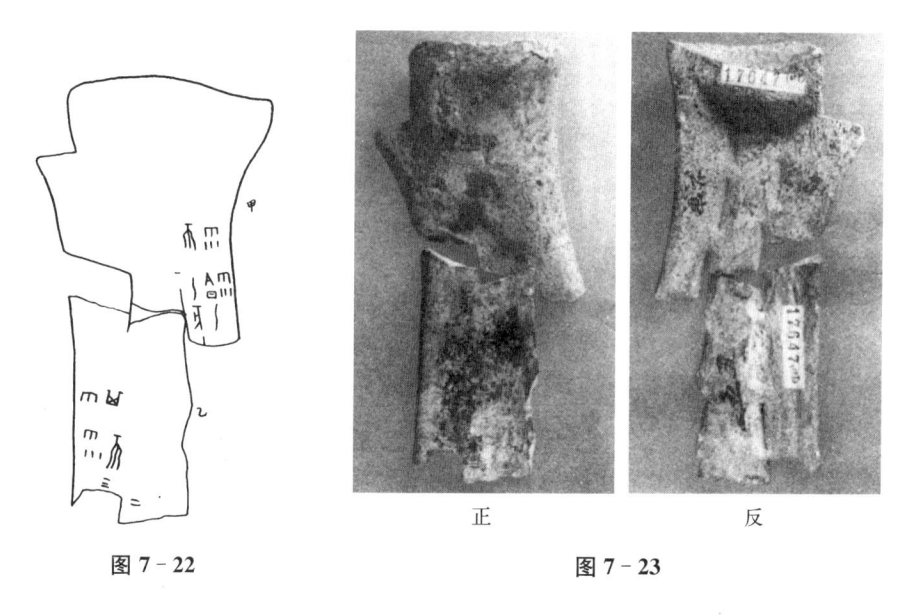

《缀》第 111 版（图 7-24）。这一版的实物拼缀情况如下（图 7-25）：

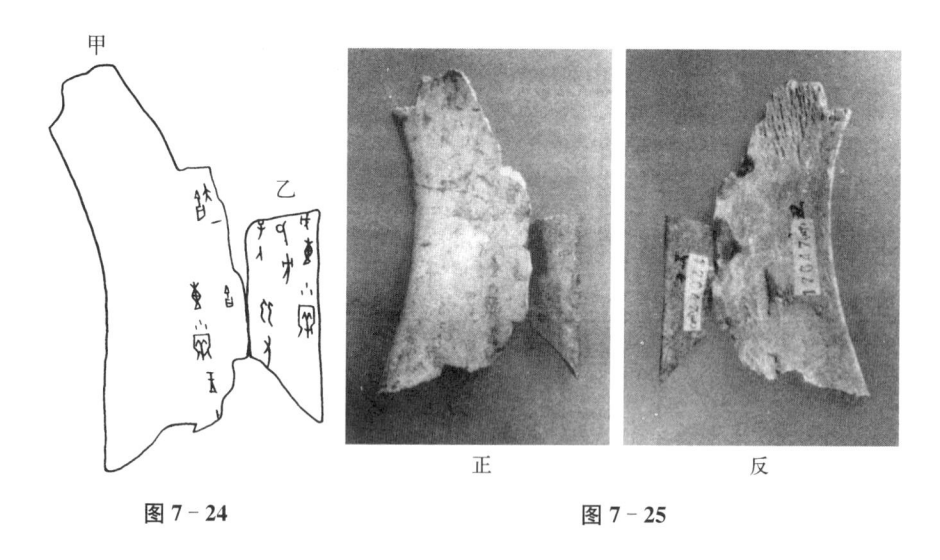

图 7-24　　　　　　　　　　图 7-25

说明：从照片上看很明显不能缀合，左右两块骨面弧度不合，色泽不同，背部凿痕不合。甲为左牛胛骨的左边缘，乙为另一牛胛骨的右边缘，故此版亦属误缀。

《缀》第 140 版(图 7-26)。这一版实物拼缀情况如下(图 7-27):

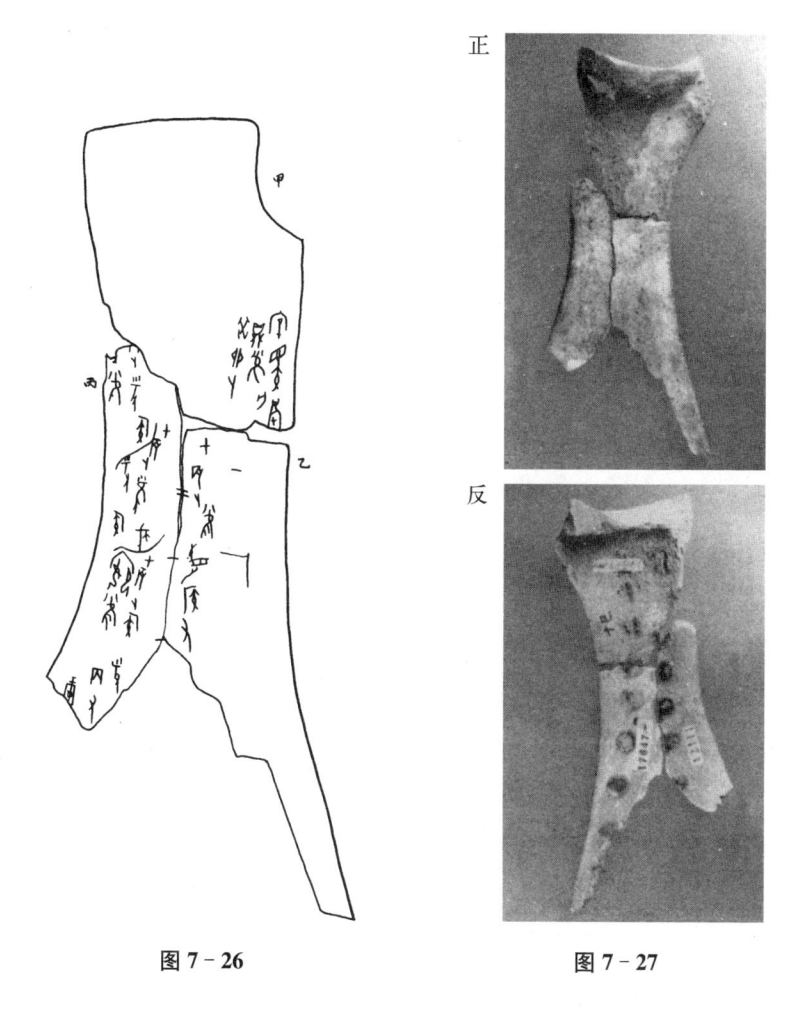

图 7-26

图 7-27

说明:这三块骨版,都属武丁时期,字体风格相同,且都是为"雀"这个人占卜的骨版,我们用实物验证,发现只缀对了一半。从实物反面照片看,骨版乙、丙都是左胛骨的碎片,两者缀合后,相接密切,正面残缺的序数,也得到了互补,这乙、丙二版拼缀对了。但它不能与甲版缀合,因为甲版是属右胛骨的残片。从反面照片看,甲版右上端尚留有未被锯尽的骨瘤,而且凿痕与乙、丙两版不同。

以上我们仅仅在《甲骨缀合编》中找出一部分误缀的例子,这种情况在其他著作中亦复存在。①

五、电子计算机缀合法

日益发展的电子工业给甲骨的缀合提供条件。1973年世界上实现了用电子计算机拼缀甲骨的新方法,由于这项工作还刚刚开始,成功率不高,还不能广泛地推广应用。下面我们简单地介绍一下电子计算机缀合甲骨的方法。

美国周鸿翔教授于1973年7月在美国《考古学》第3期发表过一篇论述用电子计算机缀合的文章,但只能做到完整的或大致完整的骨版缀合,他缀合了五四七对,其中正确的十对,可能正确的五对,缀合率不到百分之四。1974年5月,我国童恩正、张升楷、陈景春也用电子计算机进行甲骨拼缀的探索,但仅限龟腹甲,他们从时代、字迹、骨版、碎片、卜辞、边缘这六个方面,编制数据,试行拼缀。从安阳第三次发掘的大连坑所出的卜甲中选择了263片,在第四次发掘的E16坑所出的卜甲中选择了154片,实验结果在前一组标本中缀合了20对,其中正确的有8对;后一组标本缀合了61对,正确的有25对,缀合率在40%上下②。

---

① 2006年,上海辞书出版社曹锦炎、沈建华编著《甲骨文校释总集》,共20卷,收集海内外已发表的9种大型甲骨著录释文,在此基础上进行整理、校对,输入电脑。作者利用《甲骨文合集补编》资料来源表及台湾"中研院"史语所蔡哲茂《甲骨缀合集》和《甲骨缀合续集》所提供的缀合成果资料,对历年释文中缀合或重片的甲骨重新逐一校核整理,并在该片号附上互见重片或缀合号码,以方便读者在甲骨电子资料库更好地掌握缀合资料信息。
② 童恩正、张升楷、陈景春:《关于使用电子计算机缀合商代卜甲碎片的初步报告》,载1977年第3期《考古》。

第八章 甲骨文辨伪

一、作伪的历史和辨伪的方法

  殷墟甲骨在作为药材"龙骨"使用时期，并不存在伪刻，因为唯一的用途是治病，据说"龙骨"有涩精补肾之功，其粉末可作刀尖药能止血，当时在小屯村要得到这种"龙骨"是极容易的，有字的"龙骨"还得把文字刮除之后才能出卖。自从王懿荣认出甲骨上的字是中国古代文字并出重价收购之后，甲骨的身价遂增，收购甲骨的古董商人麇集小屯，学者纷纷探求，外国的传教士也拼命争购，一时成稀世之宝，售价从六文制钱一斤，飞涨到每字二两五钱银子，于是作伪渐多。从1899年王懿荣鉴定起至1903年第一部甲骨专著《铁云藏龟》出版，仅短短四年时间里，《铁云藏龟》里就有5片伪刻杂厕其中。据严一萍指出，130.1、254.1、57.1、84.1、256.1这5片是伪刻[1]。同时期，端方收藏的甲骨，伪刻更多。美国长老会驻潍县传教士方法敛、英国浸礼会驻青州教士库寿龄等人，他们收集贩卖的甲骨，也是真伪参半，英国驻安阳长老会牧师加拿大人明义士，亲自在小屯搜求，他所买到的大胛骨，全是新的未经脱脂的牛胛骨伪刻的。故收藏不久，便已腐臭。据董作宾云：

---

[1] 严一萍：《甲骨学》（上、下），台北艺文印书馆，1978年，页401。

"据我所见的伪品,在民国初年和光绪末年所作的,大部分不成句读,杂乱无章,中间还有倒字,这是一种作风;后来就有人造出似通非通的句子,最后又变为全文的仿刻。"①伪刻甲骨最有名的是一个名叫蓝葆光的河北人,他有一本册子,临摹了许子甲骨文字,刘氏、罗氏出版的各书,他都抄过,刻的时候看着册子抄,后来他刻的甲骨简直可以乱真,但他不懂文例,刻的部位和左右行都不合。

伪刻的情况有很多,有伪刻在出土的无字甲骨上的,即物是真的,字是假的;亦有刻在新骨上做旧的,如明义士所购进的大胛骨;有真骨上统版伪刻的;亦有真伪刻辞混杂的;有伪刻得行列整齐的;也有随便乱刻的;有自造句子刻上的,亦有照抄卜辞的……根据这些伪刻情况,我们可以从六个方面来进行识别,即字形辨伪、文辞辨伪、称谓辨伪、部位辨伪、刻痕辨伪、实物辨伪。

1. 字形辨伪。就是根据甲骨上的字形、结体、风格来辨别真伪,大凡真的卜辞全辞字体风格一致,由于作伪者没有研究过甲骨文,不懂得断代,不懂得五期字体的特点,他们往往在同一块甲骨上,刻上了不同时期的文字,字迹拙劣,有的倒置,这种伪刻是很容易辨认出来的。

例一:《库》1734 版(图 8-1)

这是一版左牛胛骨残片,全辞不能通读,在二兆璺之间有"二告"二字,这是第一期的专用兆语,其中"玉"字是第二期才出现的书体,"𠂇"是殷以后才出现的"左"字书体,因此全版都是伪刻的。

例二:《库》994 版(图 8-2)

这是一版左牛胛骨的残片,上面也混杂了不同时期的字体。如骨上端右边"戊""辰""王"都是典型第五期的字体,"大吉"是第三期的字体。

例三:《库》1531 版(图 8-3)

这一版是左牛胛骨的残片,字句文体不对。这个"✗✗"(癸)字是第五期的书体,而这个"王"(王)字是第一期的书体,故全版都是伪刻。

---

① 董作宾:《甲骨学六十年》,台北艺文印书馆,1965 年;又载《董作宾先生全集乙编》第五册,台北艺文印书馆,1977 年。

图 8-1　　　　　图 8-2　　　　　图 8-3

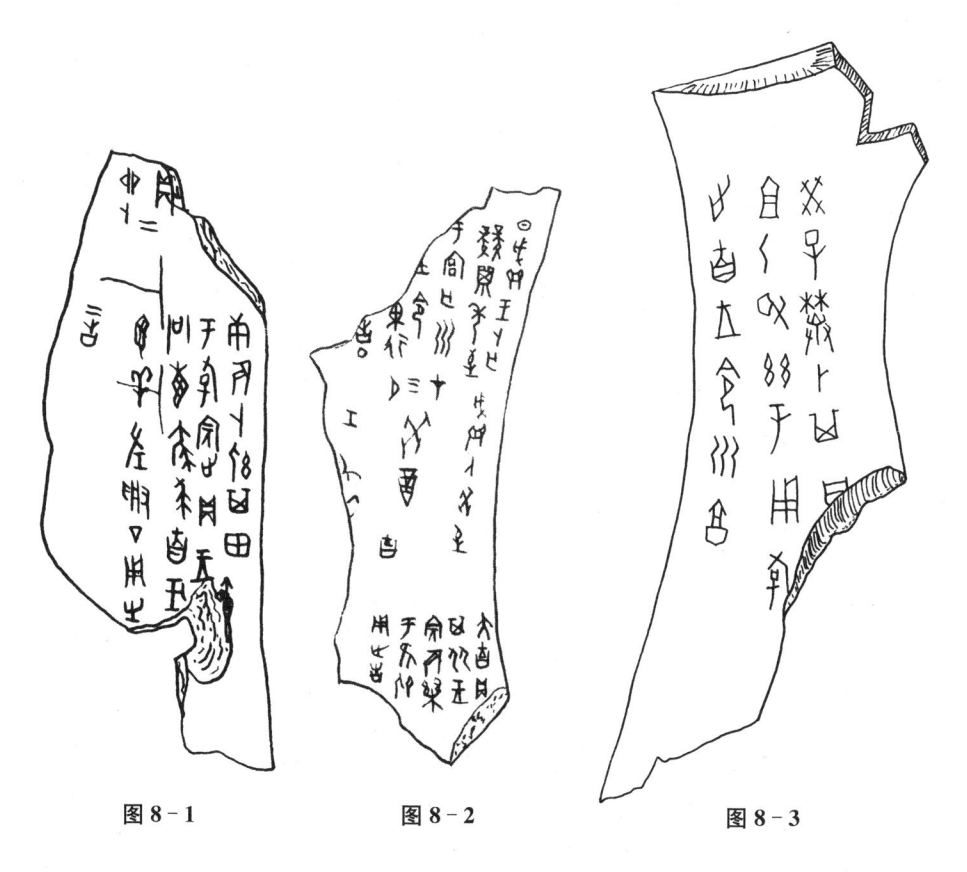

例四：《库》1827 版（图 8-4）

这是一版龟腹甲残版，不成句读。"立""玉"二王字并用。前者为第一期，后者为第二期书体。全辞均系伪刻。

例五：《库》983 版（图 8-5）

这是一版牛胛骨，不成句读。"𣪊"是第一期武丁时的贞人，而"求"字近第三期书体。

2. 文辞辨伪。在甲骨卜辞中，它的语法、用字、句式都有一定格式，每条卜辞都具有一定的意义，就是有些残辞其大意还可了解。但是，绝大多数的赝品，都不成句读，无商代语法的特点。根据这些我们可以区别其真伪。

图 8-4　　　　　　图 8-5

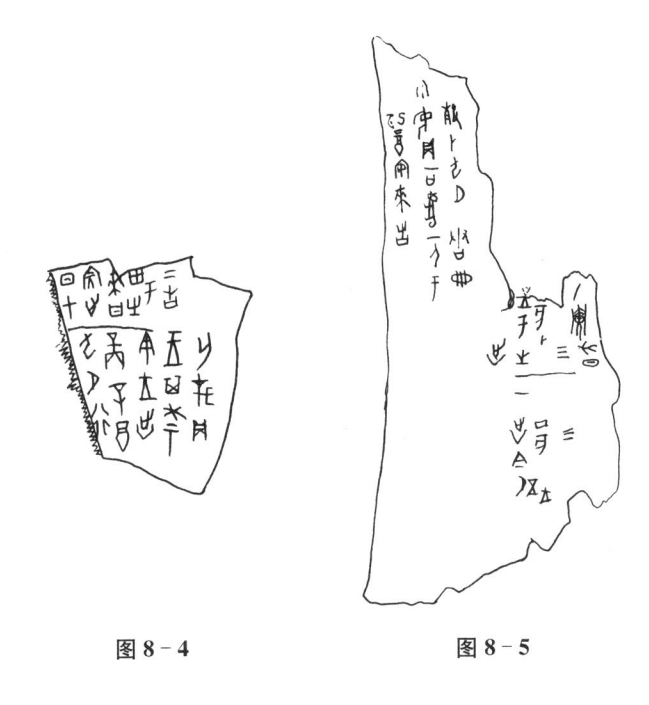

例一：《库》1755 版（图 8-6）

这是一版龟腹甲的残片，不成句读，天干地支互倒，把"丙辰"刻成"辰丙"。

例二：《库》1514 版（图 8-7）

这一版杂辞文章，不成句读，一辞之中并存征伐、囚死、畋猎、祭祀等专用词，这在卜辞中是绝对没有的。

例三：《库》1797 版（图 8-8）

这是一版龟腹甲，不成句读，"𣪊"为武丁时的贞人，但在这片里不是"𣪊"贞而是"帝贞"，帝是殷人崇拜的上帝，帝不可能也无法参与殷王占卜，不合殷人占卜的惯例。

以上都是文字杂乱、不成句读，破绽很多，一望即知是伪刻而无疑。后来赝品被揭露得多了，商人作伪的手段也变换了，他们往往刻些似通非通的句子，或一些让人看得懂的句子来迷惑人。

例四：《库》978 版（图 8-9）

这一版中的"行"是第二期的贞人名字，但左上角文字为"告寅卜行"，甲

图 8-6    图 8-7

图 8-8    图 8-9

骨文中从来没有出现这种句式，卜辞的前辞是"干支卜某贞"。"㞢(有)灾"的㞢，刻成𣥂。中间一行"翌贞其在乙亥四月"，这句辞表面上看来似乎是通的，但不合当时习惯，在卜辞里无这类纪日格式，一般应为"在某月干支"，不会在"乙亥"干支日后系"四月"，显然是伪刻。另外还有"马脚"露出来，在左边有"不征雨"三个字，这句话是"不会继续下雨吧"的意思，原来是抄通了的句子，但作伪不知道契刻的习惯，把"不征"二字刻在辞隔线之上，"雨"字刻线下。辞隔线是分开两条卜辞的界线,这样一来就露了"马脚"。再如右边有"王宾重羊",在甲骨文的王宾之辞中根本无此种句式,这是作伪者不懂卜辞而别出心裁的拙作。

例五:《金》457版(图8-10)

这片甲骨很能迷惑人,上一段的辞句是"王卜贞曰癸卯旬猒",第二段是"王卜贞曰癸亥旬猒"。作伪者抄的是第五期的卜旬卜辞,甲骨文中的卜旬卜辞,都是在一旬的最后一天癸日,预卜下旬的凶祸,而且是用成语"旬亡祸",从武丁起至帝乙、帝辛二百数十年来都是这个习惯,作伪者不了解句读漏了一个"亡"字,多了一个"曰"字,按照卜辞卜旬的形式,一定是干支癸日开头,结尾是"旬亡祸"连用,则此版第一段应该是"癸卯王卜贞旬亡祸"。最下面两段,根本不成句了。因此这一版全是伪刻。

有的伪刻是真伪杂陈,在真辞边上加刻新句,使人容易上当。如《金》123版(图8-11)原来上下二辞都是真迹,其辞是:

1. 乙酉卜,旅贞:王其田于□往来亡灾? 在一月
2. □未卜,旅贞:王其田于来亡灾? 在二月

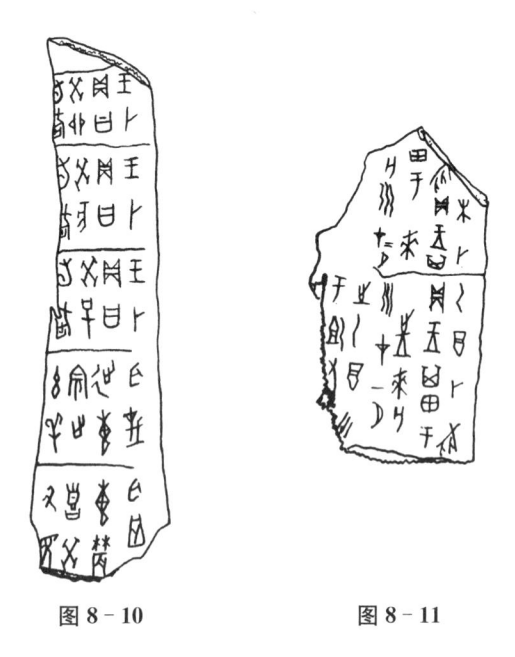

图8-10　　　　图8-11

但作伪者在1辞后加上"之乙酉彡于祖乙又……"，这样全辞的句读成为："乙酉卜，旅贞：王其田于□往来亡灾？在一月之乙酉彡于祖乙，又……""在一月之乙酉"这是后世的语法，在甲骨卜辞中从未见过。而且又在后面加上"彡于祖乙又……"五个字，这是彡祭祖乙，这种系有祭祀内容的形式，只有帝乙、帝辛的卜旬卜辞中才有，如：

  癸丑卜，贞：旬亡祣？在八月甲寅彡羌甲。   （《存》1.964）

  癸未卜，贞：王旬亡祣？在五月甲申彡戔甲。 （《珠》495）

我们对照一看可以知道干支与祭名之间不用介词的，伪刻的多了一个介词"于"，"祖乙"庙号下多了一个"又"字，这种伪刻是"画蛇添足"。因此有人把整版上的字都说成是伪刻的了，如严一萍在《甲骨学》417页中这样写道：

  这版卜辞，就是不合刻辞的地位。"田于□来"，是"田于□（往）亡灾来"〔注：严氏笔误，当是"田于□（往）来亡灾"〕的成语。这中间应该留两字地位，现在仅留一字，就不合了。最有问题的是"在一月之乙酉"的"之"字，这乃是据后世语法强加入卜辞的句中，尤其是明显的证据。

严一萍找出了最有问题的作伪部分，也冤屈了可靠的部分。因为他把此版上段卜辞中的"来"，理解为"往来亡灾"的"来"，所以说"这中间应该留两字地位"。实际上第一段"□未卜旅贞王其田于来亡灾？在二月"的"来"字是地名。如：

  贞：王其田来亡灾？   （《京》4476）

  贞：商至于来，十月在兑。   （《前》2.117）

  己酉卜，行贞：王其步自彭于来亡灾？ （《后》上12.12）

  己未卜，今日不雨在来？   （《甲》242）

这些"来"字都是地名，事实上"来"这个地方是商王畋猎区。如《宁》1.393："……往田于来禽……"

  3. 称谓辨伪。就是利用不同时期的人名称谓与卜辞内容、字体有无矛

盾来进行辨伪。如自武丁至帝乙、帝辛时的贞人名，各时期对先王称呼亦有不同。还有各时期的特殊人物。这些可作为时代标志的人名能帮助我们辨伪。例如《库》1605 版（图 8-12），从字体上看是第一期武丁时期的大字，"二告"兆语，也是第一期的，其中有两个人名"𢀌"（𢀌）、"𠂤"（𠂤），𢀌是寻好，𠂤是沚𠂤，都是第一期武丁时代很显赫的武将，作伪者名字没有抄齐，𠂤字刻错。成问题的是前辞"甲辰卜行贞"，贞人"行"是属于祖庚、祖甲时代的，而且寻好在武丁晚期已经死了，怎么会在祖庚、祖甲时又复活呢？

图 8-12

4. 部位辨伪。在甲骨文中，有些特殊部位的刻辞可作时代的标志，帮助我们辨伪。如五期甲骨中，只有第一期武丁时代才在牛胛骨的骨臼上刻辞，而且只刻"干支某示若干屯。某"诸类的刻辞。如：

  己亥寻庞示一屯。㝬　　　　　　　　　　（《征典》42　董37）

  戊戌寻𠂤示二屯。箙　　　　　　　　　　（北大藏　董44）

  妻示四屯。㱿　　　　　　　　　　　　　（《粹》1498）

这是武丁时寻庞、寻𠂤、妻向殷王室进贡若干骨版的记录。㝬、箙、㱿都是收纳骨版者，都是当时的贞人名。作伪者不懂当时的这种习惯，他们往往在骨臼上刻上些卜辞，或其他辞。如《库》1080 版（图 8-13），骨臼上面刻了一条读不通的卜辞，骨臼刻辞有一定的辞式，绝对没有卜辞。这版"𣲘"（癸）字属第五期，第五期根本没有骨臼刻辞，因此这是伪刻的。

又如《库》2175 版（图 8-14），在这块骨版的骨臼上刻了"不玄冥，告"四个字。"不玄冥"是第一期的卜兆专用语，其部位是兆纹之下的。在骨臼上既没有凿、钻，亦没有灼痕、坼兆，怎么可能有卜兆专用语呢？显然是伪刻。类似的伪刻还有《库》1082 版（图 8-15），骨臼这五个字读不通，一望而知是伪刻。

图 8-13　　　　　图 8-14　　　　　图 8-15

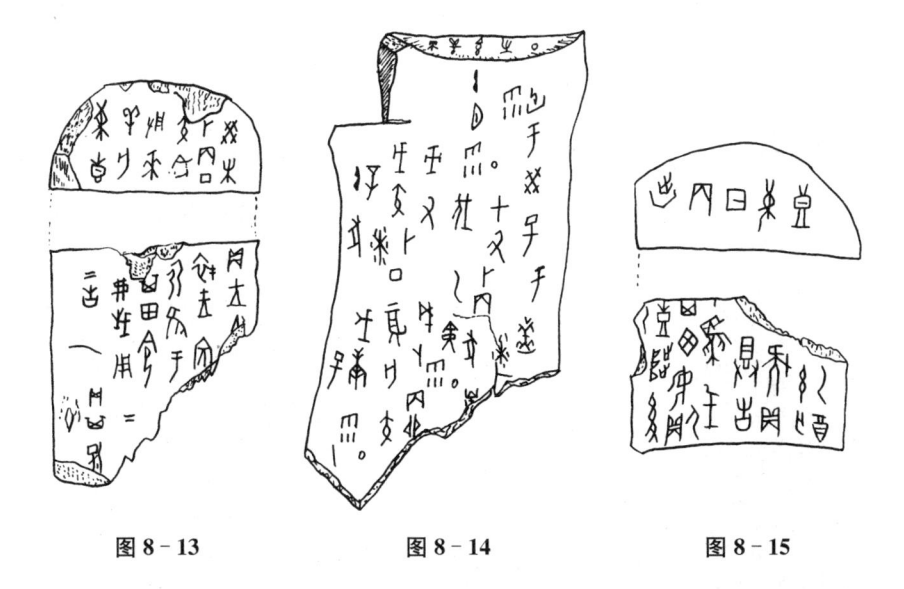

5. 刻痕辨伪。刻痕辨伪就是利用刻刀留在甲骨上的痕迹辨伪。商代甲骨埋在地下三千余年，骨、甲大多已腐蚀变质，有些甲骨看上去表面很光滑、坚韧，但一碰就断了。如用出土的无字甲骨作伪，刀刻上去刻划周围都会爆裂，不像原刻那样刚劲有力，笔划锋利，甲骨的这一特点，为辨伪提供了一定的方便，如下列诸片（图 8-16）一望便知是伪刻的。图 8-17 这一版是属于早期的伪刻，即《铁云》571 版。

6. 实物辨伪。实物辨伪是根据实物上的种种现象来辨别真伪。这是一个非常重要的方面。有些赝品刻得很好，而且是整版抄录卜辞，因此单从拓片上很难断论，但是从实物上去检查一下，就容易明白了殷墟出土甲骨，经三千余年的土壤腐蚀，都已非常脆，完全脱脂，骨多如粉质黏合，表面光洁，卜兆清晰，背后凿、钻、灼正规。如伪刻在新骨上，其骨色淡黄含脂，骨质坚硬，如不经化学处理还会发霉腐臭，这类甲骨往往没有卜兆，因此很容易辨别。如 1914 年，明义士亲自去小屯搜集到的大牛胛骨都是这一类货。如刻在旧骨上，其刻画周围用显微镜观察有刻痕的毛的爆裂现象，把故意嵌在字的笔画中的泥刷清，就会清楚地暴露出字坑中白色痕迹，与骨面颜色完全不同，这种白色的痕迹是只有骨面遭到后人的破坏后才会暴露出来的骨胎。

图 8-16　　　　　　　　　图 8-17

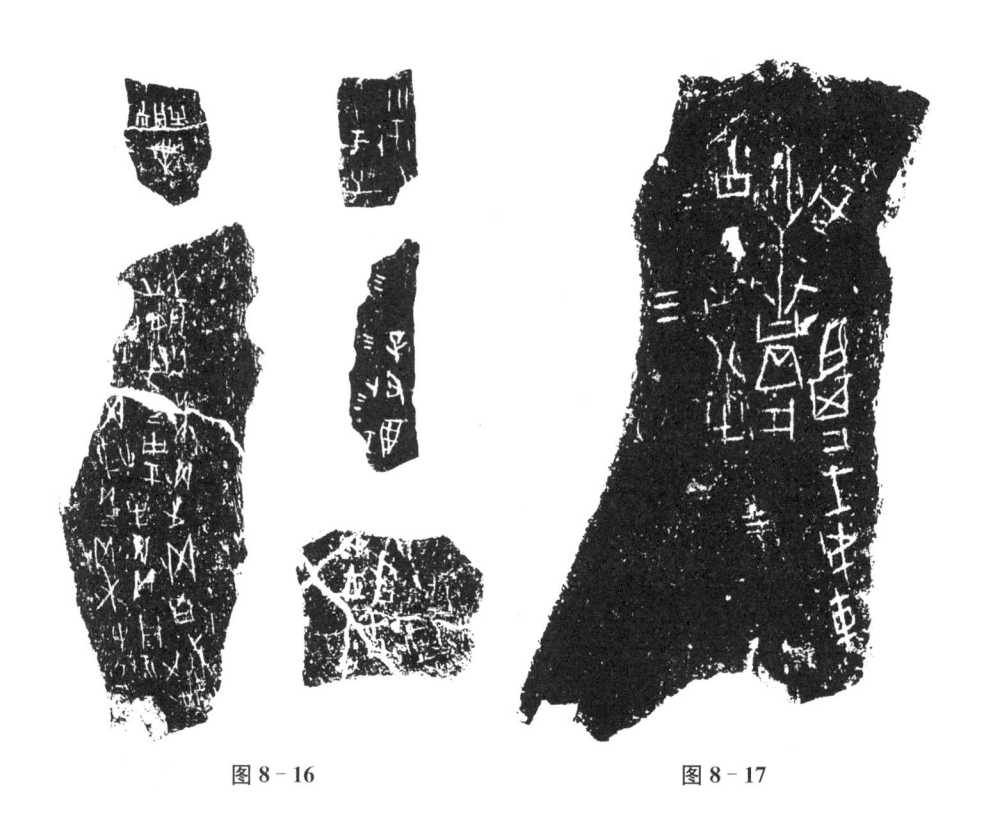

解放以后小屯已受到国家的保护,禁止一切不合法的私掘,因此作伪的原料来源断了,对甲骨刻辞的认识水平也大大提高,所以新的伪刻甚少。我们要鉴定辨伪的,基本上都是解放前出土的甲骨。

二、临淄孙氏旧藏甲骨"伪刻"说之平反

1938年在美国纽约出版了一部《甲骨卜辞七集》①,收录甲骨文字,共有七个部分,32页,527片系早年方法敛在华时摹。1914年方氏故世,遗稿由白瑞华校印出版,其中第六部分即临淄孙文澜旧藏,孙氏所藏有100片,选入此书者31片。

---

① 方法敛摹,白瑞华校:《甲骨卜辞七集》,美国纽约影印本,1938年。

1940年9月,北平图书馆《图书季刊》新2卷2期发表董作宾《方法敛博士对甲骨文字之贡献》①一文,作者认为"《甲骨卜辞七集》孙文澜氏31片,皆仿刻"。直到1973年,胡厚宣在《临淄孙氏旧藏甲骨文字考辨》②一文才为这一"冤案"平反。胡先生说:"其实,《甲骨卜辞七集》第六部分所收录的《孙氏所藏甲骨文字》,乃全部为真,没有一片是假的,也没有一片是仿刻的伪品。理由很简单,只要我们找出所能得见的原甲骨实物,那就可以得到确凿可靠的证明。"又说:"方氏《甲骨卜辞七集》中孙氏所藏甲骨文字31片,其原甲骨实物现藏于山东博物馆者6片,现藏于中国社会科学院历史研究所者8片,共计14片。就这14片甲骨实物看来,绝无一片为伪,亦绝无一片仿刻,乃全部为真。至于孙氏所藏《甲骨卜辞七集》未曾著录之片,现藏于山东博物馆的还有2片,现藏于中国社会科学院历史研究所的还有14片,共计16片,亦无一片为仿刻之伪品。由此可以推知临淄孙氏所藏甲骨文字不见实物之15片不伪,即孙氏所藏全部100片亦当全为真物。"最后胡氏指出:"这些甲骨,不但不是伪品,而且内容较精。14片甲骨中,自武丁以迄文丁,各时代都有。贞人有武丁时的殷,祖庚祖甲时的旅、尹、箏、廪辛康丁时的宁。还有武丁时和祖庚、祖甲时殷王亲贞之辞。有龟腹甲,有龟背甲,有牛左胛骨,有牛右胛骨。特别应该注意的是还有一片牛肋骨,正反两面都刻有卜辞,用牛肋骨刻卜辞的例子,在过去一般很少见。有记载入龟的'甲桥刻辞'。有一条卜辞分开两段记载之例。在卜辞中或记载其用丝卜,叀丝卜用。又有连续卜旬之辞,有卜旬而兼记周翌之祭。有连续田猎记载着不同的地名,因此可以考证殷代的地理。有人名ǎ、僖、蠶、派。有地名阢、牢、甕。有祭名湢、祊、俎、酒、衣、叙、嫔、伐、翊、皆、岁、宾。更重要的是还有用羌奴祭祀之辞,或十人,或十五人,或卅人。对于研究殷代的阶级关系,是很好的文字史料。"随文附拓本18片可以参考。

日本学者松丸道雄读了胡氏此文并检查文中所附拓本后,认为:"诚如

---

① 董作宾:《方法敛博士对甲骨文字之贡献》,北平图书馆《图书季刊》新2卷2期,1940年。
② 胡厚宣:《临淄孙氏旧藏甲骨文字考辨》,《文物》1973年第9期。

胡氏所说，是没有怀疑余地的。仅从原骨上文字的配置状况来说，全是合乎道理的，仿刻是做不到这样的。这就不能不断定胡氏的主张是极为妥当的。"又说："需要特别注意的是：董氏认为方氏在看了孙文澜氏的甲骨百片，从中选出31片作摹本，是1907年的事，这一点极有关系。如果像董氏所说，这些都是仿刻的话，那么，在甲骨出现后，对甲骨的研究几乎尚未就绪，只不过处于两三位研究者进行探索的阶段，这时，伪造者竟能制造出使今天的研究者都必须讨论其真伪的优秀的'仿制'品来，这种想法，终究是难以接受的。"①

三、儿氏家谱的悬案

美国纽约大学教授白瑞华，自1935年以来，从1914年去世的美国长老会驻我国山东潍县传教士方法敛早年在华摹录的《甲骨卜辞》一书手稿中，选印了三部书：《库方二氏藏甲骨卜辞》《甲骨卜辞七集》《金璋所藏甲骨卜辞》。"儿氏家谱"就刊于《库方二氏藏甲骨卜辞》中，编为1506片（图8-18），关于它的真伪问题学术界争议极大，这是一片牛胛骨，上刻一个叫"儿"的人的家谱，其辞曰：

| 次子曰𠂤 | 御子曰次 | 御弟曰𠂤 | 洪子曰洪 | 戠子曰戠 | 丧子曰丧 | 壹弟曰启 | 壹子曰壹 | 雀子曰雀 | 㝬子曰㝬 | 㲋子曰㲋 | 吹子曰吹 | 儿先且（祖）曰吹 | 贞 |

以上据陈梦家隶定，见《综述》499页。

同书1989片是一具雕花鹿角，花纹下有与家谱相同的刻辞，较家谱在"贞"字上多"王曰"二字。

---

① 松丸道雄：《甲骨文伪造问题新探》，载《古文字研究》等六辑，中华书局，1981年。

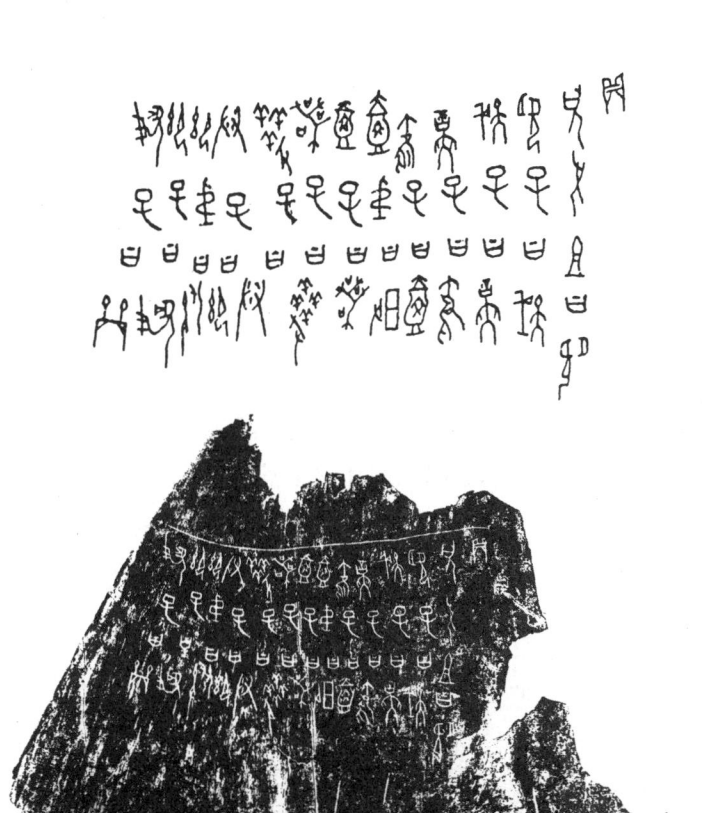

图 8-18

此"家谱刻辞"首先由金璋于 1912 年作《中国古代皇家遗物》①及《骨上所刻之哀文与家谱》,库寿龄于 1914 年所作《河南出土的卜骨》等加以公布,其后收编入 1935 年白瑞华代为编校的《库方二氏藏甲骨卜辞》②一书

---

① 金璋:《中国古代之皇室遗物》,载《人类杂志》1912 年第 27 期。
② 方法敛摹,白瑞华校:《库方二氏所藏甲骨卜辞》,商务印书馆石印本,1935 年。

中,序文中说:"此集所刊之各片,均可为河南安阳发掘之代表品。然亦须审慎分辨,因此等均系购自商人也。如鹿角刻文,即聚讼纷纭。大兽骨片中,亦颇多令人怀疑者。"郭沫若早在1930年所撰《中国古代社会研究》①中就指出其伪,明义士于1933年在《甲骨研究》②中也疑是伪刻。1935年白瑞华由沪返美,路过日本东京,为慎重起见,又将原书请郭沫若为之鉴别,郭特为作一伪刻表,白氏将它印出,贴于原书之后。据郭鉴定,仍以《库》1506大骨及1989鹿角、骨角为真,所刻"家谱"则为伪作。此后胡光炜作《书库方二氏藏甲骨卜辞印本》③,陈梦家作《库方二氏藏甲骨卜辞》《述方法敛所摹甲骨卜辞》《述方法敛所摹甲骨卜辞补》④,董作宾作《方法敛博士对于甲骨文字之贡献》⑤,容庚作《甲骨学概况》⑥皆疑其伪,伪刻之说似成定论。

1956年陈梦家著《殷虚卜辞综述》,突然改变旧说,认为《库》1989为伪刻,而《库》1506则为真品。他说:"《库》1506向来以为伪刻,1949年春与朱德熙、马汉麟再三讨论,确认为原刻(张政烺见告,他也早已肯定它是正确的)。最近我得到拓本(《综述》图版贰拾下),更可证其不伪。"⑦

陈氏的《综述》出版后,唐兰即在1957年10月号的《中国语文》上加以批评。1962年金祥恒作《库方二氏藏甲骨卜辞第一五〇六片辨伪兼论陈氏儿家谱》⑧,1978年严一萍作《甲骨学》⑨,均持否定意见。但中外学者也有不少

---

① 郭沫若:《中国古代社会研究》,上海联合书店出版,1930年。
② 明义士:《甲骨研究》,齐鲁大学讲义石印本,1933年。
③ 胡光炜:《书库方二氏藏甲骨卜辞印本》,载北平《图书馆学季刊》第9卷3/4期合刊,1935年;又收《胡小石》论文集三编,上海古籍出版社,1995年。
④ 陈梦家:《述方法敛所摹甲骨卜辞》《述方法敛所摹甲骨卜辞补》,北平《图书馆学季刊》1940年新2卷1期。
⑤ 董作宾:《方法敛博士对甲骨文之贡献》,北平《图书馆学季刊》1940年新2卷3期;又收入《平庐文存》上册卷3,台北艺文印书馆,1963年。
⑥ 容庚:《甲骨学概说》,载《岭南学报》1947年7卷2期。
⑦ 陈梦家:《殷虚卜辞综述》,科学出版社,1956年,页499。
⑧ 金祥恒:《库方二氏甲骨卜辞第1506片辨伪——兼论陈氏儿家谱说》,载《大陆杂志》特刊1965年第2辑《庆祝朱家骅先生七十岁论文集》。
⑨ 严一萍:《甲骨学》(上、下),台北艺文印书馆,1978年。

人信以为真，如 1957 年李学勤作《论殷代亲族制度》①、1959 年饶宗颐作《殷代贞卜人物通考》②、1970 年编印《欧美亚所见甲骨录存》③、1963 年白川静著《甲骨文集》④、1972 年著《甲骨文之世界》⑤、1965 年孙海波改订《甲骨文编》⑥、1967 年岛邦男博士编《殷墟卜辞综类》⑦、1978 年于省吾作《略论甲骨文"目上甲六示"的庙号以及我国成文历史的开始》⑧等等，均认为不是伪刻而加以引用。

1979 年中国古文字学术研究第二届年会在广州召开，会上胡厚宣提出了《甲骨文"家谱刻辞"真伪问题再商榷》的论文⑨，详细回顾了《库》1506 与 1989 两片甲骨的收藏著录历史和争议情况，举出十多条证据力辨其伪，受到与会者的特别重视，并引起了热烈的讨论，现将此文论据条述如下：

1. 这一大骨没有钻凿灼兆的痕迹，既为"家谱"，本非卜辞，即不能称"贞"。"贞"是卜辞问卦的专用字眼，不能用于记事刻辞。

2. 甲骨文字，凡用界划，所以分隔两辞，避免相混。这一大骨只一"家谱"，别无他辞，顶上就不应该有一横划。

3. "𠂤"字是武丁时写法，𠂤为武丁的子名，拼在一起，不伦不类。

4. "兒"字臼内多一横笔，古文字中，从甲、金至小篆，都没有这样的字体。

5. 推测"家谱"伪造者的意图，"兒"字除了兒族之外，又似用为儿子之儿。但在甲骨卜辞中，兒字皆用为地名，从无用作儿子之儿者。

---

① 李学勤：《论殷代亲族制度》，载《文史哲》1957 年第 11 期。
② 饶宗颐：《殷代贞卜人物通考》上下册，香港大学出版社，1959 年。
③ 饶宗颐：《欧亚美所见甲骨录存》，载《南洋大学学报》（社会科学与人文科学）1970 年第 4 期。
④ 白川静：《甲骨文集》，日本二玄社影印本，1963 年。
⑤ 白川静：《甲骨文的世界——古殷王朝的缔构》，蔡哲茂、温天河译，台北巨流图书公司，1977 年。
⑥ 孙海波：《甲骨文编》哈佛燕京学社石印本，1934 年；中华书局影印本，1965 年。
⑦ 岛邦男：《殷墟卜辞综类》，日本汲古书院，1967 年。
⑧ 于省吾：《略论甲骨文"自上甲六示"的庙号以及我国成文历史的开始》，《社会科学战线》1978 年第 1 期。
⑨ 胡厚宣：《甲骨文"家谱刻辞"真伪问题再商榷》，《古文字研究》第四辑，中华书局，1980 年。

6. "弟"字在甲骨卜辞中,亦绝无用作兄弟或兄终弟及之义者。

7. "家谱"里的人名,或抄袭成文,或出于杜撰,有的也见于《库》1576、1598、1604、1621、1624等片,殆出于伪刻者一人之手。

8. "家谱刻辞",行款呆板,字迹恶劣,由于反复描刻,笔画显然毛糙粗涩,与一般甲骨文字规律整齐、写刻熟练,艺术之精美,绝不相同。

9. 殷代的先公先王,共有三十六,皆以十干为名,亦皆以所名十干之日祭之。……"家谱刻辞",称儿先且曰某,某子曰某,某弟曰某,曰下系一奇异之人名,这些人名都不见于殷代世系之中,又皆无十干字样,则与卜辞全然不类。

10. 在英国剑桥大学图书馆所藏金璋旧藏的那批甲骨卜辞中,也有这样的一片大骨。……编号为 Hopkins 1110,上面也刻有一篇这样的所谓"家谱刻辞"。先在石方领先刻"贞曰"二字,然后自右而左,刻字十三短行,除第一行为六个字外,其余十二行,都是每行四字。略称某某祖曰某,某子曰某,某弟曰某。除一称祖者外,称子者十,称弟者二。只有一个叫戠的人名,与《库》大骨相同,其余人名,全不一样。子与子之间,有一条世系,亦不相连属。……所以知其必为伪刻者,因其上部还有另外的刻辞四行,每行三字,自右而左,曰"弟曰南,贞曰静,心曰安,甾曰止",完全是杜撰,丝毫没有意义。再有显然的是,右下方还有两条卜辞说,"癸巳卜,贞:王旬亡畎。□□卜,贞:王旬亡畎",乃是标准的帝乙或帝辛时的甲骨文字。相比之下,子曰、弟曰之辞,就绝对不真。以此例彼,则《库》大骨之为伪,那就不待烦言而解了。

11. 关于考古研究所所得原骨拓本,我们曾经看到过,其实也并不能成为理由,而且作伪的痕迹,更加看得明显。……我们看到拓本左下方盖有山东潍县金石收藏家陈介祺(字寿卿,号簠斋)的一方图章,文曰"簠斋";陈梦家在《殷虚卜辞综述》图版贰拾,选用这张拓本,却把这一方图章剪去了。陈簠斋生于1813年,殁于1884年,在他死后15年,即1899年,甲骨文字才被认识,在他活着的72年里边,根本不可能知道有什么甲骨文,如何能在拓本上盖上他的图章呢？可见不只大骨的刻辞不真，即这一方图章也显然是后人所加印。

前些年，饶宗颐氏也曾发表了这一"家谱刻辞"的拓本，其完整齐全，远较陈氏所据拓本为优越，但亦不能看出其必定为真。

于省吾会后亦撰《甲骨文"家谱刻辞"真伪辨》①，针对上文的论点提出了完全不同的看法，证明《库》1506绝非伪刻。于文第一部分讲到翻阅《殷虚卜辞综述》所附图版和于氏旧藏的拓本照片，反复仔细琢磨，认为"其文字姿势遒硬调协，其行款屈曲自然，皆非作伪者所能企及"。第二部分文字问题亦条述如下：

1. 按卜辞和商代晚期金文的兒字均作 ✶，周代金文作 ✶ 或 ✶。"家谱刻辞"作 ✶，其中一横乃羡划。甲骨卜辞的贝字作 ✶，在偏旁中也作 ✶，或 ✶；酉字作 ✶ 或 ✶；自字作 ✶ 或 ✶。其中间有的八形变为一横，有的一横变为两横，有的本无横而加上一横，其变动不居，均可为 ✶ 字多加一横划的佐证。又，甲骨文人名也作地名用者常见，例如：垔䍙为方国名也为人名，雀为人名也为地名，戍为人名也为地名（详《释林•释垔䍙》），是其证。"家谱刻辞"的兒字应作人名用，因为对祖先而言，不应自称为儿子的儿。

2. "家谱刻辞"的"兒先祖曰吹"，先祖二字在卜辞中极为罕见。卜辞的"其祀多先祖"（《佚》860），是作伪者不可能见到的。

3. 甲骨文称："辛未卜，于乙亥 ✶，辛未……✶。"（《乙》69）又甲骨文有 ✶ 字（《乙》1548，原辞已残）。以上所引的 ✶ 和 ✶ 字只见于《乙》，而《乙》出版于1940年之际。如果"家谱刻辞"是伪造，怎么能在三十年前杜撰出 ✶ 和 ✶ 字与之恰好相符呢？

4. "家谱刻辞"弟字两见，均作 ✶，此乃未曾见过的弟字初文。弟为从己弋声的形声字以及弋字初文作 ✶ 或 ✶，连现在的一些古文字学家还不知道。如果"家谱刻辞"是伪造，那么，作伪者有什么依据把弟字写刻作 ✶ 呢？

---

① 胡厚宣：《甲骨文"家谱刻辞"真伪问题再商榷》，《古文字研究》第四辑，中华书局，1980年。

5. "子𦣞"二字曾见于《铁云藏龟》(151.1)，但"家谱刻辞"为什么改𦣞为𦣞，乃旧所不知，其实，卜辞中的𦣞字上部作𦣞或𦣞者习见，其作𦣞乃𦣞形的变体。例如甲骨文的𦣞字(《后》上4.3)，也作𦣞(《乙》6073)。又，甲骨文戠字多作𦣞，而作𦣞者也屡见。以上既证明了𦣞即𦣞，而且也证明了𦣞字如属伪造，则作伪者自然要熟悉偏旁的如何变化，这在当时是不会也不可能做到的。

6. "家谱刻辞"每行末尾一字，除了"弟某曰某"之外，凡"某子曰某"的下一某字，均与下一行的首字重复；但其重文的构形，并不完全雷同。例如：𦣞(吹)字也作𦣞，𦣞字也作𦣞，𦣞字也作𦣞，𦣞(卯)字也作𦣞，是其证。这类重文的变动，现在看来，不过是常识而已；但在甲骨文初发现时，如果造伪者故意加以改动，而都能合拍，当然是不可能的。

于文第三部分是"行款问题"。于省吾认为第一个"贞"字是后人加刻的。"影印拓本的贞字，刻划局促纤细，与正文颇不相类。……自第二行起，虽然其构形的高低宽窄，参差不齐，都向左方倾邪，但是，皆出诸自然，伸缩自如，并无抵触扞格之处，这绝非作伪者所能随意安排的。在甲骨文初发现后，不过几年之间，当时的作伪者，如果想要独出心裁，作出新的刻辞，以欺人骗财，他必然要施展伎俩，尽力摹仿成文行款，而决不会故意恣肆，使行款倾邪，有的令人无法顺行而读，是不难设想的。"

于文第四部分是"商人以十干为名和本名有别"。于氏说："胡同志谓：'……这些人名，都不见于殷代世系之中，又皆无十干字样，则与卜辞全然不类。'因此我才举出一系列的具体事例，来证明以十干为名乃商人庙号的神主，和商人的本名迥不相同。"

于文的第五部分是"残缺的家谱刻辞"。于氏首先摹录了《殷契卜辞》209片(图8-19)残缺的"家谱刻辞"，现翻摹如右。

接着于省吾说："《殷墟卜辞综类》把这段刻辞列于《库》1506片之前，是合理的。由此可见，不仅'家谱刻辞'不是一见，而且这类刻辞，将来

图8-19

可能仍有发现。"

于文的第六部分是"结束语",是全文归纳提要。

胡、于二先生的文章,虽然意见针锋相对,但他们治学精神之严谨,观察之精审,实为后学者之楷模,可视为甲骨辨伪的两篇重要教材,故详细摘引,现在《英国所藏甲骨集》①已由中国社会科学院历史研究和伦敦大学亚非学院编辑,中华书局出版,主其事者为李学勤、齐文心、艾兰,他们在《前言》中说《库》1506"这版胛骨刻辞的真伪,学术界长期有所争论,详情见上引胡厚宣文。本书将之录于最后,除拓本外,并于本书下编附以照片及部分文字的显微照片,以便研究鉴别"。因此,我估计这件悬案的解决也许为期不远了。

---

① 李学勤、齐文心、艾兰:《英国所藏甲骨集》上编(上、下册),中华书局1985年。

第九章　断　代（上）

一、甲骨文分期断代研究的前提

　　早期收藏甲骨文的刘铁云，他根据"祖乙，祖辛，母庚，以天干为名"认为是殷人的遗物①，这是当时对甲骨文所属时代的笼统认识，嗣后，罗振玉考定认为殷虚甲骨文字所包含的时期为武乙、文丁、帝乙三世，谓殷虚建都，"徙于武乙，去于帝乙"②；王国维又谓"盘庚以后，帝乙以前，皆宅殷虚"③，他把甲骨文所包含的时期，由武乙而向上延展至盘庚之世。因罗、王两人都信"帝乙迁沫（朝歌）"之说，所以两人都把殷墟的下限定在帝乙。郭沫若亦颇信此说，他在《卜辞通纂·序》④中为主帝乙廿祀后迁沫之说，其理由是卜辞中不见妣戊（武乙之配）之名。董作宾根据"近年来因叠次的发掘、坑位的分布及出土情形的观察，随时给予吾人以新的启示，知殷虚非因水患而迁徙，实缘亡国而废弃；器用文物的窖藏、宗庙宫室的基址，都还有踪迹可寻；而许多晚期卜辞，亦决非仅止于帝乙之世；至此，而《竹书纪年》所称'自盘庚徙

---

① 刘鹗：《铁云藏龟·自序》，《学文》1931年第1卷3期。
② 罗振玉：《殷虚书契考释》（增订本）三卷二册，东方学会石印本，1927年。
③ 王国维：《古史新证》，清华研究院讲义本，1925年；又《国学月报》1927年第2卷8、9、10期合·王静安专号；又《燕京大学月刊》1930年第7卷2期。
④ 郭沫若：《卜辞通纂》附考释，日本东京文求堂石印本，1933年。

殷,至纣之灭,二百七(?)十三年,更不徙都'之语,乃完全可以征信"①。但他并没有从甲骨文中找到郭氏所说的"妣戊"一名。如果不能从十五万多片甲骨中分辨出真正属于帝辛的卜辞,则同样不能判定古本《竹书纪年》"更不徙都"说之必是,而"帝乙迁沫"说之必非。陈梦家认为"卜辞没有祭祀武乙之配妣戊的,但武官村出土的大方鼎,其铭文内的母戊可能是文丁,所以称其母。这样巨大的鼎,一定是王室所铸无疑。所以武乙之配不见卜辞,与迁沫也没有关系。文丁之配,向来没有找着,1948年我从清华大学所藏甲骨中发现一片,云:

癸亥卜,贞:王宾妣癸彡日,亡尤。　　　　　　　(《宁》2.125)

确乎是帝乙、帝辛时代的卜辞形制,因此我说:'在乙辛卜辞中我们见到许多致祭母癸的,它可能是文丁之配,也可能是武乙之配,因为我们无法分别它是属于何王的卜辞。今得清华之片,审其字体,必须属于乙辛,然则母癸者帝乙所以称文丁之配,妣癸者帝辛所以称文丁之配,由此一片,可证安阳出土甲骨确有属于帝乙、帝辛之世者。'"②至此,殷虚甲骨包含时期的下限问题已明确解决了。那么它的上限是不是有盘庚的卜辞呢? 1951年胡厚宣在他的《战后京津新获甲骨集·自序》③里说,那种笔画扁宽、挺劲的甲骨"疑皆当属于武丁以前;或为盘庚、小辛、小乙之物。其笔画挺劲者,或以为当属于武乙、文丁时。凡此均未敢必决,尚待究时,姑附于武丁之后"。从推理上说,盘庚迁殷,安阳小屯当有盘庚、小辛、小乙时期的甲骨,然而实际到目前为止,我们只认识武丁时的卜辞,还不能确指武丁之前这三王占卜的遗物,所以武丁以前盘庚、小辛、小乙时期的甲骨仍然是学术界有待解决的问题。

以上所说的殷墟甲骨所含的时代,是甲骨分期断代的前提,也是分期断代研究的出发点。

---

① 董作宾:《甲骨文断代研究例》,载《"中研院"历史语言研究所集刊》外编第1种《庆祝蔡元培六十五岁论文集》上册,1933年。
② 陈梦家:《殷虚卜辞综述》,科学出版社,1956年,页34。
③ 胡厚宣:《战后京津新获甲骨集》,群联出版社,1954年。

既然我们知道殷墟是从盘庚迁殷至帝辛亡国之前的王都,中间经历八世十二王,有二百七十三年之久。从那里出土了 150 000 余片有文字的甲骨,它们反映了商代盘庚迁殷以后的史实,是研究商代历史的第一手资料,具有极重要的研究价值。但要使这 150 000 余片甲骨发挥其科学的史料价值,首先就要"把每一块甲骨上所记的史实,还它个原有的时代",这就是断代的功夫,如果我们不能具体判断甲骨文的相对年代,则这 150 000 余片甲骨依然只是一堆"古董",一堆"断烂朝报",只能如刘铁云那样笼统地说是殷之遗物。不能成为供深入研究商晚期历史的科学史料,也不能从文字、文法、词汇等方面分门别类地研究甲骨刻辞发展、演变的进程。

总之,对商代甲骨进行分期断代,是将甲骨学建立在科学基础上的必要条件。

二、怎样进行分期断代

系统地提出甲骨文分期断代方法的是董作宾,他在 1929 年殷墟第三次发掘时,在大连坑南段长方形坑内,发现了四块大龟甲,因为它们"是同时同地出土,又比较完全,所以同时来研究它们",称之为"大龟四版",董氏由于受到"大龟四版"的启发,提出了"贞人"断代的学说。在此以前,各类卜辞的叙辞中干支卜字下、贞字上的一个字,有人怀疑为职官名,有人怀疑为地名,或疑为贞卜的事类,"大家如入五里雾中,莫名其妙,前后恒三十年",直到 1929 年董氏在著《大龟四版考释》①时,才恍然大悟,原来是个人名,是卜问命龟之人,董氏称他为"贞人",后来又在骨臼刻辞上,发现了这卜问的贞人原来就是记事并签名的史官。大龟四版中的第四版,整版有 24 条卜旬卜辞,其中发现㱿贞 15 次、❀贞 2 次、争贞 1 次、𠂤贞 1 次、宁贞 1 次、𠙴贞 1 次、无贞人名 3 次,共 24 次,其中载有月份的有二月、五月、十月、十一月、十二月

---

① 董作宾:《大龟四版考释》,《安阳发掘报告》第 3 期,"中研院"历史语言研究所,1931 年;又收入《董作宾学术论著》上册,台北世界书局,1962 年。

(见图9-1,引自《殷墟甲骨文简述》)。因为这二十四条都是卜旬,这样"事类""地名"的怀疑就冰释了。而且这六位贞人出现在同一版上,24条卜辞贞卜时间相距仅九月之久,因而这些贞人也必然是同一时代的。董氏得此启

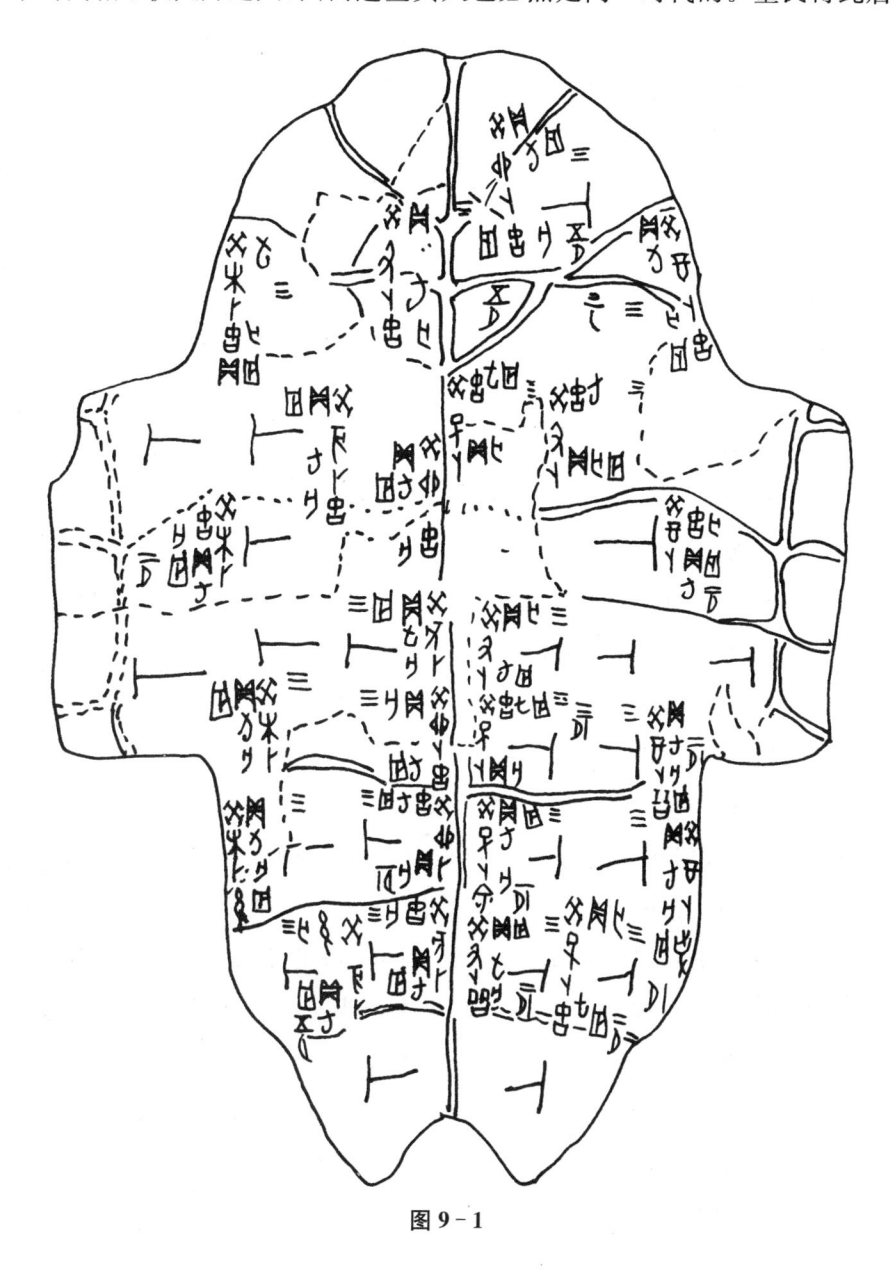

图 9-1

发,于是确立了"因贞人以定时代"的分期断代标准。他在《大龟四版考释》一文中提出断代研究的八个标准：1. 坑层；2. 同出器物；3. 贞卜事类；4. 所祀帝王；5. 贞人；6. 文体；7. 用字；8. 书法。后来到了1935年发表《甲骨文断代研究例》一文时,进一步发展为甲骨文断代十项标准：1. 世系；2. 称谓；3. 贞人；4. 坑位；5. 方国；6. 人物；7. 事类；8. 文法；9. 字形；10. 书体。他又根据这十项标准,把盘庚至帝辛,划分为五期：

第一期：武丁及其以前(盘庚、小辛、小乙),两代四王。

第二期：祖庚、祖甲,一代两王。

第三期：廪辛、康丁,一代两王。

第四期：武乙、文丁,两代两王。

第五期：帝乙、帝辛,两代两王。

董氏所确立的十项断代标准中,最重要的是世系、称谓、贞人三项。世系是各王的位次。称谓是时王(即占卜时的王)对各位祖先的称呼(祖、父、兄、妣、母),据此可知时王与其祖先和其他亲属之间的关系。贞人是代时王例行占卜的史官,他与占卜问疑的时王必为同时人。因此世系是个纲,根据时王对先王的不同称谓,就可以判断这片甲骨属于何时、何王。时代已明的甲骨上出现的贞人,也当与时王同时。同一版甲骨上出现的不同贞人,我们称"同版贞人",由于他们的称谓系统基本一致,所以同版贞人的时代也必然是同时的。或有少数卜辞有二人并卜,这两个贞人当然也是同时的。因此,当某一个贞人的时代一经确定,就可推而广之,从同版关系、并卜关系找出与这一贞人同时代的另外许多贞人,无形中这许多贞人便成为一个组(或称为贞人集团)。各代贞人的组合排出后,就可以根据卜辞中出现的贞人来判定时代。所以世系、称谓、贞人这三项标准最为重要,其他各项断代标准也有参考价值,但局限性比较大,本章下文将逐一介绍。

董氏断为三、四期的一些卜辞,有不少没有贞人,而且字体、文例相近,难以区分。因此胡厚宣在董氏五期分法的基础上,将董氏的三、四两期合并,提出了"四期说"。

陈梦家在《殷虚卜辞综述》一书中,根据董氏的十项断代标准,提出"九期"说,即第一期:武丁卜辞;第二期:祖庚卜辞;第三期:祖甲卜辞;第四期:廪辛卜辞;第五期:康丁卜辞;第六期:武乙卜辞;第七期:文丁卜辞;第八期:帝乙卜辞;第九期:帝辛卜辞。陈氏力图将每片甲骨都分在有关各王之下,但他自己也知道,这在实践上是有困难的。因此,他在能分的时候,尽量运用九期分法;在不易细分时,则仍采用董氏的五期分法,甚至使用早期(武丁、祖庚、祖甲、廪辛)、中期(康丁、武乙、文丁)、晚期(帝乙、帝辛)这样的三期分法①。

关于甲骨断代,目前主要行用的是董作宾 1933 年在《甲骨文断代研究例》②中所提出的"五期"说和十项断代标准,前文作了简要的介绍,为了便于初学者掌握运用,特结合实际,逐项检讨如下:

1. 世系

自从 1917 年王国维著《殷卜辞中所见先公先王考》及《续考》③,证明史书所载商代先公先王和世系大体不误,纠正了《史记·殷本纪》商先公报丁、报丙、报乙世次应为报乙、报丙、报丁以来,商代的世系便确不可易。把世系作为断代的第一个标准无疑是正确的,但世系、称谓、贞人三者应该是相互依存为用的,前面已经说过了,这里再补充两点:

首先,摆脱称谓,直接从有明确世系的卜辞中去断代,例如《佚》986(《甲》2281+《佚》256):

　　□未卜,䓊自上甲、大乙、大丁、大甲、大庚、大戊、中丁、祖乙、祖辛、祖丁十示,䓊牡……

均属直系。董氏云:"这十示中的祖丁被称为祖,至早也不能过于武丁之世。"此说极是,凡是有明确世系作为断代标准,只能确定卜辞的上限(即不

---

① 陈梦家:《殷虚卜辞综述》,科学出版社,1956 年,页 138。
② 董作宾:《甲骨文断代研究例》,载 1933 年 1 月"中研院"历史语言研究所集刊》外编第 1 种《庆祝蔡元培六十五岁论文集》上册。
③ 王国维:《殷卜辞所见先公先王考》,载《上海学术编》,1917 年;又收入《观堂集林》,中华书局影印本,1959 年。

得早于何时),至于它的下限,则必须结合其他标准方能判定。但是这种有明确世系的卜辞是很少的。至于没有明确世系的卜辞,如:

    庚午卜,四示牛五、五示羊……   (《存》2.767)

辞中四示、五示不知所措,依靠世系断代就无从说起了。

  其次,补充李学勤的一点意见:

    癸卯卜,贞:酚奉乙巳,自上甲廿示一牛,二示羊,土寮牢,四戈彘,四巫豕?
                (《戬》1.9〔《续》1.2.4;《佚》884〕)

这片卜辞有"戌"字作𠂤,"贞"字的写法也符合上面谈到的标准(之瑜按:即"贞字的耳平而不方"),所以这一版也应当属于自组,理解为武丁时期的卜辞。

  过去大家都以为"自上甲廿示"是从上甲数廿个直系先王,即数到武乙。现在既然卜辞应归于自组,这一点就要考虑了。辞中"廿示"与"二示"对称,最近张政烺指出"二示"意同"它示",是很对的。"二"应读为"贰",意思是次。"它示"即其他的示,"二示"即其次的示。卜辞是说用一头牛祭上甲以下廿个示,用羊祭其次的各示,至于哪些是廿示之中的,哪些是其次的,并未说明。殷墟卜辞中的合祭若干示,变化很多,如历组卜辞中的自上甲十示又二,十示又三及十示又四、廿示又三等,也无法肯定是否指直系先王而言。似乎不能由于有"自上甲廿示"就判定为文武丁卜辞①。

  参照李先生的意见,我们如何判断合祭若干示的卜辞呢?一、这类卜辞大都没有明确的贞人名字,大家只能从字体、书法去判断,诚然字体结构、书法风格均不失为断代的标准,但不能视为绝对标准,因为字体在历史发展的变革中,必然有一个新旧字体同时存在的阶段②,所以单凭字体、书法而怀疑卜辞自上甲若干示的明文,是危险的。二、有许多卜辞是把大示(直系)和小示(旁系)明确分开的,如:

---

① 以上见李学勤:《关于自组卜辞的一些问题》,《古文字研究》第三辑,中华书局,1980年,页39。
② 可参见林小安:《武乙文丁卜辞补证》,载《古文字研究》第十三辑,中华书局,1986年。

丁未贞：桒禾自上甲六示牛，小示盘羊。　　　　　　　　（《南明》457）

乙卯卜，贞：桒禾自上甲六示牛，小示盘羊。　　　　　　（《甲》712）

甲申卜，贞：酌桒自上甲十示又二牛，小示盘羊。　　　（《存》1.1785）

乙未贞：其桒自上甲十示又二牛，小示羊。　　　　　　（《后》上28）

这种例子还有很多，就拿上文李先生所举的《戬》1.9的例子来讲，实际上也是把大示（直系）与小示（旁系）分开的，所谓"二示""它示"，"其它的示"实际就是指与直系相对的旁系。凡遇到旁系已经分开的卜辞，那末自上甲若干示，就可以理直气壮地按直系自上甲往下数，数到若干先王为止。他的下一辈就是这片卜辞时代的上限。但断代不能满足于上限，必须还要根据其他标准去判定它的下限，下限才是这片卜辞的真实时代。

2. 称谓

祭祀卜辞中殷人对亲属的称谓习惯是以致祭的时王为主，兄称兄某，父称父某，母称母某，祖父、祖母以上，则称祖某、妣某，辈次较远的则称庙号。如此以主祭之王本身关系定称谓，井然有序，丝毫不紊。由各种称谓，定此卜辞应在某王时代，这是断代研究的绝好标准。

最早运用称谓断代的是王国维，他在1917年《殷卜辞中所见先公先王考》一文中指出："卜辞有一节曰'癸酉卜贞王宾父丁🈵（岁）三牛眔兄己一牛兄庚□□亡□'（《后编》卷上19页），又曰'癸亥卜贞兄庚□眔兄己□'（上书8页），又曰'兄庚□眔兄己其牛'（同上）。考商时诸帝中，凡丁之子，无己庚二人相继在位者，惟武丁之子有孝己、有祖庚、有祖甲，则此条乃祖甲时所卜。父丁即武丁，兄己、兄庚即孝己及祖庚也。孝己未立，故不见于《世本》及《史记》，而其祀典乃与祖庚同。"又说："卜辞曰：'父甲一牡，父庚一牲，父辛一牡。'（上书25页）此当为武丁时所卜，父甲、父庚、父辛即阳甲、盘庚、小辛，皆小乙之兄，而武丁之诸父也（罗参事说）。"[1]这种根据称谓按世系的推

---

[1] 王国维：《殷卜辞所见先公先王考》，载《上海学术编》，1917年；又收入《观堂集林》，中华书局影印本，1959年。

论是很正确的,是值得我们学习的,可惜罗、王二氏没有沿着称谓向断代方向继续探讨下去。

但是称谓断代也不是绝对的,因为往往单独一个称谓是无法判断它的时代的,例如单独一个"父丁",他既可以是祖庚、祖甲之称武丁,也可以是武乙称康丁或帝乙称父丁;又如"父庚、父甲"既可以是武丁称盘庚、阳甲,也可以是廪辛、康丁称祖庚、祖甲,如此等等。因此,也必须再借助其他标准方能判定。更何况有许多卜辞中一个称谓也没有。

3. 贞人

对贞人的研究,是董作宾开创的,随后陈梦家、岛邦男、贝塚茂树、饶宗颐等都作过深入的研究,各人揭示的贞人有多有少,最多的是饶先生,各人所定贞人的时代也有的相同,有的不同。孟世凯对各家所列贞人的时代曾作过比较,在他的《殷墟甲骨文简述》①一书中附有《各家所定甲骨文卜辞贞人时期勘误表》。请见如下经过修正勘误的《各家所定甲骨文卜辞贞人时期表》。☒表示未定期;☐表示失填;⊘表示无收;凡是在各家定期被划去的数字下是按其法纠正的年期,包括贞人的不同隶定。

各家所定甲骨文卜辞贞人时期勘误表

☒表示未定期　　☐表示失填　　⊘表示无收

原形	隶定	各家所定期					原形	隶定	各家所定期				
		董	岛	陈	贝	饶			董	岛	陈	贝	饶
	殻	1	1	1	1	1		由	1	1	1	1	1
	祊	1	1	1	1	1		兄	1	1	1	1	1
	争	1	1	1	1	1			1	1	1	1	1
	亘	1⊘	1	1	1	1			1	1	1	1	1
	内	1	1	1	1	1		吏	1		1		1

---

① 孟世凯:《殷墟甲骨文简述》,文物出版社,1980年。

第九章 断 代（上） 199

续 表

原形	隶定	各家所定期					原形	隶定	各家所定期				
		董	岛	陈	贝	饶			董	岛	陈	贝	饶
	艅	1	1	1	1	1		犬	2	2	2		
	永	1	1	1	1	1、2		洋	2	2	2	2	1
	中	1	2	2	2	1		巍	2	3	3		1、3
	孚	1		1		1		荷	2	3	1、3	3	1、3
	逆	1	3	3				矣	2	2	2	2	2
	簇	1	1	1		1、2		涿	2	2	2	3	1
	佛	1	1	1		1		尹	2	2	2	2	1、2
	先	1	2	2		1		出	2	2	2	2	1
	妣	1	1	1		1		陟	2○	2	1		1
	韦	1	1	1	1	1		坚	2○	2	2		1□
	曼	1	1	1		1		逐	2	2	2	2	1
	专	1	1	1	1	1		叩	3	3	3	3	1、3
	宴	1	1	1		1		彭	3	3、4	3	3	1、2
	罗	1	3	3		3			3	3	3		
	而	1						炑	3	3、4	3		4
	大	2、3	2、3	2、3	2	1、3		史	4		1	1	1
	旅	2、3	2	2	2	2、3		徉	3	3	3		1、2
	即	2、3	2、3	2	2	2		員	3	3	3		3
	行	2、3	2	2	2	2		教	3	3	3、2		3
	口	2、3	2、3	3	3	1、2		畎	3	2	3	2	1、2
	兄	2	2	2	2	1		畯	3	3	3		2
	喜	2	2	2	2	1、2		宁	3	3	1	3	1、3

续　表

原形	隶定	各家所定期					原形	隶定	各家所定期				
		董	岛	陈	贝	饶			董	岛	陈	贝	饶
	卣	4	1	1		1		黍	1	1			1
	车	4		1				征	1	1			
	自	4	4	1	王	1		箙	1	1			1
	扶	4	4	1	王	1		兕	1	1			
	勺	4	4	1	王	1		乐	1	1			1
	我	4	4	1	多	1		庐	1	1			1
	取	4	4	1		1		定	1	1			1
	祘	4	4	1	多	1,2		邑	1	1			1
	佣	4	4	1	多	1		昆	2	2			1,2
	子	4	4	1	多	1,2		寅	2	2			
	余	4	4	1	多	1		齐	2	2			3
	匡	4				1		亚	1	2			
	衙	4	4	1		1		甹	3	3			3
	牵	4		1		1		邲	3	1			1
	叶	4	4	1	王	1		琵		4	4		3
	黄	5	5	5	1	1		名	3	1			
	泳	5	5	5	5	1,4		□	1	1			1
	□	5	5	5	5	1,4		猷	3	3			3
	立	5	5	5	5	1,3		午	4	1			1,3
			5	5	5			兑	4	1			3
	亞		4	1		1,3		甸	1	1			1
	界			1	1	1		竹		2			1,2

第九章　断代（上）　201

续表

原形	隶定	各家所定期					原形	隶定	各家所定期				
		董	岛	陈	贝	饶			董	岛	陈	贝	饶
☐	丁	4	1			1	𠂢	河	4				
己	己	1				1		共		1			
卯	卯	1	1	2		1		矢		3			1
耳	耳	1				1		矢	4	1			1
				5		1		出			1	2	
		4						夐		1			
		1						骨			2	2	
	利			1				叙	2	3			
	茁			1				万	4	3			
	勿			1		1							
	吼			1					4				

说明：
1. 表中所列"殷墟"甲骨卜辞中的贞人120个，是根据以前各家研究甲骨文分期断代所确定的128个贞人中选录的。
2. 表中所列的董、岛、陈、贝、饶五家都是系统地研究过甲骨文分期断代的中外学者，他们的姓名和确定贞人的论著是：
   董作宾《甲骨学五十年》，台北艺文印书馆1955年。
   岛邦男《殷墟卜辞研究》，日本汲古书院1973年。
   陈梦家《殷虚卜辞综述》，科学出版社1956年。
   贝塚茂树《京都大学人文科学研究所藏甲骨文字本文篇》，日本写真印刷株式会社1960年。
   饶宗颐《殷代贞卜人物通考》，香港大学出版社1959年。
3. 各家所确定甲骨文的分期断代，虽详略不同，但仍可归为五个时期，故表中仍按五个时期划分。以1、2、3、4、5的数字来表示。日本学者贝塚茂树在五期外又分有"王族""多子族"两种卜辞，表中以"王""多"来表示。
4. 表中甲骨文原形只取一种字形，目前不能隶定者暂缺。各家所定贞人尚有八个，因意思不清，或字形繁简不一，暂不列入。

孟世凯《各家所定甲骨文卜辞贞人时期表》中有的未收入的贞人可能例仅一见，或因字体繁简不同，实则一人；有的是否是贞人还值得研究，故而未收。我为了忠实于原著特作如上补正，但未作深考，仅供读者参考。

有必要再说明的一点是：董作宾继贞人断代分期研究之后，于1953年又系统地提出了分新旧两派研究的意见。他从祀典、历法、文字、卜事四个方面论证，终殷之世新旧两派可分为四个阶段：

第一阶段：旧派（遵循古法）盘庚、小辛、小乙、武丁、祖庚。

第二阶段：新派（改革新制）祖甲、廪辛、康丁。

第三阶段：旧派（恢复古法）武乙、文武丁。

第四阶段：新派（恢复新制）帝乙、帝辛。

此说提出以后，引起甲骨学界长期的争论，终未能为多数学者所接受，正如李学勤所说："自历史发展的观点看，'复古'之说是不能成立的。历史的'复古'是政治制度和意识形态范围的现象，很难想象文丁'复古'竟使文字的结构、占卜的事项，甚至妇、子、朝臣的名字，都恢复到和四代前的武丁时期相同。"①

4. 坑位

董氏所谓"坑位"的本义是指发现甲骨的探坑、探沟所在的位置，如殷墟第一次至第五次发掘，他把坑位分为五区，第一区坑位中只出一、二、五期甲骨；第二区坑位只出一、二期甲骨；第三区坑位只出三、四期甲骨；第四区坑位只出一、二、三、五期甲骨；第五区坑位只出一、二期甲骨。从上述介绍，我们可以看到每区位所出甲骨包含不同时期，一坑所出甲骨，未必是同一时期卜辞，所以董氏坑位的本义对甲骨断代没有多大意义。

---

① 李学勤：《小屯南地甲骨与甲骨分期》，载《文物》1981年第5期，页27。裘锡圭例举了"㝢"字表，历组卜辞所见与宾组晚期的卜辞同样出现相似的同名人物，甚至"与这些同名者有关的事项也往往相类或相同"。他进一步指出："历组卜辞中所见的与宾组出组卜辞相同的人名，数量远远超过其他各个时期或其他各组卜辞；而且历组卜辞中所见的这些人的情况，也与宾组出组卜辞中的同名者非常相似。"通过大量的宾、历组辞例对照，显示历组卜辞"只能把祖庚时期包括第一期里，历组卜辞是武丁后期到祖庚时期卜辞"。参看裘锡圭：《论"历组卜辞"的时代》，载《古文字研究》第六辑，中华书局，1981年，页281；又见于《裘锡圭学术文集·甲骨文卷》，复旦大学出版社，2012年，页110。

坑位断代的前提是要有地层叠压关系,有打破和被打破关系,只有在这种坑位里出土的甲骨才能据以断定它们先后的相对时代。

5. 方国

董氏在《甲骨学六十年》一书中说:"方国本来不能算作标准,因为在殷代诸侯方国大都是世袭的,名称也始终一致的,我们不能说在某一王的时期有此国,以后或以前就没有了它,我当时列为标准,只是因为殷王室在一个时期和某一方国的交涉特别之多而已。"①由此可知方国只是一个参考标准。例如见有"伐舌方""伐土方""伐下危""伐䂚方"的卜辞,我们就可以知道是武丁时代的遗物;见到有"伐人方""伐盂方"的卜辞,我们就知道是第五期的东西。

6. 人物

"人物"和"方国"一样是一个参考标准。董氏把十个断代标准中的世系、称谓、贞人、坑位四者称为"直接标准",把方国、人物、事类、文法、字形、书体六者称为"间接标准"。陈炜湛说:"所谓间接,是指在对若干甲骨进行断代研究的基础上加以总结归纳,整理出各个时期在人物、事类、文法、字形、书体等方面的特征或差异,然后反过来,作为进一步断代的标准,来判断那些没有世系、称谓,也没有贞人的甲骨文的时代。"②

在这方面胡厚宣为我们提供了许多宝贵资料,如《殷代封建制度考》(见《甲骨学商史论丛初集》第三册)举各期诸侯方国甚备;《武丁时五种记事刻辞考》搜罗在骨臼甲桥上签名的史官较全;《殷代婚姻家族宗法生育制度考》(见《甲骨学商史论丛》初集第一册)列武丁时称妇者六十四人,称子者五十三人,以为皆武丁的妇与子,大部分是不错的。此外,饶宗颐在《殷代贞卜人物通考》末附有《人名官名索引》,亦可供参照。

但是在实际运用人物借以断代时,必须十分小心,因为卜辞中存在着异代同名的现象,所以运用这一标准时还必须考虑其他的因素。

---

① 董作宾:《甲骨学六十年》,台北艺文印书馆,1965年;又载《董作宾先生全集乙编》第五册,台北艺文印书馆,1977年。
② 陈炜湛:《甲骨文简论》,上海古籍出版社,1987年,页170。

7. 事类

以占卜事类来判别甲骨的时代,与运用人物借以断代一样,必须谨慎才行。每一王朝,各有时王的好尚,因而所贞卜的事项不尽相同,范围有广有窄。有些内容是某一时期所特有的,如武丁时的贡龟记录,诚然可以作断代的依据,但有些内容却是各个时期都有的。董氏在《甲骨文断代研究例》事项中分析了武乙、帝辛的田游卜辞,实际上渔猎卜辞各期皆有,很难仅依此类事项断代,而董氏在分析武乙、帝辛田游卜辞的特征时,并不单从内容着眼,而是借助了其他标准。并且有些事类的情况是复杂的,例如岁祭虽早于周祭,周祭制度的成立在祖甲时代,然而周祭制度确立以后仍然通行岁祭,所以事类断代必须谨慎才是。

8. 文法

董氏把文法列为断代标准之一,我很同意陈炜湛的意见,他说:"卜辞前后期文法形式变化如何,是否各个时期各有独特的文法结构(句法、词法),足以成为甲骨断代的标准,还值得研究、商榷。总的来说,语言诸要素中,词汇变化较快,语音次之,文法结构的变化是最缓慢的……董氏将它列为甲骨断代的标准,分篇段和词句两部分论述。但篇段部分所谈实际上是一段卜辞所含内容的多寡、篇幅的大小、句子的长短问题,并不属于文法结构的问题。所谓'五期中贞句文法的变易',充其量也只是用词不同,修辞手段不一样而已。'词句'部分谈田猎卜辞句法之异,实际上是讨论'亡灾'一词灾字的前后不同写法,以及几个习惯用语,也算不得有什么真正的句法之异。这部分又举驭鳌、受又、亡它为例,说明各期用词习惯的不同,这固然对,但这实属词汇问题,与文法又何涉。"①

殷墟卜辞句子的主要形式,和今天的汉语在基本上是相同的,都是主词—动词—宾词的形式。1951年3月杨树达撰文指出甲骨文中有先置宾词的结构形式,他说:"吾国文法外动辞与宾辞之次序,常先外动后宾辞,然亦

---

① 陈炜湛:《甲骨文简论》,上海古籍出版社,1987年,页173。

时有与此相反取宾辞先置者。余近读甲文,知其亦如此。如云'帝不我莫?'(《铁》3533)即帝不懊我也。此与《诗·召南·江有汜》之'不我过'句法同,此二句中皆有否定副字而宾辞先置也。亦有无否定副字而宾辞先置者,如云:'贞今十三月画乎来?'(胡厚宣《论丛》引卢藏片)谓呼画来也。"①但是,这种先置宾辞的形式,并不能作为文法断代的标准,因为这种句法在武丁时期已经有了,不是后来某王时期才有的。如前引文中"贞今十三月画乎来"就是武丁卜辞,又如"贞勿隹汎戬从?"(《库》122)亦是武丁卜辞。所以不能据此以断其他某代。

虽然我们不能真正从卜辞文法上来断代,但各期卜辞中都有一些特殊用语,它可以帮助我们作为判别时代的参考。陈炜湛在《甲骨文简论》中曾举了许多例子,现引录如下:"除董氏所举三例之外,可据以断代的特例用语还有不少,例如:二告(或释上吉)、三告、不玄黽、娩妫、有子、王耴(耴,即听)、使人、下上弗若、登人、古王事(古朕事)、大叟风、ㄓ王、今ㄓ、有来嬉(뷃)……皆为武丁时特殊用语;有来艰(쭄)、在正月、王曰贞等等,则为祖庚、祖甲时的特殊用语;湄日、奉禾、受禾、弗每、其每、大吉、大吉兹用、王受ㄓ、甼雨、多嬖臣、多方小子小臣、又羌(뀨)等等,为廪辛、康丁以至武乙、文丁时期的特殊用语;宁(帛)、王凪(占)曰大吉,王凪(占)曰弘吉、亡徙在狀(祸)、今祸巫九备、叀牵兹用、其牢兹用、今夕自不震等等,则是帝乙、帝辛时的特殊用语。"②此外我再补充几条:

(1) 从第三期以后,几乎殷王出猎称兽(狩)都改用"田"字,这个田字已经变成田猎的动词了;

(2) "王立黍""王立黍"是武丁时卜辞成语,立字读作莅临之莅,即王亲临卜问种黍(即稷,是小麦)、黍收成好否?

(3) 卜辞祭名之祭,早期作爲、祭,中期作名;

(4) 卜辞中有"大采""小采"之辞者皆属武丁卜辞;

---

① 杨树达:《积微居金文说》卷下,科学出版社,1952年,页61。
② 陈炜湛:《甲骨文简论》,上海古籍出版社,1987年,页173。

(5) 卫字于武丁时作衞如[字形]，廪辛以后作衞如[字形]，与西周金文卫国之衞同；

(6) 卜辞每有"受年""受禾"之贞，年、禾二字，大致武丁、祖庚、祖甲称年（稔），廪辛、康丁年、禾并用，武乙、文丁称禾，帝乙、帝辛又称年；

(7) 卜辞常贞"雉众""不雉众"。陈梦家列举各期卜辞实例后云，以上的"雉"字，武丁作"至"，廪辛作"狋"，康丁从矢作"雉"或增土作"堲"，帝乙、帝辛卜辞作"雉"①。

9. 字形

甲骨文字经历了二百多年的发展变化，各期字形自然有所差别，确可据以断代，董氏在《甲骨文断代研究例》②字形一节中分四项论述：一、甲子表；二、习见字的演化；三、象形、假借变为形声之列；四、月夕的互易。除了甲子表外，他分析了十五个字：灾、畫、宾、其、蘁、羌、来、王、雨、自、酉、鸡、凤（风）、月、夕。大体上都是正确的，现在简要介绍如下。

灾　此字的演变，董氏归纳如下表：

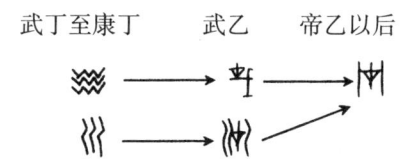

武丁至康丁　　　武乙　　帝乙以后

[字形图]

按：此表应改作：

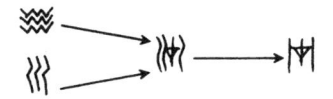

[字形图]

畫　武丁时作[字形]——祖甲以后作[字形]——又以后作[字形]（之瑜按："又以后"是指第五期，此字三期作[字形]、[字形]）。

宾　武丁时贞人作[字形]——帝乙之世王宾字作[字形]。

其　前四期皆作[字形]——第五期作[字形]。

---

① 陈梦家：《殷虚卜辞综述》，科学出版社，1956年，页608～609。
② 董作宾：《甲骨文断代研究例》，载《"中研院"历史语言研究所集刊》外编第1种《庆祝蔡元培六十五岁论文集》上册，1933年1月。

堇　武丁时作🔣——→祖甲以后作🔣。

羌　武丁时作🔣——→以后作🔣、🔣①。

来　武丁时作🔣——→武乙以后至五期作🔣。

王　武丁至祖庚作🔣——→祖甲以后作🔣——→文丁时作🔣——→帝乙、帝辛时作🔣。

雨　武丁、祖甲之世作🔣——→武乙前后作🔣、🔣——→帝乙以后作🔣。

自　武丁时作🔣、🔣——→武乙时作🔣——→帝乙、帝辛时作🔣。

酉　武丁时作🔣、🔣——→祖甲时作🔣——→廪辛、康丁时作🔣——→帝辛时作🔣、🔣。

鸡　武丁时作🔣、🔣——→帝乙、帝辛时作🔣、🔣、🔣，至五期已由象形演变为形声字了。

凤　武丁时作🔣、🔣、🔣——→武乙前后作🔣、🔣——→第五期作🔣。第四、五期凤字全都加了凡声。

月、夕　由武丁至文丁为前期，这一期中，以🔣为月，以🔣为夕。由帝乙至帝辛为后期，这一期中，以🔣为月，以🔣为夕。后来董氏在《甲骨六十年》中订正曰："第一期到第三期以🔣为月，以🔣为夜（夕）……第四期不加这个记号，于是月同夕都写作🔣；第五期……投一直画加在月字中间，便以🔣为月，以🔣为夕了。"（上书 100 页。之瑜按：最后一句原文🔣🔣两字互倒，今按全文语意及《殷历谱》②下 3.2 已予改正。）陈梦家认为"这个说法是有错误的。就我们初步的统计，武丁、祖甲和廪辛早期'夕'字有一点，'月'字没有一点；武丁晚期和廪辛晚期'夕'字、'月'字都没有一点"③。

除上述董氏列举的各例之外，我再补充几条：

---

① 华案：羌字，在卜辞中各时期是商王征伐和人殉主要对象，字形变化繁多，其特征人形羊角头不变。见沈建华、曹锦炎：《甲骨文字形表》(增订版)上海辞书出版社，2017 年，页 28。
② 董作宾：《殷历谱》，"中研院"历史语言研究所专刊，1945 年。
③ 陈梦家：《殷虚卜辞综述》，科学出版社，1956 年，页 201。

(1) 吉字,早期作 𠮷、𠮷、𠮷 等形,晚期作 𠮷、𠮷、吉、吉 等形。

(2) 方字,一期作 𠂇,三期作 𠂇,五期作 𠂇。

(3) 工字,一期作 𠭰,二期以后作 工。

(4) 武乙称康丁为父丁,此时的"丁"字作较扁平之形如 ▢。

(5) 雍己,祖甲时写作 𠃊、𠂤、𠃊;帝乙、帝辛时作 𠃊、己。

以上各例均属文字演变之大略,在其渐变过程中必有新旧两体同时并存交替使用的阶段,这是不能不注意的事。

10. 书体

甲骨文书体风格的断代是重要的,但不是唯一的。说它是重要的是因为遇到没有称谓、没有贞人名的情况下就得依靠书体风格和有贞人可断代的卜辞书体风格比较下来判断它的时代;说它不是唯一的,不仅因为还有董氏所说的其他九个标准,而是因为一定的字体及其风格是一定的刻手所为,而刻写卜辞是一种专门职务,并不因新王继位就必然更迭人手,况且在文字的自然渐变过程中必然有一个新旧字体同时并存交替使用的阶段,故单凭书体风格来断代是危险的。但总的说来书体风格是随着时代的进展而渐渐演变的,故第一期的武丁大字与第五期的匀整细小是可以一望而知的。

董作宾在《甲骨文断代研究例》①一文,分别分析了五期不同的书体风格,他说:

"第一期雄健宏伟,有些字划虽细,却甚精劲;骨版黄润光滑,有的朱墨焕彩,殊为美观。"第一期有两种字体:一种是武丁大字,"雄健宏伟"指的就是这大字,"朱墨焕彩"指的是大字中填朱填墨。另一种是武丁小字,"字划虽细,却甚精劲"就是指的武丁小字。武丁大字见图 9-2,小字见图 9-1。

"第二期谨饬守法,字体大小适中,行款均齐,可见谨饬的一斑。"就大体而言,第二期书体确是"大小适中"(见图 9-3),但亦有兄贞的个别片字体较大(见图 9-4)。

---

① 董作宾:《甲骨文断代研究例》,载《"中研院"历史语言研究所集刊》外编第 1 种《庆祝蔡元培六十五岁论文集》上册,1933 年 1 月,页 144。

图 9-2

图 9-3

图 9-4

"第三期颓靡,廪辛、康丁之世,可以说是殷代文风凋敝之秋。这一期虽然还有不少的工整书体,但是篇段错落参差,已不似此前的守规律,而极幼稚、柔弱、纤细、错乱、讹误的文字,又是数见不鲜的。"(见图9-5)

"第四期劲峭,有一种他期所没有的特征,是较纤细的笔划中,而带有十分刚劲的风格,峭拔耸立,有如铜筋铁骨。也有一些圆润的书体。"(见图9-6、图9-7)

"第五期严整,文字记载比较繁缛,而行款的排列、字形的匀整,都是这一期的特点,这是我们一望可知的,无论他是祭祀、征伐、游、田之辞,那结构比较齐整、严密,而又有方正段、匀直的行、细小的字的甲和骨,不用问便是第五期之物,你如果再仔细去看,那其间一定会有一贯三的'王'字、后期的干支字、特别的词句之类,使你觉得判然别于其他四期。"(见图9-8)[①]

[①] 郭沫若主编,胡厚宣总编辑:《甲骨文合集》1~13册,1978~1982年中华书局出版。

图 9-5

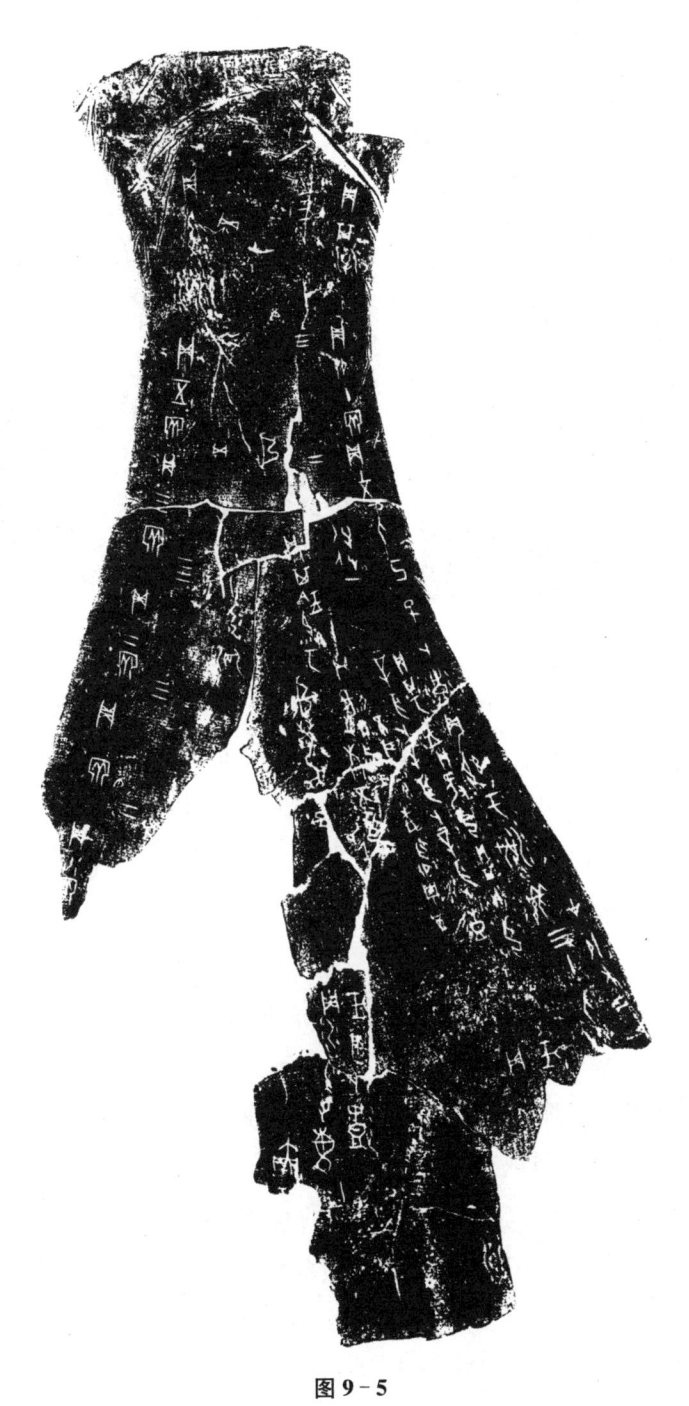

图 9-6　　　图 9-7　　　　　　图 9-8

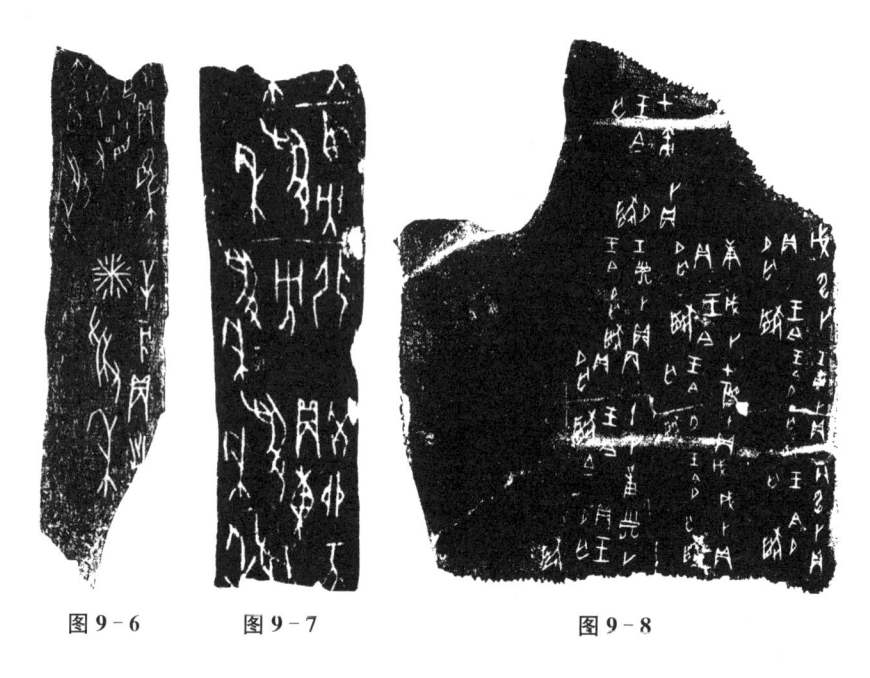

以上我们简要地介绍了董氏的断代学说,因为这一学说中除分新旧派之说之外,基本上还是为大家所接受行用的,因而初学者可以从中学到一些断代的方法。目前《甲骨文合集》图版十三册已经出齐,其中分期分类一目了然,学习的条件较过去好了不知多少倍,我们应该充分利用《合集》的条件,研究断代和其他各种专题。

三、关于整治断代

现在再介绍一下所谓"整治断代"。"整治断代"即是用甲骨上的钻凿形态来帮助断代分析,目前还只处于初步研究阶段,这种办法究竟是否成功,还有待于今后的实践检验。关于这方面的研究,许进雄写过一篇《甲骨的长凿形态示例》[①];北京图书馆的于秀卿、贾双喜、徐自强三人合写过一篇《甲骨

---

① 许进雄:《甲骨的长凿形态示例》,见《董作宾先生逝世十四周年纪念刊》,台北艺文印书馆,1978年,页1335。

的凿钻形态与分期断代研究》①,现分别摘要予以介绍。许文说:"甲骨上的凿钻,依其形状及所在位置,可以分为以下五种:

1. 圆凿大于并包摄长凿。
2. 小圆钻。
3. 长凿旁有半圆圆凿。

（按：许氏称长凿旁的半圆窪洞为圆凿,一般我们习惯称钻。）

4. 于骨面中下部施凿。
5. 只有长凿。

在卜骨上,第一到第四式只通于某些时期而且比较罕见,第五式则是最常见并通行于所有五期的,故前四式称之为异常型,第五式称之为正常型。在卜甲上,可能是甲与骨的骨质及组织不同,虽然骨上的长凿很少伴有圆凿,甲上则大多伴有圆凿。甲上圆凿之有无与时代并无关系,不若骨上的只是某些时代的风习而已,故卜甲上的凿型别无正常异常之分。"

许文又说:"第一期甲与骨上的长凿形可以说是相当一致的。其绝大多数的凿长在1.5到2厘米之间,超过2厘米的凿长以骨上的较多。通观五期,同一期骨上的凿长平均比甲上约长一些。其形态,甲上的以笔直肩、尖针状突出头部为常,偶尔也作微曲肩或平圆头的。甲上的几乎只有笔直肩、尖针状突出头部一式了。此期的挖刻很整饬,内壁大多很光滑,依笔者的实验,最可能的方法是用V形的刻刀反复平推、磨刻而成,故内壁探磨得平整而光滑。其尖针状突出的做法,很可能是到头时顺着平推的刀势而往上轻轻排刻的,并无再经修整。其头尾部分的侧面常作Ⅳ形,想见不是用直执法挖刻的。总而言之,这一期的长凿给人一种谨慎、专心挖刻的印象,这是他期所未见的。"现将许文中第一期的甲骨整治形态

---

① 于秀卿、贾双喜、徐自强:《甲骨的凿钻形态与分期断代研究》,见《古文字研究》第六辑,中华书局,1981年,页345～379。

摹录如下①：

第一期的卜骨而有上吉、小吉、不☒☒等兆侧刻辞的长凿

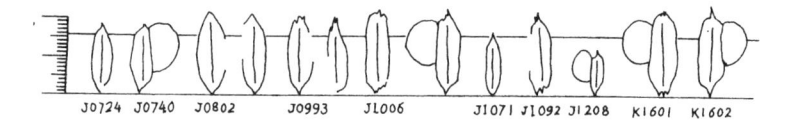

J0724　J0740　J0802　J0993　JL006　J1071 J1092 J1208　K1601　K1602

第一期的卜骨而有贞人署名的长凿

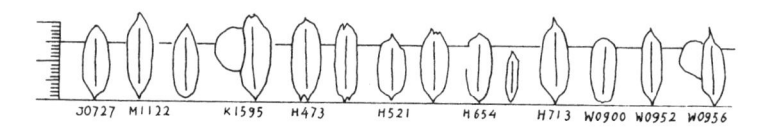

J0727　M1122　K1595　H473　H521　H654　H713　W0900　W0952　W0956

有第一期书体的卜骨

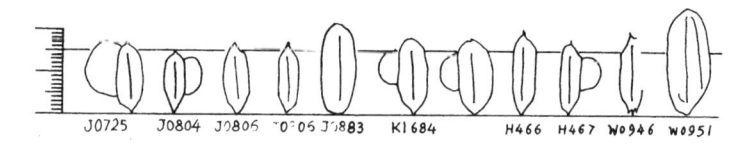

J0725　J0804　J0806　J0?06 J0883　K1684　H466　H467　W0946　W0951

第一期的卜甲而有上吉、小吉、不☒☒等兆侧刻辞的长凿

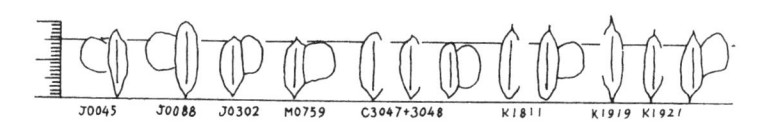

J0045　J0088　J0302　M0759　C3047+3048　K1811　K1919 K1921

第一期的卜甲而有贞人署名的长凿

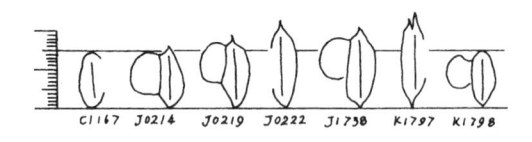

C1167　J0214　J0219　J0222　J1738　K1797　K1798

---

① 许文钻凿引自以下资料：
　J　京都大学人文科学研究所藏甲骨
　M　明义士藏骨
　K　库方二氏藏甲骨
　H　金璋所藏甲骨
　C　小屯甲编
　W　怀特藏甲骨

有第一期书体的卜甲

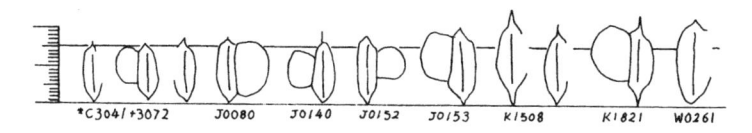

于秀卿等文对第一期甲骨凿钻特征分析说：这一时期，凿钻的标准形态是枣核形。即窄肩，两头有针状突出，肩壁直而凿深，凿长一般在 1.5 至 2 厘米之间，凿深一般为 0.5 至 0.8 厘米。正面刻辞有第一期贞人：亘、品、㱿的署名，由正面的刻辞印证反面的凿钻，可以确证枣核形是属于第一期常见的标准形态，第一期还有一种形式，是大圆钻内包摄长凿（按：即许文中五种形式的第一种），烧灼痕很小，置于圆钻内。钻围光滑、整饬，攻治甚精美，直径为 1.5 厘米（见图 9-9）。

图 9-9

这种把长凿置于圆钻内的形态，据目前所知，只见于第一期，而且数量也不多见。

第一期卜甲卜骨的凿钻，大多数攻治认真，精美、细腻，外缘整齐。这与第一期，特别是武丁时期整个甲骨文字的风格有关。

第二期祖庚、祖甲的整治形态，许文说："第二期的形态是多样的，这是因为此期有承受第一期及开启第三期形态的过渡性关系。归纳起来，此期的标准形态是 2 厘米上下，作微曲肩平圆头。其他的或近于第一期的尖针状突出头部，或近于第三期早期的巨大弯曲肩尖圆头形。此期的凿围和肩的内壁不若第一期的谨慎和整饬。骨头上似乎用 V 形刻刀挖刻后，又用直刃或弧刃的刻刀在两肩挖宽修整，因此凿围及肩的内壁都不平整而有许多波浪状起伏的凿围，有时甚至是非常崎岖不平的。卜甲上比较少见崎岖不平的情形，但因两肩距离较宽、肩壁坡度平缓，常在肩的内壁呈现很多海绵状的细孔，这是此期的特色，而少见于第一期的。其作平圆或尖圆的头部，都是于长凿挖刻后再修整的。"现将许文第二期甲骨整治的形态摹录如下：

第二期有贞人署名的卜骨

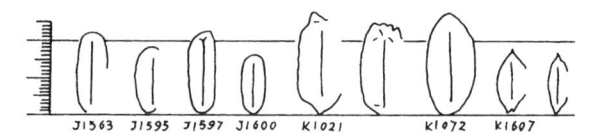

J1563　J1595　J1597　J1600　K1021　K1072　K1607

有第二期书体的卜骨

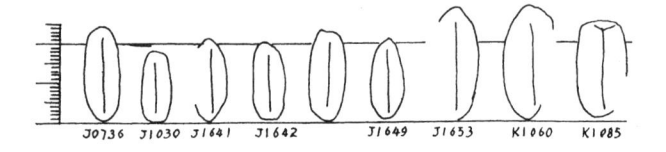

J0736　J1030　J1641　J1642　J1649　J1653　K1060　K1085

第二期有贞人署名的卜甲

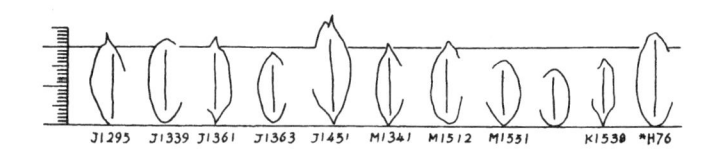

J1295　J1339　J1361　J1363　J1451　M1341　M1512　M1531　K1530　*H76

有第二期书体的卜甲

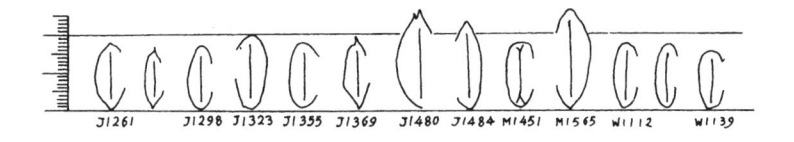

J1261　J1298　J1323　J1355　J1369　J1480　J1484　M1451　M1565　W1112　W1139

于秀卿等文对第二期甲骨凿钻特征分析说："这个时期的凿钻形态，普遍地比第一期宽大浅平，小弧肩、平圆头，凿内头部呈三角形，凿围较第一期粗糙，这是第二期的一种常见形态。另一种是微曲肩，尖圆头，凿长在 1.5 至 2 厘米左右，近似第一期的形态，但凿型粗浅又是区别第一期的标志。第三种凿钻形态，是长凿旁伴有圆凿，长凿呈桑葚状，圆凿凿型不很圆。据观察，这种凿型一般出现在甲骨的近边骨处，于长凿旁施圆凿，它的作用是在烧灼后，促使兆纹能形成卜字形。还有一种平头方肩与指印状同版间作的凿型。以上面这些凿钻形态对照其正面的刻辞、书体、贞人、称谓等，均可证明图版陆至图版拾壹的凿型，应是属于第二期的形态。总之，第二期的凿钻形态，样式较多,反映了它承前(第一期)启后(第三期)的特点。"

关于第三期廪辛、康丁时期的凿钻形态,许文说:"第三期骨上的形态:甲骨的凿长以 2.5 厘米或以上为常,肩部宽肥,作微曲肩、平圆头或弯曲肩、尖圆头两大类。以后则长度似有渐减的趋势,在中央凸起处附近及较下端的长凿有短于 2 厘米的,但以超过 2.2 厘米为绝大多数,其形态以微曲肩为主,作平圆头或小圆头。有时头部有直刃刻成水平状,这是前期所没有的,有时因没有挖刻好而呈近尖形的头部。此期肩部大都宽肥,必须加宽的修正手续,所以没有第一期那样的整饬,但比起第二期及第四期的都要平整得多。至于晚期,则有些肩是较窄的。"兹将许文中第三期的整治形态摹录如下:

第三期的卜骨而有贞人署名的长凿

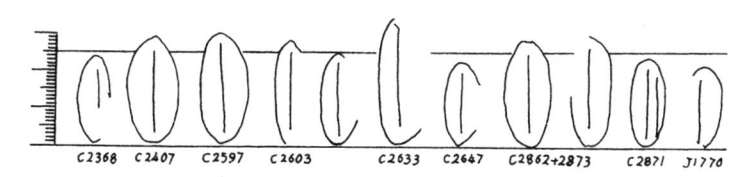

第三期有贞人署名的卜甲

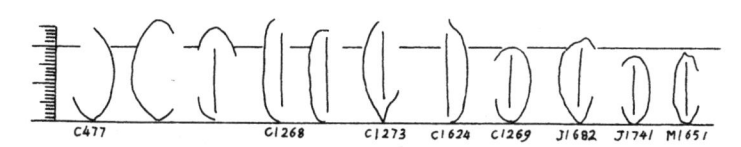

有第三期书体的卜骨

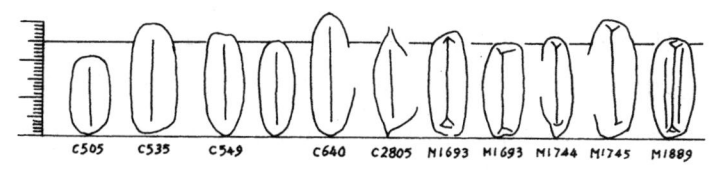

有第三期书体的卜甲

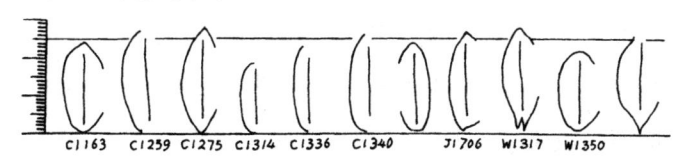

有大吉、吉、弘吉等兆侧刻辞的第三期卜骨

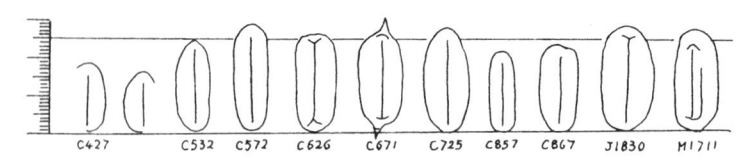

[图：C427 C532 C572 C626 C671 C725 C857 C867 J1830 M1711]

于秀卿等人的文章中对第三期的凿钻形态分析指出："这一时期的凿钻形态，是承袭并发展了第二期后期宽大浅平的凿形。凿型向宽长发展的程度，在五期中达到了顶峰。凿钻形态的发展总的趋势似乎是由第一期不超 2 厘米的窄肩、深凿而发展为二、三期宽大浅平的凿型，凿长多数在 2.2 至 2.5 厘米之间，少数的也有达到 3 厘米者，不过此种凿型仅见于第三期，第四期后复趋缩短。"

"第三期的凿型，一般可分三种类型：2 至 2.2 厘米者，为常见的中型凿钻；2.2 至 2.5 厘米长的凿型，在这期的中、后期居多；第三种为极少见的三厘米以上的巨型凿。第三期的凿钻形态，多属肥大弧形方肩、平圆头、肩壁与骨面齐，……凿钻形态宽大浅平，呈橄榄状，突破了第一期与第二期前期的特点。凿旁的烧灼痕，普遍大于第一、二期，其灼痕在 1.1 至 1.3 厘米者，在第三期屡见不鲜。……三期凿钻，攻治粗糙浅陋，这与第三期的文风逊退有密切的联系。"

第四期武乙、文丁时期的钻凿形态，许文说："第四期书体的卜骨：此期凿长的差距在五期中是最大的。长的远超过 2.5 厘米，短者才 1.1 厘米而已，此期形态的种类繁多。有巨型（2.3 厘米以上）和大型（2 至 2.3 厘米）的微曲肩平圆头，中型（1.5 至 2 厘米之间）的微曲肩平圆头和直肩三角头，还有小型（1.5 厘米以下）的一尖一平圆头的水滴形和弯曲肩尖圆头等几种类型。此期长凿形态演变的大致步骤是 2.3 厘米以上的宽肥微曲肩平圆头，是较早期的，长度在 2 至 2.3 厘米之间的稍迟，2 厘米以下是全期通行的，到了中晚期就兴起了短于 1.5 厘米的长凿。形态则由微曲肩而最后成弯曲肩、头部则由平圆而尖或尖圆。早期的挖刻也和第三期一样，用直刃刻刀挖宽修整肩部，但不若第三期之整饬，有时凿围及两肩内壁都非常参差不齐。中期的就比较整饬，有些是直肩的。"现摹录许文中第四期的整治形态如下：

有第四期书体的卜骨

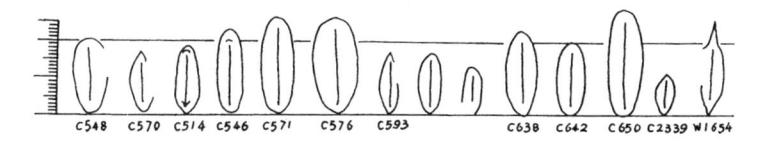

于秀卿等人的文章指出："这一时期的凿钻形态，是由第三期浅平的凿型，复趋窄肩短凿，从凿型上看与第一期有些类似，……第四期凿型基本上可分为两类：一类是单一的长凿，其形态多数系弯弧肩，少数作微曲肩，平圆头，凿长一般不超过 2 厘米；另一类是长凿，圆钻同时出现在一块骨板上，并于骨的正面中下部位施凿钻。这种特征，目前常见于三、四期。这个时期的小圆钻区别于第一期的大圆钻者，不仅在尺寸上相差悬殊，大圆钻直径为 1.5 厘米，小圆钻直径为 0.3 厘米，就是形态上，也不见有第一期那种圆钻内包摄长凿的形式。这一时期的书法，大致亦可分为两种：一种是大字，书体粗犷、奔放，俗称'武乙大字'。其正面刻辞有父丁（即康丁）称谓，可以证明它确为武乙时期刻辞；另一种是甲子记日，一事多卜，书体纤弱、细小，大小也不一，行款错乱，给辨认刻辞的内容等增加不少困难。"

关于第五期帝乙、帝辛时的甲骨整治形式，许文说："第五期书体的卜骨：此项的凿长绝大多数在 1.8 到 2.2 厘米之间，很少有不在此范围内的。基本形态是弯曲肩尖圆头，少数是微曲肩尖圆头。两肩的宽度都很大，这是经过挖宽的结果，常可看到肩壁的斜道两个平面的。……第五期书体的卜甲：此项的基本形态同于骨上的，以弯曲肩尖圆头为绝大多数，不过长度则短得多了。骨上的很少有短于 1.8 厘米的，而甲上的有不少是近于或短于 1.5 厘米的，第五期善于背甲刻辞，背甲的齿缝间隔较短，这大半就是长凿较短的原因了。"现将许文中五期整治形态摹录如下：

有第五期书体的卜骨

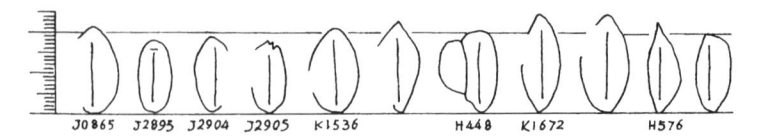

J0865　J2895　J2904　J2905　K1536　　H448　K1672　　H576

有第五期书体的卜甲

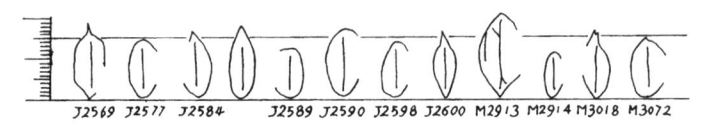

J2569　J2577　J2584　　J2589　J2590　J2598　J2600　M2913　M2914　M3018　M3072

第五期的凿钻形态，于秀卿等人的文章中说："卜甲上的凿型特征，是长凿圆钻紧相连，且排列齐整，其形态是长凿短，头部尖圆呈杏核状，圆凿宽大，肩壁横宽，烧灼痕大，长为 1.3 厘米，宽为 0.9 厘米。还有一种特殊形态，是长凿联圆钻，圆钻又包容长凿，双凿梜比相连，凿深达 0.8 厘米（见图 9-10）。此种凿型比较罕见，目前只见于第五期。"

图 9-10

许文还分析了贝塚茂树归属于所谓王族卜辞的整治形态。他指出："王族卜辞的凿长以 1.5 厘米左右为最多而短于 1.5 厘米的则是此期的特色。在五期中，短于 1.5 厘米的例子，第一及第三期只有数例，且都在中央凸起处，第四期的为数不少，第五期的卜甲甚普遍。除了甲上的几例显得头部有点尖外，其形态以弯曲肩尖圆头及微曲肩平圆头为主，这与第五期的情形很相似。此外，骨上长凿的排列甚为杂乱，与同期刻辞的行列、书刻的杂乱特征也是一致的。"

有王族卜辞的卜骨

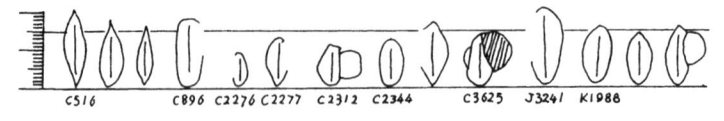

C516　　C896　C2276　C2277　C2312　C2344　　C3625　J3241　K1988

有王族卜辞的卜甲

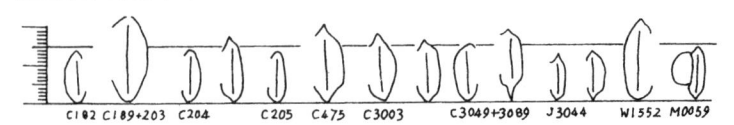

C182　C189+203　C204　　C205　C475　C3003　　C3049+3089　J3044　　W1552　M0059

两文所述各有异同，但在研究方法上都是先依据甲骨卜辞的贞人、称谓、字体、贞人术语分期，期别确定后，再研究各期钻凿形态的。如果不是在分期基础上看钻凿形态，可以说各期凿形长短等形制都带有许多偶然性，很难单独成为一种较明晰的断代标准。除了第一期大圆钻内包摄长凿这一形态尚能使人一目了然之外，其他形态都不能像字体那样凝结着明显的时代特征。目前来说，所谓整治断代，实际上还难以成为一项独立的断代标准，只能说对断代起了一些帮助的作用。

　　以上所引两文中提到的第四期，及许文提到的非王卜辞，都是有争议的问题，详细情况下文将要说明。

第十章 断 代（下）

殷墟甲骨中有一部分甲骨被董作宾认为是"文武丁时代卜辞的谜"，陈梦家在他的巨著《殷虚卜辞综述》断代章中根据贞人名区分为自组、子组、午组卜辞，定午组为武丁卜辞，自组、子组为武丁晚期；胡厚宣疑其为武丁之前盘庚、小辛、小乙时期的卜辞，另有人认为属帝乙、帝辛时期。解放之前这类卜辞常与武丁时期的宾组卜辞同坑出土，并且伴出的陶器也都相当于殷墟文化早期，即武丁时期。自、子、午组卜辞虽与武丁时常见的"宾组"卜辞不同，但称谓、人物、字体、文例等方面均有密切的关系。经过近年的研究讨论，这类卜辞为武丁时期的意见已趋一致，但具体为武丁的哪个阶段还有待探索。本章目的就是要介绍这个问题的研究讨论情况。与此同时，也有学者对董作宾定为武乙、文丁时代的卜辞提出质疑。有人主张把有贞人歴及与之字体相近的卜辞称为"歴组"，并根据其称谓、人名、事类、文例与武丁、祖庚卜辞有些近的特点，定其为武丁晚期至祖庚时代。但另有些人反对此说，并根据地层及坑位、方国、习惯用语等论证其与武丁卜辞之不同，而名之为"武乙、文丁卜辞"，目前尚无定论，仍在探讨中。本章最后将分别介绍双方不同意见。

一、关于午组卜辞

陈梦家在《殷虚卜辞综述》①中把贞人名午、兇的,以及字体、称谓与之类似的卜辞名为"午组卜辞",定其时代为武丁时期。李学勤认为午是祭名,不是贞人,此种卜辞应称为"兇卜辞"②。林沄认为"午是祭名'卸(御)'的省体,参看《乙》4521 及《乙》3478 两版自明"③。严一萍认为"午""应是'御'祭之'卸'缺刻一半","这'午'字即是'卸'的简写"④。肖楠认为"午"有的是祭名,如《乙》4521、3478、6609 片,但有的是贞人名,如陈梦家在《综述》⑤中指出的《乙》7512 片,其辞为:"癸未卜,午:内乙牢。"前辞形式为"干支卜某"这种形式,见于"宾""自""子"三组卜辞,特别是在"自组卜辞"中更为常见。所以,《乙》7512 中的"午",可以理解为贞人名。饶宗颐在《殷代贞卜人物通考》⑥中指出《甲》3442 的贞人也是"午",其辞为"辛酉卜,午贞:今日不风"。但岛邦男、屈万里对此片的"午"字,尚有不同的看法。除此之外,饶氏尚列有前辞省贞者的"午"三条卜辞,即《乙》4521、7512 及《甲》3370(见前书 1160 页)。不管贞人"午"存在与否,这一组特征性很强的卜辞之存在则是无疑的。更重要的是肖楠根据《屯南》4177(T31:80)见到一版"丙辰〔卜〕,仝贞……"的卜辞,从字体上看,他认为属午组卜辞。过去仝认为是第五期,这可能是异代同名的缘故。这样"午组卜辞"这个名称非但不能取消,反而增加了一个仝,与原来的午、兇为三个贞人了。

关于午组卜辞的时代,肖楠在《略论"午组卜辞"》⑦一文中指出,"在学术界有几种不同的看法:1. 认为是武丁时代,或可能比武丁'宾组卜辞'要早(陈梦家《殷

---

① 陈梦家:《殷虚卜辞综述》,科学出版社,1956 年,页 162。
② 李学勤:《帝乙时代的非王卜辞》,《考古学报》1958 年第 2 期。
③ 林沄:《从子卜辞试论商代家族形态》,《古文字研究》第一辑,中华书局,1979 年,页 334。
④ 严一萍:《甲骨学》(上、下),台北艺文印书馆,1978 年,页 1124、1126。
⑤ 陈梦家:《殷虚卜辞综述》,科学出版社,1956 年。
⑥ 饶宗颐:《殷代贞卜人物通考》下册,香港大学出版社,1959 年,页 978。
⑦ 肖楠:《略论"午组卜辞"》,《考古》1979 年第 6 期。

虚卜辞综述》页 164、165,页 33 又谓午组卜辞可能比宾组卜辞早);2. 认为是盘庚、小辛、小乙时代(胡厚宣《战后京津新获甲骨集》序要,1 页,1954 年);3. 认为是武乙时代(岛邦男《殷墟卜辞研究》中'4、第四期武乙、文武丁时期之贞人');4. 认为是帝乙时代(李学勤《帝乙时代的非王卜辞》,《考古学报》1958 年第 2 期)"。

肖楠在前文中继续说:"在 1973 年安阳小屯南地的发掘中,发现'午组卜辞'除零星地出在晚期之地层和灰坑外,还出在 H102 与 H107 两个窖穴。"H102 坑中出了一卜甲《屯南》2698(H102:1)"于佋乙岁牛五",字体属午组卜辞(见图 10-1);H107 中出有"自组"与"午组"卜甲。例如《屯南》2770(H107:10)"戊子卜""戊子卜今夕遣"(见图 10-2),《屯南》2771(H107:12)"壬申卜屮岁于祖癸祖羊",字体属午组卜辞(见图 10-3)。H102 与 H107 都是早期的灰坑,其绝对年代约在武丁时代。他又指出:"在解放前发掘中,灰坑 YH448 也出过'午组卜辞'(《乙》9036、9037),时代大约相当于大司空村一期。灰坑 YH137'午组卜辞'与'宾组''子组''自组'卜辞同出,该坑的时间也较早,似属大司空村一期(绝对年代约在武丁时代)。"

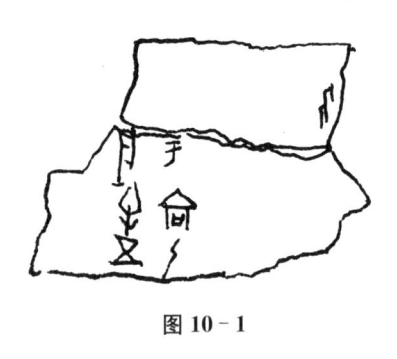

图 10-1

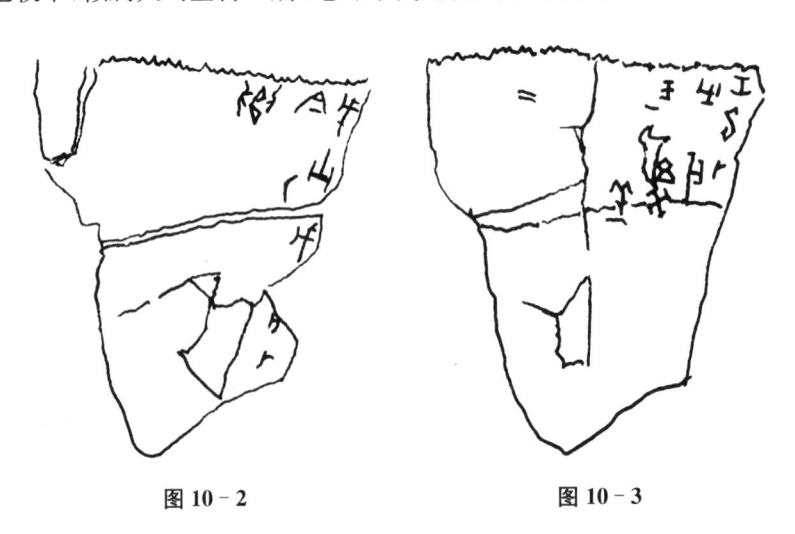

图 10-2　　　　　　　　图 10-3

"在称谓上'午组卜辞'多异于'宾组',但在'宾组卜辞'中见到的下乙,亦出现在'午组卜辞'的《乙》5113、4549、3521、5327,《京津》701 等片中。例如:

　　甲子卜,㞢岁子下乙牛。　　　　　　　　　　　(《乙》5113)"

"下乙,据胡厚宣的考证,是指祖乙(见《卜辞下乙说》,载《甲骨学商史论丛》),这是武丁时代对祖乙的一种特别的称呼,这种称谓不见于其他时期的卜辞。"

"在字体方面'午组卜辞'与'宾组卜辞'也有不少相同的形式,如:庚字作帚,酉字作丣,未字作朱,子字作㞢,午字作丨,己字作己……。'午组卜辞'与'自组卜辞'也有某些联系,如《乙》1428、《乙》6690 中见到'自组''午组'两种字体同见于一版。"

"在用字上,'宾组卜辞'常见的侑祭之侑写作'㞢','午组卜辞'也是如此,而在祖甲以后的卜辞中,一般都写作㞢。"

"在人物方面,'午组卜辞'与'宾组卜辞''自组卜辞''子组卜辞'有一些相同,像光、戊、舞侯、雀、虎等……"

"在钻凿方面,'午组卜辞'《屯南》2240……《屯南》2238……背面的钻凿均是⟨,这种形式的凿在'宾组卜辞'如《丙》60、45、46……许多卜甲中,亦可见到。"

"综合上述几点,我们认为,'午组卜辞'的时代应属武丁时代为宜。又,从小屯南地出'午组卜辞'的灰坑 H102 打破了出'自组卜辞'的 T54(4A)层,从'自组'的字体象形字及异体字较多,而'午组'的字,形体较固定、规整,比'自组'要进步来看,我们认为,'午组卜辞'的时代可能要比'自组卜辞'略晚。"

接着,肖楠又阐明了"午组卜辞"的特点。他说:

"1. 在字体方面,好用尖锐的斜笔,但又和武、文的刚劲有所不同,笔划转折处有棱角,而且有些字富有特征,如:于字作于,牛字作牛,牢字作牢,贞字作囧、⿵,六字作乂,辰字作⿱,子字作㞢、兄,且字作且,戍字作牛,戌字作䒑等等。"

"2. 在内容方面……具有独特的称谓,如:内乙、父丙、父丁、父己、子庚、子梦、石甲、内己、外戊、司戊、天、武、美、妇石,此外,还有1973年小屯南地新发现的⿵〔《屯南》2118(H47:5)〕、⿵乙〔《屯南》2698(H102:11)〕、祖癸〔《屯南》2771(H107:11+12)〕等。一般在各期卜辞中常有的祭祀夒、戠、河、岳、⿱、王亥及上甲、三匚、二示、大乙、大丁、大甲、大庚、大戊、中丁、祖乙、祖丁……都不见于'午组卜辞','宾组卜辞'常见的祭祀父甲、父乙、父庚、父辛也不见于'午组卜辞'。"

"'午组卜辞'内容简单,范围狭窄,没有提到王及王的活动。……'午组卜辞'的主要内容是祭祀,其他事情很少提到。'午组卜辞'的祭名中最多的是卯祭,其次是岁祭和㞢祭。一种是祭祀卜辞问疑者的先祖,另一种就是卜辞的问疑者为了自身及其家族成员的安危而举行的卯祭。在午组卜辞中,有见到专门为'余'举行卯祭……'余'应该是'午组卜辞'问疑者的自称。……这组特有的人名有杲、⿵、新、⿵、妇石、嬨、笒、旻等。在'午组卜辞'中见到卜问这些人的咎、休、祸、福。……上述这些人名、妇名可能是'午组卜辞'问疑者的家族成员。从这些例子可以看出,'午组卜辞'的内容,不是涉及整个商王国,而只是关于问疑者为代表的这一家族内部的事情,'午组卜辞'的问疑者就是这个家族的族长。"

肖楠还谈到"午组卜辞"的性质。他说:

"过去,许多学者认为殷墟卜辞是王室之物。至今,仍有一些人持这种看法。"

"陈梦家在《综述》166、167页中谈到'午组''子组'及《乙》8691～9052等片时认为'这些卜人不一定皆是卜官,时王自卜、大卜以外很可能有王室贵官之参与卜事的'。李学勤在《帝乙时代的非王乙辞》[①]一文中又进一步指

---

① 见《考古学报》1958年第1期。

出,'午组''子组'及 YH251、830 坑的卜辞应定名为'非王卜辞'。这些看法是颇有道理的。"

"现在我们再进一步分析'午组卜辞'问疑者的身份以及他与商王的关系。"

"《乙》5405……这条卜辞记载因问疑者患耳鸣之疾,用一百五十八只羊来癸祀祖庚,以求病愈。在《乙》4521、982、1006、4925、5162、5405、5462、《后》上 6、4 记载用丮,《乙》5321、5399 记用羌来祭祀祖先。可见'午组卜辞'的问疑者相当富有,拥有很多牲畜,也拥有为数不少的俘虏或奴隶。"

"从前面列举的《乙》4692 有'令戉、光''令陕',说明他们是接受'午组卜辞'问疑者的调遣,是他的家族成员,而这几个人在'宾组卜辞'中也经常见到,他们接受殷王之命出兵征伐掳掠羌人,平时也勤劳王事,可能是殷王朝的武职官员。这就说明,'午组卜辞'问疑者的身份相当显赫,是一位颇有势力的奴隶主大家族的族长。"

"'午组卜辞'与'宾组卜辞''自组卜辞'同坑而出,意味着卜辞的问疑者是住在王都,并与商王有较密切的关系。"

"'午组卜辞'几次见到祭祀下乙,也见到祭南庚……此外《屯南》2671（H95：50＋59）'癸亥卜,贞:酻午石甲至宀正'。宀,可能是盘庚之合文。……'午组卜辞'祭祀这三个先王,说明卜辞的问疑者与殷王有血缘关系,有共同的祖先。……我们认为,'午组卜辞'不祭一般卜辞常见的先公及祖乙以外的直系先王,说明这组卜辞的问疑者的家族不是直系,属旁系,没有继承王位,故不得主持这种重要的祭祀。'午组卜辞'几次见到祭祀下乙,推测这一家族可能是祖乙之后,……但是'午组卜辞'还个别地见到祭祀南庚、盘庚,这说明殷宗法制度没有周代那么严格吧。"

"综上所述,我们认为:'午组卜辞'与'宾组卜辞'既有一定的联系,但又有较显著的区别,属于武丁时代的非正统卜辞。"①

---

① 以上材料引自肖楠:《略论"午组卜辞"》,《考古》1979 年第 6 期。

二、关于𠂤组卜辞

陈梦家在《殷虚卜辞综述》①中称之为𠂤组卜辞的,即是董作宾40年代提出的"文武丁卜辞"的一部分,贝塚茂树称之为"王族卜辞"。关于这组卜辞的时代,学术界争论已久,近年由于有关发掘资料的陆续公布,多数人已公认它为武丁时期的卜辞。

关于𠂤组卜辞的出土情况,肖楠根据1973年小屯南地的发掘情况,有较详细的阐述②。他说:现将这次出'𠂤组卜甲'的T53(4A)层的坑位关系列式表示如下:

```
                H91─────┐
T53(3B)──→T53(4)──→T53(4A)──→H111──→H112
H102──→H110─────────┘
```

"T53(4A),其上为T53(3B)和T53(4)叠压,被H91和H110打破,其下则叠压着H111和H112;而H110又被H102打破。"

"从地层和共存的陶片来看,其中H91、T53(3B)、T53(4)属小屯南地中期(相当于康丁、武乙、文丁时代),H111和H112属小屯南地早期(相当于武丁时期)。而T53(4A)所出鬲、簋、罐等陶片形制基本上和小屯南地早期器形相似。H110打破T53(4A),但又被H102所打破,表明H102比H110、T53(4A)的时代晚一些。H110所出陶片甚少且碎,难以为据;但H102出土了大量陶片和不少可复原的陶器,则弥补了H110的不足。仅从H102所出鬲、簋、盆、罐等陶器的形制看,其时代要早于小屯南地中期又稍晚于小屯南地早期。从而为T53(4A)的相对时代及下限提供了有力佐证。"

"另外,再从过去安阳小屯出'𠂤组卜辞'而地层关系比较清楚的E16、

---

① 陈梦家:《殷虚卜辞综述》,科学出版社,1956年。
② 肖楠:《安阳小屯南地发现的"𠂤组卜甲"——兼论"𠂤组卜辞"的时代及其相关问题》,《考古》1976年第4期。

YH006、B119等坑看,'自组卜辞'除了与'子组卜辞'或少数性质未定的卜辞同出外,大量的与武丁时期的'宾组卜辞'同坑而出。例如E16坑,除了在该坑的上部发现两片二期卜辞(实为一片,因《甲》2942、2943可缀合),坑底发现少量'子组卜辞'外,从坑的下层至上层,'自组卜辞'均与'宾组卜辞'同出,而且从坑中出的陶器和铜兵器等形制看,是属殷虚文化早期,即武丁时代。"

"又如YH127灰坑中共出17 096片甲骨,绝大多数是'宾组卜辞',还有少量'子组''午组''自组'卜辞。该坑地层时代较早。从坑中甲骨堆中伴出的一片陶簋口沿观察,似属小屯南地早期(即大司空村一期)。"

"再如墓331中所出一片卜骨(见《乙》9099),上面的刻辞似'自组卜辞'的字体。该墓所出成组青铜器,如鼎、斝、觚、卣的形制、花纹特征,都属殷墟文化早期(即大司空村一期,亦即武丁时代)。"

"从上述的地层、坑位关系的分析可以看出:'自组卜辞'的时代绝不可能是在第三期(即廪辛、康丁时代)以后和在武丁以前,而是属于武丁时代。"

后来1980年小屯南地的正式发掘报告《小屯南地甲骨》发表,该书的《前言》对"自组卜辞"有如下论述:

关于自组卜辞,以前著录中的材料不少,也有不少人进行过研究。这次发现的不多,共约20片。下面我们在过去研究的基础上,结合这次发现,简略谈谈自组卜辞的特点。

1. **字体与文例**

(1) **字体**

自组卜辞的字体比较复杂,大致有如下几种:

第一种,如《甲》3003、3013、3018等。此种字体自组卜辞中有,宾组卜辞中也有。如《甲》3177为贞人㕞所卜,贞字写作鼎,字体规整。㕞在《粹》1424中与宾组贞人争同版共卜,当为宾组贞人。故《甲》3177当为宾组卜辞,但其字体与上述《甲》3003等片自组卜辞字体一致,故此种字体是宾组卜辞与自组卜辞共有的一种字体。

第二种,如此次发现的 643(H17∶106)、2462(H58∶17)、4429(T53〈2B〉∶23+M16∶33)和《甲》210、2356,《乙》409、8988、9067、9103 等。此种字体笔画浑圆流畅,转折处都是圆转角,如用毛笔所写。它们中有的字很大,有的较小,但总的风格是一致的。一些常用字的写法,特别明显。如丙字写作冈,丁写作○,戊写作屮,庚写作𢆶、𢆶,壬写作壬,子写作⺍、⺍,卯写作卯,未写作朱、朱,酉写作丣、酉,贞写作冈、屮写作甲,王写作𠆣,用写作中,其写作𠀟,于写作𠀟,止写作凵、品写作品,六写作∩等等。

第三种,数量最多,此次发现的大部分𠂤组卜辞都属此种字体。如 4512(T53〈4A〉∶141)、4513(T53〈4A〉∶146)、4518(T53〈4A〉∶147)、604(H17∶52)等等。见于过去著录的也不少,如《乙》开头的 200 余片基本上都是。此种字体笔画纤细,字体较小,笔迹羸弱,字的结构不大规整。一些常用字的写法也很有特点,如其作𠀟、𠀟,令作𠀟,不作𠀟,辰作𠀟、𠀟,戌作𠀟、𠀟,隹作𠀟,风作𠀟,等等。

上述三种字体中,第一种字,形体比较固定,造型规整、美观,是一种比较成熟的文字。第二、三两种有两个共同特点:一是异体字多,不定型,一个字往往有几种乃至十几种写法,如贞字、子字、庚字等;一是象形性明显,如上述的"隹"字作鸟形,"凤"字作凤形,"止"作足趾形,"贞"字作鼎形等等。与第一种比较,保留了较多的文字早期阶段的特点。在卜辞行款上,后两种字体的卜辞排列相当杂乱,没有一定的规格。

(2) 文例

前辞形式:𠂤组卜辞前辞形式复杂,其中最常见的是"干支卜,某",也有"干支卜,某贞"的形式。而宾组以"干支卜,某贞"的形式最多。

兆辞:𠂤组兆辞不多,只偶尔发现"二告"(《甲》3047)、"二告友"(《乙》202)、"不𢆶"(《后》下 34.4)等。

在用字习惯上,𠂤组卜辞句末好用"不"字,如 4513(T53〈4A〉∶143)"戊寅卜,于癸舞雨不?",《存》1.524"丁卯卜,𠂤贞:方其征今日不?"等等。

2. 内容

(1) 称谓

自组卜辞的父辈称谓主要有父甲、父辛、父乙，以父乙所见最多。这次发现的有父甲(4517〔T53〈4A〉：146〕)。这种情况与宾组卜辞基本相同，不同的只是自组卜辞没有明确的父庚称谓(陈梦家认为有父庚)[①]。比较特殊的称谓是小王(《南师》2.146)，武丁时子组卜辞也有，这可能是指武丁子孝己。

(2) 人物

自组卜辞中所见的主要人物有侯告、豙、虎、𠂤、㱿、陕、竹、白圂、雀、竝、子妥、𠚕、𠬝等。这次发现的有豙(4518〔T53〈4A〉：147〕)、子妥(4514〔T53〈4A〉：144〕)、㱿(604〔H17：52〕)、𠚕(643〔H17：106〕)、𠬝(643〔H17：106〕)等这些人物，大部分都见于宾组卜辞，𠂤、㱿、𠚕为自组卜辞所特有。但宾组卜辞常见的人物，如妇好、妇井、子渔、望乘、沚馘等则不见于自组卜辞。

(3) 方国

自组卜辞所见的主要方国是方、佣、归、𦥯、㐭等。此次发现的 4513(T53〈4A〉：143)有伐𦥯、㐭，4516(T53〈4A〉：145＋H91：1＋4)有伐归、佣的材料。但宾组卜辞中对𠱠方、土方频繁的战争则不见于自组卜辞。

(4) 祭名

自组卜辞侑祭之侑多写作"㞢"，与宾组、午组卜辞相同，但有时又写作"犭"，如 4517(T53〈4A〉：146)"辛酉卜，犭且乙卅宰"。

(5) 记事刻辞

自组卜辞也流行记事刻辞，但数量不多。形式主要以右甲尾刻辞为主，此次发现的 2768(H107：3)一片有右甲尾刻辞"册入"。但也有少量甲桥刻辞，如此次发现的 4514(T53〈4A〉：144)与 3707(T2〈3〉：80)都有甲桥刻辞，前者为"乙未来"，后者为"壬……"。

从上面所述的情况看，自组卜辞与宾组卜辞有许多共同处：如地层关系

[①] 陈梦家：《殷虚卜辞综述》，科学出版社，1956 年，页 146。

上,此次都出在小屯南地早期地层;父辈称谓基本一致;其他在内容、文例、字体等方面也都有不少相似之处,因此,它们在时代上基本一致,即都属于武丁时代。但二者也有许多重要的差别,如宾组卜辞的许多重要人物与事件不见于自组卜辞,说明二者虽都是武丁卜辞,但在时间上不一定是平行关系,可能是先后关系。关于这一问题,学术界有两种看法:一种认为自组卜辞早于宾组卜辞[1]。

另一种意见认为自组卜辞晚于宾组卜辞,是武丁晚期的卜辞[2]。目前要解决这一问题的条件还不成熟。因为,虽然从某一点上看,如字体方面,自组卜辞的部分字体带有某些早期阶段的特点,但仅靠此点就断言自组卜辞早于宾组卜辞还为时过早。

第一,截至目前,只发现过宾组、自组同出的地层关系,而尚未发现它们之间的叠压和打破关系;第二,此次出自组卜甲的T53〈4A〉不是最早的地层,它还打破两个没有出甲骨,但从陶片上看是属于小屯南地早期的灰坑H111,H112,而在H112之下又发现H115。在H115中,出了一片卜甲2777(H115:1),但其上仅有两字,其中一字还不清楚,所出几片陶片又小又碎,难以分期。H115坑之时代有两种可能,一为武丁时代,一为盘庚、小辛、小乙时代。而至目前为止,我们还不能明确区分出武丁以前的甲骨和陶器。所以,这一问题的最终解决还有待于今后考古发掘中发现更多的自组卜辞和对全部武丁时期的卜辞作进一步的分析研究(见《屯南·前言》[3])。

---

[1] 江鸿:《盘龙城与商朝的南土》,《文物》1976年第2期,页45。华案:黄天树教授在《论自组小字类卜辞的时代》一文中通过该类卜辞里出现近36名的人名与宾组人名相同,并例举:"妇鼠"人名,即见于自组小字类,又见于自宾间类,"可以看到:不论是'类'的演变还是'组'的更替,往往出现相互参差、相互重合、相互纠缠、相互包容等错综复杂的局面。新类(组)与旧类(组)的相互关系并非都是新类(组)产生之时,即旧类(组)消亡之时,有相承关系递变关系的同一系卜辞中存在着大量不同类(组)卜辞同卜一事等现象即其例。表明新类(组)产生之后,旧类(组)在某一段时间内与新类(组)仍同时并存。自组卜辞字体极为复杂多变,因此它存在的时间从武丁早期一直延伸到晚期的可能性是不能排除的。"
[2] 陈梦家:《殷虚卜辞综述》,科学出版社,1956年,页153。
[3] 中国社会科学院考古研究所编:《小屯南地甲骨》上册第一、二分册,中华书局,1980年,页20~26。

三、关于子组卜辞

陈梦家在《综述》之《断代》章中列出子组贞人主要有子、余、我、似（㣲）、史、禞六人，附属者豕、车、䘵三人，列为武丁晚期（见205页）。"子组字体文例的特色如下：（1）贞字一律作平脚的，即式二（☒）；（2）常作小字；（3）'于'字亦作☒，'丁'字变作圆圈，同于自组；又'隹'字写得很像鸟；（4）干支如子丑未午庚等亦有作晚期的，同于自组；（5）卜辞内容习见'又史''某归''至某（地）'等；（6）祭法常用'御'和'酌'，偶亦用'又'；又有'☒'，见《乙》370、393、405。"①

陈氏所说的子组，胡厚宣称其字体"纤细"，认为是盘庚、小辛、小乙之物。贝塚茂树认为是武丁时代王朝公家以外的另一个占卜机关"多子族"的卜辞。李学勤以为这是帝乙时代的非王卜辞。以上各家尽管意见不一，但都不同意董氏把它归属于文武丁时代并以此作为文丁"复古"的证据。

姚孝遂在《吉林大学所藏甲骨选释》②一文中曾指出：

《殷虚书契前编》③曾著录过这类刻辞的一片干支表（3.14.2），其拓本乃是经过剪裁的。实际上骨的上端尚有一部分残辞，有贞人"争"的名字。根据这片"干支表"的字体——尤其是其"子"字作"☒""丁"字作"口"来看，可以毫无疑问地确定它是所谓"子组"刻辞。其上端的刻辞虽已残缺不全，但我们可以依据卜辞的通例补足为"□□卜，争□（贞）：□（旬）□（亡）☒"。同时，就其字体来看，也和我们所常见的贞人"争"的字体完全相同。据此，则这类刻辞也应当肯定其为属武丁时期，因为贞人"争"无可怀疑地是武丁时人。

固然，贞人"争"的卜辞与属于所谓"子组"的干支表刻辞不一定是同时

---

① 陈梦家：《殷虚卜辞综述》，科学出版社，1956年，页159。
② 姚孝遂：《吉林大学所藏甲骨选释》，载《吉林大学社会科学学报》1963年第3期。
③ 罗振玉：《殷虚书契》，《国学丛刊》1911年3期3卷石印本；又影印本，1913年；又重印本，1932年；又台湾艺文印书馆重印本，1970年。

所刻，但我们应该注意到下列这些事实：

（1）这类刻辞与武丁时期的刻辞曾经同坑出土；

（2）这类刻辞所记者的人名与武丁时期刻辞所提到的人名有很多相同；

（3）这类刻辞所占卜的内容有很多相同；

（4）这类刻辞的文字形体与武丁时期的文字形体在某些地方有相类似之处。

根据上述种种迹象，再加上同版有贞人"争"的名字，在没有其他更有力的反证之前，我们只能断定这类刻辞是属武丁时期，而否定其他的一切说法。

关于子组卜辞，林沄曾有一篇论文《从武丁时代的几种"子卜辞"试论商代的家族形态》①作过详细分析，现摘引如下：

在以前的研究者已经区别出来的"非王卜辞"中，数量最多而特别有研究价值的有以下三种：

（1）甲种

集中出于小屯 YH251、YH253、YH330 三个灰坑中。……这种卜辞不记卜人名，记干支的前辞形式有"干支卜贞""干支卜""干支贞"三种。字体的最大特色是同一字的写法很不统一。如：《乙》8696 同一版上的贞字有 🔲、🔲、🔲 三种写法，《乙》8697 同一版上又有 🔲、🔲、🔲 三种写法，总计这种卜辞贞字的异体不下十种之多。祭祀对象最主要是匕庚、匕丁、中母、小母、母庚、父丁、兄、子丁。其他还有匕己、匕辛、匕戊、中匕等。

（2）乙种

集中出于小屯 YH127 这个灰坑。另外，YH448 出土的《乙》9036、9037 两片，也属本群。这种卜辞也不记卜人名，记干支的前辞形式有"干支卜贞""干支卜""干支贞"三种。字体最显著的特征是笔划转折陡峭，基本没有曲笔，例如：乙作 🔲，申作 🔲，贞字则多数作 🔲。这种字体的干支表见《乙》4719。祭祀对象主要是内乙、下乙、祖庚、祖戊、父戊、父丁、子庚、匕乙、匕

---

① 林沄：《从子卜辞试论商代家族形态》，《古文字研究》第一辑，中华书局，1979 年。

辛、匕癸、兄己，此外还有石甲、工乙、天戊、司戊、外戊、内己、祖己、祖辛、祖壬、祖丁、匕己(高匕己)、匕丁、匕壬、中匕、父己、父丙、父乙、母戊等。

(3) 丙种

也集中出于 YH127 这个灰坑。YH090 仅出一片卜甲(即《乙》484)亦属本群。甲编中发表的一区 9 坑和二区 26 坑出土的甲骨中，也有这种卜辞(如《甲》336、158)。卜人称谓有子、余、我、䘚、巡五种。记干支的前辞形式有"干支卜某贞""干支某卜贞""干支某卜""干支卜贞""干支卜""干支贞"六种。字体特色是细小而多曲笔，贞字一律作 ⿱，其他各字也写法划一，几乎没有异构。干支表见《前》3.14.2、《珠》1459。祭祀对象最主要的匕庚、匕丁、匕己、父庚、父戊、母庚、中母己、兄丁、子丁、⿹甲及龙母。此外还有司匕甲、匕壬、二匕己、司匕、祖乙、南庚、司癸、小辛、司?、伊尹、小己、父甲、父辛等。

林文中的甲种子卜辞，陈梦家在《综述》①中说"……该组的字体也是纤细的。第十五次发掘出土的(《乙》8691～9052)字体近子、自、午组的，内容多述妇人之事，可能是嫔妃所作"。李学勤在《帝乙时代的非王卜辞》②中称之为"妇女卜辞"。林文中的乙种子卜辞，即陈梦家所定的"午组卜辞"。林沄认为"午"是祭名非贞人，允亦非贞人(见原文 334 页注 2)。林文中的丙种子卜辞，这是公认的"子组卜辞"。

林文接着根据(1)"同版现象"，即上述姚孝遂所指出《前》3.14.2 那版干支表，上部有争贞的卜旬卜辞，下部丙种字体的干支表(原骨现藏吉林大学文物室)。(2)"同坑现象"，如 YH127 坑乙种、丙种子组卜辞与武丁宾组卜辞及自组卜辞(《乙》6164、8497、8498 等 10 余片)共存。(3)"地层现象"，从出土大量乙、丙两种非王卜辞以及武丁时代王室卜辞的 YH127 来看，它的上面是 YH121，再往上是 YH117，再往上是 YM164。根据邹衡系统的分期研究，YM164 是属"殷虚文化第三期"(廪辛—文丁时代)的陶器墓，所以 YH127 出土物显然应早于廪辛—文丁时代。

---

① 陈梦家：《殷虚卜辞综述》，科学出版社，1956 年，页 167。
② 李学勤：《帝乙时代的非王卜辞》，《考古学报》1958 年第 2 期。

林文接着对非王卜辞的占卜主体"子"作了研究,他说:

过去,对这三种非王卜辞的性质,有"子卜辞""妇女卜辞""多子族卜辞"等多种假说。要弄清非王卜辞的性质,必须首先判定这三种卜辞的占卜的主体究竟是何人。

在王室卜辞中,存在着多数卜人,但从卜辞的语气来看,只有王自己卜问时,才用单数第一人称代词"余"和"朕",而其他卜人则为王而占卜,……这说明王室卜辞虽是由多数卜人所卜,而主体是王。

在记卜人称谓的丙种非王卜辞中,则可以看到另一种现象。只有当"子"卜问时才用单数第一人称代词"余"和"朕",例如:

乙丑子卜,贞:余有呼出塘?   (《缀》30)

丙辰子卜,〔贞〕:朕……   (《菁》11.17)

□子子卜,朕在白臣……   (《哲庵》)

李学勤根据这一事实,判定丙种非王卜辞的占卜主体是"子",并定名为"子卜辞",这是很对的。可是,他把"子"误认为丙种非王卜辞专有的私名,因而影响了他的结论的正确性。

至于"子"究竟是对什么样的人的尊称,《缀》330 这一骨版提供了重要线索。该版有下列数辞并卜:

己丑子卜,贞:余有呼出塘?

己丑子卜,贞:子商呼出塘?

    子耂呼出塘?

    子□呼出塘?

既然"子"把自己和子商、子耂和子□等人并卜,说明"子"和这些人的身份相似。可是第一个缀合了此版的贝塚茂树,却恰恰又由此版而走入了歧途。他作了一个不适当的推论:"在同时再三卜问同一件事情,乃是卜辞的通例。如此则这个子商,正是子卜贞之子的自称。"① 既然在再三卜问时,不

---

① 贝塚茂树著,郑清茂译:《甲骨学概论》,《大陆杂志》17 卷 2 期。

仅提到子商,还提到子耑、子□。为什么不把子耑、子□也认为是子的自称呢?

而且,贝塚茂树又断言子商是武丁之子,也同样是缺乏根据的。……从丙种非王卜辞的祭祀对象来看,虽然有南庚、小辛、伊尹、🦴甲等和王室所祭相同,说明这种卜辞的"子"和商王有血亲关系,但如果"子"是商王武丁之子,则祭祀对象中还可能出现祖甲(阳甲)、祖庚(盘庚)、祖辛(小辛)、祖乙(小乙)、父丁(武丁)。可是,这几种称谓在丙种非王卜辞中一次也没有遇到过。所以,子是武丁之子的说法是靠不住的。由此而再推论"多子族"是武丁之子构成的集团,这集团还有独立的占卜机关,就更只是一连串的假想了。

关于子卜辞的结论,林文是这样写的:"过去根据字体、前辞形式或辞例等方面的个别特征,把这三种非王卜辞定文丁或帝乙时代,是根本不能成立的。我们应当尊重客观存在的同版关系、同坑关系和层位关系,把这三种非王卜辞的时代定在武丁之世。并从这个基础上来修改旧有的对甲骨断代标准的认识,使之进一步符合客观实际。"①

四、关于瑟组卜辞

在甲骨断代研究中,所谓某组卜辞,是根据贞人同版关系归纳出来的同时期的属于同一贞人集团的卜辞,目前所谓"瑟组卜辞",却只有一位贞人

---

① 华案:1992~2002年,中国社会科学院安阳考古队在安阳市花园庄东地发掘了一个商代墓葬,内有一个完整的甲骨窖藏,根据花东卜辞中所出现的人物也见于自组、宾组、历组卜辞,其年代大体在武丁早期或中期。整理者向我们揭示了这批卜辞与通常称甲骨子组卜辞的"子"有着不同的内涵,是属另一种"非王卜辞"。从占卜主体的"子"所祭祀先祖参与王室活动交往,到占卜字体语法等等现象分析,关于花东的卜辞"子"的身份,先后引起学者多方面的讨论。花东卜辞频繁出现"子"与一位"丁"及王室人物往来活动密切,展示了"丁"与"子"的宗族不同寻常的特殊地位。朱凤瀚认为从卜辞知"丁"的地位远高于占卜主体的"子"(《读安阳殷墟花园庄东地出土的非王卜辞》,《2004年安阳殷商文明国际学术研讨会论文集》,社会科学文献出版社,2004年,页211—219)。

歷,董作宾、陈梦家都列在第四期武乙时代,历来无争议,歷与其他贞人毫无同版关系。一个人如何称组？所以现在使用的"歷组卜辞"这一概念,不是指属同一贞人集团的卜辞,而是将贞人歷的卜辞与虽未有歷名而据字体风格把相近同的卜辞均归入"歷组卜辞"名下。因此"歷组卜辞"断代问题的争论,便显得十分复杂、十分激烈,至今尚无公认的结论。

论争的问题是这样提出的：1976年安阳殷墟首次发掘出一座完整而未经盗掘过的王室墓葬——小屯五号墓,或称妇好墓。出了许多有"嬃好"铭文的青铜器。1977年7月20日,中国社会科学院考古研究所和中国历史博物馆联合召开了一个讨论安阳殷墟五号墓的座谈会,会上李学勤作了发言①,他认为,不能简单地由于武丁卜辞里有"妇好",就得出五号墓时代属于武丁的推论。

为什么呢？因为在卜辞里不是只有一种有"妇好",而是两种卜辞都有"妇好"。一种是传统上称为一期的"宾组"卜辞,一种是称为四期的有卜人歷的卜辞,可试称谓"歷组"卜辞(多出于小屯村中的一种大字卜骨)。"歷组"卜辞,如《甲》668,《邺三》下43.8,《宁》1.491、492和《宁》1.624＋《缀》1.444等,都有妇好。特别是《甲》668卜辞有"辛丑戠(献)妇好祀",以辛日祭妇好,更与五号墓青铜器既有"妇好",又有"后母辛"铭文相应。

那么能不能说五号墓当为武乙、文丁时期呢？李氏认为不能作这样的结论。关于"歷组"卜辞的年代,研究甲骨的人本有不同看法。"歷组"卜骨的许多人名、称谓,同于武丁以至祖庚卜辞,例如望乘、犬征、㠯、妇好、妇井、妇女、子渔、子画、子戠等等,不一而足。"歷组"祭祀列王的卜辞,常在"小乙"之后断以"父丁"。这个"父丁"如果说是康丁,而商代的名王武丁、祖甲竟然不见于祀典,实在太奇怪了。从种种迹象来看,"歷组"卜辞很有可能是武丁晚期到祖庚时期的东西。这也就是说,两种卜辞的妇好可能是同一个人。因此,当前的问题不是用殷墟卜辞的分期去确定五号墓的年代,相反

---

① 李学勤:《安阳殷墟五号墓座谈纪要》,《考古》1977年第5期,页345。

地,倒是五号墓的发现有助于解决卜辞断代研究中长期悬而未决的问题。

接着李学勤在这个发言的基础上,于《文物》同年第 11 期上发表了一篇《论"妇好"墓的年代及有关问题》①,在"'妇好'墓与殷虚卜辞分期"一节中说:"新出土的各墓青铜器及玉石器上的文字,其字体更接近于'瑟组'卜辞。但是,如果把墓的时代后移到武乙、文丁,又是和所出陶器、青铜器的早期特征无法相容的。这个矛盾应当怎样解决呢?我们认为,症结在于传统的五期分法把'瑟组'卜辞的时代断错了。"李氏认为应当提前到武丁晚期到祖庚时期。其理由有如下五点:

1. 从字体的演变考察,"瑟组"卜辞是早期的。如"王"字,武丁时期卜辞作土,到祖甲时期已加一横作五,而"瑟组"卜辞作土。其他许多常见字,像干支、"贞"字等等,瑟组也都近于武丁时期。董作宾无法说明这一现象,就说什么"是文丁时文字复古的运动"。

2. 武丁时的甲骨多有记录甲骨贡纳攻治的署释,"瑟组"也有如《合》14、《掇二》159、《撼续》63、《宁》1.640;又武丁卜辞卜兆旁记有一二三等兆序外,有的还有"二告""小告""不㞢黾"之类兆辞,"瑟组"也有"二告""弜㞢"。

3. 瑟组卜辞出现的人名,许多与武丁、祖庚卜辞相同,"瑟组"中不仅有妇好,还有子渔、子画、子戠、妇井、妇女,都见于武丁卜辞。又"瑟组"中的重要人物望乘、沚戛,应该就是武丁宾组卜辞中的望乘、沚戛。

4. 所卜事项与武丁的宾组或祖庚时的出组卜辞相同。

5. "瑟组"卜辞中的亲属称谓,提及父、母、兄的卜辞数量很少,只有父乙、母庚、兄丁等。武丁之父小乙在周祭中的法定配偶是妣庚。武丁时的宾组和自组卜辞中最常见的正是父乙、母庚、兄丁。据商代晚期铜器《肄簋》(《三代》6.52.2),武乙的法定配偶是妣戊而不是妣庚。故此定"瑟组"父乙类卜辞为文丁卜辞是不妥当的。"瑟组"卜辞中的母辛,应即武丁之配妣辛。又"瑟组"卜辞合祭先王时,往往把父丁排在小乙之后,如把"父丁"理解为康丁,

---

① 李学勤:《论"妇好"墓的年代及有关问题》,《文物》1977 年第 11 期。

那么在祀典中竟略去了称为高宗的武丁及祖甲两位名王,那就很难想象了。

李文最后指出:"𠂤组卜辞其实是武丁晚年到祖庚时期的卜辞,𠂤组和宾组的'妇好'实际是同一个人。确定了这一点,就把关于妇好墓年代的一些争论问题清除了。"

从此以后关于"𠂤组"卜辞断代便展开了热烈的论争,经过多年的讨论,已明显地形成两派不同的意见。一派认为"𠂤组"卜辞属于武丁、祖庚时代,以李学勤为代表,已发表的文章有:

> 李学勤:《论"妇好"墓的年代及有关问题》,载《文物》1977年第11期。
> 裘锡圭:《论"𠂤组卜辞"的时代》,载《古文字研究》第六辑,中华书局,1981年11月。
> 李学勤:《小屯南地甲骨与甲骨分期》,载《文物》1981年第5期。
> 林沄:《小屯南地发掘与殷墟甲骨断代》,载《古文字研究》第九辑,中华书局,1984年1月。
> 李先登:《关于小屯南地甲骨分期的一点意见》,中国古文字研究会第四届年会论文,载《中原文物》1982年2期。

另一派意见认为它属于武乙文丁时代,以肖楠为代表,已发表的文章有:

> 肖楠:《论武乙文丁卜辞》,载《古文字研究》第三辑,中华书局,1980年11月。
> 罗琨、张永山:《论𠂤组卜辞的年代》,载《古文字研究》第三辑,中华书局,1980年11月。
> 中国社会科学院考古研究所:载《小屯南地甲骨·前言》,中华书局,1980年10月。
> 肖楠:《再谈武乙文丁卜辞》,载《古文字研究》第九辑,中华书局,1984年1月。

陈炜湛在《"𠂤组卜辞"的讨论与甲骨文断代研究》[①]一文中,对两派不同

---

① 陈伟湛:《"𠂤组卜辞"的讨论与甲骨文断代研究》,《出土文献研究》,文物出版社,1985年。

意见经过研究，归纳出了争论双方的主要论点：

认为“𠂤组卜辞”属于武丁、祖庚时代（一派）的论点主要有以下六点：

（一）从字体的演变考察，“𠂤组卜辞”是早期的，如王字、贞字以及一些干支字，𠂤组的写法近于武丁时期。

（二）从卜辞的文例考察，“𠂤组卜辞”也是早期的。𠂤组的卜骨不少刻有署辞文例，与武丁至祖庚甲骨相近。

（三）“𠂤组卜辞”出现的人名，许多与武丁、祖庚卜辞相同，不仅有妇好，还有子渔、子画、子戠、妇井、妇女，都见于武丁卜辞；𠂤组中的重要人物望乘、沚戉应该就是武丁宾组卜辞中的望乘、沚戓。

（四）“𠂤组卜辞”有些与武丁时的宾组或祖庚时的出组卜辞所卜事项相同，这些同事项卜辞证明历组卜辞与宾、出两组同时。

（五）称谓。李、裘、林均认为“父乙”为武丁称小乙，“父丁”为祖庚称武丁。李文且举父乙与母庚同版（《南明》613），与兄丁、子戠同版（《佚》194、《甲》611）为证。裘文并谓“𠂤组卜辞”还偶见“父庚”（《邺三》下 42.3）、‘父甲’（《明后》2223、2224），可能是武丁称盘庚、阳甲。李、裘均指出，“𠂤组卜辞”合祭重要先王时，往往把父丁排在小乙之后（《合》15，《南明》477，《屯南》777、2366、4015），认为“父丁”必是祖庚，称武丁。如果把“父丁”理解为康丁，那么在祀典中竟略去了称为高宗的武丁及祖甲两位名王，那就很难想象了。如果是武乙祭祖，断断不会不祭地位既重要、跟自己的关系比较密切的武丁祖甲，而去祭地位既不那么重要、跟自己关系又比较疏远的小乙。

（六）两组卜辞同见一版。《屯南》2384 上部是祖庚祖甲卜辞，刻“庚寅卜，王”九段，下部为“𠂤组卜辞”。李文和裘文认为这一骨版是出组、𠂤组同时并存的例证，字体分属𠂤组、出组的八条卜辞的卜日都是庚辰，其为同一天占卜的正式卜辞，没有疑义。又《屯南》910、911，正面为“𠂤组卜辞”，背面刻有宾组字体的“壬子㱿……”，林沄也以之为定𠂤组于武丁的证据之一。

同样，认为“𠂤组卜辞”属于武乙、文丁时代（一派）的主要论点也可归纳为如下七点：

(一) 小屯南地出土甲骨的地层关系。"瑟组卜辞"均出于中期地层与灰坑,绝不见于早期地层与灰坑。而且从地层关系上看,瑟组的父丁类(以《屯南》2065、2058、2079、4331 为代表)出于中期一组灰坑与地层;瑟组的父乙类(以《屯南》751、2100、2628、2126 等为代表)出于中期二组灰坑与地层,而一组灰坑与地层要早于二组,它应该是武乙、文丁时代的卜辞。

(二) 字体。武乙、文丁卜辞与武丁、祖庚卜辞在字体结构及风格上有很大差别。王字写成土,通行于"瑟组",不能作为"瑟组"是武丁时期的依据。而且,如瑟组习见"以","宾组"习见'氏'(以字和氏字用法含义相同),分别出现于两组,绝不相混。

(三) 前辞形式。"瑟组卜辞"多不记贞人,前辞形式作"干支贞""干支卜""干支卜贞",早期卜辞常见的"干支卜某贞"的前辞形式不见于"瑟组"。

(四) 称谓。"瑟组"父丁类卜辞中的"父丁"与"自上甲十示又三"同版(《屯南》4331),或与"自大乙十示又□"同版(《屯南》1116),或与"大示"及"十示又四"(小示)同版(《屯南》601),可证父丁即指康丁。"瑟组"父乙类卜辞中父辈称谓仅见"父乙"一个,而没有发现习见于武丁卜辞的"父甲""父庚""父辛"。又有"自上甲廿示"的占卜(《佚》884、《粹》221)为自上甲至武乙、父子相继共二十世,显系文丁所卜。

(五) "瑟组"记事刻辞与武丁记事刻辞有明显区别。武丁时的记事刻辞有甲桥刻辞、右尾甲刻辞、背甲刻辞、骨臼刻辞、骨面刻辞五种,而瑟组刻辞均为骨面刻辞,其形式亦不同于武丁记事刻辞。

(六) 方国关系。"瑟组卜辞"反映出的商代方国关系与武丁祖庚时期有明显的不同。武丁时作战的主要对象是𠭥方,在"瑟组卜辞"中却找不到有关𠭥方的材料,"宾、出组卜辞"同"瑟组卜辞"在方国关系上存在很多差别。

(七) "瑟组卜辞"对父辈的祭祀较武丁卜辞为重,祈求事类也比武丁时代增多,超过前代。这种现象与商王王位的继承由"兄终弟及"和"父子相传"两种形式向"父死子继"一种形式的转变相一致。

七项之中,第一项地层关系最为有力;其次是第四项称谓大示"十示又三",小示"十示又四"和"自上甲廿示",以及第六项方国关系也较有说服力。肖楠、张永山、罗琨还以"异代同名"说来解释李、裘等人指出的武丁宾组与"歷组"人名相同的现象。

以上是陈炜湛在《"歷组卜辞"的讨论与甲骨文断代研究》一文的附录一,摘要引录如上。这里我想就他的归纳再补充一点,即李学勤在《关于自组卜辞的一些问题》一文中曾说:"过去大家都认为'自上甲廿示'是从上甲数二十个直系先王,即数到武乙,现在既然卜辞应归于自组,这一点就要考虑了……殷墟卜辞中的合祭若干示,变化很多,如'歷组卜辞'的自上甲十示又二、十示又三及十示又四、廿示又三等,也无法肯定是否指直系先王而言。似乎不能由于有'自上甲廿示'就判定为文武丁卜辞。"①现在再将陈氏本人的主要观点介绍如下:

歷贞或与歷有关的卜辞,迄今共见22片(见图10-4、图10-5),分析图中所示摹本卜辞,可以发现它们有如下一些特殊之点:

(一)前辞形式。皆作"干支歷贞"或"干支贞歷",省去"卜"字。

(二)卜辞内容。占卜事类较少,内容比较简单,仅卜"亡囚""又囚"而已。不见武丁宾组卜辞中记录一旬大事式的验辞,亦不见任何兆侧刻辞(兆语)。

(三)不涉及任何先公先王,也不涉及任何个人。

(四)地层或坑位。《屯南》6片歷贞卜辞,除1片出于M13(《屯南》3438),现尚不知其地层关系外,其余5片皆出于中晚期灰坑。

(五)钻凿形态。上述22片卜骨中有能知其钻凿形态者,为《怀特》1621一片。除一个弯曲肩外,都是窄肩,挖刻整齐,骨沿有曲折,是文武丁时期的。

---

① 李学勤:《关于自组卜辞的一些问题》,载《古文字研究》第三辑,中华书局,1980年,页39。

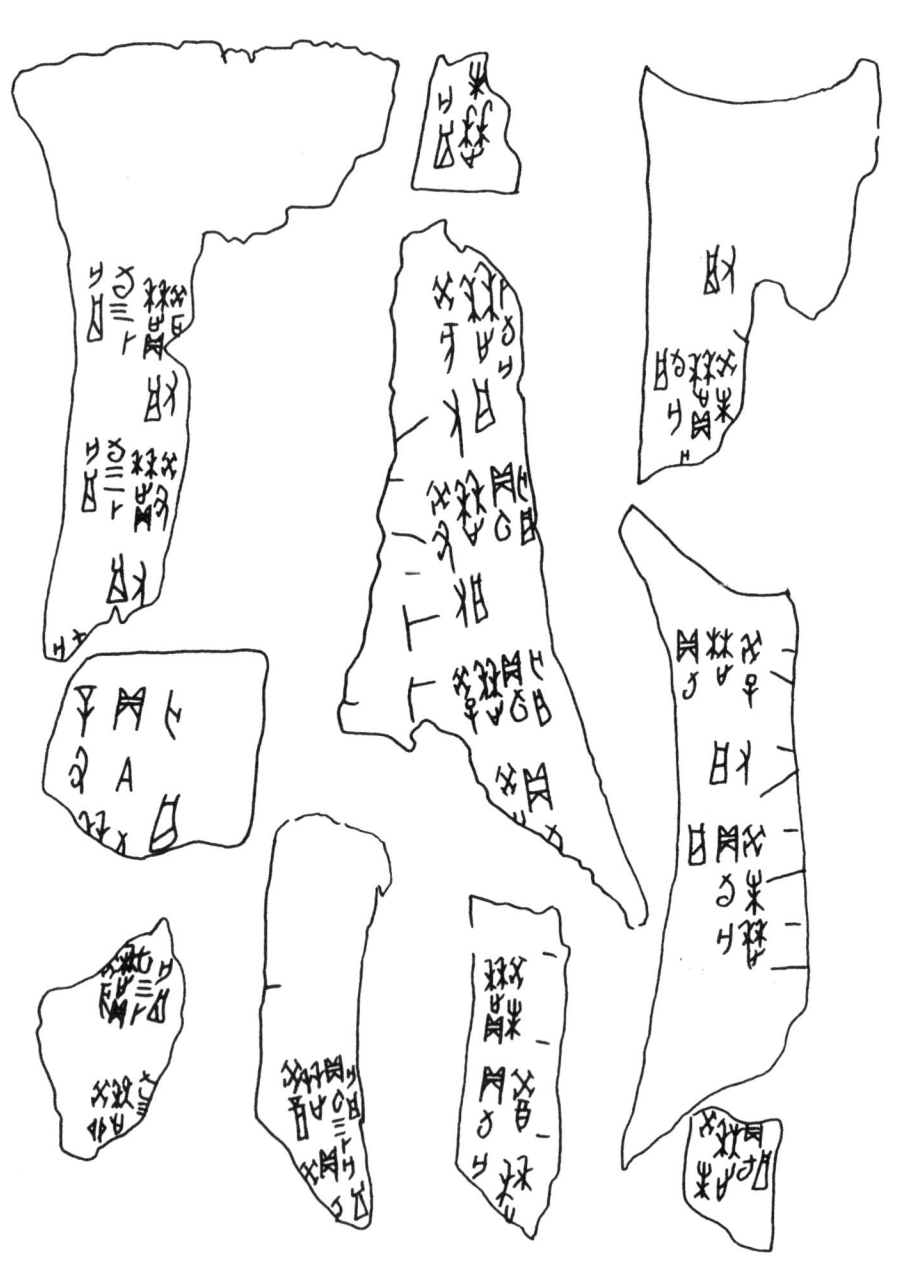

图 10-4

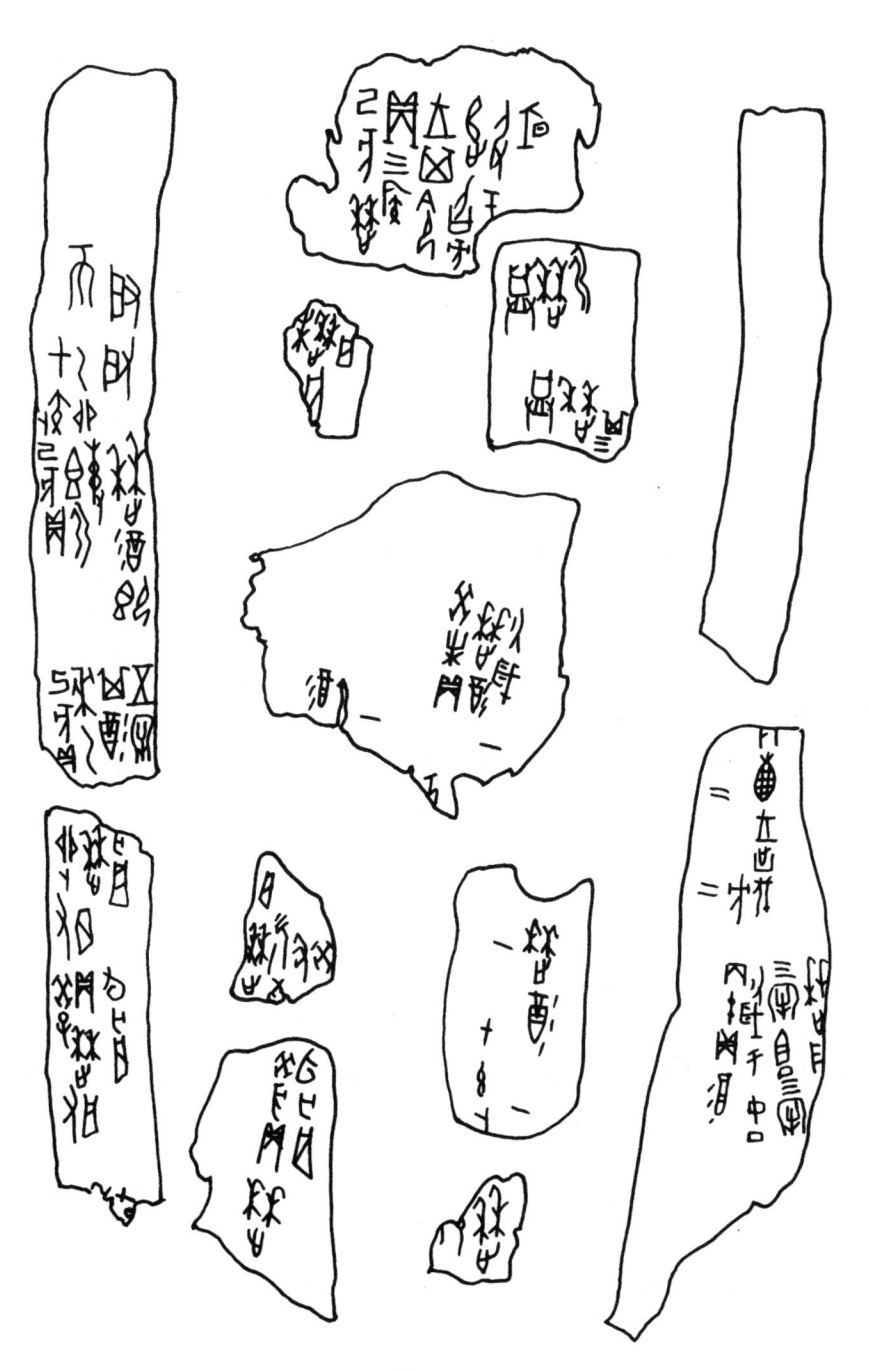

图 10-5

（六）字形。形体结构比较一致。此22片中所见若干干支字及常用字的写法归纳整理如下：

贞	囗	卜	今	夕
旬	方	弜	不	追
王	其	叀	又	令
酒	丑	巳	午	未
酉	亥	己	辛	癸

上举各种字形，有的也常见于武丁、祖庚、祖甲乃至廪辛、康丁时期，可说是前期结构体势的延续使用。其中最引人注目的是，虽通行于武丁、祖庚时期，但祖甲以后仍继续使用。、，王的这两种字形写法固然有时代先后的不同，但也有交替使用的阶段。所以，瑟贞卜辞王作并不能作为断代的依据。

（七）字形、书体风格及文例明显属于晚期，而与早期卜辞不类。

这20余片卜骨没有武丁卜辞（特别是宾组）的特征，既没有占辞，也无验辞，也不见兆辞之类。而这些正是武丁卜辞所极常见的，几乎武丁时各组贞人的卜辞都有。

最后陈炜湛文章的结论说："综上所述，把本来属于武乙、文丁时代的卜辞算作'瑟组卜辞'，移到武丁、祖庚时代，又把本来属于康丁或帝乙、帝辛时代的卜辞移花接木地充作'真正的'武乙、文丁卜辞，这两种说法都是难以令人信服的，都是值得商榷的。"

关于瑟组卜辞的年代，各家辩论意见较多，《古文字研究》1986年6月第十三辑又发表了两篇有关文章。

一为林沄的《无名组卜辞中父丁称谓研究》。他在文中分析了无名组卜辞中两种不同的"父丁"称谓，认为一组是祖甲称武丁，一组是武乙称康丁。前一组当属祖甲时代，甚至可能延至廪辛。后一组上起康丁，下至武乙。这样就解决了因为歷组卜辞提前而造成的时间空白,避免了"武乙文丁的卜辞基本被抽空了"的现象。

二为林小安的《武乙文丁卜辞补证》。文中说:"我们认为'歷组卜辞'的时代无论怎样也不能移前至武丁、祖庚时期,只能属于武乙、文丁时期。"他主要从两个方面进行论证:1. 从伐𠭯方看"歷组卜辞"的时代。某些历代相同、各王必行的"事项"是无法作为断代标准的,而只有属于某王某代所特有的事项才可能用来作为断代标准。"歷组卜辞"中没有一片一辞卜问过伐𠭯方之事,也没有一例同伐𠭯方同版。宾组、出组卜辞中的征伐对象与"歷组卜辞"中的征伐对象完全不同,正是他们互不同时的有力证据。林文还引述张政烺的观点,认为它们是异代同版①。就卜骨出土的情况来看,武丁卜辞常有同后期卜骨同地同坑出土的情形……显然,武丁卜骨并未随武丁的故世而当即掩埋,二、三、四、五期的卜官都可以得见武丁卜骨。他们偶尔在其上刻上两行辞语并非绝对不可能之事。相反,如果"歷组卜辞"与宾组、出组卜辞是同时代的,为什么在成千上万片卜骨中仅仅只有两片同版现象呢! 如果他们之间是同代同版的关系,那就应同宾组贞人之间和出组贞人之间那样有较多的同版现象方才合理。2. 在武丁、祖庚卜辞中存在着相当多的与"歷组卜辞"相同的"人名"。针对这个问题,张政烺指出这是异代同名现象,这些名号是族名、氏名,不是私名。林小安在此文中举了许多殷周金文方面例子来补充张先生的这一论点,说明大多数殷代铜器只记族、氏名不记私名。在武丁卜辞和"歷组卜辞"中最常见的雀、𡥴、戉、箙、朿等,在殷遗彝铭中,确凿无疑是作族、氏名出现的。弄清了这些问题,该不会再为异代同名所惑了吧!

以上是关于"歷组卜辞"时代的各家辩论意见的简要介绍,但问题还没有解决,尚未得出为大家公认的结论,我们相信随着辩论的深入,这个问题

---

① 张政烺:《帚好略说》,载《考古》1983 年第 6 期;《妇好略说补记》,载《考古》1983 年第 8 期。

是迟早可以得到解决的。①

五、小　　结

甲骨文断代研究是从王国维据称谓断代为起点的,但他没有沿着断代方向深入研究。至1933年,董作宾根据当时考古成果完成了《甲骨文断代研究例》②,提出了划分五期、十项标准的学说,除了"文丁复古"分派研究之外,很多方面今天看来仍是对的,因而为学术界接受,沿用至今。但实践证明五期分法是有缺点的,李学勤批评说:"重要的一点是把甲骨本身的分组和王世的推定混在一起了。单纯以王世来分期,实际是认为一个王世只能有一种类型的卜辞。一旦发现同一王世有不同种类的卜辞,便很难纳入五期的框架。"③促成这一错误的另一个原因,我认为是董氏把字体这一项标准看得太绝对了,所以后来他把午组、自组、子组等卜辞,在《乙编》序言中都排到文丁时期,并称为"文武丁卜辞"。而这些卜辞的有关人物、事项又和武丁时的宾组相接近,因此他便认为文丁"复古"了,以为卜辞有新旧两派,在分期之外又提出"分派研究",引起甲骨学界中长期的争论。很难想象文丁"复古"竟使文字的结构、占卜的事项,甚至妇、子、朝臣的名字都恢复到和四代前的武丁时期相同。虽然很多人不同意董氏的观点,但这个问题并没有真正解决,董氏虽已故世,他的学生严一萍仍然坚持分派说。

---

① 华案:经过四十多年来多位学者前赴后继不懈努力的研究,将宾组与历组卜辞互为对照,从称谓、人物、事件、字形等同类型学严密地排比细分,包括各时代卜辞字形异同与归类甄别,结合不同出土的地层分析,逐步摸清历组卜辞与宾组之间的关系,形成一个比较完整的各时代所属贞人集团体系。李学勤最先提出"两系说"揭示:"一个王世,不仅有一种卜辞,一种卜辞也未必限于一个王世。"认为殷墟甲骨的发展可划为两个系统:一个系统是由宾组发展到出组、何组、黄组,另一个系统是由自组发展到历组、无名组。见李学勤、彭裕商:《殷墟甲骨分期研究》第四章《殷墟王卜辞的时代分析》,上海古籍出版社,1996年;黄天树:《殷墟王卜辞的分类与断代》,科学出版社,2007年。
② 董作宾:《甲骨文断代研究例》,载《"中研院"历史语言研究所集刊》外编第1种《庆祝蔡元培六十五岁论文集》上册,1933年。
③ 李学勤:《小屯南地甲骨与甲骨分期》,载《文物》1981年第5期。

最早纠正"文武丁卜辞"之说的是陈梦家。他自1951年起发表的《甲骨断代学》，后来收入《殷虚卜辞综述》①，以发掘坑位、称谓和同版联系等大量证据，论证午组为武丁时代，自组、子组属武丁晚期。但对于贞人㱿，和董氏相同，仍列为武乙时期。日本学者贝塚茂树、伊藤道治在1953年发表《甲骨文断代研究的再检讨》②，得到和陈氏大体相同的结论。

1957年，李学勤认为子组、𠂤组和另一些卜辞是非王卜辞，这是对的。但他由于发现自组等和董作宾列为第四期的卜辞有联系，而把它们排在武乙时代，这是不对的。1960年以来他读了陆续公布的殷墟发掘报告，同意自组等必须列入早期③。1963年，姚孝遂公布了一片吉林大学收藏的宾组、子组两种字体共存的牛胛骨，为确定前述几组卜辞的时代提供了有力的证据。1964年，邹衡进一步从考古的层位关系上，推定这些卜辞相当武丁时期④。至此，"文武丁卜辞"的争论告一段落，目前多数人关于这一问题的认识可以说基本归于一致了。但它属于武丁时代的哪一阶段还有待探索。

由1976年在殷墟发掘到的五号墓（或称妇好墓）时代的论定而引起的"㱿组"卜辞时代的论争，已明显分成两派，一派主张"㱿组"应属武丁至祖庚时期，另一派认为"㱿组"卜辞本属武乙、文丁时期，这一论争目前尚未能取得一致意见。

关于武丁以前的卜辞，我们现在还无法加以区别。

至于"整治断代"，目前还只是初步研究，这种办法究竟是否成功，能否作为一个断代标准，还有待今后不断精密改进和实践检验，但作为一种断代参考方法，无疑是有它的积极意义的。

---

① 陈梦家：《殷虚卜辞综述》，科学出版社，1956年。
② 贝塚茂树、伊藤道治：《甲骨断代研究之再检讨》，载《东方学报》（京都）第23册·殷代青铜文化之研究，1953年；又《京都大学人文科学研究所纪要》第11册特辑，1953年。
③ 李学勤：《李学勤自传》，山西人民出版社，1983年。
④ 邹衡：《试论殷虚文化分期》，《北京大学学报》1963年第4、5期。

第十一章　甲骨文所反映的殷代社会（上）

一、商王贵族与奴隶

甲骨文诚然对古文字学、古文献学、考古学等都有重大的贡献，但终究它是商代王室的第一手史料，应主要为历史科学服务。

根据郭沫若的意见，商代是中国奴隶制度处于发展时期的国家。商代最大的奴隶主就是商王，甲骨文中称为"王"，王位是世袭的，以父死子继为大宗，兄终弟及为小宗，王有时自称为"余一人"，反映了他拥有主宰一切的权力。历代商王不但占有全国的土地和一切社会财富，而且还占有生产社会财富的劳动者——奴隶。王以下，有妇、子、侯、伯等近亲贵族或异姓诸侯相辅佐，组成了奴隶主阶级的统治集团，设置军队、刑罚、牢狱等一整套森严的国家机器，对奴隶们进行极端残酷的剥削和压迫，可以把奴隶当作牲畜来屠杀。

奴隶的来源主要是战俘，其次是罪徒。被商朝战败的四周氏族部落和一些小国，往往整个地成为商王的种族奴隶，因此，商代的奴隶，除了家内奴隶之外，一般都有自己的家室，并且不少奴隶还保留着原来的族长或贵族，就变成了替商王管理奴隶的头目。

商代的官史，按其职守的不同，陈梦家在《殷虚卜辞综述》①第十五章里分为臣正、武官、史官三大类：

1. 臣正

主要有某臣、某正、某臣正、某元臣、某藉臣、某小藉臣、某匕臣、王臣、小王臣；臣、小臣、少臣、旧臣、旧老臣、臣某、小臣某、小丘臣；多臣、我多臣、多辟臣等。如：己亥贞 小藉臣（《合集》5603）；贞乎多臣伐 方（《合集》615）；……亥卜多辟臣其……（《合集》27896）。

藉臣、小藉臣是农官。王臣原是被征服的族邦的有司。于省吾认为小臣的地位有高有低，如皋和 曾从事祭祀和征伐，其地位等于后世的大臣，他们与一般的小臣的地位悬殊②。有的臣就是奴隶，用作祭祀牺牲。如：贞臣不其牵（《合集》643正丙）。

2. 武官

主要有马、多马；亚、多亚、亚某；多箙；射、多射、三百射、射㠯；卫；犬、多犬、犬某；戍、五族戍、戍某等。

马、亚、射、卫、戍都是官名。亚主要职掌军旅，同时也司祭祀，参与田猎。卜辞有"多马亚"当读为"多马""多亚"。犬、多犬是专管狩猎、报告兽情的官职。如：己酉卜亘贞乎多犬衛（《合集》5665）。戍，是驻扎在边鄙的武官，《说文》解为"戍，守边也。从人持戈会意"。《尔雅·释言》："戍，遏也。"郭注："戍所以止寇贼。"

3. 史官

主要有尹、多尹、又尹、某尹，如：贞王其屮曰多尹若（《合集》5611）；乍册；卜某、多卜；工、多工、我工；史、北史、卿事、御史、朕御史、我御史、某御史；吏、大吏、我吏、上吏、东吏、西吏等，如：贞于来丁酉酚大史易日（《合集》24929）。

尹的职司较为广泛，有"作大田"（《丙》71）、"作王寝"（《戬》25、13）、"坙田"（《京都》2363）、"祭飨"（《甲》752）、"田猎"（《存》1233）等。朕御史、我御

---

① 陈梦家：《殷虚卜辞综述》，科学出版社，1956年。
② 于省吾：《甲骨文字释林·释小臣的职别》，中华书局，1979年。

史指王及商国的御史,东史、西史当指派至东或西的使者。

上述三类虽很多属于商王国家的官吏,但也有是属于族邦的官吏。

奴隶的名称在甲骨卜辞里,就目前能肯定的有:羌(㋕、㋕、㋕)、仆(㋕)、奚(㋕)、㣇(㋕)、㣇(㋕)、妾(㋕)、㣇(㋕)等,"卜辞用奴隶祭祀祖先的,或用㣇祭,或用羌祭,或用仆祭,或用臣祭,或用妾祭,或用奚祭,从几人几十人到几百人之多"①。最多的有"䜈千人"(《合》301),"䜈千人"即砍千人(于省吾说)。此外,还有一种称为㣇(屯)的奴隶,也有用作祭祀的牺牲品,也应是奴隶的一种②。

这种人祭风尚存在的前提是奴隶制还没有发展到全盛时期,奴隶的生产价值还没有被社会充分肯定。但不能因此否定商代还不是奴隶社会。事实证明帝乙、帝辛卜辞中虽仍有人祭内容,但和武丁时相比,人祭之风显然衰落了,这是符合奴隶制逐步发展的实际的。

商代已有了常备军,它的编制是以师、旅为单位的,不仅用于战争,还用于戍守。

武丁卜辞已有师的活动记录,如《合集》5807"……卜,争贞:旬亡囚。王固曰:㞢(有)祟。旬壬申中䚃䡱。四月",《合集》5812"戊辰卜,贞:翌己巳涉师。五月",《合集》5818"师告"。

康丁卜辞有"翌日王其令右旅眔左旅㱿见方戋,不雉众"(《屯南》2328)。有左、右旅,当可能亦有中旅。武乙、文丁时期的卜辞有"丁酉贞:王作三㠯(师)右中左"(《粹》597)。

一师一旅各有多少兵力,卜辞没有确切的材料。董作宾认为"殷人师旅无定数"③(《殷历谱·武丁日谱》)。陈梦家说:"商代师旅以百人为一小队,三百人为一大队。"④百人一小队、三百人为一大队是有卜辞根据的,"哉马、

---

① 胡厚宣:《甲骨文所见殷代奴隶的反压迫斗争》,《考古学报》1976年第1期,页15。
② 胡厚宣:《中国奴隶社会的人殉和人祭(下篇)》,《文物》1974年第8期,页59。
③ 董作宾:《殷历谱》,"中研院"历史语言研究所专刊,1945年。
④ 陈梦家:《殷虚卜辞综述》,科学出版社,1956年,页513。

左、右、中人三百"(《前》3.31.2),但这似乎不是师旅的编制,我们只能这样推测:商代征伐卜辞中动用的兵力最常见的是三千人、五千人,最多的一次是武丁时的卜辞用兵一万三千人,辞云:"辛巳卜,贞登(读作征)妇好三千,异旅万,呼伐……"(《库》310)又据《史记·周本纪》载,在牧野之战,周人拥有"戎车三百乘,虎贲三千人,甲士四万五千人",又说"纣师虽众,皆无战心",对拥有五万人之众的周军来说,"纣师"比它还要多,可见商末战争规模之大,用兵之多。据此估计千人为师可能性不大,千人为旅的可能较大,三千人正好是左中右三旅,师可能是一万人,《库》310"登旅万",正是帅一师的军人出征。

武丁时除了可能已有常备军三师的编制(前述《合集》5807 既有"中师",当会有右师和左师)之外,尚有临时用"登人""𠬝人""𠯣人"的办法征召兵员出征。杨升南说,这种现象"反映了商的武装力量由临时性的征召制进入常备性的固定军籍制阶段,从有关卜辞材料表明,这一变化可能发生在武丁时期。就目前所出的十余万片商代甲骨文中,将有关战争的卜辞进行分析,发现在武丁前后有一引人注意的现象,即在武丁时常常出现的'登人''𠬝人''𠯣人'这种征召兵员进行战争的用辞,在祖甲以后就不再有了,……武丁以后不见这种卜辞,并不是没有战争而不需要征集兵员。从卜辞中可知,武丁以后各王对外战争亦是不少,既然如此,又为何没有征集兵员的卜辞呢?推其原因,可能是已实行'平时任户计民,以预定其军籍',使其'人有所隶之军,军有所统之将',而不是'出军时始作之'的办法"①。我们认为这个推论是合理的。但也有人反对此说,认为"'兵农合一'是中国奴隶社会,即夏、商、西周和春秋时代军事制度所共有的特点"。而众既是农业生产者又是兵役的主要承担者,因而商代不可能有常备军②。

商代军队主要兵种有:步卒、战车、骑射。

---

① 杨升南:《略论商代的军队》,载于《甲骨探史录》,三联书店,1982 年,页 356。
② 陈恩林:《商代军队组织论略》,刊于《殷都学刊》增刊《全国商史学术讨论会论文集》,1985 年。

卜辞中常有"步伐"一辞，胡厚宣指出："步伐者，不驾车，不骑马，以步卒征伐之也。"①从文献看，商人战车使用较早，《吕氏春秋·简选》"殷汤以良车七十乘，必死六千人"，伐夏桀。是汤时已用战车。但迄今未在商早期遗址中发现战车遗存。车字甲骨文作 ※（《存》上 743）、※（《铁》24.1）、※（《簠·游田》122）等，从中可以看出当时车的结构有双轮、轴、舆、辕，辕前有衡，衡两端有轭，与考古发掘中发现的车马坑形制相合。在殷墟被称作 C 区的乙七建筑台基南面，发现五个车坑成品字形的布局，每坑各埋车一辆，三人，有各种大体相同的武器三套（弓、矢、戈、刀等），其中三坑各埋马两匹（M40、M202、M204)，另两坑各埋马四匹（M20、M45）②。《诗·鲁颂》郑笺："兵车之法，左人持弓，右人持矛，中人御。"这五个坑内所埋的人数和武器，正符合郑笺所记。

《存》下 915，为帝乙、帝辛时追记战争俘获的刻辞，大意说：小臣墙随王出征，擒获危、而等地的许多俘虏和马匹车辆、甲胄弓矢等战利品，因此杀用所俘酋长以祭祖先③。由此可见，商代除使用车猎外，又使用车战，盖可无疑。

此外我们估计商代可能已有骑兵了，因为我们看到有这样两条卜辞：

贞：象致三十马允其幸羌？

贞：象三十马弗其幸羌？　　　　　　　　　　　　（《乙》3381）

幸即执字，幸字像拲手的刑具，用为动词，则以幸执人。此辞大意为卜问以三十匹马去追捕羌族奴隶能否捕到？既然能出动三十骑去追捕羌奴，当然也有可能是以骑兵参战，但这仅仅是推论。有人把 ※ 字释为骑马的骑字，作为殷人骑马之证。实际上原辞为"乙卯卜贞：子※"（《乙》8896、8897），与卜

---

① 胡厚宣：《殷代※方考》，载《甲骨学商史论丛》初集，成都齐鲁大学国学研究所专刊，1944 年 3 月。
② 石璋如：《殷代的车》，《大陆杂志》第 36 卷 10 期。
③ 沈建华：《重读小臣墙刻辞——谈殷代的西北地理及其有关问题》，载《中国国家博物馆馆藏文物研究丛书·甲骨文卷》，上海古籍出版社，2007 年，页 298～304。

辞常见的子渔、子央、子京一样是一个人名。但据于省吾证明殷代单骑和骑射已盛行。

石璋如说:"根据前"中研院"历史语言研究所第十三次发掘,在安阳小屯发现了一个人马合葬的小墓。其中有一个人、一匹马、一只狗,又有一戈、一刀、一弓背饰、一砺石、十镞,又有一件玉刺,带玉柄、包金、镶绿松石,是手执的器物。""这匹马似乎是供骑射的成分多……那么这个现象,或许是战马猎犬了。假设这个推测是可能的话,则中国骑射的习惯,不始于赵武效法胡人,在殷代已经早有了。"又说:"殷代究竟有无骑射,尚是问题。"①

　　戊申卜,马其先,王兑从,☐,大吉。　　　　　　　　　(《粹》115)

"'马其先,王兑从','兑'应读作'锐',《孟子·尽心》'其进锐者其退速','锐'与'速'互文,锐也是速的意思。《战国策·齐策》:'使轻车锐骑冲雍门。'高注:'锐利','利'与'速'义相因。这是说'骑马的引路在前,王在后边急速从之'。……卜辞说,'叀马乎(呼)射,毕(擒)'(《金》401),系田猎之占,'呼'是令的意思。这是说,'惟令骑射,可以擒获'。卜辞又说'叀马亡乎射,毕;叀多马乎射,毕'(《粹》943),上下对贞,也系田猎之占,'亡'应读作无,同于否定词的勿。这是说'不用骑射能擒获呢?或者是多用骑射能擒获呢?……总之,殷墟发掘既有骑射的遗迹,……卜辞里又有'先马'和'马射'的例子,那么,可以肯定地说,殷代的单骑和骑射已经盛行了。"②

卜辞还反映了对敌方使用监视或侦察手段。如"乎见𢀖方"(《合集》6175),"乎望𢀖方"(《合集》6182),"乎目𢀖方"《合集》6195)。上述三辞中的"见""望""目"都是动词,有监视或侦察之义。𢀖是西北地区方国名,是武丁晚期的敌国。

从甲骨文材料来看,商代已有严峻的刑法,已具备了周代的五刑,即墨、

---

① 石璋如:《殷墟最近之重要发现附论小屯地层》,载1947年3月《田野考古报告》第2册(即《中国考古学报》),与《小屯后五次发掘的重要发现》二文合并。
② 于省吾:《殷代的交通工具和驲传制度》,载《东北人民大学人文科学学报》1955年第2期。

劓、宫、刖、杀。

墨也叫作黥,其法先在罪人面额上刻纹,然后再填以墨。郭沫若认为辛(音愆,罪也)、辛二字本为施行墨刑的工具,"辛、辛本为剞劂(音奇决),其所以转为愆自辛之意者,亦有可说。盖古人于异族之俘虏或同族中之有罪而不至于死者,每黥其额而奴使之。……其留存于文字中者则为从辛之童、妾、仆等字"①。

甲骨文中有(劓)字,从刀从自,自是鼻的象形初字,正像以刀割鼻,就是劓的古字。

赵佩馨说:"甲骨文中有一个奇字作、等形,前人无释。这个字一边,显然是男子生殖器的象形。根据刵(劓)字的例子,此字无疑是椓(音桌)刑的专字。含有此字的完整卜辞有一条:'庚辰卜,王:朕羌不丼(死)?'(《前》4.38.7)可证此字当为用刑之法。古籍中在说到割去生殖器之刑时,多用椓字,见于《诗·大雅》之《召旻》和《尚书》的《吕刑》等篇。《尚书·尧典》正义引《吕刑篇》贾、马、郑古本义,椓作劅。《说文》引《吕刑》又作斀,训为去阴之刑。而椓字在《说文》中则只训为'击'。因此,过去的文字学者大都认为训为'去阴'之椓乃是斀的借字。但从古文字学来看,这种说法却是不正确的。唐兰根据甲骨文,谓豕字是豖字(豭之古文)的形变,并说'剢训去阴犹之刵为断鼻',盖以为剢刑之本字当作剢②。闻一多有《释豕篇》,认为甲骨文的字,腹下一笔与腹连着,当为豭字。又有字,腹下一笔不连,像去势之豕,乃是豖字。豖去阴之称,通之于人,故男子宫刑亦谓豖,诗作椓用借字,郑作劅,许作斀,并后起形声字③。我认为豖字像去势之豕,当如闻释;但去阴之刑的本字,例之刖(刖)、刵(劓)等字,应从唐兰之说,以剢字当之。椓为剢之借字,劅为剢之后起形声字,斀又为劅之或体或借字。"④宫刑施行于

---

① 郭沫若:《甲骨文字研究》二卷二册,大东书局石印本,1931年,页180;又人民出版社影印本不分卷,1952年。
② 唐兰:《天壤阁甲骨文存》,北京辅仁大学,1939年,页46。
③ 闻一多:《释豕篇》,《古典新义》(上下册),1956年古籍出版社,页540。
④ 赵佩馨:《甲骨文中所见的商代五刑——并释刖、剢二字》,载于《考古》1961年第2期。

男子,是割去生殖器,亦即所谓椓;宫刑施行于女子为幽闭。

武丁时期的甲骨文中有一字作㫃、㓞、㓞等形,像用刀锯断人足,正是刖形的象形。后来的刖(音月)、跀(音月)、荆(肥去声)、跰(音同荆)、𠃊(音坤)诸字都是从它演化出来的,旧释"陵"是错误的,胡厚宣有《殷代的刖形》①一文论之甚详。

古代的死刑主要是杀头,杀或称大辟,甲骨文有伐字,即像以戈砍人头之形。卜辞中有大量"伐祭"的材料,这说明商代统治者是经常砍杀俘虏或奴隶来祭祀鬼神的。考古工作者在安阳帝王和贵族大墓及其周围的殉葬坑中,发现了许多身首异处的骨架,这便是被伐者的遗骸。当时,对于"罪人",伐无疑也是常用的刑罚。

有刑罚必有械具和监狱。甲骨文有执字作㚔或㚔,像两腕同械之形,解放前殷墟出土的陶俑,女奴俑械两腕于胸前,男奴俑械两腕于身背,正是执字的形象化。甲骨文有圉字,作囹、圉、圄等形,正像一个人双手戴了刑具被关在监狱里。圉字,《说文》:"囹圉所以拘罪人,从口从㚔。"段玉裁注:"㚔为罪人,口为拘之,故其字作圉。"②

奴隶和奴隶主的矛盾是不可调和的。奴隶主的残酷压迫,必然引起奴隶们的反抗。甲骨文所见殷代奴隶的反压迫斗争形式,突出表现为大量奴隶的逃亡。胡厚宣在《甲骨文所见殷代奴隶的反压迫斗争》③一文中,把自罗振玉以来都释往字的 㞷 与 㞷 二字区分开来了,这是一大贡献,前者从止从立,与往字从止从王者不同,㞷 释作往是对的,㞷 字义当为逃亡。伍仕谦指出:"我们认为 㞷 字即 㞷(旧释埜)字之简化。㞷 像原始手铐之形,屮 像手离开之义,离开了刑具,逃亡之义自明。"④这样许多卜辞便得到正解。发现卜

---

① 胡厚宣:《殷代的刖形》,《考古》1973 年第 2 期。
② 华案:对于商代的俘虏,姚孝遂先生曾系统地整理和分析研究指出:"人牲"和"人殉"是两种不同的身份,过去学界没有很好的区分,通过考古和甲骨文字所掌握的俘虏称谓以及来源王室、多用于祭祀用途,姚孝遂先生用大量例证证明商代俘虏的真实状况,这对于了解早期古代中国社会有着重要意义。见《商代的俘虏》,载《古文字研究》第一辑,中华书局,1979 年。
③ 胡厚宣:《甲骨文所见殷代奴隶的反压迫斗争》,《考古学报》1976 年第 1 期。
④ 伍仕谦:《怎样认识甲骨文字》,刊《古文字研究》第十三辑,中华书局,1986 年,页 153。

辞中有许多"龀羌""龀芻"的记载,另外还有许多"追羌"和贞问是否"追及"的卜辞,从反面提供了奴隶逃亡的材料,甲骨文中有许多卜问会不会"丧众"的卜辞,也充分反映了这个事实。《甲骨文合集》第 8 片,其中一辞为:"□□卜,贞:众乍粘不丧,其〔丧〕。"过去有人认为"丧众"指与战争相关,因而认为"丧众"是指在战争中被敌人杀伤,现在根据这版卜辞可见众在耤耕时也有逃亡的。胡先生在上述一文中还揭示了武丁时奴隶们暴动放火烧掉三个粮仓的材料,现在抄录如下:

  119.〔癸巳卜〕,争,〔贞〕旬〔亡〕祸。二   (《宁》2.28+30 正)
  120. 王占曰,有祟,叟光其有来艰。迄至六日戊戌,允有〔来艰〕,有仆在受,
    宰在□,其□蓐,亦焚向三。十一月。 (《宁》2.29+31 反)
  121.〔癸巳卜,□贞:旬亡祸〕。一
        (《续》4.33.1+《簠·地望》31+《续》3.40.2 正)
  122.〔王〕占曰,有祟,其有来艰。迄至六〔日戊戌,允有来艰,有〕仆在受,宰
    在〔□,其□蓐〕,亦焚向三。
           (《林》1.21.1+《续》5.3.1+《簠》60 反)

  以上 119、120 辞和 121、122 辞,乃是两版牛胛骨的正反面,正反面卜辞相接。两版牛胛骨卜辞同文,121、122 辞一版为第一卜,119、120 辞一版为第二卜。也是叙、命、占、验四部分比较完整的两条卜辞。两版卜辞都是大字涂朱,可见内容所记,是一件非常严重的事故。

  叟、光,人名,亦地名。受与"宰在"后面所缺,亦皆为地名。仆和宰都是奴隶名称。亦读为夜,向即仓廪之廪。蓐即《说文》的蓐字,从林与从艸同,又与寸同,《说文》"蓐,陈草复生也"。又,"薅,拔田草也"。徐灏说"蓐、薅、耨,古只作蓐"。……卜辞蓐即《说文》蓐字,其义为拔田草。

  卜辞大意说,癸巳日占卜,贞人争问卦,问在这十天之内,不会有什么灾祸吧! 殷王武丁观察了卜兆,最后决定说,卦不好,恐怕要灾祸,在叟、光两个地方,会有外来的患难了。从癸巳占卜之日起,到第六天戊戌,果然从外边来了患难,有仆奴在受这个地方,有宰奴在另一个什么地方,他们本来都

在那田拔除田草,不料到了夜里,竟然起来烧掉了三个粮仓。

这是一份很重要的材料,证明了"纣有亿兆夷人,亦有离德"的危机在武丁时早已存在。

二、农　业

商人是以农业生产为主的社会经济,收成的好坏是关系到商王朝整个社会生活的大事,所以商王要经常卜问"受年"与否。有时商王亲自占卜,例如《粹》907片:"己巳,王卜贞:今岁商受年。王固曰:吉。东土受年,南土受年,吉。西土受年,吉。北土受年,吉。"商王亲自卜问从王畿到四方是否受年,得到吉兆,可见农业生产在商代社会生活中所占的重要性①。

从卜辞中可知其主要农作物有禾,甲骨文作❀(小米);有黍(黄米),作❀、❀等形;有稷(小米),作❀,卜辞亦作地名;有麦(大麦),作❀;有粦(小麦),作❀;有❀,唐兰释稻,于省吾释"菽、豆的初文"。考古证明,在郑州白家庄早期商代遗址中曾发现过稻壳痕迹②,可见当时中原地区也种植水稻。此外尚有一❀字,陈梦家隶定为秜字③,于省吾谓即《说文》"秜,稻今年落来年自生谓之秜"的秜字。"乎甫秜于姐"(《乙》上3212),是说"令甫种秜于姐",可见商代已进一步把野生稻改为人工种植了④。

---

① 华案:对于商王室来说,"邦畿千里"真正意义上是指王室的控制势力范围,此时国家天下观已经很明确,商王是以"天邑商""中商"与"四封方""四土"内外相对而言王畿之外土地维持统治,主要通过外服诸侯土地封邑、纳贡。从商代侯、甸、男、邦、采、卫职官之制上来看,西周五服制内容孑遗基本建立于商代封分制度。卜辞中已反映商代所建立的内服和外服体系分工,已经相当完善而具体。政治社会结构秩序有条不紊、臻于成熟。如卜辞有"内御史"(《合集》151、23706)、"内邑"(《合集》4476)称谓,说明了商代"内"与"外",在管理上有着严格的分别,而且卜辞中在内、外地域上也有着十分明显的划分。"外"字省形作"卜",通作"外"。因此商王对于"四土受年"收成好坏,直接关系到各诸侯承担"终王"的"岁贡",可以说是商王心中的"国之大事"(见沈建华:《卜辞所见商代的封疆与纳贡》,载《中国史研究》2004年第4期)。
② 许顺湛:《灿烂的郑州商代文化》,河南人民出版社,1957年,页7。
③ 陈梦家:《殷虚卜辞综述》,科学出版社,1956年,页532。
④ 于省吾:《商代的谷类作物》,载《东北人民大学人文科学学报》1957年第1期。

甲骨文还有一个󰀀字,武丁卜辞以"受󰀀年"与"受黍年"同贞(见《合集》9946),可见此字是一种农作物的名称,陈梦家释为粱①。严格地说,这个字现在我们还不认识。此外,商代还栽培了经济作物桑(󰀁),但桑在卜辞中为地名,疑是因产桑而得名为桑地。甲骨文中虽然没有麻字,但在河北藁城台西村商代早期居住遗址中发现过麻布残片②。

商代对谷物的加工所使用的是石臼,1950年春在殷墟四盘磨SPH2坑曾有出土③。卜辞中有不少祈求"受年""受禾"和"告麦""告秋""登禾""登黍"的记载,足见商人对农业收成的重视,收获以后要将谷物祭祀祖先,称为"登禾""登黍",即《礼记·月令》中的"登尝之礼":孟夏"农乃登麦",仲夏"农乃登黍",孟秋"农乃登谷",天子"先荐寝庙"。商人收获的谷已有仓廪储存,甲骨文中有㐭字作󰀂或󰀃,陈梦家说其"像露天的谷堆之形"④。《说文》:"㐭,谷所振入。"廪,㐭或从广从禾。农业的丰登是与雨水分不开的,所以卜辞中还有许多求雨于先公高祖及自然神的卜辞。

商人的农作物除了食用、祭祀之外,主要用于酿酒。商人酗酒之风很盛,所以商代晚期青铜器中以酒器为最多,《书·酒诰》说:"唯荒腆于酒……庶群自酒,腥闻在上,故天降丧于殷。"西周康王时代的《大盂鼎》铭文亦说:"我闻殷坠命,唯殷边侯甸雩殷正百辟、率肆于酒,故丧师。"

从甲骨文看商代有三种酒,一种是以黍酿成的酒。《说文》:"酉,就也。八月黍成,可以酎酒。"酎字,《说文》云:"三重醇酒也。"段注:"《广韵》作三重酿酒,当从之,谓用酒为水酿之,是再重之酒也。次又用再重之酒为水酿之,是三重之酒也。"第二种是醴。甲骨文有豊字作豐,古豐、豊同文,其作为酒名当读为醴。《说文》:"醴,酒一宿熟也。"《周礼·天官冢宰下》:"酒正……辨五齐之名……二曰醴齐。"注:"醴犹体也,成而汁渣相将,如今恬酒矣。"孙

---

① 陈梦家:《殷虚卜辞综述》,科学出版社,1956年,页528。
② 河北省文物管理处台西考古队:《河北藁城台西村商代遗址发掘简报》,《文物》1979年第6期,页33~34。
③ 郭宝钧:《1950年春殷虚发掘报告》,《中国考古学报》第5册一、二分合,1951年。
④ 陈梦家:《殷虚卜辞综述》,科学出版社,1956年,页536。

诒让《周礼正义》："恬即甜之借字。"所谓"汁渣相将"，盖如今日之甜酒酿。第三种是鬯，字作 ᛰ、ᛰ、ᛰ 等形，是一种香酒，以郁金草酿秬黍为之，用以降神或赐臣僚。《说文》："鬯，以秬酿郁草，芬芳攸服以降神也，从凵，凵器也，中象米，匕所以扱之。"据王宇信说："河北藁城商代遗址……蒙友人邢润川同志见告，最近又在此发现了商代酿酒作坊和酵母，这对商代农业发展水平，和古代化学史的研究具有十分重大的意义。"①

商代的农业生产者是"众"和"众人"。他们在王的命令下生产，卜辞有"王大令众人曰：協田，其受年。十一月"（《续》2.28.5）；或者王通过"小臣"命令"众"生产，如卜辞"贞：叀小臣令众黍。一月"（《前》4.30.2）所谓"協田"就是命众人协力种田。協字或作劦，徐中舒谓力像耒形，劦字作三耒并列，像许多耒在田中并耕之形，故有协作之意。"众"和"众人"的社会身份究竟是奴隶、自由民或村社成员，还是奴隶主阶级，学者之间有很大的意见分歧②。张永山在《论商代的"众"人》③一文中把各家的意见归纳为四种：一、认为众和众人是奴隶，主要代表有郭沫若《奴隶制时代》④、陈梦家《西周金文中的殷人身份》⑤、李亚农《殷代社会生活》⑥。二、认为"众"和"众人"分别为奴隶主和自由的公社成员（或自由民），如束世澂《夏代和商代的奴隶制》⑦、陈福林《试论殷代的众、众人与羌的社会地位》⑧。三、认为"众"和"众人"是军事民主制时期的家长制家庭公社的成员，主要论著有赵锡元《试论殷代的主要生产者"众"和"众人"的社会身份》⑨。四、认为"众"和"众

---

① 王宇信：《建国以来甲骨文研究》，中国社会科学出版社，1981年，页138。
② 王宇信：《"众"和"众人"社会身份的面面观》，载《建国以来甲骨文研究》，中国社会科学出版社，1981年，页110。
③ 张永山：《论商代的"众"人》，载《甲骨探史录》，三联书店，1982年。
④ 郭沫若：《奴隶制时代》，人民出版社，1954年；改编本，1973年。
⑤ 陈梦家：《西周金文中的殷人身份》，《殷虚卜辞综述》，科学出版社，1956年。
⑥ 李亚农：《殷代社会生活》，上海人民出版社，1955年，页24～27。
⑦ 束世澂：《夏代和商代的奴隶制》，《历史研究》1956年第1期。
⑧ 陈福林：《试论殷代的众、众人与羌的社会地位》，《社会科学战线》1979年第3期。
⑨ 赵锡元：《试论殷代的主要生产者"众"和"众人"的社会身份》，《东北人民大学人文科学学报》1956年第4期。

人"是奴隶社会聚族而居的族众或族人,主要代表著作有杨棫《论殷末周初的社会性质》①、张政烺《卜辞裒田及其相关诸问题》②。

关于"众"的材料,有一版在国内首次刊布的重要甲骨,即《合集》第8片,其中有一条卜辞为:

……卜,贞:众乍耤不丧,其〔丧〕。

全辞大意为:某日卜问,众在田间翻土耕地时,不会逃亡呢还是会逃跑?这片卜辞对理解众的身份增加了有力的证据,但也不能据此论定众为奴隶。这里我们择优而从。

张政烺在《卜辞裒田及其相关诸问题》③一文中说:"众人是农夫,是当兵打仗的人。他们在奴隶制国家的统治下,经常处于卑下的地位,和奴隶主贵族相对立。他们对于土地没有所有权(当时只有大贵族对土地才有所有权),被牢固地束缚在农业共同体中,受奴隶主统治者的支配,当兵、纳贡、服徭役。当兵被俘要变成奴隶。不当兵不卖命要一家(父母妻子)立刻变成奴隶。他们的生命财产都掌握在王和贵族手中,他们实质上是王和贵族的工具和财富。"

考古学证明商代已经使用青铜农具了④,但生产上还大量使用石、骨、蚌器。在湖北黄陂盘龙城早商墓葬中发现了两件青铜臿⑤;1953年在安阳大

---

① 杨棫:《论殷末周初的社会性质》,《新建设》1955年第10期。
② 张政烺:《卜辞裒田及其相关诸问题》,《考古学报》1973年第1期。
③ 张政烺:《卜辞裒田及其相关诸问题》,《考古学报》1973年第1期,页117。
④ 华案:李学勤说:"青铜农具的发现,对我国科技史的影响是很大的。今天对于古代(至少是南方)曾较多地使用青铜农具,不应再有怀疑。1973年,从山东济南东郊来的物品中曾拣选出一件铜犁铧,两件商代铜戈及锛、削等器。这件犁铧肩宽14.5厘米,我仔细观察过,并与于中航同志等讨论,对其年代疑未敢定。现在与大洋洲的犁铧比较,它很可能也属于商代。这样,当时北方也应有使用铜铧的犁耕了。"见李学勤:《新干大洋洲商墓的若干问题》,《文物》1991年第10期。值得注意的是,殷墟花园庄东地甲骨出现了二片相同的卜辞,"🐎马"(《花园莊东地甲骨》239)和"🐎马"(《花东》349)。"🐎"字,为耒耤象形,即"犁"字初文,它的发现有助于我们对"🐎"字起源以及相关的字重新反思和梳理(沈建华:《释"犁"字》,载《甲骨文与殷商史》新十二辑,上海古籍出版社,2022年,页114~124)。
⑤ 湖北省博物馆:《盘龙城商代二里冈期的青铜器》,《文物》1976年第2期,页26~42。

司空村晚商期层中曾发现一把青铜铲①,1960年在安阳苗圃也出了一把;郑州和黄陂的早商遗址和墓葬以及殷墟等地的晚商墓葬中,都发现了所谓"空头斧",其銎有椭有方,应是《诗·豳风·七月》"取彼斧斨(音锵)"的斧斨之类。斧和斨本来都是木工工具,但也可以"伐草木为田以种谷"(孙诒让《周礼正义》卷七〇《秋官·柞氏》疏)值得注意的是,在郑州南关外铜器作坊遗址出土的千余块陶范中,斨(方銎斧)范的数量仅次于镞范。如果铜斨仅作为木工工具,其量似乎过大;如果亦作为农业开垦上用的伐土工具,因其使用范围广,这样大量生产则是完全必要的。另外,自上海解放以来,上海博物馆从各省市运沪回炉熔化的废铜中抢救出大量生产工具,其中有不少商代农具,现馆藏有耜一件、铲一件、镬二件。这说明历来收藏家只重彝器,对生产工具不予重视,因而有大量青铜工具流散民间,作为废铜回收了。

另一方面,商代晚期考古材料中发现在殷墟宫殿区域内属于王室贵族的一个窖藏圆穴里,有四百多把有使用痕迹的石镰刀集中堆放着。这些石镰当然不会是王室贵族们自己使用的,而是分发给农业劳动者使用的,这些直接从事农业生产的人,连石镰这样简陋的工具都没有掌握,其为奴隶身份自然是不言而喻的了②。但有些学者却认为石镰的大量出土,表明商代为"金石并用期",得出"不可能发展为奴隶社会"的结论③。实际上世界各民族在青铜时代都不能完全排除使用石制生产工具。对商代社会生产水平的判断,不能只看生产工具。大量的献祭卜辞证明,商代已有相当发达的农业和畜牧业,因此一次献祭可用"五百牛"(《库》181)、"卌千牛"(《合》301)、"百㲋"(《后》上28.3),这说明当时生产已可能提供相当数量的剩余产品,所以不能认为商代还大量使用石制农业工具,就不会产生奴隶制。相反,生产工具这样落后,商王却能经常地大量向鬼神奉献牺牲等祭品,必然是出于最大

---

① 马得志、周永珍、张云鹏:《一九五三年安阳大司空村发掘报告》,载《考古学报》1955年第1期,页71。
② 北京大学历史系考古教研室商周组编著:《商周考古》,文物出版社,1979年。
③ 于省吾:《从甲骨文看商代社会性质》,载《吉林大学人文科学学报》1957年第2、3合期。

甲骨文田字作甽、囲、围、囲等形，反映当时疆畎纵横，有利灌溉之状。甲骨文中有一条残辞"……百阱"(《林》1.8.13)，阱字从水从井当是洐字，洐字《说文》失收，但在阱字下说"古文阱从水"，《正字通》亦说"洐，籀文阱从水"。《周礼·秋官司寇·雍氏》有云："春令为阱护沟渎之利于民者，秋令塞阱杜护。"郑玄注："沟、渎、浍，田间通水者也。"所以《玉篇》训洐谓"洐涏，小水貌也，漂流也"。可证商代田间已有"沟渎之利"了。

据胡厚宣的考证，殷代农业已使用人的粪便施肥了。"庚辰卜，贞翌癸未㞢西单田，受虫年。十三月"①。他说："尿(㞢)，亦作㞢，两字相同，即《说文》的'屎'(古文徙字)和'菌'(音矢)，《诗经》作'屎'，义为粪便，在这里用作动词。""全辞大意说，在殷武丁某年冬天十三月的庚辰日占卜，问由庚辰起到第四天癸未日，在西郊平野的田地上施用粪肥，将来能否得到丰收。"又，"屎虫足，乃坙田"(《前》5.27.6)，坙字各家所释不同②。胡厚宣的解释谓"全辞大意说，施用粪肥充足了以后，乃耕耨农田"③。商代还有一种施肥方法，卜辞中有"告芿(音仍)"一词，芿字作，与金文《散盘》作同。《说文》："芿，草也。"《玉篇》引《说文》作"旧草不芟(音衫)新草又生曰芿"。裘锡圭说："告芿应是报告撂荒地上已长满草莱。古代撂荒地上的草莱是主要的肥料来源。这种土地长满草莱后，经过芟夷、火烧等手续，等季节一到，就可以下种了。《盐铁论·通有》所说的'燔莱而播粟'，指的就是这种情况。"④

三、畜牧业与田猎

农业虽然已成为当时社会的主要生产部门，但畜牧业仍占一定比重，这

---

① 胡厚宣：《甲骨续存》下166，群联出版社，1955年。
② 于省吾：《甲骨文字释林·释圣》，1979年中华书局，页232。
③ 胡厚宣：《殷代农作施肥说补正》，《文物》1963年第5期。
④ 裘锡圭：《甲骨文中所见的商代农业》，刊《全国商史学术讨论会论文集》〔《殷都学刊》增刊〕，1985年2月。

从甲骨卜辞和殷墟遗存兽骨等方面可以得到证明。

甲骨文中已有马(🐴)、牛(🐂)、羊(🐑)、鸡(🐓)、犬(🐕)、豕(🐖)等字,反映了当时已经六畜俱全。而且尚有写(🐴)、牢(🐂、🐑)、家(🐖)等字,说明马、牛、羊、豕等均是人工圈养的家畜。甲骨文中还有畜(🐄)、牧(🐂、🐑)两字,如卜辞"〔王〕畜马才(在)丝(兹)写(廐)"(《粹》1551),畜字从幺从囿,郭沫若以为"明是畜养义,盖谓畜牛马于囿也",并说:"写字虽半损,然其迹甚明,为廐之初文,无可疑。"牧字或从牛或从羊,像执鞭驱赶牛羊,放牧之意尤为明显。

据杨钟健、刘东生氏《安阳殷墟之哺乳动物群补遗》①所述,在殷墟前十五次发掘所出的六千余件动物骨骼中,经鉴定共含有哺乳类动物29种,可按出土数量多少分为四类,其中在一千具以上的有圣水牛、肿面猪、四不像鹿3种;一百具以上的有牛、殷羊、猪、家犬、梅花鹿、獐等6种;一百具以下的有马、兔、熊、狸、獾、虎、竹鼠、黑鼠等8种;不满十具的有象、豹、猴、狐、乌苏里熊、犀牛、貘、猫、山羊、扭角羚、田鼠、鲸等12种。他们的结论摘要如下:

"其中一、二两类,即约在一百以上者,均为易于驯养或猎捕之动物,或全为两蹄类,除犬外,无一肉食类或其他动物,此等动物,无疑为当时捕获或饲养之对象。……第三类(一百以下)之八种,有四者为肉食类,亦均有猎捕之价值,无饲养之可能,其为数较少,乃为当然。……惟马为数较少,未能与羊牛等视,其原因如何,尚难臆断。……在主要门类中,尤以猪、羊、牛等自胎儿以至老年者均有;尤以幼年尚具有乳牙者为多,如能加以研究,于各个动物之生态,不无贡献。"

对这个结论,郭宝钧分析说:"我国传统中所畜牧的对象,是马牛羊鸡犬豕等六畜,除鸡外其他五畜都是哺乳动物。在殷代哺乳动物遗骨中牛、羊、犬、豕四者都属一、二类,占一百具或一千具以上,且生态具胎儿和幼状老三期,变异含家畜化的过程,实足说明殷代的畜牧业尚正在分化和发展之中,

---

① 杨钟健、刘冬生:《安阳殷墟之哺乳动物群补遗》,《中国考古学报》第4册,日本东京大学影印本,1949年。

而尚未具衰退现象。至于马骨之少,并非真少,因马骨皆埋葬车马坑中,颇多腐朽,未尽起出,故杨、刘二氏作此文时未获统计。今夏按殷墟第十次发掘,这一次就得马五十八匹①;第十五次发掘,这一次约得马二十一匹(同书107页),后此1950年殷墟发掘,在武官村大墓墓道中仅就揭出的部分说已有马二十二匹,未揭出的至少尚有十匹(同书130页),综此三宗已在一百具以上,可见六畜中之马骨,亦实占居多数,同样地可为殷时畜牧未见衰退的实证。"②

再证以殷代祭祀用牲数目,少者数牲,多者数百,少数有上千的,如《合》301片"卌千牛千人"。于省吾说:"甲骨文于祭祀用人牲和物牲之言卌者,凡二百余见。卌从册声,古读册如删,与刊音近字通,俗作砍。"③"卌千牛千人"即砍千牛千人,祭祀所用之牲除人之外,牛羊犬豕俱有,倘非畜牧蕃盛,何能耗费若是。

卜辞中的田猎,大都是殷王的游田逸乐,或带有军事意义的演习,或是在作战凯旋时举行的狩猎。卜辞中的田猎活动称狩(𤢖、𤢖、𤢖)或田(田),每于田猎之前卜问是否狩猎、狩猎的地区、参加人员、狩猎的方式和手段、狩猎的对象,以及是否有所猎获等等,可见殷王对田猎是十分重视的,其与一般人民的渔猎生产显然是不相同的。但田猎对畜牧业多少起了一些保护及促进作用,也是符合实际的。田猎卜辞以第五期为最多,这与《逸周书·无逸》言祖甲以后"立王生则逸,生则逸不知稼穑之艰难,不闻小人之劳,惟耽乐之从"相一致的。殷王的狩猎区,据李学勤考证,为"东起今河南辉县,西

---

① 胡厚宣:《殷墟发掘》,上海学习生活出版社,1955年。
② 见郭宝钧:《中国青铜器时代》,三联书店出版,1963年,页41。华案:王宇信在《商代的马和养马业》指出:"在商代马直接是王朝控制的国家机器,身份的象征,是战争和狩猎出行重要不可缺的交通工具。商代畜牧业已经很成熟,卜辞中有不少记载商王对于马的颜色称谓和养畜马出猎等占卜,包括对马的农田使用,可知殷王室已经建立马政掌握了养马技术。"他认为:"卜辞的'马小臣'和《周礼·夏官·司马》所设的校人、趣马、巫马、牧师、廋人、圉师、圉人等职掌管马的教养、乘御、医疾差不多。"载《中国史研究》1980年第1期。
③ 于省吾:《甲骨文字释林·释卌》,中华书局,1979年。

至山西南隅及其以西,太行山以南,黄河以北"的广大地区①。

甲骨文中有矢(⿹)、弹(⿹)、网(⿹)等字,都是猎具的象形,结合考古发掘来看,在河南郑州二里冈商代前期遗址中已发现渔猎工具有骨镞、蚌镞、铜镞、陶弹丸、石弹丸、铜鱼钩、陶网坠等。

从甲骨文看,田猎的方法有:

1. 设陷阱以猎

陷,《说文》:"高下也。"《说文通训定声》:"自高而入于下也。"《国语·鲁语上》:"上陷而不振。"韦注:"陷,坠也。"阱,《说文》:"陷也。"设陷阱以猎兽是一种非常古老的方法,直至今天仍为猎户采用。

甲骨文的"陷"字,有各种不同的形体,均以所陷对象不同而异。如:

  贞:我其⿹ ⿹(擒)。   (《丙》73)

  贞:令……⿹。   (《前》6.41.4)

  我其⿹、⿹(擒)。   (《乙》2235)

  ……卜,其叀⿹……⿹(擒)。   (《京都》2123)

⿹,陷麋,像麋入坑中。⿹,陷鹿。《甲骨文编》②把⿹、⿹二字收在薶字下是不对的。薶是祭名,埋牛、犬等家畜以祭鬼神,这与设陷阱以诱兽的田猎活动是不同的。⿹,陷麑(麑,音倪,幼鹿)。《论语》"素衣麑裘",疏:"麑裘,鹿子皮以为裘也。"⿹,陷兕(兕音似)。

2. 设网罟以猎

这也是一种古老的狩猎方法,直到今天捉猴子仍用此法。

卜辞网字作⿹、⿹、⿹等形,诸家无异议。卜辞尚有罝、罶等字,各家考释不同。罝字,孙海波《甲骨文编》七卷十七叶下收此,作罶,误;叶玉森氏《前释》4.9.2片释罶为地名,亦误;王国维释"罘"③,《尔雅·释器》"麋罟谓之

---

① 李学勤:《殷代地理简论》,科学出版社,1959年。
② 孙海波:《甲骨文编》哈佛燕京学社石印本,1934年;中华书局影印本,1965年。
③ 王国维:《戬寿堂所藏殷虚文字考释》,石印本,1917年;又收入《王观堂全集》第3册,台北文华出版公司,1968年,页69。

罩",其说近是。

  其网鹿。   (《京都》2111)

  庚戌卜,母隻(獲)？网雉隻(獲)十五。

  庚戌卜,⿱爫用隻(獲)？网雉隻(獲)八。   (《乙》5329)

  辛丑卜,王：翌壬寅我网兔隻(獲)？允隻(獲)…… (《甲》2957)

母、⿱爫用为人名。

 3. 以弓箭射猎

 这也是一种古老的狩猎手段,不论兽之大小皆可用箭射猎。

  乎(呼)射鹿隻(獲)。   (《前》3.32.6)

  叀又犰射禽(擒)。   (《掇一》402)

  王其射兕亡𢦒。   (《掇一》406)

  ……射又麋。   (《佚》484)

  ……涉滴,至斄,射又虎,禽(擒)。   (《粹》950)

 《掇一》402犰字作🐕,有人释狼,当以释狐为是,字从犬亡声。郭沫若《卜通》128片考释云："亡音古读无,与孤同在鱼部,即读阳部音,亦与瓜为对转也。"所说极是。

 《粹》950虎字作🐅,张口有爪,郭沫若释豕。卜辞豕字必腹肥尾垂,此字无腹部断非豕字。滴,水名；斄,地名,为殷王室猎区。滴水不见后世文献,葛毅卿的《说滴》①和杨树达的《释滴》②二文均以滴为漳水,但只是以声类比附,李学勤在《殷代地理简论》中从盂等猎区位置考定："滴在商西盂东,是一条较大的河流,显然即是沁水。"较葛、杨二氏所说为优。

 4. 围猎

 这是一种规模最大的狩猎活动,需要动员很多人员在一个较大规模范围内,力求将所有野兽驱出巢穴,然后聚而擒之。由于这种狩猎活动与军事

---

① 葛毅卿:《说滴》,载《中央研究语言研究所集刊》第7本4分,1938年。
② 杨树达:《积微居甲文说·卜辞琐记》,中国科学院,1954年。

行动极其类似,因此,自殷代以来直至春秋统治者,都以此作为军事训练的一种手段。

反映围猎的卜辞,在晚期常见"王田,衣逐亡𢦏"的记载,李学勤谓:"衣读为殷,训'同'或'合',衣逐即合逐之意。"①此外,《合》176"其逐杏毘(麋),自西、东、北亡戋?"此辞更明显地说明是围猎的方式,卜问从西、东、北三面逐麋是否有祸。

合围以后必须要逐兽出巢穴,逐字甲骨文从豕从止作 ᰍ;或从犬从止作 ᰍ;或从鹿从止作 ᰍ(仅一见),或从兔从止作 ᰍ,而以从豕者为其主要形体。"逐"和"追"的后世经典用法没有严格区分,二字属《说文》转注。而卜辞"逐"的对象为兽,"追"的对象是人,两者区分甚严,绝不相混。合围以后需要逐,除第一种设陷阱之外,第二设网罟,第三种箭射也同样需要逐,逐不是围猎必需的唯一手段。见于卜辞所逐的动物各举一例如下:

……逐鹿,隻(获)。　　　　　　　　　　　　(《前》3.32.2)

贞:乎(呼)逐豕,隻(获)。　　　　　　　　　　(《粹》947)

逐麋。　　　　　　　　　　　　　　　　　　(《粹》949)

贞:其逐兕,隻(获)。　　　　　　　　　　　　(《卜通》728)

贞:王逐兔。　　　　　　　　　　　　　　　　(《乙》8672)

王其往逐毘于 ᰍ 不其隻(获)。　　　　　　　　(《合》261)

戊子卜,𠁁贞:王逐 ᰍ 八。　　　　　　　　　　(《存》2.166)

ᰍ,地名。ᰍ 可隶定为隻,或省隹仅作 ᰍ,字不识,不明为何种动物。

合围后第二种方式是执火炬以驱兽。卜辞有爇字,作 ᰍ、ᰍ、ᰍ 等形,像执火炬以燃草林之形。《说文》:"爇(音呐),烧也,从火蓺(音艺)声……"徐铉等曰:"《说文》无蓺字,当从火从艸熱省声。"段注云:"按熱(同艺)即声,不必云熱省声。"

王其爇㳀泗录,王于东立,虎出, ᰍ(擒)。　　　(《摭续》121)

---

① 李学勤:《殷代地理简论》,科学出版社,1959年。

"虎出"二字,诸家或读为"犬出",执炬驱犬,不合情理;或将"虎出"二字释为一个"逐"字,显然错误。此虎字作🐅,高度简练,今从姚孝遂释虎字①。其中"录"字,诸家释者甚多,殊无足以使人满意者,余谓此辞录字,应读作麓。麓者山足也。卜辞麓字作录或增林,或增草,或增橤,作䍐、䍑、䕷等形。"兇""𨒋"为山地之名。卜辞大意为商王蓺于"兇""𨒋"之麓,王立于东,俟虎出,则加以擒获。《怀特》B1915片,系一虎骨刻辞,文曰:"辛酉王田于鸡录,隻大霉虎,在十月,隹王三祀肜日。"据许进雄谓"此版的年月日及祭祀周期合于帝辛三祀的祭谱。此骨经鉴定为老虎的右上膊骨,……其上镶有绿松石,当是帝辛猎获老虎的纪念品"。② 可见当时猎虎有获重视如此。

合围的第三种方法是焚烧山林以驱逐野兽,然后聚而擒之。这种方式就是《礼记·王制》里所说的"昆虫未蛰,不以火田"的火田。反映在卜辞中就是一个焚(燓)字。

　　　　翌癸卯,其焚……♀(擒)？癸卯,允焚,隻(獲)……兕,十一豕,十五虎,罡廿。

(《合》194)

关于殷王的田猎区,郭沫若曾在《卜辞通纂》考释③ 635片"戊辰〔卜〕在噩〔贞〕王田〔于〕衣"一辞指出:"衣当读为殷,《水经·沁水注》'又东迳殷城北',注引《竹书纪年》云'秦师伐郑,次于怀城殷'。地在今沁阳县,此与噩在沁阳西北,可为互证。"他在同书序中又申述此说,帝乙亦好畋游,其畋游之地多在今河南沁阳县附近。此由下揭数片得以证知:

　　　　戊辰卜,在噩,贞:田于衣。　　　　　　　　(第635片)

　　　　辛未卜,在盂,贞:王田衣。　　　　　　　　(第657片)

　　　　辛丑卜,贞:王田于噩,往来亡巛,弘吉。

　　　　壬寅卜,贞:王田雔,往来亡巛。　　　　　　(第642片)

---

① 李学勤:《殷代地理简论》,科学出版社,1959年,页7。
② 姚孝遂:《甲骨刻辞狩猎考》,《古文字研究》第六辑,中华书局,1981年,页44。
③ 郭沫若:《卜辞通纂》附考释,日本东京文求堂石印本,1933年。

据此四辞,足见噩衣盂雔四地必相近。

既考定衣为沁阳,第一、二辞分别在噩、盂卜田于衣,第三辞噩与雔同版,故郭氏定帝乙畋游猎区在今河南沁阳附近。

陈梦家循此法列第五期卜辞田游之衣及其同版所见的其他地名噩（䍷）、盂（盂）、率（𢦏）、敦（㪟）、膏（䆴）、呈（呈）、𡥈（𡥈）、琇（琇）、溝（溝）、奴（𡥈）、演（演）、税（税）、曺（曺）等十三个,皆在衣的附近,亦即皆在沁阳附近,计有：

(1) 召—噩（《卜通》615）

(2) 雔—噩（《卜通》642）

(3) 盂—衣（《卜通》157）

(4) 向—宫—盂—噩（《卜通》640）

(5) 郫—射—长（《卜通》716）

(6) 𣪊—浂（《前》2.2.1）

　　𣪊—盂（《粹》976）

　　𣪊（《前》2.3.5、《上》13.10、《菁》9.15、《邺一》33.9）

　　𣪊麓（《上》15.7）

(7) 寧（《后》上 11.1）

　　𠦪㽙（《后》上 15.11）

　　于泘𠂤—于北𡩜𠂤（《后》下 24.1）

　　泘（《菁》9.5）

　　大泘（《甲》2476）

(8) 高—衣（《前》2.12.3）

(9) 殷—宫（《前》2.43.7）

　　殷—重（《前》2.43.5）

(10) 㭉—宫—曺（《前》2.34.3）

(11) 噩—高（《前》2.32.7）

(12) 凡—宎（《粹》960）

    棥—凡—向(《粹》1017)

陈氏归纳"此猎区以沁阳为中心,西不过垣曲县东之邵源镇,东及于原武,北界为获嘉、修武、济源,南以大河为界。是在太行山沁水与黄河之间,东西一百五十公里,南北五十公里,地处山麓与薮泽之间"①。殷王猎区,李学勤《商代地理简论》②中有详细的考证。

  在猎区商王设有犬人,向王报告兽情,以便出猎,如《粹》935"戊辰卜在淒,犬中告麋,王其射,亡戈,♀(擒)","犬中"盖谓犬人之官名中者,《周礼·秋官》有犬人之职。又如:

  ……丑卜,尹……犬告曰……兕……   (《林》2.26.6)
  其比犬曰♀(擒)又狐,兹用。   (《粹》924)
  ……卜犬来告又(有)虎。   (《南南》1.36)

  卜辞的地名,据岛邦男《殷墟卜辞研究》③统计有542个。其中噩字现释丧,陈梦家以为可能即"仲丁居嚣"之"嚣",《殷本纪》作"隞"④。此说待考。盂,诸家意见比较一致,认为"盂"即"邘",《左传》僖公二十四年杜注:"河内野王县西北有邘城。"地在今河南沁阳西北。向,郭沫若以为即《小雅·十月》"作都于向"之"向",在今河南济源县南⑤。曹,陈梦家疑为"即今武陟县西之怀"⑥。雝即雍,棥即榆字。《左传》襄公二十三年:"叔孙豹帅师救晋,次于雍、榆。"杜注:"雍、榆,晋地,汲郡朝歌县东有雍城。"⑦

  李学勤在《殷代地理简论》⑧中指出商王狩猎是有一定日期的,"大体说来,在文丁以前,商王猎日以乙戊、辛、壬为常,丁日为变;帝乙、帝辛时略予放宽,以乙丁戊、辛、壬为常,庚日为变"。后松丸道雄在《殷墟卜辞中田猎地

---

① 陈梦家:《殷虚卜辞综述》,科学出版社,1956年,页259~262。
② 李学勤:《殷代地理简论》,科学出版社,1959年。
③ 岛邦男:《殷墟卜辞研究》,日本汲古书院影印本,1958年。
④ 陈梦家:《殷虚卜辞综述》,科学出版社,1956年,页262。
⑤ 郭沫若:《卜辞通纂》附考释,日本东京文求堂石印本,1933年,页640。
⑥ 陈梦家:《殷虚卜辞综述》,科学出版社,1956年,页308。
⑦ 姚孝遂、肖丁:《小屯南地甲骨考释》,中华书局,1985年,页177。
⑧ 李学勤:《殷代地理简论》,科学出版社,1959年,页4。

的划定》一书中,对此问题作了进一步系统的研究。其结论是,从第一期到第二期,田猎日无具体限制。第二期的某个阶段,开始将田猎限于乙、戊、辛三日的范围之内。第三期又加了壬日,以乙戊辛壬四日为田猎日。此种情况延续到第四期。第五期又加上了丁日,田猎日变成乙、丁、戊、辛、壬五天。而且在"王狻"卜辞中,还加上了"己日"。"庚日"也每每发生占卜(上书70页)。姚孝遂、肖丁在《小屯南地甲骨考释》①中对此又作了"例外"的补充:

(1)《屯南》335,"此当属四期卜辞。第二辞的'庚午'(叀庚午秉于丧田不遘大雨)应为田猎日,这是一个例外"(187页)。

(2)《屯南》660,"此属四期卜辞。……第二辞'王其狻𬨂'在'甲子'。关于'王狻'的内容,各家说解不一。但可以肯定,这与田猎密切相关。其日期的限制与田猎日期同,其不可能释为'过',也可以肯定。'王狻'在'甲子'日,亦属例外"(188页)。

(3)《屯南》1098,"属第四期。第二辞'戊往己品',卜辞'品'有征伐义,亦有狩猎义。则'戊'为在途中之日期,'己'为田猎日,以'己'为田猎日,属于例外"(189页)。

(4)《屯南》2182,"此属第四期。第一辞'己酉卜贞,王其田亡巛,在黄舳',以'己酉'为田猎日,亦是例外"(190页)。

(5)《屯南》2440,"此属第四期。第一辞:'甲申(卜)贞,王(其)田䩂酉。'第三辞:'癸巳卜贞,王其……亡巛。'以'甲申'、'癸巳'为田猎日,均为例外"(190页)。

(6)《屯南》2718,"丁酉卜,𠄎,吉","此属第四期。第一辞'丁酉'为田猎日,属例外。'丁'为田猎日,于五期卜辞为常例,四期则不能视为常例。但应该肯定,在四期卜辞中,已开始出现了在某种情况下,以'丁'为田猎日的现象"(190页)。

---

① 姚孝遂、肖丁:《小屯南地甲骨考释》,中华书局,1985年。

四、手 工 业

殷代的手工业不但已从农业中分化出来,完成了第二次社会大分工,而且在手工业之间的专业分工也很细致,如青铜、陶瓷、玉、石雕刻等各种技术已成为我国工艺美术史上的高峰。据《左传》定公四年记载,武王克商后,分鲁公以殷民六族:条氏、徐氏、萧氏、索氏、长勺氏、尾勺氏,使帅其宗氏,辑其分族,将其类丑,以法则周公,使之职事于鲁。分康叔以殷民七族:陶氏、施氏、繁氏、锜氏、樊氏、饥氏、终葵氏,皆启以商政,疆以周索。论者谓所俘的十三族中,至少有九族均是手工业氏族,如索氏为绳索工,长勺氏、尾勺氏为酒器工,陶氏应即陶工,施氏应即旗工,繁氏应即马缨工,锜氏似即锉刀工或釜工,樊氏应即篱笆工,终葵氏应即椎工,证之《考工记》以事名官(如轮人、舆人之类)、以氏名官(如筑氏、冶氏之类)之例,语当可信。当时重要的手工业部门都掌握在王室大奴隶主手中,主要生产他们自己需要的物品,而不是为出卖而进行商品生产。

卜辞称手工业工匠为"工",如《粹》148"叀工又(有)尤",《文》652"于工〔亡〕尤"。尤,异也。《春秋繁露》曰:"有不常之变者谓之异,异者天之威也。"因为手工业工匠是王室工奴,故商王关心他们是否有"尤"。卜辞又有"百工"一词,《屯南》2552:"癸未卜,又(有)囚百工?"《小屯南地甲骨·前言》[①]谓:"文献记载之百工,似有两类:一类如《周礼·考工记》所载:'国有六职,百工与居一焉。''审曲面埶,以饬五材,以辨民器,谓之百工',郑玄注'司空事官之属',即司空属下的低级官吏。另一种则是泛指手工工匠,如《左传》襄公十四年所谓'百工献艺',《论语·子张》所谓'百工群肆'之百工。……卜辞中的'百工'究竟属于上述哪一种,从卜辞本身还难以判断。"我意应以后者当之。低级官吏卜辞另有"多工",说详后。

---

① 中国社会科学院考古研究所:《小屯南地甲骨》(上册第一、二分册)附册一,中华书局,1980年。

今将商代重要手工业分述如下：

铸铜业。从早商到晚商，青铜铸造业始终是被王室所垄断的最重要的一种官办工业。青铜是红铜加锡或再加少量的铅熔成的合金。青铜器的制造有三个必要步骤：一是开矿炼铜；二是制作陶模和陶范；三是合金浇铸。考古工作者在郑州曾经发现两处较大的早商铜器作坊遗址。一处在今南关外东南约1华里，总面积约1050平方米①，在遗址范围内有坩埚残骸、红烧土、炼渣、木炭和上千块陶范等。另一处在今河南饭店一带，面积约275平方米②。遗址范围内亦有类似遗物发现。到了商代后期青,铜工业有长足的发展。1959年至1960年在小屯东南1公里的苗圃北地发现了铸铜遗址，估计其总面积至少在一万平方米以上，出土陶范达三四千块③。从铸铜遗址面积比较，安阳苗圃比郑州南关要大十倍多。从近年来在湖北黄陂盘龙城和江西清江吴城所出土的商代早期青铜器来看，其形制、花纹与中原出土的基本一致，这说明最迟在公元前14世纪，我国长江中游两岸这一带已在商代政治势力和文化影响范围之内了。最足以代表商代晚期青铜铸造规模和水平的是1938年在安阳武官村出土的司母戊鼎，通耳高133厘米、横110厘米、宽78厘米，重达875公斤。这件巨型方鼎，不仅是我国青铜器中最大的，也是古代世界青铜文化中所仅见的。"我们知道，当时是用'将军盔'熔铜的，而一个'将军盔'一次只能熔铜十二点五公斤，司母戊鼎共重八百七十五公斤，则需至少七十个'将军盔'同时进行熔化。如果每个'将军盔'旁有三四人进行工作，则共需二百五十人左右。但灌注只是铸铜过程中的一个工序，若再加上制模、翻范、折范后的修饰以及运输、管理等，总共就需要三百人以上了。……所有这些，都充分说明了商代后期的青铜作坊，不仅规模宏大，而

---

① 赵全古、韩维周、裴明相、安金槐：《郑州商代遗址的发掘》，《考古学报》1957年第1期，页56。
② 廖永民：《郑州市发现的一处商代居住与铸造铜器遗址简介》，《文物参考资料》1957年第6期，页73。
③ 安志敏、江秉信、陈志达：《1958—1959年殷墟发掘简报》，《考古》1961年第2期，页67。

且组织严密,分工细致。显然,这只有在比较发达的奴隶制的基础上才能出现的。"①在安阳苗圃北地的铸铜遗址上曾发现过直径约 80 厘米的熔铜炉的遗迹,其容量比"将军盔"要大得多,估计浇铸司母戊鼎时也应有这类炉子熔化铜、锡、铅合金,浇铸时有可能采用槽注的方式,这样可以省去许多人力。特别是青铜镞的出现是值得注意的。因为它消耗大,射出之后不能收回;世界上其他青铜文化中很少发现青铜镞,而我国郑州商代早期遗址中就发现有大量青铜镞,后期安阳殷墟出土也很多。这说明当时的青铜工业已有相当规模了。

甲骨文中反映青铜铸造的材料极少,这是卜辞受了卜辞本身性质的局限。岑仲勉说:"'卜文'字数在二千以上,'金'字或从金之字均未见过,罗振玉释为'镬'、'锾'者并不从金,说难凭信。"②姜亮夫也说:"甲骨文里看不见'金'字及从金之字。"③据王宇信在《建国以来甲骨文研究》④一书第六章第三节中谈到,在编辑《甲骨文合集》一书时,胡厚宣最早在甲骨文中发现了一个做偏旁使用的"金"字,这条卜辞云:"辛卯卜,在〔　〕贞:……王其步,重𨭖(钨)"这是一块第五期帝乙、帝辛时的卜骨。拓本现藏中国社会科学院历史研究所,编号为 7001 号。原骨现藏山东省博物馆,未著录。此辞"在"与"贞"中间空缺一字,按卜辞常例,此为有意留下的"空白",待填地名。"贞"字以下残。"𨭖"字虽然残去下部,我们可将字形复原,右旁当为马字;左旁的"金"形下部虽已略残,但可据金文补足定为"金"字。隶定为"钨"。《诗经·秦风》"驷驖孔阜",此驖字郭沫若说:"注家谓马色如铁故名驖,也有径作'鐵'的,这怕是'鐵'字的第一次使用。"⑤准此例,则这条卜辞的"钨"字,当是指马毛色如铜。这是很对的。但王宇信认为这条卜辞中的"步"字当为祭

---

① 北京大学历史系考古教研室商周组编著:《商周考古》,文物出版社,1979 年,页 47。
② 岑仲勉:《西周社会制度问题》,上海人民出版社,1957 年。
③ 姜亮夫:《汉字结构的基本精神》,《浙江学刊》1963 年第 1 期。
④ 王宇信:《建国以来甲骨文研究》,中国社会科学出版社,1981 年,页 138。
⑤ 郭沫若:《奴隶制时代》,人民出版社,1973 年,页 32。

名,从郭沫若说假为醻。郭氏此说见于《粹》144片,其辞为"叀商方步,立于大乙,戋羌方",此书1965年新版时,于此条释文之上增一眉批:"于省吾云:'叀商方步。'言步于商方,立应读涖。上言步、下言涖,词义相行。"可见郭氏原说已随于省吾说加以订正。故此辞"步"释为祭名不确。

卜辞中直接反映冶铸史料的,到目前为止只有两条:

《金》511版:"王其铸黄吕,奠血,叀今日乙未利?"此为第五期卜辞,铸字作𨮨,写法和金文铸字一致,但因是摹本,为《甲骨文编》所未收录。

"黄吕"一词,又见于《甲》第1764版,那是廪辛、康丁时代的王室卜辞,全辞稍残:"丁亥卜,大〔贞〕:……其𨮨黄〔吕〕……作凡(盘)利叀……""其"下一字不识,疑是铸作之义。

春秋初年有个曾伯霥簠,铭文中说:"余择其吉金黄镈,余用自作旅簠。"金文中的黄镈,就是甲骨文中提到的"黄吕"。因为,古代从虍声的字,和从吕声的字读音相通。《说文》指出,膚(音肤)籒文作臚(音卢),而《左传》定公四年"鑢金初官于子期氏",据《经典释文》所说,鑢字一本作镥。《玉篇》中把铝鑢当作一字。郭璞注《方言》时说:"铝音虑(音服)。"文献记载中春秋时代的莒国,金文中写作簬或鄜。这些都是很好的证明。曾伯霥簠铭提到用黄鑢铸簠,而上举两条卜辞中,一条说"铸黄吕",另一条是说用黄吕作盘,是完全一致的。由曾伯霥簠是铜器,可知黄吕是铜料,有很大可能像唐兰所推测的那样,是由矿石冶炼而成的铜料块[①]。

此外,卜辞中所反映的商代手工业,除了前节农业中提到的酿酒之外,便是纺织。

在甲骨文里有一个从"巾""白"声的"帛"字,仅一见于《前》2.12.4:"癸酉卜,在帛,贞:王步……鼓……灾。""帛"是地名,与后世作缯绢解者不同,大约要到汉代,"帛"才作为丝织物的总称。另外作为地名的还有"桑"字和"上丝"等字,丝字作𢇁、𢆶,像两束由纤维扭成的线,是否像后世那样专指蚕丝,

---

① 以上所述引自燕耘:《商代卜辞的冶铸史料》,载《考古》1973年第5期。

尚难确定。至于以"丝"为偏旁的形声字,即便在后世,有许多也只是指与纺织有关的事物或活动。但在甲骨文有间接可以证明当时纺织的字,如网字,以及从网的冥、翟、罴等字;用线钓鱼的敏字,还有用丝绸制成的衣、巾等字①。学术界分歧最大的、也是最重要一个是鼍字。此字叶玉森、郭沫若、闻一多、陈邦怀释蚕字,胡厚宣从之。岛邦男释虫②,张政烺释它③。张先生说:"它"是象形字,本义是一种短蛇,只是蛇身用双钩画出,乍看不习惯罢了。他释《甲》806、《后》下11.9、《宁》3.79诸片的"它"字为地名,说"不能把'省于它'说成视察养蚕事业"。又说"它示"是指旁系先王,据《前》3.22.6版和《哲庵》85版证明"元示和二示对言犹大示和它示对言,前者指直系先王,后者指旁系先王":

   贞:元示五牛,它示三牛。   (《前》3.22.6)
   贞:元示五牛,二示三牛。   (《哲庵》85)

两辞内容相同,仅一字之异,正好把问题串联起来,说明二示即它示。从而证明"它示"不是蚕神。

  殷商时代的蚕丝生产和纺织情况,幸而有考古学方面的物证,可以作出明确的结论。

  早在新石器时代,各地许多遗址中都发现过纺轮。这是最早的纺织工具。1926年在山西夏县西阴村发掘的仰韶文化遗址中还发现过半个蚕茧,那割裂之处"极平直"④。1958年在浙江吴兴钱山漾发掘的新石器时代遗址,发现了一批盛在竹筐中的丝织品,包括绢片、丝带和丝线等。经鉴定,原料是家蚕丝,绢片是平纹组织,其密度为每寸120根⑤。

  在河北省藁城台西村商代遗址中也出过纺轮。同时出土还有麻织物残

---

① 胡厚宣:《殷代的蚕桑和丝织》,载《文物》1972年第11期。
② 岛邦男:《殷墟卜辞综类》,日本汲古书院,1967年,页229。
③ 张政烺:《释它示——论卜辞中没有蚕神》,载《古文字研究》第一辑,中华书局,1979年。
④ 李济:《西阴村史前的遗存》,清华学校研究院丛书第三种,1927年,页22~23。
⑤ 浙江省文物管理委员会:《吴兴钱山漾遗址第一、二次发掘报告》,《考古学报》1960年第2期,86、89~90页。

片,麻布是一般的平纹组织。一块的经纱密度是 14～16 根/厘米,纬纱是 9～10 根/厘米,另一块的经纱密度是 18～20 根/厘米,纬纱是 6～8 根/厘米。在分析整理出土麻织物的纤维过程中,偶然发现了一根羊毛,可能当时商代已利用山羊绒来纺织了,与此同时,发现包覆在 38 号墓出土铜觚上的残留丝织物痕迹。根据五个标本比较分析。序号 1、2 的丝织物是平纹的"纨",它和过去安阳殷墟出土的基本接近。序号 3 的丝织物,经纬径比较纤细,经纬密度稀疏,应属于平纹类织物。序号 4 的丝织物隐约像绞纱组织,应属纱罗一类。从这些残片能够看出,商代丝织物已有很多品种了①。这可以与文献参证。《帝王世纪》说纣"多发美女,以充倾宫之室,妇女衣绫纨者三百余人"。在台西商代遗址 14 号墓、23 号墓、24 号墓,墓主人都是女性,在各墓中都出了"骨匕",过去学者有定名栖或匕者,认为是取饭之器,经王若愚研究认为"这种骨匕应是刀杼之类用于纺织的工具"②。

殷代青铜器花纹中有蚕纹,如饕餮纹簋③,"图中形状,头圆两眼凸出,身体屈曲作蠕动状"④。蚕纹亦见于江苏吴江梅堰遗址出土的黑陶⑤,这一黑陶遗址属于南方的良渚文化。

殷代墓葬中出土有玉蚕,1966 年山东益都苏埠屯的殷墓中发现玉蚕⑥;1953 年在安阳大司空村发掘的殷墓,其随葬器物中有蚕形玉,长 3.15 厘米,共有七节,保存完整⑦。

以上这些材料说明殷代的丝绸生产在甲骨文中虽无直接反映,但在考古学上获得了物证。夏鼐在《我国古代蚕、桑、丝、绸的历史》⑧一文中说:"殷

---

① 高汉玉、王任曹、陈云昌:《台西村商代遗址出土的纺织品》,载《文物》1979 年第 6 期。
② 王若愚:《从台西村出土的商代织物和纺织工具谈当时的纺织》,载《文物》1979 年第 6 期,页 51。
③ 容庚:《武英殿彝器图录容庚》,燕京大学影印,1934 年。
④ 容庚、张维持:《殷周青铜器通论》,文物出版社,1984 年,页 116。
⑤ 江苏省文物工作队:《江苏吴江梅堰新石器时代遗址》,《考古》1963 年第 6 期,页 313～315。
⑥ 《"文化大革命"期间出土文物》,1972 年第 1 辑,页 124。
⑦ 马得志、周永珍、张云鹏:《一九五三年安阳大司空村发掘报告》,载《考古学报》1955 年第 1 期,页 55,图版 17.7。
⑧ 夏鼐:《我国古代蚕、桑、丝、绸的历史》,《考古》1972 年第 2 期,页 14。

代的丝绸实物经过研究,知道已相当进步,主要有三种织法：1. 普通的平纹组织。经纬线大致相等,每厘米三十至五十根。2. 畦纹的平纹组织。经线与纬线约多一倍,每平方厘米细者经七十二根,纬三十五根,粗者经四十根、纬十七根,由经线显出畦纹。3. 文绮。地纹是平纹组织,而花纹是三上一下的斜纹组织,由经线显花。花纹虽是简单的复方格纹,但已需要十几个不同的梭口和十几片综,这便需要有简单的提花装置的织机。三种织物的丝线都是未加绞拈的或拈度极轻的,这表示当时已经知道缫丝,利用蚕丝的长纤维和丝胶本身的黏附力,不加绞拈便可制成丝线,以供织造丝绸之用。"

在商代手工业中,玉器和陶瓷的制作是有杰出贡献的门类。它们都继承了新石器时代的制作技术发展而臻成熟。甲骨文玉作丰,《说文》"象三玉之连一其贯也"。丰,正像三玉成串之形,或作丰,上作丫,像串绳之绪。在甲骨文中有"取玉""正玉"之辞：

    庚子卜,争贞：令⃞取玉于龠。　　　　　　　　　（《续》5.22.2）

    贞：正玉,其㞢囚？一月　　　　　　　　　　　　（《库》211）

    ……辰卜,……贞：……正玉……　　　　　　　　（《前》6.65.2）

有人训"正"为"治理"义,据《吕氏春秋·顺民》："汤克夏而正天下"之正为证云,"正玉"连文,即"治玉"之意①,此"正"字,我疑是祭名,《库》211 系贞问正祭用玉有祸否。商代玉器不仅用于佩饰,亦用于礼仪祭祀,如《后》上26.15："祭酉贞帝(禘)五玉其……牢。"此辞记禘祭用牲外复用五玉。又如《乙》2327："……午卜,殷贞：王奏兹玉成祐。"此二版为武丁时所卜,"玉"字作丰,"祐"字作⃞,⃞即又字,与有、祐通。"奏"字,《说文》"奏进也",有上进之义。"成"即殷先王成汤。此二辞为正反贞卜以玉为祭品成汤是否保祐。甲骨文尚有一玨字,作玨、玨或玨,王国维云："余意古制见玉皆五枚为一系,合二系为一玨,若一朋。"②甲骨文玨字正像二系之玉。玨字在卜辞中亦用为祭

---

① 温少峰、袁庭栋：《殷墟卜辞研究——科学技术篇》,四川省社会科学院出版社,1983 年,页 360。
② 王国维：《殷礼征文》,收入《王静安先生遗书》,商务印书馆 1940 年。

品。如《乙》7645"五人卯五牛于二珏"、《邺》3.42.6"戊辰贞飙于大甲[字],珏三牛"。"飙",以文义求之,似为祭名。[字]字于省吾释饻,读作次,此辞"指大甲的神主位次言之"①。全辞说明用珏、牛祭大甲。

解放以来,在河南偃师、郑州、安阳,湖北黄陂,河北藁城等地都曾发现了商代玉器,其中以偃师、安阳两地出土的玉器数量为多。仅妇好一墓出土的玉器就达七百余件,大多是礼器,以及各种动物形象的佩饰,同时出土十多件玉雕人像和人头像。《逸周书·世俘解》"商王纣取天智玉琰瓄身,厚以自焚",注:"瓄,环以自厚也。""……焚玉四千……凡武王俘商旧玉亿有百万。"王念孙《读书杂志》校为"旧宝玉万四千"。可见商代玉器之多,并非虚言。

甲骨文中没有直接反映陶瓷的卜辞,这是卜辞本身的局限,但从考古学角度来看,商代陶瓷业的最大贡献是刻纹白陶和原始瓷器的发现,二者坯胎均为高岭土制成,前者烧成温度在 1 000℃以上,后者在 1 200℃左右。白陶质地坚致,色泽皎洁,器多仿铜器,刻有类似铜器的花纹,艺术价值很高,是我国陶瓷史上的光辉创作。

至于商代其他手工业如镶嵌、石雕、骨角、蚌器等等就不一一赘述了。但商王对手工业工匠的管理,似有一提的必要。

《乙》4409:"省工、王……""省工"与他辞"省田""省廪"相同,省即视察,天子巡狩谓之省方(见《易经》)。全辞已残,但大意可窥,即殷王去视察手工业作坊。无疑有监督作用。

《粹》1217:"……丑卜,殻贞:令才(在)此工[字]人。"郭老谓上辞乃"遣人于邺,以作工事"。

《前》4.46.1"朕[字]工"。[字]字当南(肖)字之缺刻横划。"北工""南工"疑是指殷都之北部、南部手工业作坊。卜辞又有"右工"(《存》1.2211、《甲》867)和"左工"(《京》3155)的记载,故肖楠认为"'右'与'左'可能是工的一种编

---

① 于省吾:《甲骨文字释林》,中华书局,1979 年。

制。在殷代,军队的编制分为右、中、左……殷王室为了牢固地控制工奴,也可能把他们如同军队一样,分为左、右(或右、中、左)的编制"①。这是完全可能的。上举的"北工"与"南工"也有可能不是地所的不同,而与"左工""右工"一样是一种编制。

卜辞又有"司工"之官:

　　壬辰卜,贞:叀(惟)昌令司工……　　　　　　　　　(《存》1.70)
　　己酉贞:王其令山司工,工甾(载)王史(事)?　　　　(《掇一》431)

于省吾读此二辞之"工"为"贡",谓"此乃商王令昌或山主管贡纳之事"②。此说可商。卜辞中之"司工"应与西周金文之"司工"相类,《散氏盘》与《盠(音黎)尊》铭文均为"司马""司土""司工"并列,吴大澂谓"三代设官皆质言之,司土、司马、司工为三卿,司土掌土地人民,司马掌戎事,司工掌营造工作"(《字说·工字说》)。郭老谓古籍中"凡司空之职,彝铭均作司工"③。吴、郭之说是。"司工"即"司空",即管理工匠之官员,《蔡簋》铭文有"司百工"之载,更是确证④。

卜辞又有"多工"一词:

　　甲寅〔卜〕,史贞:多工亡尤。　　　　　　　　　　　(《粹》1284)
　　……于多工。　　　　　　　　　　　　　　　　　　(《粹》1271)

"多工"与他辞之"多臣""多尹""多马""多射"同例,当是官名。其与"司工"之职责有何不同,尚不能论定。

五、商业和交通

由于手工业内部的分工,专门生产某种产品的作坊的兴起,必然引起交

---
① 肖楠:《试论卜辞中的"工"与"百工"》,载《考古》1981年第3期。
② 于省吾:《甲骨文字释林·释工》,中华书局,1979年。
③ 郭沫若:《金文丛考·周官质疑》,日本东京文求堂书店石印本,1932年,又增订本。
④ 温少峰、袁庭栋:《殷墟卜辞研究——科学技术篇》,四川省社会科学院出版社,1983年。

换的扩大,商代的商业不仅有《孟子》说的"古之为市也,以其所有,易其所无"的以物易物的集市贸易,而且已有了远地贸易,诸凡昆仑之玉石,东海的鲸骨,江南的金锡,南海的龟、贝,都有人从遥远的地方,交易运输而至殷都大邑商。这些我们殷墟发掘出土遗物中,已一一为之证实。

郭宝钧在1963年出版的《中国青铜器时代》一书中说,商代的海贝数量少,不敷市面的流通,尚难作交换媒介之用,"因之我推证贝在殷代,尚停止于装饰和财富的阶段而不为货币。货币之未形成,是商业初萌芽的现象"①。这个结论由于考古学的发展,大量海贝和青铜贝的发现,应该予以修正了。在郑州白家庄商代早期一个奴隶主的墓葬(M7)中发现随葬穿孔贝460多枚②;又如1953年大司空村发掘的165座平民墓中,有83座都殉有贝,一墓之中,少者1枚,多者20枚③;再如在山西保德林遮峪相当商代后期的墓葬中,曾发现铜贝109枚,另有海贝112枚④。复如《1958～1959年殷墟发掘简报》指出,第二层27号人架的殉贝,是挂在腰际而发现在骨盆上,有海贝三串,排列很整齐,第一串20贝,第二串10贝,第三串5贝⑤。特别是在小屯的一个中型墓(M5即妇好墓)中,曾发现6 000多枚海贝⑥。在殷墟以外的山东益都苏埠屯第一号大型墓中,也曾发现3 790枚海贝⑦。以贝殉葬,显然贝已成为财富。铜贝的出现,虽不能说已如后世严格的称量货币,但以青铜铸贝足以说明贸易扩大的需要,因为贝已具有货币的职能。

甲骨文有贝、朋二字,作 𝌆、𝌇,卜辞中有锡贝朋的记载:

   庚戌〔卜〕,□贞:易(锡)多女虫(有)贝朋。   (《后》下8.5)

---

① 郭宝钧:《中国青铜器时代》,三联书店出版,1963年,页94。
② 赵全古、韩维周、裴明相、安金槐:《郑州商代遗址的发掘》,《考古学报》1957年第1期,页72。
③ 马得志、周永珍、张云鹏:《一九五三年安阳大司空村发掘报告》,载《考古学报》1955年第1期,页59。
④ 吴振录:《保德县新发现的殷代青铜器》,《文物》1972年第4期,页64。
⑤ 安志敏、江秉信、陈志达:《1958～1959年殷墟发掘简报》,《考古》1961年第2期,页71。
⑥ 本刊记者:《殷墟考古发掘的又一重要新收获——小屯发现一座保存完整的殷代王室墓葬》,《考古》1977年第4期。
⑦ 山东省博物馆:《山东益都苏埠屯第一号奴隶殉葬墓》,《考古》1977年第3期,页24。

……囗(征)不囗易贝二朋。一月　　　　　　　　　(《南坊》3.81)

这是很明显的作为财富赏赐的卜问记录。虽甲文仅此二见,但金文中很多。郭老在《卜辞通纂·考释》①中列举商器十一件,少者赏贝一朋,多者十朋。如《荣簋》(《殷周金文集成》8.4121):"王爵贝百朋。"《邑罕》(《陶》3.32):"王易(锡)小臣邑贝十朋。"

甲骨文有买字,作囗、囗。卜辞有:

　　戊午……丙呼雀买,勿……雀……买。　　　　　(《乙》5329)
　　……买……狈……每(悔)。　　　　　　　　　　(《粹》1552)

另有贮字,作囗、囗,但卜辞均用为人名,或称自(囗)贮,然字形固像贝贮之于器。再有得字,作囗,正像一手取贝。又有宝字,作囗,但卜辞亦为人名寻宝,然字形正像室内藏有贝玉。

商业和交通的发展是相互促进的,商人能"肇牵车牛、远服贾"(《尚书·酒诰》),是与交通工具的使用扩大、驲传制度的设置分不开的②。

关于商代的交通工具,除了甲骨文中有"舟"(囗、囗)、"车"(囗、囗、囗)之类的象形文字外,考古学家还发现商代后期的车马坑,由于车马同坑,证明这种车是用马拉的。用马的数目,因死者的社会身份不同,有用两匹,有用四匹。两匹者,即两服马;四匹者,于两服马之外侧再加两骖马,即《说文》"驷,一乘也"的车制。卜辞中车、马的单位量词都写作'丙',即"辆"字省形字,作为一种代人力的交通工具,"马车的发明对我国古代社会经济的发展有着重要的作用。但是,迄今所发掘的车马坑中,除了极个别的例外,几乎都发现有成套的青铜武器,这说明马车在当时主要是王室、贵族用来作

---

① 郭沫若:《卜辞通纂》附考释,日本东京文求堂石印本,1933年。
② 华案:马从挑选到驯养需要有专职司人,见《周礼·校人》记"圉师掌教圉人养马",卜辞有"王圉马在兹寫……"(《合集》29415)和"马小臣"(《合集》27881、27882)等蓄养马的职官,"黄组卜辞对马的各种颜色作过记录,因此我们推测最早的马政制度在商代就有可能已经建立,但像花东子卜辞完整占卜马的内容,数量超出任何一次出土甲骨"(刘一曼、曹定云:《殷墟花东H3卜辞中的马——兼论商代马匹的使用》,载《殷都学刊》2004年第1期,页6—11)。

战、狩猎的工具,真正用于交通运输事业恐怕是很少的"①。从文献记载来看,《世本·作篇》有云:"相土作乘马。"相土是殷之先公,见于卜辞祀典,由此可知殷人以马驾车起源甚早。

卜辞中关于车马的使用,叙、命、占、验四词完整的有:

> 癸巳卜,殻贞:旬亡囚。王固曰:乃兹亦虫(有)希(咎)若偁(称)。甲午,王往逐兕,小臣甾(载)车马,硪骨(驭)王车,子央亦陜(堕)。 （《菁》3）

据于省吾解释,"若称"应解释为将兴。甾字应读作载,是乘的意思。子央是人名。陜即堕,俗作隳。《老子》二十九章:"或载或隳。"河上公注:"隳,危也。"这是说,癸巳这一天占卜,史官名殻的主贞问之事,旬日之内,没有灾殃？殷王说,乃今也有祸祟将兴。甲午这一天,王去田猎,追赶兕牛,小臣乘着车马,果然王车出了事,子央也出了危险②。郭老《卜通》735片中释"若偁"(𦣞)谓"如繇所云也",可比较参考。"硪"(骨)或当读"俄",《说文》"俄,顷也"。顷有不正义,与倾通。"堕"字作𠂆,像人从阜上倒堕之形,当即堕之初文。

考古工作到目前为止没有发现商代的舟,甲骨文舟字形象逼真。卜辞有一奇字:

> 甲戌卜,大贞:方其𢽳于东。九月 （《粹》1172）
>
> 己酉卜,王……𢽳……见…… （《粹》1173）

郭沫若云:"右二片一奇文,象一人操舟之形。"(《粹》151页)这是很正确的。

卜辞与舟连文的有:

---

① 北京大学历史系考古教研室商周组编著:《商周考古》,文物出版社1979年,页56。华案:美国芝加哥大学夏含夷有详细论述中亚近东高加索里海出现的马车遗迹包括附近发现的岩画,并对马车的工艺构造类型比照,他认为:"安阳之间的广漠地区中已普遍地使用马车,所以现在看来马车在公元前1200年前后从西北传进中国殆无疑问。从有限的卜辞来看:商代马车尚未起到重大军事作用。"(见《中国马车的起源及其历史意义》,载《汉学研究》1989年第7卷第1期)此文发表后引起考古学界展开不同的讨论。

② 于省吾:《殷代的交通工具和驲传制度》,载《东北人民大学人文科学学报》1955年第2期,页83。

　　　　丁卯贞：王令㠱酉玟（玟）舟。　　　　　　　　　　（《粹》1059）

　　　　癸巳卜，复枚（枚）舟。　　　　　　　　　　　　（《粹》1060）

郭沫若云："收与枚当是一字，或是字之未全刻者。'枚舟'盖犹言泛舟或操舟。上片假玟为之，盖殷语如是。"（《粹》页137）

　　　　抑（御）舟归。　　　　　　　　　　　　　　　　（《林》2.26.4）

意为"迎舟归"。此辞"御"字可从闻宥释，《诗》"百两御之"，笺曰："御迎也。"①

　　　　癸酉卜，亘贞：臣得？王固曰：其得唯甲乙。甲戌，臣涉，舟征🅿（臽）弗告，旬虫（有）五日丁亥幸。十二月　　　　　　　　　　　　（《合》109）

大意是说：癸酉日占卜，贞人亘问卦，问臣奴不会抓得住吧？殷王武丁观察了卜兆，说臣奴要在甲乙的日子里才能抓住。在癸酉占卜后的第二天甲戌、臣奴渡水，追舟陷在河里，无人报告，到第十五天丁亥，才把他抓住了，在十二月。

　　　　……丑卜，行贞：王其卧舟于滴亡巛（灾）。　　　（《后》上15.8）

于省吾云："甲骨文卧字象两手执席形……这是从正面看。如从侧面看，则作丨形。金文帅（即帅字）字习见，左旁都从阝或阝。阝是帅字的初文，其演化规律是由卧变作阝，再变作阝，周代金文加上形符的巾旁，才变成形声字之帅。汉隶的帅字从冒与从自互见。六朝以后帅字行而帅字废。……甲骨文阝舟之阝也作卧。阝或卧与帅率古字通。阝舟之阝应读率。《诗·緜》的'率西水浒'，毛传谓'率，循也'。说文谓'循，顺行也'。率舟是说舟在水中顺流而行。"（见《释林·释阝》）②

甲骨文有一砅字，隶定应作砅，即砅（音例）字的初文。"砅之作砅，和甲骨文涉之作涉，石鼓文流之作㵹，构形相同。"《说文》："砅，履石渡水也，从水

---

① 杨树达：《殷墟文字孳乳研究》，载《东方杂志》1928年25卷3号。
② 于省吾：《甲骨文字释林》，中华书局，1979年。

从石。《诗》曰'深则砅'。沥，砅或从厉。"于省吾又曰："砅为砅之古文，砅字中间从水，两侧从石，则履石渡水，是显而易见的。而《说文》砅字段注，谓'古假砅为厉'，由于不知砅与砅之造字本义，故本末倒置。"（《释林·释砅》）

于省吾还首次论证了殷代已有逞（音室）传制度，现摘录如下：

"甲骨文第一期有 𢀳 字，第三期作 𢀳、𢀳、𢀳、𢀳 等形，第五期作 𢀳。王襄据第五期之形隶定为逞（《簠·贞类》2.8）……"

"……甲骨文第三期的 𢀳 字，确是从彳从叠。它所从的叠，也有省变作 𢀳 或 𢀳 者，其中间加一横划，是表示二至之形。"

"《尔雅·释言》：'馹（音日）、遽，传也。'郭注：'皆传车驲马之名。'（之瑜按：《四部丛刊》本，驲字作驿）释文：'郭《音义》云，本或作逞，《声类》云，亦驲字，同。'《说文》谓：'驲，驿传也，从马日声。'又：'逞，近也，从辵叠声。'清代《说文》学家都认为驲是本字，逞是假借字，未免本末倒置。以甲骨文验之，逞挚乳为逞，逞与逞为本字，驲为后起的代字。至于甲骨文偏旁中从止从彳从𢀳或彳𢀳，往往互作无别，都是表示行动之义。《广韵》六脂：'逞，处脂切，走貌。'后世已不知逞即逞的初文。逞从至，至是到意。其挚乳从叠至，则表示从此至彼为递至。就音符来说，逞从至声，叠从至声。段玉裁说文銍字注，谓'至亦声'。王筠《文字蒙求》谓'余𢀳之音，又同余鱼'，其例并同。今将甲骨文有关逞传之贞择录于下，并加以解释。

一、己卯贞：逞来蚩，其用于父丁。
　　　　　　　　　　　　　（《金》118，摹本中的逞字误摹作逞）

二、贞：𢀳𢀳 𢀳示乡 𢀳 ，逞来归。　　　　　　（《存》下195）

三、□衣其逞□　　　　　　　　　　　　　　　（《佚》940）

四、壬戌卜，狄贞：亚旅其陟，逞入。　　　　　（《甲》3913）

五、丁丑卜，狄贞：王其田，逞往。　　　　　　（《甲》3919）

六、𢀳其逞至于攸，若。王𢀳曰，大吉。　　　　（《前》5.30.1）

以上所举的逞来归、逞入、逞往，是说乘逞传以归以入以往。甲骨文还有'传氐(致)孟伯'(《后》下7.13)之贞，传应读去声，指的是传车。周器《洹子孟姜壶》有'齐侯命大子乘遵来句宗伯'之语，遵同传，也指的是传车。孟伯是孟方的首领传致孟伯，是说用传车将孟伯送来。总之，甲骨文既于遘言往来，又于传言致，可见商代的遘传已相当发达。"(见《释林·释遘》)

于省吾说"逞与遘为本字，驲为后起的代字"，是很正确的。《六书故》谓："以车曰传，以骑曰驲。"则乘遘传以归、以入、以往，即是乘马乘车以归、以入、以往也。

第十二章　甲骨文所反映的殷代社会(下)

一、历法、天象和气象

　　古人对于天体的运作,最初只知道白昼黑夜、月盈月亏和寒暑往返等现象,渐渐便产生了日、月和年的种种观念。学者们都认为古人天时观念的发达,是与农业的发展相关联的,因为农业需要寻求天时周期的规律,以便及时地播种和收获。

　　殷代的历法,根据董作宾《殷历谱》①一书的研究,可概括如下:殷代以太阴月之圆缺一次为一月,月有大小之分,小月廿九日,大月卅日,大小月相间,两个月连续大月称"频大月"。以太阳之温凉寒暑嬗变一次为一年。用闰月调整阴阳之差,即用三年一闰,五年再闰,十九年而七闰之法,全年平均为三百六十五又四分之一日。武丁、祖庚时于年终置闰,称"十三月";祖甲以后改为年中置闰,即置闰于当闰之月,并改称一月为"正月"。纪日用天干地支,十日为"一旬",通常称昼为"日",称夜为"夕"。一日之中又有纪时:天将明之前称"妹"(即昧爽),黎明日出之时称"明"或"旦",此后曰"大采"(或

---

① 董作宾:《殷历谱》,1945年4月"中研院"历史语言研究所专刊。

朝)、"大食",中午称"中日"(或"日中"),午后日偏西曰"昃",之后称"小食""郭兮",黄昏时称"小采"(或暮),黄昏以后称"昏"。

陈梦家在《殷虚卜辞综述》①第七章"历法天象"中,把殷代纪时法根据卜辞排到了一个表,现抄录如下:

假定时辰	6 卯	8 辰	10 巳	12 午	14 未	16 申	18 酉	24 亥
武丁卜辞	旦、明 日明	大采 大食		盖日、中日	昃	小食		小采　夕
武丁以后卜辞	妹旦 大食	朝		中日	昃		郭兮 郭、兮	莫　夕 昏　落日
文献材料	妹爽、旦 旦明	朝 大采 蚤食	隅中	日中 正中	昃 小还	下昃　夕 大还 铺时		黄昏、定昏　夜 少采 日入

表中的"妹爽"即"昧爽","妹"是"昧爽"的简称,《说文》:"昧爽,旦明也。""昃",《说文》:"日在西方时侧也。""昏",《说文》:"日冥也。""大还",古天文学术语,相对小还而言。《淮南子·天文训》:"日出于旸谷……至于鸟次,是谓小还……至于女纪,是谓大还。""隅中",时将正午也,亦作"禺中"。《淮南子·天文训》:"(日)至于衡阳,是谓隅中。至于昆吾,是谓正中。""铺时",即傍晚之时,《淮南子·天文训》:"(日)至于悲谷,是谓铺时。"高诱注:"悲谷,西南方之大壑。""盖日","盖",商承祚隶定为"眰",李孝定谓"疑当读为旸",并引《祭义》"旸谓日中时也"。"大采""小采",《鲁语》曰:"大采朝日……日中考政……少采夕月。"《殷历谱》②(上编一·五)据之以定大采、小采为朝夕。"郭兮",与文无征。郭沫若云:"鞌,《说文》以为埔之古文,又以为郭之古文,《毛公鼎》以为昏庸字,《召伯虎簋》以为附庸字,则以埔字说为

---

① 陈梦家:《殷虚卜辞综述》,科学出版社,1956 年。
② 董作宾:《殷历谱》,1945 年 4 月"中研院"历史语言研究所专刊。

得其实,庸字在此似示时限,疑假为肜若融,用为明晨或晨刻之意,故以昏庸连文也,《粹》715 片有'聋兮(曦)至昏不不雨'之辞其明证。"①然则《甲》547 片云:"中日至郭兮答。"《掇》1.394:"昃至郭不雨。"《安明》B1848:"郭兮至昏不雨。"显然郭兮是介于昃与昏之间的时称,在下午,不在朝前,可证郭氏之说不确。

细玩《粹》715 片辞意,亦不能证明"郭兮"为"明晨"或"晨到"之意。宋镇豪在《试论殷代的记时制度——兼论中国古代分段记时制度》②一文中对陈梦家的商代一日内的时间分段提出了两点意见:"我们认为,嚞日不是时称,是与气象相关的用辞,又作蘁日(《京都》S3099),常与雨、启同辞,疑嚞乃旸字之借。《说文解字》云'旸,日出也',《尚书·洪范》云'曰雨曰旸',《论衡·寒温》云'夫雨者阴,旸者阳也'。嚞日是雨止日出的意思。各日也不是时称,甲骨文另有'各夕'(《粹》1061)的用辞(之瑜案:此辞应从郭老断句为'……东洹弗……王各,夕'),可见各日训作落日是不妥的。各日又作各于日,如下辞'…邲各日,王受又'(《粹》1276),'叀邲各日酒'(《怀特》B1386),'兄辛岁,叀邲各于日彡'(《甲》2589)。三辞辞例略同,各日即各于日。……各即后世的格。《尔雅·释诂》云:'格,至也。'各日的意思是至于某日、到了某日,又据甲骨文云:'于止日乃彡兄辛岁。'此辞与《甲》2589 辞乃同事异日卜之例,《甲》2589 辞的'各于日'在此成为'止日'(即之日),是已在这一日了。"以上宋镇豪的这两点意见是很好的。"各日"郭老云"殆犹出日"③。宋文中还增补了一些时段的名词,应尚难肯定为时名,故不一一介绍。

据陈梦家的研究④,"十三月"除见于武丁卜辞外,见于祖庚、祖甲二朝者,依期卜人分列于下:

---

① 郭沫若:《殷契粹编》附考释,日本东京文求堂石印本,1937 年;又日本东京三一书房重印本,1976 年,页 90。
② 宋镇豪:《试论殷代的记时制度——兼论中国古代分段记时制度》,《全国商史学术讨论会论文集》,《殷都学刊》增刊 1985 年 2 月。
③ 郭沫若:《殷契粹编》附考释,日本东京文求堂石印本,1937 年;又日本东京三一书房重印本,1976 年,页 167。
④ 陈梦家:《殷虚卜辞综述》,科学出版社,1956 年,页 221~222。

祖庚卜人　　兄(《佚》47)

　　　　　　出(《邺一》35.1、39.2)

祖甲卜人　　矣(《戬》45.8)

　　　　　　犬(《前》3.22.6)

　　　　　　尹(《明》1513)

　　　　　　行(《河》456)

　　　　　　即(《邺一》38.1)

由此可见,年终置闰法在祖甲时仍存,不过当时已有了年中置闰法,……可见年终置闰与年中置闰,至少在某一个时期内是并行的。董作宾一定要确定殷代历法的改革在祖庚七年是不可靠的。

春夏秋冬四季的分法,起于春秋以后,商代只有春秋两季,甲骨文中有一❄字,有人隶定为冬,其实是终字,不从糸,与《说文》古文同。甲骨文中无夏字。卜辞中是否有夏至、冬至,目前国内学者尚有不同的意见。卜辞中岁、年、祀三字的字义各不相同,更有别于今义。《粹》896 片第 5 期卜辞云:"癸丑卜,贞:今岁受年?引吉,才(在)八月,隹王八祀。"岁、年、祀三字并见一辞。岁字甲文作戉、戊等形,像一种兵器,类似近世之月牙斧,"戉字上下二点,即表示斧刃上下尾端回曲之透空处,其无点者,乃省文也"①。初为武器,大约后来也用于收割庄稼,所以卜辞中岁字之用大多数是关乎年成的,引申而有"年谷之成曰岁"之义。《左传》哀公十六年:"国人望君如望岁焉。"注:"岁,年谷也。"故一个收获季节也可以叫"一岁"。

陈梦家认为殷人一年有两次收获季节,麦收(5～6 月)为一岁,禾收(8～9 月)为一岁,一年就有两岁②。甲骨文年字作秂、秊等形,像一人负禾。《说文》:"年,谷熟也。"《穀梁传》桓公三年:"五谷皆熟为有年。"疏:"取其岁谷一熟之义。"陈梦家谓:"卜辞的年如'受年''㞢年'即稔,指收获。"这是对的。

---

① 于省吾:《甲骨文字释林》,中华书局,1979 年。
② 陈梦家:《殷虚卜辞综述》,科学出版社,1956 年,页 225～226。

甲骨文"祀"字作𥘅、𥘃，从示从巳会意，《说文》："祀，祭无已也。"本义为祭祀。

那么如何又将"祀"字用于纪时的呢？这要从殷人的祭祀规律说起：一是小祀周，即一旬中的祀周，按干支依次祭祀先祖先妣之名甲至癸者；二是中祀周，又称"祀季"，即用五种祭祀之祀典——祭、㲿（䜌，音载）、𠷎、彡、羽（翌）有次序地对先考先妣轮番进行祭祀。这五种祭又分为三组进行：一组是彡组和羽（翌）组是单独举行的，各在一个祭祀周期中遍祭全部考妣；二组是祭、㲿（䜌）、𠷎这三种祭祀合为一组，在一个祭祀周期中依次重复进行；三组是大祀周，即用上述三种祭法轮流遍祭先考先妣。大祀周的次序，董作宾、陈梦家认为是彡、羽（翌）、祭、㲿（䜌）、𠷎，岛邦男认为是祭、㲿、𠷎、彡、羽。这种大祀周卜辞中就称为"祀"。"祀季"（中祀周）和由三个祀季构成的"祀"（大祀周），其所包含的日数因各代殷王考妣多少不同而需用日数亦有不同，因为每下一代殷王就要多祭祀一代祖妣，所以到了帝乙、帝辛时代，彡祭和羽（翌）祭的第一次祭祀周约需十一至十二旬，祭、㲿（䜌）、𠷎这一组祭祀的周祭约需十三旬。

这样，一"祀"（大祀周）的时日在 360 至 370 日之间，和一个太阳年（回归年）的日期相近。这时的一"祀"，就相当于一年。所以帝乙、帝辛时代祭完一遍，一年的时间也就过去了，所以用祭祀来代表年。如第五期卜辞辞尾系有"隹王某（数字）祀"，这与《尔雅·释天》"夏曰岁，商曰祀，周曰年"的记载商代情况是一致的。《尚书正义·尧典》引孙炎云"祀取四时祭祀一讫也"，更合乎商代晚期的实际。

殷代是否已有"夏至""冬至"，学术界是有不同意见的。《乙》15"哀，五百四旬七日至丁亥从。在六月"这条卜辞常被学者引用，多有异说，以张政烺的解释最得其义。他说："这是一条卜辞的占辞，……这类字体的卜辞的纪日法是从卜之明日起算，五百四旬七日是五四七个整日，加上卜日的半日（不足一日）共五四七点五日，这是回归年一年半的日数。这条卜辞是在六月即'夏至日'占卜的，等着过了五百四十七日半，到明年十二月的日至（即冬至)丁亥这天,照卜兆行事,开始衷(蒲侯切)田。"① 这就是说在殷代,对于一年四时的划分是以天象为标准,殷历以建丑之月为岁首,六月为建午之月即"夏至月",十二月即"冬至月"。卜辞虽无夏字,冬字亦多作终字解,但"至"的术语即是殷人认识冬夏的证据。但这不是结论,而是在讨论中的一家之言。

商代的天象记录最重要当推日食、月食。但日食卜辞疑问较多,月食卜辞较为丰富。现分别叙述如下:

《林》1.10.5:"日出食。"陈梦家指出,系残甲片,"三字横行,读法恐有问题"②。

《甲骨文合集》11481片,严一萍释为"日出食"③。据胡厚宣指出,"此片乃旅顺博物馆藏,已是著录于《甲骨续存》下卷149片,'日'字乃是'十一月'合文,也不是日有食的记载"④。

《库》209片,岛邦男列于《殷墟卜辞综类》⑤日食类下,实际因断句有误,与日食全然无关。正确断句应如下:"丙申卜,翌丁酉,酒、伐启?明雾,大食日启,一月。"大食、小食即朝夕两餐之时,全辞大意为,丙申日卜卦,问第二日丁酉用酒祭,伐祭,天会晴吗?天明有雾,到早餐时天晴,一月。

《合集》33694:"癸酉贞,日月㞢(有)食,佳若。癸酉贞,日月㞢(有)食,非若。"《合集》33695:"癸酉贞,日月〔㞢〕食……上甲。"月字均用𝄐,为第四期卜辞。胡厚宣指出:"日月㞢食"的𝄐(月)字,最早1925年王襄释"夕"。后来1941年的胡厚宣、1944年的刘朝阳、1950年的德效骞、1956年的陈梦家、1975年的张培瑜、1979年的《中国天文学简史》的编写组、1980年中国大百科全书天文学卷的徐振韬及1981年中国天文学史的整理研究小组,均从王

---

① 张政烺:《卜辞裒田及其相关诸问题》,刊《考古学报》1973年第1期,页98。
② 陈梦家:《殷虚卜辞综述》,科学出版社,1956年,页240。
③ 严一萍:《殷商天文志》,刊《中国文字》新2期,台北艺文印书馆,1980年。
④ 胡厚宣:《卜辞"日月又食"说》,刊《上海博物馆集刊》第3期,上海古籍出版社,1986年,页4。
⑤ 岛邦男:《殷墟卜辞综类》,日本汲古书院,1967年,页260。

说,释月(☽)为夕。"

"☽字最早释'月'(☽)的,是 1933 年的商承祚,后来 1940 年的董作宾和陈遵妫、1943 年的于省吾、1944 年的刘朝阳、1956 年的陈梦家、1959 年的李约瑟、1963 年的赵却民、1981 年的陈邦怀,均从商说,释为'月'。"

"其中刘朝阳以为'夕月无别',陈梦家以为'日月又食''也可读作日夕之食'。所以他们既释'夕',又释'月'。"

胡厚宣接着又指出:"今案'月'(☽)字当释'月',释为'夕',显然是不妥当的。陈遵妫先生说,'此字(☽)前三期皆当为月字,第五期则当为夕字'。又说,'若释为夕字,则当为癸酉之夕有日食。然夕在卜辞中即为夜字,非若后世朝夕之意,同时有昏暮字,以示天晚之时间。日食在夜,则决不能见'。这些话说得非常中肯,'☽'字在武乙文丁时一般都用作'月',无作'夕'者,卜辞中常见的'今夕亡祸','夕'之义都为'夜',无作下午或傍晚之意者。如此,则下午、傍晚日食之说就难以成立了。……陈遵妫先生说,'日食在朔,月食在望,近距亦经半月'。又日食看到,当在白天,月食看到,当在夜里。今卜辞说,'癸酉贞日月又食'。日月并称,但日月岂能同时有食? 且'日月又食',又不是记验之辞,则知其必定不是实录。又月食,亦不言'夕',知癸酉即绝不是月食,也不是日食的日期。"胡先生的结论是: 由于"癸酉日月又食"这三片卜辞,都是命龟之辞,意思是说,"癸酉日占卜",问如果真的发生了日食或月食,会是吉利还是不吉利呢?

如果真的发生了日月食,就向先公上甲祷告是否吉利? 并不是说癸酉这一天已经真的发生了日食或月食或日月频食之事,所以就不容易推考其日月食的年代和日期。否则,勉强去加以推考,无论如何,总是不好讲通的①。有人据此,说"此辞正是预卜日食之辞"②,认为殷人已能预测日、月之食,是不能令人信服的。

---

① 胡厚宣:《卜辞"日月又食"说》,刊于《上海博物馆集刊》第 3 期,上海古籍出版社,1986 年,第 4 页。
② 温少峰、袁庭栋:《殷墟卜辞研究——科学技术篇》,四川科学出版社,1983 年,页 33。

关于月食的记录卜辞中较多,如:

壬申◐(夕),◐(月)㞢(有)食。　　　　　　　　(《合集》11482〔反〕)

□申易日,之◐(夕)◐(月)㞢(有)食。　　　　　　(《合集》11483〔正〕)

癸未卜,争贞:旬亡囚,三日乙酉◐(夕)◐(月)㞢(有)食,闻八月。

(《合集》11485)

〔癸〕未卜,争贞:翌甲申易日,之◐(夕)◐(月)㞢(有)食,甲霍(雾)不雨。(正接反)之夕月㞢食。　　　　　　　　　　　　　(《丙》56)

〔己〕丑卜,宕贞:翌乙〔未〕……黍异于且乙。〔王〕固曰:㞢希,不其雨?六日〔甲〕午◐(夕)◐(月)㞢食。乙未酢多工率条䕲。(《丙》54)

……己未夕㿽庚申◐(月)㞢食。　　　　　　　　(《金》594)

……七日己未㿽庚申◐(月)㞢食。　　　　　　　(《库》1595〔反〕)

以上均是第一期卜辞,月均作◐,夕均作◐。《丙》56(反)"之夕月㞢食"是明显的验辞,记载了甲申夜有月食。䕲字,孙海波曰:"《说文》:'䕲,商小块也,挚乳为遣。'"①《说文》:"䕲,商小块也,从𦣞从臾。"徐铉等曰:"臾,古文蕡字。"䕲音遣。《说文解字注·艸部》:"蕡艸器也,谓一蕡之土而已。""条䕲"义不详。㿽字,于省吾谓:"综之,契之㿽字即《说文》鐙(音豆)之或体作䁬(音豆)之初文,象甌壶一类无盖之器。汉代谓之钟𨱆,契文用牲而言䁬者,应读为斲(音灼),谓斲斫也;其言夕䁬某日䁬者,应读为覟(音兜,目蔽垢也),谓天气之阴蔽也。"②陈梦家认为:"卜辞㿽字只有两个用法,一为用牲之法;一为夕㿽。晚上的气候通常以见星为测,所以雨止于夜谓之姝(今作晴)……'夕㿽'之义不外乎指夜间有星无云或无星有云。"③

卜辞的天象记录有日戠、戠日、日又戠、月又戠。如:

贞:日又戠其……一牛不用。　　　　　　　　　(《宁》1.246)

---

① 孙海波:《甲骨文编》哈佛燕京学社石印本,1934 年;中华书局影印本,1965 年。
② 于省吾:《殷契骈枝续编》,石印本,1941 年。
③ 陈梦家:《殷虚卜辞综述》,科学出版社,1956 年,页 246。

庚辰贞：日又戠，其告于父丁，用九牛，在甕。

庚辰贞：日戠，其告于河。

庚辰贞：日又戠，非囚（咎）隹若。　　　　　　　　（《粹》55）

壬寅贞：月又戠，王不于一人祸。一又祸。　　一

壬寅贞：月又戠，其又土，尞大牢。一丝用。

癸卯贞：甲辰尞于土，大牢。　　一　　　　　　　（《屯南》726）

戠日。　　　　　　　　　　　　　　　　　　　　（《甲》829）

壬子卜，贞：日戠于甲寅。　　　　　　　　　　　（《佚》384）

卜辞戠作𢦏，河、土均指殷之先公，告、尞为祭名，甕为地名，习见。戠字用于祭祀，于省吾谓，"乃臘字的初文"，"戠读为臘（音职），其为曝晒牛牲的干肉以为祭品"①。戠用于天象记录，郭沫若云："'日戠''日又（有）戠'当是日之变。因有此变，故卜告于河，卜告于父，以稽其祯祥。戠与食，音同，盖言日蚀之事耶？"前述月食卜辞均用"食"字，无以"戠"假为"食"之例。"月又戠""日又戠"旧说以为"月食""日食"。

戠字今从胡厚宣说："今案，'戠'当读作'埴'（音职入声），'埴'的意思是赤色。《尚书·禹贡》说'赤埴坟'，《经典释文》'埴，郑作戠'。又说'韦昭音试'，是郑本《禹贡》及韦昭所据《汉书·地理志》引《禹贡》'埴'都作'戠'。《太平御览》卷三十七引《尚书·禹贡》'埴'要作'戠'。孔颖达《尚书正义》说'戠埴音义同'，戠者，《释文》说'徐、郑、王皆读曰炽'。《文选·蜀都赋》李善注引郑《尚书注》曰'炽赤也'。《玉篇》《广韵》戠加土字作墥，云：'赤土地。'是戠即埴，埴犹炽，即是赤色的意思。"②因知"日戠""月戠"，乃日月呈赤色也。

甲骨文星字作 ⁂、∴，品像众星之形，加𠂉遂成形声字，卜辞或用晶为星，作品、晶。孙诒让曰："晶即星本字，像其小而众，原始形当作品。"③

---

① 于省吾：《甲骨文字释林》，中华书局，1979年。
② 胡厚宣：《重论"余一人"问题》，载《古文字研究》第六辑，中华书局，1981年，页19～20。
③ 孙诒让：《名原》上卷，上海千顷堂书局翻印本，1905年，页3。

卜辞中屡见星名,或仅言星。其最重要者莫过于岁星之发现。胡厚宣说:"近年以来,以现代科学方法研究中国古代天文学史者,以日本之新城新藏及饭岛忠夫为最有名。但关于岁星之意见新城氏以为大约在西纪前360年时,甘公石公二人始测得岁星为十二年而行一周天,并用岁星之位置以纪年。饭岛氏亦以西纪前330年为测定岁星位置之最初年代。刘朝阳氏则据两氏之说,谓:'新城以十二支之制定为殷代之事,故岁字之出世,必在殷代之后。惟饭岛忠夫以十干十二支为在阴阳五行说成立之后出世,而阴阳五行说之成立则在西纪前三百余年附近,是岁字之造成又须在此年代之后矣。'"

"惟郭沫若氏不信其说,作《释岁》一文(见《甲骨文字研究》131页),……'说者或以五行之观察,盛行于春秋中叶以后,古人之星历智识当无是详密,故木星名岁当属后起。然而依余所见,则颇不其然。十二辰文字于卜辞中使用最频繁,且其文字之构成与巴比伦之古十二宫颇相一致,此事即使尚有考察之余地,然于卜辞中已有年终置闰之事以为阴阳历之调和,已有月大月小之分以求朔望之一致,谓殷代于岁星之存在及其运行无所见及,殊属不合事理。故余意木星名岁,殊合原人之观照,而岁星名木,则往后五行之说之所波及也。'"①胡氏于此文中有"星神"一节列举卜辞支持郭说,谓"殷代确有岁星,亦确有岁星之名"。

温少峰、袁庭栋著《殷墟卜辞研究——科学技术篇》②第一章天文学第四节"行星的记录"中说:"卜辞中之'岁'字用法有四:(一)用为与收获有关的时节称谓,即后之'年岁'义,如'今岁受年'(《甲》3298)、'来岁受年'(《乙》5881)。(二)用为收获义,如'告岁'(《存》2.215),在卜辞中与'告秋''告麦'同义,即告丰收于先祖神灵。(三)用为祭名或用牲之法,如'用子央岁于丁'(《林》1.20.3),'后祖乙岁一牛'(《京津》3276)。(四)用为祭祀对象,即'宾岁'。我们现在要加以讨论的就是'宾岁'之岁,我们认为,这就是'岁

---

① 胡厚宣:《殷代之天神崇拜》,载《甲骨学商史论丛》初集,成都齐鲁大学国学研究所专刊,1944年。
② 温少峰、袁庭栋:《殷墟卜辞研究——科学技术篇》,四川科学出版社,1983年,页33。

星'。……

  乙亥卜,宾贞:王宾岁,亡尤?   (《前》7.20.2)
  辛卯卜,即贞:王宾岁,不雨。   (《后》上 27.12)
  丁未卜,行贞:王宾岁,亡尤。才(在)寞。   (《佚》395)
  己未卜,行贞:王宾岁,二牛,亡尤? 才(在)十一月,才(在)𠆢卜。

                (《文》456)"

"上列诸例之'宾'即'傧祭','岁'是殷王'傧祭'的对象。按卜辞通例,'王宾'之后即为神名,可知'岁'是被祭祀的神,若与前引(1)、(2)、(3)辞的'王宾日'和(71)、(72)辞的'王宾月'相比较,可知作为'宾'祭对象之'岁'正与作为'宾'祭对象的'日''月'同例。那么,被'宾'祭的'岁'就是'岁星'难道还有疑问吗? ……"

"……赵光贤先生据以证新近出土的《利簋》铭文:'珷王征商,唯甲子朝,岁,鼎(贞),克昏夙又(有)商……'之'岁',正是《国语·周语》所记'武王伐纣,岁在鹑火'之'岁星'(《从天象上推断武王伐纣之年》,载《历史研究》1979 年第 10 期)。"

严一萍在《从利簋铭看伐纣年》①一文中亦有同样的观点,但断句不同,说明更详细,现摘引如下:

1976 年 3 月间,陕西临潼县发现了一个西周铜器窖穴,出土铜器六十余件。其中一件利簋,铭文三十二字,对武王克殷有着很重要的关系。1977 年第 8 期《文物》上有一篇发掘报告,为临潼县文化馆的《陕西临潼发现武王征商簋》;两篇考释文字:一为唐兰的《西周时代最早的一件铜器簋铭文解释》,一为于省吾的《利簋铭文考释》。三篇文章都有释文。

我现在从另一角度来断句,试作解释:

  珷征商,隹甲子朝岁,鼎克,昏夙有商。辛未王在🐚𠂤,易右事利金,用作檀公宝障彝。

---

① 严一萍:《从利簋铭看伐纣年》,载《中国文字》新 8 期,台北艺文印书馆,1983 年。

甲子日克纣,见于《逸周书·世俘解》。《汉书·律历志》引《武成》《史记·周本纪》等书,现在利簋文更证明上述各书所记为正确。因此铭文中的"岁"字应当解释作岁星,与'朝'字连读,《淮南子·兵略训》:"武王伐纣,东面而迎岁。""迎岁"犹言"朝岁"。《礼记·玉藻》:"玄端而朝日于东门之外。"孔疏说:"即春迎日于东郊。"所以铭文之"朝"非朝暮之朝,"朝岁"犹《玉藻》之"朝日";《淮南》之"迎岁",即利簋之"朝岁"。于省吾在文中曾提出岁星作参考。可惜没有进一步以岁星作解释。

《前》7.26.3"……采𢀖云自北西单雷……鹝星。三月"。胡厚宣云:"鹝字从鸟,右之𠂤乃商当即鹝字。《玉篇》:'鹝,鹝翔鸟舞,则天大雨。'《广韵》:'鹝鹏又鹝鶂也。'《孔子家语》'商羊舞,则天大雨',作商羊。皆以为鸟名,以鸟名名星,亦犹鹑火、鹑首、鹑尾之类也。又疑鹝从商,或即商星。"①

《尚书·尧典》有"日中星鸟以殷仲春"之说,武丁时卜辞有以妝、卯祭祀鸟星者,辞例及解说详第三章。

卜辞尚有记录"大星""新星"者,如:

……卯……夕雾……日……大星②。　　　　　　　　　(《乙》6386)

𤈦(终)夕龙亦(夜)大星。　　　　　　　　　　　　(《簠·杂事》120)

……辛未,㞢设,新星。

贞:翌乙卯,不其易日?王卜曰:止……勿雨。乙卯,允。明,三……食日,大星。　　　　　　　　　　　　　　　　　(《积微居甲文说》十页转引)

杨树达云:"按星字甲文作品,或加声旁作㞢,其为天上星宿之象形字甚明。

---

① 胡厚宣:《殷代之天神崇拜》,载《甲骨学商史论丛》初集,成都齐鲁大学国学研究所专刊,1944年。
② 华案:李学勤1981年在《郑州大学学报(哲学版)》第4期发表了《论殷墟卜辞的"星"》一文,指出殷墟YH127坑《乙编》6385的卜辞,"食日大星"引曹锦炎说"食日至中日"当指上午的一个时段期。于省吾《甲骨文字释林》"乙卯,允明雾"是指乙卯日破雾,《乙》编6385下文"食日大星",大星显然是动词,意思是大晴,《合集》11499有"大启,阳",即大晴,日出。

惟文云大星,云新星,若释为星辰之星,殊无义理。盖古人名动同辞,风雨之雨曰雨,降雨亦曰雨,星辰曰星,天上见星亦曰星。《诗·鄘风·定之方中》云'星言夙驾',《郑笺》云'星,雨止星见',是其义也。此知甲文云大星者,天上星大出也,新星者,天上久不见星,今新见星也。星见之字后别构为姓,《说文》七篇下夕部云:'姓,雨而夜除星见也,从夕,生声。'姓即今之晴字。盖据事象言之,夕时星见为明日天晴之兆,星其先征,姓其后果。"① 杨树达的意见是对的。

在卜辞中还记录了许多气象资料,现择要列举如下:

1. 风

卜辞用凤为风,作 𤊻；或从凡声作 𠙻。又用 𠁷（凡）为风,如《拾》7.11 "……𠁷（风）若"。卜辞中有许多风的记录,如"大风"（《粹》837）、"小风"（《拾》7.9）、"㞢（有）风""亡风"（《续》4.22.6）、"其风""不风"（《人》2003）、"风囚（咎）"（《后》上 31.14）等等。武丁卜辞有"大𡰩风",于省吾释𡰩为撇,"大撇风"即大骤风、大暴风②。廪辛卜辞有"大颯"（《甲》3819）,《广雅·释诂四》"俛,狂也","兄""王"古音同,当是大狂风③。

在卜辞中关于四方风名的研究,胡厚宣、杨树达和严一萍三位先生曾作出过很大的贡献。

甲骨卜辞之有四方风名,初见于刘善斋所藏之牛胛骨刻辞（见图 12-1）,以其文体非卜辞,郭沫若疑为赝品,未收入《殷契粹编》中。

"中研院"第十三次殷墟发掘所得甲骨至多,其中适有契刻四方风名之腹甲一（图 12-2）,其文为卜辞,而句亦异撰,现著录于《乙》第 4548 号,惜已残阙。时胡厚宣正服务于该院历史语言研究所,参与整理之役,即据之以证善斋所藏牛胛骨刻辞之非伪,并参证《山海经》《尧典》诸古籍,交互钩稽,以成《甲骨文四

---

① 杨树达:《积微居甲文说》卷上,1954 年 5 月中国科学院,页 41。
② 于省吾:《甲骨文字释林》,中华书局,1979 年。
③ 陈梦家:《殷虚卜辞综述》,科学出版社,1956 年,页 241。

方风名考证》①一文,载《甲骨学商史论丛》初集。

抗战胜利后胡厚宣奔走南北搜求甲骨,曾于北平庆云堂购得甲骨一批,其中一首甲适与十三次发掘所得之腹甲缀合。该首甲现著录于胡氏所编《战后京津新获甲骨集》第 428 号。经此缀合,四方可全,而辞犹不足。

1945 年 3 月 6 日,杨树达作《甲骨文中之四方风名与神名》②一文提出商榷。确认四方风为神名,曰:"按胡君意谓:四方之名,在甲骨文中并非神名,至《山海经》始以为神。余按胡君此说殊不然。此证不必他求,即就胡君所举其他之二卜辞文可以明之。胡君引"中研院"第十三次发掘殷墟所得龟甲之一片云:

  贞帝于东方曰析,凤曰劦。

  □□□□□□,□□□。

  贞帝于西方曰彝,凤□□。

  □□□卜内□贞帝□于北□□□,□□□。(按此当为第一行)

又引《金璋所藏甲骨卜辞》第 472 片云:

  卯于东方析,三牛、三羊、青三。

帝为禘祭,世所习知,又其卯东方析也,以三牛三羊青三,假令殷人不以诸名为神,焉得有禘祭与卯牲之事哉!"③青,甲骨文作䇂,郭老读觳(音雹),《说文》:"觳,小吸也。"从豕殼声,殼则从殳青声,故青可假觳也(《粹》考释 1268)。

1957 年 5 月 1 日,严一萍作《卜辞四方风新义》云:"今者,余因全甲之复原而知杨氏所论亦失之。此新得之残片为《小屯乙编》4794、4876、4883、5161、6513 及 6533,共六片,有关于四方风者 4876、4883 及 6533 之三片,此

---

① 胡厚宣:《甲骨文四方风名考证》,《甲骨学商史论丛》初集第 2 册,成都齐鲁大学国学研究所专刊,1944 年。
② 杨树达:《甲骨文中之四方风名与神名》,《积微居甲文说》,中国科学院,1954 年。
③ 杨树达:《积微居甲文说》,中国科学院,1954 年,页 53~54。

为余年来整理小屯甲骨若干收获之一;所惜北方风名之字,尚未觅得,犹不能补全为憾(见图12-1)。"①

图 12-1

---

① 严一萍:《卜辞四方风新义》,台北《大陆杂志》1957年第15卷第1期。

图 12-2 释文：

东方曰析，凤（风）曰劦。
南方曰夹，凤（风）曰岂。
西方曰夷，凤（风）曰彝。
□（北）□（方）□（曰）□，凤（风）曰殳（音哈）。

北方之名善齐藏甲字泐不明，胡厚宣因《山海经》作北方曰鹓，疑其为宛字。可从。

图 12-1 严氏释文：

贞帝于东方曰析风曰劦求年
辛亥卜内贞帝于南方曰𰀀风夷求年一月
贞帝于西方曰彝风曰𰀁求年
辛亥卜内贞帝于北方（曰□风）曰𰀂求（年）

南方之"𰀀"，胡厚宣释岂，读为微。杨树达读为岂。严一萍谓："此字像一人披发上扬，手舞足蹈之状，有摇动之义，疑为摇之初文。"严氏此说似有未安。又云："腹甲𰀀字，牛胛骨作𰀃，乃𰀀之繁写，其实两字皆榦（《粹》1281），若𰀄（《前》4.26.6）之省文。"此说甚允。善斋藏骨中之𰀅字，胡厚宣释夹，杨树达释荚，严一萍释夷。今从胡说。

严一萍文中列举《前》4.42.6、《后》下 39.9、《库》992、《续》2.15.3、《粹》1281 等片，谓："由此可知，殷人以'宁''卯''帝'于风者，所望在风调雨顺，而目的在求年也。此纯为农事所关，故遍及于四方，与《尧典》四宅之义，有一脉相承之渊源在焉。"

胡厚宣于 1956 年《复旦学报——人文科学》第 1 期发表《释殷代求年于四方和四方风的祭祀》一文，作进一步论证。他对大骨（图 12-2）北方之方名，据拓片隶定为勹（音苞），并说："《大荒东经》说'北方曰夒',甲骨文说'北方曰勹'。夒字不见《说文》,疑当读作宛。雷浚说,'《说文》无鹓字,《文选·司马长卿〈子虚赋〉》"鹓䴊孔鸾",《汉书·司马相如传》作宛'。《说文》:'宛,屈草自覆也,于阮切。'勹疑勽(音冽)之省文。章太炎《文始》说:'勹孳乳为勽。'《说文》:'勽,覆也,从勹从人。'容庚据魏三字石经免古文作𠓠,定为免字,《广韵》:'勹,武粉切。'《玉篇》:'勹,亡粉切。'《颜氏家训·音辞篇》说,'《战国策》音冽为免'。唐兰说,袒免之免,古读若问,则知𠓠即免字。朱骏声说宛之重文当作宛,即免字。是甲骨文勹为勽省,即宛字重文。与《山海经》作夒者,为同字。"

他对大龟(图 12-1)之释文如下:

辛亥,内,贞今一月帝令(命)雨。四日甲寅夕,允 雨 。一二三四
辛亥卜,内,贞今一月 帝 不其令(命)雨。一二三四
辛亥卜,内,贞帝(禘)于北方曰 勹 ,凤曰伇,秊年。 一 月 。一二三四
辛亥卜,内,贞帝(禘)于南方曰兊,凤(风)𠂤,秊年。一月。一二三四
贞帝(禘)于东方曰析,凤(风)曰劦,秊年。一二三 四
贞帝(禘)于西方曰彝,凤(风)曰𢀖,秊年。一二三四

胡先生同时又列举下列四条卜辞:

……卯 于□方□, 四 牛 ,四羊,青四。卯于东方析,三牛、三羊、青三。
                                                    (《金》472)
癸未,贞辛卯其秊禾于示。乙酉,贞又岁于伊西彝。   (《粹》195)
其罕(宁)叀(唯)日彝樟用。   (《京津》4316)
䕻凤(风),叀(唯)豚,彳(侑)大雨。   (《前》4.42.6)

上例六辞四方名和四方风名,大体一致,惟间有方名与风名互相颠倒者,胡先生更列表明之如下:

方 风		大骨	大龟	《金》	《粹》	《京》	《前》
东	方	析	析	析			
	风	劦	劦				
南	方	𢎥	屶				
	风	屶	𠂤				
西	方	𣏟	彝		彝	彝	
	风	彝	𣏟			㮥	𣏟
北	方	勹	勹				
	风	殳	殳				

并分析说：其称东方名，大骨和大龟都说"东方曰析"，《金》说"东方析"，无异辞。其称东方风名，大骨说"凤曰劦"，大龟说"凤曰劦"。凤即风；劦即劦，甲骨文字从口与否得相通。因而东方和东方风名，各片是相同的。

其称北方和北方风名，大骨和大龟都说："北方曰勹，凤曰殳。"只是勹字大骨作勹，大龟作勹，一向左，一向右；殳字大骨作殳，大龟作殳，阝旁一在左向左，一在右向右，殳旁一在右从彳在下，一在左从彳在上。实则甲骨文字，以左右对称的关系，向左向右或在左在右或在上在下，皆相同。是关于北方和北方风名，各片亦相一致。

其称西方和西方风名。大骨说，"西方曰𣏟，凤曰彝"。大龟说，"西方曰彝，凤曰𣏟"。𣏟即𣏟字，彝、𣏟字同，而方名与风名互倒。但由《粹》195言"西彝"而不言"西𣏟"，《前》4.42.6言"𣏟凤"而不言"彝凤"，《京》4316言"彝㮥"而不言"㮥彝"，似当以大龟言"西方曰彝，凤曰𣏟"者为是。

其称南方和南方风名。大骨说，"南方曰𢎥，凤曰屶"。大龟说，"南方曰屶，凤曰𠂤"。大龟凤后夺或省一曰字。屶字大骨作屶，大龟作屶，一向左，一向右，字同。大骨之𢎥，即夹字。甲骨文夹字亦作夹、夹，大龟作𠂤者，疑夹之省。大骨与大龟夹、岂字同,而方名与风名互相颠倒。岂,古读作岂,《说文》岂下云"散省声",散下云"岂省声"。《诗·邶风·凯风》"凯风自南"。《尔雅·释天》"南风谓之凯风"。……凯、恺、岂,都和岂声相近,可以通借。而称南风为凯、恺、岂风,实与大骨说南方"风曰岂"者相同。大骨与大龟,方名与风名相互颠倒,说有不同,似当以大骨为是。

胡厚宣在此文结论中说:"在甲骨文里,只说某方曰某,风曰某,把方名和风名当作一种神灵。到《山海经》则把方名看成是一种神而加以人格化。将四方的神人予以分工,东方、南方的神人管着风的出入,西方、北方的神人管着日月的长短。到《尧典》,则由《山海经》的'司日月长短'的神人,演化成了主日月之神的羲和之官。四宅四方,都以日的动态为名,并特别祭日的出入。在甲骨文仅有以四方与四时相连属的观念和萌芽,到《尧典》则明白地以春夏秋冬四时配合了四方。并以初昏星象,推定四时四仲的季节。"

于省吾对西方和北方的方名与神名有如下的考释:"西方曰彝之彝应读作夷,训为杀伤,是指西方杀伤万物言之。韰曰丯之丯应读作介,训为大,是指西方的大风言之。北方曰夗,陈邦怀同志谓'夗为宛之初文','夗义为蕴'(《殷代社会史料征存》四),这是对的。蕴是万物蕴藏之义。北方韰曰伇之伇应读作洌,是指北方的寒风言之。"①

2. 雨

雨水对农事关系最大,卜辞有云:"帝令雨足年。"(《前》1.50.1)足见殷人深知雨水的充足与否,与年成的丰稔有密切的关系。故卜辞中关于雨的记载也最多,有"大雨""小雨""多雨""少雨""征(延)雨""𣥠(盅)雨""不𢆉(缁)雨"等名称。于省吾说:"甲骨文的盅雨应读作调雨。……训调为调和之

---

① 于省吾:《甲骨文字释林·释四方和四方风的两个问题》,中华书局,1979年。华案:甲骨文中𠂇、匑、𠂆等形,于省吾先生在《甲骨文字释林》从勹形:"𠂆、𠂇、𠃌象人侧面俯伏之形即伏字初文。曹锦炎《释甲骨文北方风名》一文纠正以往学者的释北方风名"宛"与"伏"字形不符,指出:"甲骨文的北方名实为'伏'。北方曰伏,除了见于甲骨文外,尚见于典籍《史记·五帝本纪》司马贞《索隐》引《尸子》曰:"北方者,伏方也。"北方何以名为"伏"?《汉书·律历志》:"太阴者,北方。北,伏也。"曹锦炎所论北方风名不仅从文字上而且从典籍记载上都得到了证明,已被学界定论。详见《中华文史论丛》1982年第3辑。

雨。"(见《释林·释盅雨》)又说:"甲骨文绉字应读作茸,绉与茸并谐耳声,故通用。……按细毛谓之茸,故细雨亦可谓之茸。甲骨文之不绉雨,谓雨不茸细也。"① 殷人为防雨多成涝,亦有求上帝"不雨,受年"(《前》6.7.4)、"不雨,帝受我年"(《天》24、《南师》1.16)的记载。

3. 云

甲骨文云定作㚏、㝉,从上、勹与《说文》云之古文同。云为云之初文,加雨为形符,乃后起字。卜辞中每有"六云""四云""三云"之谓,此皆指云之色也。又有"各云自某",或作"烙云",按"各""烙"即格,谓来至也,"各云自某"即指来自某方之云。

4. 虹

于省吾据典籍中有关虹之解说,证成⌒系虹之象形,乃虹之初文②。诚为不易之论。

5. 雷

于省吾云:"甲骨文靁字从申,申即电之初文。电者靁之形,靁者电之声。靁字之演变,其作⌒,乃⌒或⌒形之省变,再变而作⌒、⌒,三变而作⌒、⌒、⌒,四变而作⌒,其增雨作形符,为《说文》作靁所本。"(见《释林·释靁》)卜辞雷字亦为地名,如"才(在)⌒"(《粹》1570),郭沫若误释为畴;又如"才(在)丘⌒"(《南明》395)。二辞比较同为"行贞",同"在正月",足见"才雷"即"才丘雷"。

记载雷的卜辞中系有月份者,计有"一月"(《乙》3282)、"二月"(《丙》61正反)、"三月"(《前》7.26.3)、"十月"(《后》下1.12)、"十三月"(《乙》3282)等。一、二、三、十、十三诸月在当时殷墟能闻雷,实为中国古代气象学上大可研究之问题。十三、一、二月尚属春季,有春雷可说,但十月闻雷就很难解说了。

6. 霍(⌒)

《说文》所无。郭沫若于《粹》611片说解云:"霍当是冡(音蒙)之古文,读

---

① 于省吾:《甲骨文字释林·释"不绉雨"》,中华书局,1979年。
② 于省吾:《甲骨文字释林·释虹》,中华书局,1979年。

为雾。旧或释风,非是。"陈梦家释霍,读为霖①。李孝定认为于形义均有未安。"霍字从 ⊢,古金文从 ⊢ 之字如同尤央之属皆从 ⊢,无一从 ⊓ 者,足证二者之非一字。且陈氏说霍为雨止云散,是与攸义相近,卜辞中每多霍攸对贞之辞,如陈氏言则将无以为解。"②

7. 雹

甲骨文 ⊞ 字,王襄最早释为古霖字。"⊞ 字从 ○○○ 乃像所下雹子之形。下雹子总伴随着雨,所以从雨。卜辞雹字用本义,最能说明问题的是《殷虚文字丙编》61,即两条对贞的卜辞:'癸未卜,方贞:丝 ⊞(雹)隹降囚?癸未卜,方贞:丝 ⊞(雹)不隹降囚?'与灾咎联系的,当然绝不会是雨止的霖。"③

8. 启

《说文》:"启,雨而昼姓也。"甲骨文武丁卜辞的启字作攸(𣪘),到了康丁时代作晵(𣪘、𣪘),见《粹》648、649;亦作启(𣪘),见《粹》645、647。卜辞"大启"即大晴,"攸少"即稍晴,凡启均指白昼雨止,姓同晴。

9. 雪

甲骨文作 ❄、❄、❄ 等形,于卜辞记录甚少。

二、医学知识

甲骨文 ⿱ 像一人有病卧床,人身边之点,有人说像血液,有人说像出汗。丁山释疾,云:"秦两诏椭量刻辞'丞相斯去疾',疾则从人作 𠂉,与 ⿱ 所从之人同也。"《说文》:"疒,倚也,人有疾病,象倚箸之形。"正与甲骨文疾字同。

---

① 陈梦家:《殷虚卜辞综述》,科学出版社,1956 年,页 245~246。
② 李孝定:《甲骨文字集释》第 7 卷,台北"中研院"历史语言研究所,1965 年,页 2542。
③ 沈建华:《甲骨文释文二则》,刊《古文字研究》第六辑,中华书局,1981 年,页 208。

胡厚宣广泛搜集武丁时的有关卜辞,撰为《殷人疾病考》一文①,指出殷人之疾病有:一、头病,卜辞曰疾首。二、眼病,卜辞曰疾目。三、耳病,卜辞曰疾耳。四、口病,卜辞曰疾口。五、牙病,卜辞曰疾齿。六、舌病,卜辞曰疾舌。舌作舌,古钵"羊舌垣"之舌字作舌,盂鼎醸字偏旁舌作舌可证。七、喉病,卜辞曰疾言。八、鼻病,卜辞曰疾自。《说文》"自,鼻也,像鼻形"。九、腹病,卜辞曰疾身。十、足病,卜辞曰疾足,足作 ∫,像足形。十一、趾病,卜辞曰疾止。止作 ✓,像趾形,即趾之本字。十二、尿病,尿字原作 ⺊,唐兰释尿是也。十三、产病、卜辞贞育子亡疾。十四、妇人病。诸辞皆言王妃之病,其中固或有普通之病症,然亦颇能为妇人所特具者,是即所谓妇人病也。十五、小儿病。卜辞曰"……〔帚〕(妇)娧子疾不丼(死)"(《铁》168.1)。妇娧者,亦武丁之妃,帚娧子者武丁之幼子,盖殷人于王子之已成年者命之名,称曰子某,其初生幼子,因未命名,即呼其生母之名以为别。十六、传染病,卜辞曰疾年。"贞㞢(有)疾年,其丼(死)"(《前》61.5)。言疾疫流行之年或至于死,此流行之疾疫者,约即传染病之类也。

胡厚宣此文之结论云:"总之,由于甲骨文疾字之认识,吾人乃知殷高宗武丁一朝五十九年之间,殷人之病,凡有头、眼、耳、口、牙、舌、喉、鼻、腹、足、趾、尿、产、妇、小儿、传染等十六种,具备今日之内、外、脑、眼、耳、鼻、喉、牙、泌尿、产妇、小儿、传染诸科,其病症多延缠不已,灾祸可忧,眼疾之剧,至于失明,急病之侵,或遭溢死。因卜辞为王室一家之物,故患病之可知者,仅为殷王及与王关系密切之人,如王妇、王子、王臣等,殷人以为疾病之起盖原于天神所降,或祖妣作它,故其治疗之方,亦只有祷于祖妣及望上帝之赐愈。"

由于解放后学术研究的深入,我们得知殷人有疾除向祖妣上帝祈祷之外,亦有积极的医药治疗。1973 年,考古工作者在河北藁城台西商代遗址 2

---

① 胡厚宣:《殷人疾病考》,载《甲骨学商史论丛》初集第 3 册,成都齐鲁大学国学研究所专刊,1944 年。

号、6号房内和墙外，以及探方四、七、八的文化层中发现二三十枚植物种仁，有桃仁、杏仁、郁李仁等。又在14号墓中二层台上发现有一把石镰，出土时被置于一个漆盒中，显然不是一般的农具，有人认为是砭镰。据中国科学院植物研究所和中医研究院研究，植物种仁是医用药物，砭镰是医疗工具——手术刀①。

在胡厚宣研究的基础上，陈世辉作了《殷人疾病补考》指出殷人疾病尚有臂疾、心疾、痈肿②，周宗岐作了《殷墟甲骨文中所见口腔疾病考》，对口腔科疾病划分尤为细致③。1983年12月温少峰、袁庭栋作《殷墟卜辞研究——科学技术篇》设第七章"医学"专论之，列举各种疾病三十四类④，可供参考，其中有些疾病尚不能确指为何疾，如"十五、疒 "，又"二三、疒 "。 字，温、袁两君释"软"，然 绝非车字，又如"二六、鬼梦"，列为病类似有未安。

甲骨文还有一个 字，罗振玉释"疾"，并谓"像矢着人腋下，《毛公鼎》'憨天疾畏'之疾作 ，与此正同"⑤。《说文》"疾，病也。从疒矢声。"此字像人腋下着矢之形，正是疾字之初文，非从矢得声，《说文》失之。卜辞凡发自人体内部之病为 ，兵创外伤之病为 ，故二字可以通用。

三、宗教信仰

宗教信仰是社会意识形态之一。相信并崇拜超自然的神灵，是自然力量和社会力量在人们意识中的歪曲、虚幻的反映。图腾崇拜是原始社会一种最早的宗教信仰，约与氏族公社同时发生。图腾（totem）系印第安语，意

---

① 参见耿鉴庭、刘亮：《藁城商代遗址中出土的桃仁和郁李仁》，《文物》1974年第8期；马继兴：《台西村商墓中出土的医疗器具砭镰》，《文物》1979年第6期；河北省博物馆、文管处台西考古队等编：《藁城台西商代遗址》，文物出版社，1977年，页79～85。
② 陈世辉：《殷人疾病补考》，见《中华文史论丛》第四辑，中华书局，1963年，页138～195。
③ 周宗岐：《殷墟甲骨文中所见口腔疾病考》，见《中华口腔科杂志》1956年第3期。
④ 温少峰、袁庭栋：《殷墟卜辞研究——科学技术篇》，四川省社会科学院出版社，1983年。
⑤ 罗振玉：《殷虚书契考释》（增订本）三卷二册，东方学会石印本，1927年。

为"他的亲属"。原始人相信每个氏族都与某种动物、植物或无生物有着亲属或其他特殊关系,此物即成为该氏族的图腾——保护者和象征。图腾往往为全族之忌物,动植物图腾则禁杀禁食,且举行崇拜仪式,以促进图腾的繁衍。在殷代的金文、甲骨文和古籍记载中都可以找到图腾的遗迹存在。但殷代毕竟已发展为一个强大的奴隶制的国家,宗教必然也随着经济基础的变化而发生变化。由于阶级社会和国家的产生,殷王成了强大的统治者,殷人也形成了一种新的宗教观念。即以至上神(上帝)崇拜为中心,同时祭祀祖先神(包括旧臣)和自然神。现分述如下:

1. 商族鸟图腾的遗迹

典籍中有关商族鸟图腾的传说记载很多,最早见于《诗经》。《诗·商颂·玄鸟》:"天命玄鸟,降而生商。"毛传:"春分,玄鸟降,汤之先祖有娀氏女简狄配高辛氏帝,帝率与之祈于郊禖而生契。"郑笺:"天使鳦下而生商者,谓鳦遗卵,娀氏之女简狄吞之而生契,为尧司徒,有功,封商。"鳦,《正韵》益悉切,音乙。《尔雅·释鸟》"燕燕,鳦。"郭璞注:"《诗》云:燕燕于飞,一名玄鸟,齐人呼鳦。"由此可知鳦就是玄鸟,也就是燕。

于省吾在《略论图腾与宗教起源和夏商图腾》①一文中,揭示商代青铜器《玄鸟妇壶》壶口有"玄鸟妇"三个字合书的铭文(见图 12-3),并说:"我以为玄鸟妇三字合文是研究商人图腾的唯一珍贵史料,系商代金文中所保留下来的先世玄鸟图腾的残余。"请看此拓本宛然是一幅图画文字,它象征着作壶的贵族妇人,

图 12-3

是玄鸟图腾的后裔。又举《前》2.113 片第 5 期卜辞"□辰王卜,才兮□(贞),娑毓妫。□(王)囚曰:吉。在三月",谓娑即娀,即《商颂·长发》"有娀方将"的有娀,说"晚期商王取戎女为妇,因而加女旁称之为娀"。"由此可见,商代

---

① 于省吾:《略论图腾与宗教起源和夏商图腾》,载《历史研究》1959 年第 11 期。

从先世契母简狄，一直到乙辛时期，还与有娀氏保持着婚媾关系。"因而得出结论说："有娀氏之娀，既见殷虚卜辞，而玄鸟为图腾之见于商代金文，这是文献记录已与地下史料得到了交验互证。"

胡厚宣先后在《甲骨文商族鸟图腾的遗迹》①和《甲骨文所见商族鸟图腾的新证据》②二文中共找到了 8 片甲骨、10 条卜辞，都是祭祀高祖王亥的，在王亥的亥字上加有鸟形的图腾符号。其中祖庚、祖甲时卜辞一条：

(1) □□卜，王□〔贞〕：其袞□〔于〕上甲父□〔王〕𩸣。　　　　(《明》738)

袞即燎，祭名。廪辛时卜辞二条：

(2) 贞：告于高祖王𩸣，三牛。
(3) 其五牛。　　　　(《宁》1.141、《京津》3926)

告即祷告，王亥之亥，从亥，从手(扌)持鸟形，与《山海经·大荒东经》"有人曰王亥，两手操鸟"之说相合。康丁甲骨三片、卜辞三条：

(4) 四羊四豕五羌□(于)□(王)𩸣。　　　　(《库》1064)
(5) □□□，贞：□□羌□(于)□(王)𩸣。　　　　(《粹》51)
(6) 又伐五羌□(于)王𩸣。

第(4)、(6)辞，亥字从亥从隹，隹即佳；第(5)辞亥字从亥从萑，萑亦即佳。武乙甲骨三片、卜辞四条：

(7) 辛巳卜，贞：王雧上甲即于河。　　　　(《佚》888)

即，《说文》："食也。"犹言来就享祀。河为殷代传说中之先公名。亥字从亥从佳，佳即鸟。

(8) 辛巳卜，贞：来□王雧袞十□上甲袞十□。　　　　(《安明》2309)
(9) 辛巳卜，贞：来辛卯酒河十牛，卯十牢，王𩸣袞十牛，卯十牢，上甲袞十

---

① 胡厚宣：《甲骨文商族鸟图腾的遗迹》，刊于《历史论丛》第 1 辑，中华书局，1964 年。
② 胡厚宣：《甲骨文所见商族鸟图腾的新证据》，《文物》1977 年第 2 期。

牛,卯十牢。　　一

　　(10) 辛巳卜,贞:王隻上甲即宗于河。　　一　　(《屯南》H24:416)

这片牛胛骨两条卜辞,实与前举《佚》888及《安明》2309两片卜辞同文。第(9)辞中"来"即将来,"酒"祭名,"卯"之义为杀。第10辞"宗"其义为庙。

王亥是殷人特别重视的祖先。在古典文献的神话传说中,还保存着许多王亥牧牛的故事,《世本·作篇》"胲作服牛",胲即亥的通假字,"服牛"即仆牛、朴牛,亦即牧牛,牧本来就是仆、朴的叠韵字。意思是说王亥是首先发明牧牛的人。卜辞中对于祭祀王亥的祭礼是最隆重的。王国维说:"然则王亥祀典之隆,亦以其为制作之圣人,非徒以其为先祖。"①然而另外还有一个原因,即王亥是上甲的父亲,卜辞中凡合祭先公先王皆自上甲开始,以上两点可能是为什么要把鸟图腾的标志加在王亥名上的原因。②

2. 殷人的至上神崇拜

宗教产生于史前社会的后期,当时人们对于日月交替、四季递变、雷电风雨交施等自然界的一切变化无法解释,皆以为有天神主宰。到了商代武丁时期,殷人思想里已有了一个主宰着自然和人间一切的上帝。武丁卜辞有三片提到了上帝:

　　□□卜,争□(贞):上帝降莫。　　　　(《南师》1.31、《存》上168)

　　……出……上帝……兄。　　　　　　　(《后》上28.14)

　　叀五鼓……上帝若王……右。　　　　　(《甲》1164)

---

① 王国维:《殷卜辞所见先公先王考》,载《上海学术编》,1917年;又收入《观堂集林》,中华书局影印本,1959年。
② 华案:商人以玄鸟为图腾,可能与上古农业社会观测候鸟而测定节候有关系。先民观四季气候变化,见玄鸟春分来,秋分去,故以之测定春分、秋分。在《礼记·月令》中,仲春和仲秋两月,有"是月也,玄鸟至"及"玄鸟归"的记述。《大戴礼记·夏小正》中也有"来降燕"和"陟玄鸟"的记述。玄鸟信仰起源甚早,与上古的太暤、少暤族以鸟为图腾的文化背景可能相关。清华简《保训》所载上甲微之父王亥至成唐(汤)商代先公世谱,可与卜辞祭祀先祖王亥、上甲微、唐互为印证。卜辞多见王亥与上甲微合祭用牲,也说明其世承的血缘关系。值得注意的是,被燎祭的王亥、上甲微可与"河"合祭,"河"往往出现在王亥、上甲微名字之前或之后。

第 1 片莫字,罗振玉、叶玉森、孙海波并释艰,殊误。孙诒让、王襄以莫、羹为一字,亦俱有舛。郭沫若、董作宾均释堇,读为馑,其说虽未尝不可通,但施之卜辞终嫌迂曲。今从唐兰释莫,读为暵,其言曰:"卜辞莫当读如暵,《周礼·舞师》'教皇舞,帅而舞旱暵之事',《女巫》'旱暵则舞雩'。《稻人》:'旱暵供其雩敛。'均以旱暵并言,暵亦旱也。盖久不雨,则恐天降以旱暵,故卜贞之也。"①

第 3 片,"五鼓"义不明②。"若王",若,顺也,若读作诺亦通。⿱⺊又即有祐。

殷人相信在天上存在着一个具有人格和意志的至上神,名叫帝或上帝。他能"令风""令雷""令雨"或"不令雨",能令"雨足年"或"令雨弗其足年",他既能"受年"也能"降莫"。殷人还把风云雷雨虹霓都看成是一种神灵,在帝左右,是帝的使者,如《通》398"于帝史风、二犬",史读为使,即贞用二犬祭帝使风;《续》2.4.11贞褒祭在帝左右的云。帝还能降人间以福祸病疾。卜辞有"帝降若""帝降不若""帝其降囚""帝弗其降囚""帝不降隹",隹读作唯,《说文》"唯,诺也",犹言帝降许诺。"贞亡降疒",疒者病也,殷人以为疾病的来源也是帝所降下。若有邻族方国来侵犯,殷人亦以为是帝的意旨,如武丁卜辞说"贞方⿰弋戈正,隹帝令作我囚,三月"。⿰弋戈,《说文》:"伤也,从戈才声。"正读征。殷人出师讨伐方国,亦必先占卜是否能得到帝的保佑,如"伐舌方帝受我又(祐)"(《通》369),这种卜辞很多。总之,殷人心目中这个至上神上帝主宰着大自然的风云雷雨,水涝干旱,决定着禾苗的生长、农业的收成;能降人间以福祸灾疾;邻族的入侵,殷人亦以为是帝令所为,出师征伐,必先求上帝的保佑,殷王举凡祀典政令,必须揣测着上帝的意志而为之。

---

① 唐兰:《殷墟文字记》,北京大学讲义石印本,1934 年。
② 华案:卜辞中"鼓"除了作为乐器,在军旅阅兵战争"振鼓"起到振奋引导作用外,还是表示一种时间概念记时的名称,见于《合集》14932"贞晨人,王侑报于之,亦(夜)鼓",《周礼·地官·鼓人》"凡军旅夜鼓鼙",郑玄注引司马法云:"昏鼓四通为大鼙,夜半三通为晨戒,旦明五通为发昫,是一夜三击,备守鼙也。"卜辞有"三鼓"(《屯南》2576)、"五鼓"(《合集》30388)。古时击鼓报时戒守和报平安,《合集》32913:"鼓,无祸。"故也谓更曰鼓,鼓楼的前身从报更演化而来的。详见沈建华:《甲骨卜辞中所见的鼓》,载《于省吾教授百年诞辰纪念文集》,吉林大学出版社,1996 年,页 21~25。

3. 殷人对自然神与祖先神的祭祀

殷人心目中的自然神是上帝的使臣，祖先中的河、岳为自然神转化而来，其中如大乙、大甲、下乙死后配天在帝左右。所以殷人的宗教观念是以上帝为核心的。天上统一至上神的产生，正是人间统一帝王出现的反映。

殷人心目中最重的自然神是河、岳、土（社）。

河能"艺王"（《乙》5265）、"祟我"（《金》598）、"令雨""不令雨"（《乙》3121）、"弗若"（《拾》1426）、"受禾"（《甲》651）。有敌人侵犯要向河报告，如《拾》177"贞于河告𠱞方"。秋收丰登亦要向河报告，如《佚》525"甲申卜，宁贞：告秋于河"，并对河进行"帝"（禘）祭（《乙》5707"帝于河"）、"彡"（报）祭（《卜通》371）、"卯"祭（《粹》49）、"沈"祭（《粹》38）、"酒"祭（《前》7.5.2）、"燎"（寮）祭（《续》1.37.1）、"㞢"（侑）祭（《合》301）等等。殷人对河的崇拜程度几乎近于上帝。

岳，甲骨文作𡴌，最早孙诒让释"岳"，以为即《说文》"嶽"之古字。郭沫若以为字乃从"山"，为"华"之异文。罗振玉则以为字从火，释为"羔"。今从孙释。殷人心目中的岳，地位与河相等。岳能"艺我"或"不我艺"（《乙》5271），能"艺年"（《人》142）、"艺雨"（《粹》792）、"艺禾"或"弗艺禾"（《人》2370）、"祟年"（《前》6.24.4），因而"幸年于岳"（《前》1.50.1），向岳"告秋"（《京津》3908），并对岳用"帝"（禘）祭（《拾》846）、"酒"祭（《粹》34）、"寮"祭（《乙》7779）、"㞢"（侑）祭（《粹》198）等祭祀。

土，王国维先以为"假为社字"[①]，后来又改说"土疑即相土"。今案甲骨文唐土、亳土、㦵土、𠂤土之为唐社、亳社、㦵社、𠂤社例之，知土字仍以释社为宜。《诗·商颂·玄鸟》："天命玄鸟，降而生商，宅殷土芒芒。"《史记·三代世表》引作"殷社芒芒"。据胡厚宣研究，"卜辞里的土，疑即指殷代中央商都的社神而言"[②]。因此，卜辞中有向土（社）祈雨的，如《京都》2371"辛未卜，幸

[①] 王国维：《殷礼征文》，收入《王静安先生遗书》，商务印书馆，1940年。
[②] 胡厚宣：《殷卜辞中的上帝和王帝（上）》，刊《历史研究》1959年第9期，页50。

于土雨"；有向土（社）祈年的，如《乙》1731"……土受年"，亦有对土（社）进行"卯"祭（《乙》2877）、"寮"祭（《后》91）等等。

陈梦家曾经在《古文字中之商周祭祀》（《燕京学报》第19期）一文中言及"河于卜辞为大河、河水、黄河之河"，"大河而受祭祀者，盖认大河为水源之主宰。以年丰雨足为河神所赐，而灾咎由河神为祟"，"河为水神，而农事收获首赖雨水与土地，故河又为求雨求年之对象"。其后于《综述》第十章中，复纠正了此一说法，谓"由于当时未曾体会到人王与神帝、历史人物与神话人物的转化关系，因此对于卜辞的祭河或是执着于自然崇拜，或是执着于与典籍先公的对照，这种看法是要纠正的"①。

"河"在卜辞中与"高祖夒""高祖亥"经常同时致祭，例如《前》7.5.2"戊午卜，㱿贞：酚桒年于岳、河、夒"，而且有称河为"高祖河"的卜辞，"辛未贞桒禾高且（祖）河于辛巳酚夒"（《摭续》2），尚有"河其即宗"（《甲》717）。唯先祖始有宗，"河其即宗"盖谓先祖河降临于宗庙。至于以岳为殷先祖"昌若"或"冥"，或以为"誉"，都缺乏充分的佐证。但岳在殷人心目中与河一样已从自然神转化为祖先神则是可能的。《粹》724片有一条卜辞"即宗于岳又大雨"，"宗"字拓本不清，但参照《甲》779"于岳宗酚又雨"、《京都》2298及335（反）"……岳……宗……"，可以确证《粹》724片不清楚的是"宗"字，从而证明岳和河一样有"宗"。在卜辞中，河、岳、土三者常常同祭，或其中二者同祭，如《粹》19"……于河……寮于土"，又《粹》23"己亥卜，田率，寮土犬，兄（㝃）犬，河犬，岳〔犬〕"、《乙》7779"癸未卜，争贞：寮于土桒于岳"。这也从另一个侧面反映了殷人心目中河、岳、土的地位。

从甲骨文看来，殷人以为先王死后，可以配帝。如武丁时卜辞②记载：

贞：咸宾于帝。

贞：咸不宾于帝。

---

① 陈梦家：《古文字中之商周祭祀》，《燕京学报》1936年第19期，页343。
② 引自胡厚宣：《殷卜辞中的上帝和王帝（下）》，《历史研究》1959年第10期，页89。

贞：大□（甲）宾于帝。

贞：大甲不宾于帝。

贞：下乙□（宾）于帝。

贞：下乙不宾于帝。（《乙》2293、2455、7197、7434、7511、7549、8328 合）

宾帝即配天，胡厚宣说"宾之义为配"。"咸"即商之开国之君大乙汤。"大甲"者，《史记·殷本纪》说"太甲称太宗"。"下乙"即祖乙，在甲骨文里称作中宗祖乙。《晏子春秋》内篇《谏上》说"汤、大甲、武丁、祖乙，天下之盛君也"。所以武丁时的卜辞特别要合祭他们，并且以为他们可以"宾于帝"，即死后德可以配天。在帝之左右，所以也能对人间降灾赐福。

现在将胡厚宣上文结论中的有关部分节引如下以作本章的结束：

总之，由甲骨文字看来，殷代从武丁时就有了至神上帝的宗教信仰。在殷人心目中，这个至神上帝，主宰着大自然的风云雷雨、水涝干旱，决定着禾苗的生长、农产的收成。他处在天上，能降入城邑，作为灾害，因而辟建城邑，必先祈求上帝的许可。邻族来侵，殷人以为是帝令所为，出师征伐，必先卜帝是否授佑。帝虽在天上，但能降人间以福祥灾疾，能直接护佑或作孽于殷王。帝甚至可以降下命令，指挥人间的一切。殷王举凡祀典政令，必须揣测着帝的意志而为之。

由于帝的权能极大，所以帝又称帝宗，帝宗即经籍上所说的天宗。帝的下面有帝使、帝臣。日月星辰风云雷雨等都供帝驱使，所以称为帝使。其所从来的五方，各有专神主之，则称为帝五臣或帝五工臣。

殷人以为帝有全能，尊严至上，同他接近，只有人王才有可能。商代主要的先王，像高祖太乙、太宗大甲、中宗祖乙等死后都能升天，可以配帝。因而上帝称帝，人王死后也可以称帝。从武丁到帝乙，殷王对于其死了的生父都以帝称。

那么天上的帝和人间的帝怎么分别呢？从武丁以后，卜辞中在天上的帝前有时加一上字，称上帝；从祖庚、祖甲以后，卜辞中在人间的帝前有时加一王字，称王帝，以资分别。上帝又叫上子，王帝又叫下子，合起来简称上下或下上。

殷人以为先祖死后,可以配天,在帝左右而称王帝,也能降下福祸,授佑、作孽于殷王,几乎同上帝一样。

不过上帝和王帝,在殷人心目中,究竟也还有所不同。殷人以为上帝至上,有着无限尊严。他虽然掌握着人间的雨水和收成,以及方国的侵犯和征伐,但如有所祷告,则只能向先祖为之,要先祖在帝左右转请上帝,而不能直接对上帝有所祈求。这是上帝和王帝不同的地方。……天上统一至上神的产生,是人间统一帝王出现的反映。没有人间统一的皇帝,就永不会有天上统一的至上神。殷代这一社会意识形态的宗教信仰。应该是同他的阶级社会的经济基础相适应的。

第十三章　甲骨文的研究经过

一、甲骨文研究的四个阶段和
　　五位代表学者

　　自甲骨文发现以来,国内外学者的研究日益深入,成果与日俱增,目前已成为一门国际性的学问。甲骨卜辞的研究经过,唐兰1939年在《天壤阁甲骨文存·序》①中归结说:"卜辞研究自雪堂(罗振玉)导夫先路,观堂(王国维)继以考史,彦堂(董作宾)区其时代,鼎堂(郭沫若)发其辞例。"至1956年陈梦家在其《殷虚卜辞综述》②一书中进一步划分为四个阶段,列举了五个代表人物,他说:"从孙诒让的'甲文'单字的认识,进步为罗振玉'卜辞'分类条举,由此而达到王国维'世系''制度'的研究,由于科学发掘的收获,而有董作宾的'断代'的研究,由于马克思列宁主义和摩尔根学说的介绍,而有郭沫若《中国古代社会》③的研究。上述四个阶段,也就是用'古文字学''古文献学''考古学''社会历史科学'四种不同科目来对待卜辞的发展过程。"对照两说大同小异,后者较前说详细,代表人物多了一个孙诒让,因为孙是我国

---

① 唐兰:《天壤阁甲骨文存》,北京辅仁大学,1939年。
② 陈梦家:《殷虚卜辞综述》,科学出版社,1956年。
③ 郭沫若:《中国古代社会研究》,上海联合书店出版,1930年。

第一个研究甲骨文的学者,有筚路推轮之功。

在王懿荣认识甲骨并高价收购的第二年,即庚子年(1900),王氏于八国联军攻入北京时殉国,所藏甲骨1 000余片归丹徒刘鹗,刘氏又续有所获,1901年罗振玉在刘铁云家见到甲骨,惊为"奇宝",叹曰:"此刻辞中文字与古文或异,固汉以来小学家若张敞、杜林、扬雄、许慎诸儒所不得见者也。"①乃怂恿刘氏墨拓,选集千有五十八片编为《铁云藏龟》②,于光绪二十九年(1903)石印刊行,刘氏《序言》首先指出甲骨文是殷人的刀笔文字。这是我国第一部甲骨文著录。

孙诒让氏因之于光绪三十年(1904)作《契文举例》二卷,在《序言》中说:"不意衰年睹兹奇迹,爱玩不已,辄续两月力校读之,以前后复缉者参互寀绎,乃略通其文字。"这是我国第一部关于甲骨研究的著作,其篇目曰日月、贞卜、卜事、鬼神、卜人、官氏、方国、典礼、文字、杂例等十类,其材料局限于印刷不精之《铁云藏龟》,又多因以误释之字立说,错误难免。陈梦家曰:"即以所误释单字而论,如以王为立,以贞为贝,以往为台,以吉为言,以兽为获,以止为正,母女不知通用,旬亡祸读作它父囚,以辰巳之巳为子丑之子等等。……因为他不认得王字,故不知卜辞为殷代王室的卜辞,因此在上卷页21~22列了祖乙、祖丁、祖辛、祖甲、祖庚、大甲、大丁、大戊、羌甲、南庚的名号,以为不一定是《殷本纪》中的祖乙、祖辛、祖丁而可以是殷代诸侯臣民的名号,如此功亏一篑,令人叹息。"③

罗振玉《丙辰日记》12月11日记:"静安寄孙徵君《契文举例》……粗读一过,得者十一而失者十九,盖此事之难,非徵君之疏也。"这是时代的局限。早期具备研究规模的是罗振玉的《殷商贞卜文字考》④,上承孙氏未竟之绪,下开书契考释之端,自是以后,乃确知此卜辞者为殷室王朝之遗物,出自河

---

① 罗振玉:《铁云藏龟·序》,抱残守缺斋石印本,1903年。
② 刘鹗:《铁云藏龟》序,抱残守缺斋石印本,1903年;又蟬隐庐石印本,1931年;又台北艺文印书馆重印本,1959年。
③ 陈梦家:《殷虚卜辞综述》,科学出版社,1956年,页56。
④ 罗振玉:《殷商贞卜文字考》,玉简斋石印本,1910年。

南安阳小屯殷墟。全书计分四篇：考史第一、正名第二、卜法第三、余说第四。其后罗氏《殷墟书契考释》①等书，大都发端于此。这十年(1899～1910)相当于陈氏所说的第一个阶段。这期间还有一个美国人方法敛(Frank H. Chalfant)，他是欧美搜集和研究甲骨的第一人。虽然他的著作出版时间较晚，不在这十年之中。

从1910年起到1927年殷墟学发掘的前夕，即相当于陈氏所说的第二阶段。这个时间甲骨学的主要研究者在国内是罗振玉、王国维，在国外有日本的林泰辅、英国的金璋(L. C. Hopkins)和加拿大的明义士(James M. Menzies)。林泰辅是日本搜集研究甲骨文字的第一人，他的《龟甲兽骨文字》②共著录一千零二十纸，与《前编》重复者百有四纸，是日本著录甲骨文字的第一部专书。明义士的《殷虚卜辞》③所收甲骨文凡2 396片，是欧、美著录甲骨文字的第一部专书。

罗振玉对甲骨搜集研究和出版流传最为有功。他从1906年开始搜集甲骨，总数近2万片，成为早期收藏最多的藏家。1910年著《殷商贞卜文字考》④，于1912年出版《殷虚书契》八卷⑤(即《殷虚书契·前编》)，著录甲骨2 193版，分人名、地名、岁名、数名、文之可读可识者，字之未可释和书体特殊者(据辛亥本前编自序)。1914年出版《殷虚书契菁华》⑥，体例一仍《前编》，著录重要甲骨68版。

同年罗氏又撰《殷虚书契考释》⑦，承《殷商贞卜文字考》一书中"考史""正名""卜法"三节，扩大为都邑、帝王、人名、地名、文字、卜辞、礼制、卜法八章。其卜辞一章又因事类而分八目：祭、告、亯、出入、田猎、征伐、年、风雨，

---

① 罗振玉：《殷虚书契考释》，王国维手书石印本，1915年2月决定不移轩石印本。
② 林泰辅：《龟甲兽骨文字》，日本商周遗文会影印本，1921年；又北京富晋书社翻印本。
③ 明义士：《殷虚卜辞》，上海别发洋行石印本，1917年。
④ 罗振玉：《殷商贞卜文字考》，玉简斋石印本，1910年。
⑤ 罗振玉：《殷虚书契》，《国学丛刊》1911年3期3卷石印本；又影印本，1913年；又重印本，1932年；又台北艺文印书馆重印本，1970年。
⑥ 罗振玉：《殷虚书契菁华》，影印本，1914年；又重印本。
⑦ 罗振玉：《殷虚书契考释》，王国维手书石印本，1915年2月决定不移轩石印本。

共考释说解四八五字。王国维为其手写石印,叹为"三代以后言古文者未尝有是书也"。其考释文字的方法,罗氏自云:"由许书以上溯古金文,由古金文上窥卜辞。"此书王国维给予很高的评价,王氏在此书后序中说:"分别部居,创立义例,使后人治古文字者于此得其指归,而治说文之说者,亦不能不探源于此。"1915年又出版《铁云藏龟之余》①,皆丹徒刘氏旧日所赠墨本,著录40纸。1916年《殷虚书契后编》②二卷问世,罗氏曾于1915年躬吊殷墟,归而益思宏辟斯学,因出旧藏,遴选《前编》中文字所未备者得1 090片,由哈同为之刊于沪上,辑入"广仓学窘丛书"中。1916年复取录不可遽释之字,合以重文,共得一千四百有奇,校纂成编,名曰《殷虚书契待问编》。

1927年罗氏又撰《增订殷虚书契考释》三卷③,是书体例一仍原书之旧,其中增芟修改极多,有自破其前说者,如《帝王第二》、叶四"且庚"下删"且康"合文,释文亦全删;有增入人名、地名及礼制者,尤不胜枚举(详见邵子风《增订殷虚书契考释后记》),考释之字遂增至561个。1933年《殷虚书契续编》六卷④问世,全书所录二千余纸,为之类次排比,惟全书纂录非尽出罗氏之手,故所录各版,多与其他著录相重复,据孙海波校定,其重出者在千版以上。综观罗氏辛勤爬梳,将零碎杂乱的卜辞治理为有条理的史料。这就是陈梦家所说的"罗振玉(将)'卜辞'分类条举"。

罗振玉核定甲骨出土地点,判定殷王室遗物,搜集甲骨刊布流传,并考释通读卜辞,其有裨契学之功实不可没。当然政治上他所走的路,历史已为他作了结论。我们应该一分为二,肯定他在学术上的功绩,批判吸取其研究成果,而不能采取全盘否定的态度。

这个时期可以说是"罗、王之学"的确立时期。罗氏对礼制的叙述还是简略的,对于考史中的"帝王"只是列举其名以与《史记·殷本纪》相校而已。

---

① 罗振玉:《铁云藏龟之余》,古丛编影印本一册,1915年。
② 罗振玉:《殷虚书契后编》,影印本,1916年;又艺术丛编第一集本;又重印本;又台湾艺文印书馆重印本,1970年。
③ 罗振玉:《殷虚书契考释》(增订本)三卷二册,东方学会石印本,1927年。
④ 罗振玉:《殷虚书契续编》,影印本,1933年;又台湾艺文印书馆重印本,1970年。

在这方面王国维的贡献比他要大得多。他用"二重证据法"联系卜辞,来重构商史并观察其社会制度,其有关重要著作大多收在《观堂集林》①里。所谓"二重证据法"者,王氏生前任职于清华大学研究院时有过说明。他逝世后,1935年来薰阁影印了他的讲义《古史新证》②。他在总论上说:"吾辈生于今日,幸于纸上之材料外,更得地下之新材料,由此种新材料我辈因得据以补正纸上之材料,亦得证明古书之某部分全为实录,即百家不雅驯之言亦不无表示一面之事实。此二重证据法,惟在今日始得行之。虽古书之未得证者不能加以否定,而其已得证明者不能不加以肯定,可断言也。"意思是要将地下的新材料与文献材料并重,古文字、古器物之学要与经史之学相互表里,"不屈旧以就新,亦不绌新以从旧"。王氏所称纸上之材料,计有《尚书》《诗》《易》《五帝德》及《帝系姓》《春秋左氏传》《世本》《竹书纪年》《战国策》及周秦诸子、《史记》,所谓地下之新材料,则仅甲骨、金文二种。

王国维根据《殷虚书契后编上》③8.14版与《戬寿堂所藏殷虚文字》④第1页第10版缀合,发现殷代先公报乙、报丙、报丁的世次与《史记·殷本纪》及《三代世表》不同,认为"上甲以后诸先公之次,当为报乙、报丙、报丁、主壬、主癸"。指出:"《史记》以报丁、报乙、报丙为次,乃违事实。"卜辞中每有王亥之名,王氏读《山海经》《竹书纪年》,乃知王亥为殷之先公,并与《世本·作篇》之胲、《帝系篇》之核、《楚辞·天问》之该、《吕氏春秋》之王冰、《史记·殷本纪》及《三代世表》之振、《汉书·古今人表》之垓,实系一人。王氏释 𡕽 (夒),谓为帝喾。释 𠄌 为"恒",王恒为殷世先祖,惟见于《楚辞·天问》,经王氏考定,知王亥与上甲微之间,实有王恒一世,为《世本》《史纪》所未载,《山

---

① 王国维:《殷卜辞所见先公先王考》,载《上海学术编》,1917年;又收入《观堂集林》,中华书局影印本,1959年。
② 王国维:《古史新证》,清华研究院讲义本,1925年;又《国学月报》1927年第2卷8、9、10期合·王静安专号,又《燕京大学月刊》1930年第7卷2期。
③ 罗振玉:《殷虚书契后编》,影印本,1916年;又艺术丛编第一集本;又重印本;又台湾艺文印书馆重印本,1970年。
④ 王国维:《戬寿堂所藏殷虚文字考释》,石印本,1917年;又收入《王观堂全集》第3册,台北文华出版公司,1968年。

海经》《竹书》所不详,而今于卜辞得之。又据《后编上》5.1版,考出"祖乙自当为中丁子",指出《史记·殷本纪》把祖乙定为河亶甲之子是错误的。又考出称商王为中宗的是祖乙,并不是大戊。陈梦家在《殷虚卜辞综述》里说:"他的《先王先公考》,在大体上证实了《殷本纪》商王系统的可考性,并加以修正;他又引用《竹书纪年》《天问》《山海经》等书来考订卜辞中的先公王亥、王恒、上甲。他的《殷礼征文》《殷周制度论》是想利用卜辞来作恢复古代礼制的企图。他对于盘庚及其以前商王所迁徙的都邑的考证和少数卜辞地名的认定,都是引向古地理学的研究的。"

陈氏又把"罗王之学"的内容和范围归纳为:"……所谓'罗王之学'者乃是:(1)熟习古代典籍;(2)承受有清一代考据小学音韵等治学工具;(3)以此整理地下的新材料;(4)结合古地理的研究;(5)以二重证据治史学经学;(6)完成史料之整理与历史记载之修正的任务。"①对于罗王之学,郭沫若曾说:"在中国的文化史上,实际上做了一番整理功夫的要算是以清代遗臣罗振玉和王国维。"又说:"大抵在目前欲论中国的古学,欲清算中国的古代社会,我们是不能不以罗、王二家之业绩为出发点了。"②可见,罗、王之学在中国学术史上贡献之巨大。

从1928年殷墟科学发掘开始起到1937年抗战爆发止,这是我国甲骨文研究的重要时期。

1928年10月至1937年6月,前"中研院"在小屯殷墟作了十五次发掘,河南省博物馆也发掘了两次,一共十七次。"由于前'中研院'在安阳的发掘,才有历史语言研究所关于甲骨研究的工作。李济、梁思永、郭宝钧、石璋如作了殷墟发掘的报告,没有接触到卜辞本身;丁山、徐中舒、张政烺作室内文字考证的工作,没有参加过发掘;参加发掘而作甲骨研究的有董作宾、胡厚宣、高去寻等人。"(陈梦家《综述》52页)关于发掘情况,除发表了许多有关考古学方面的文章之外,在甲骨学方面最重要的贡献是董作宾

---

① 陈梦家:《殷虚卜辞综述》,科学出版社,1956年,页51。
② 郭沫若:《中国古代社会研究》,上海联合书店出版,1930年。

在1932年所著的《甲骨文断代研究例》①，文章中提出了甲骨断代的十项标准：1. 世系；2. 称谓；3. 贞人；4. 坑位；5. 方国；6. 人物；7. 事类；8. 文法；9. 字形；10. 书体。他根据这十项标准，把自盘庚以至帝辛，划分为如下五期：

  第一期：武丁及其以前（盘庚、小辛、小乙）。两代四王。

  第二期：祖庚、祖甲。一代两王。

  第三期：廪辛、康丁。一代两王。

  第四期：武乙、文丁。两代两王。（不录贞人的时期）

  第五期：帝乙、帝辛。两代两王。

对于第四期不录贞人的说法，董氏在1939年《殷虚文字乙编》的序文中作了修改，认为第四期也有贞人集团，因此使甲骨文的研究走上了一个新的历史阶段。随后他在1952年《大陆杂志》（4卷9期）②上，对上述《甲骨义断代研究例》的贞人又作了补正（详见本书"断代"章）。

董氏后来根据甲骨资料，探讨殷代年历之学，在抗战时期又完成了他的巨著《殷历谱》③，于是又提出分新旧两派来研究甲骨分期，他说："这新旧两派的政治，又是互起互伏的，终殷之世，可分为四个阶段：

  第一阶段：旧派（遵循古法） 盘庚、小辛、小乙、武丁、祖庚。

  第二阶段：新派（改划新制） 祖甲、廪辛、康丁。

  第三阶段：旧派（恢复古法） 武乙、文武丁。

  第四阶段：新派（恢复新制） 帝乙、帝辛。

新旧两派的差异，可以由（甲）祀典、（乙）历法、（丙）文字、（丁）卜事四方面比较言之。"（见《大陆杂志》1953年6卷3期）

  与此同时，另一方面贡献最大的代表是郭沫若。早在1929年，郭氏在其

---

① 董作宾：《甲骨文断代研究例》，载《"中研院"历史语言研究所集刊》外编第1种《庆祝蔡元培六十五岁论文集》上册，1933年。
② 董作宾：《甲骨文断代研究的十个标准（上、中、下）》，载《大陆杂志》1952年第4卷9期。
③ 董作宾：《殷历谱》，"中研院"历史语言研究所专刊，1945年4月。

《甲骨文字研究》①的自序中说明了他研究甲骨文的目的。他之所以"研究卜辞","志在探讨中国社会之起源,本非拘于文字史地之学"。1952年8月30日在重印弁言中说:"在写作当时,是想通过一些已识未识的甲骨文字的阐述,来了解殷代的生产方式、生产关系和意识形态。"1958年4月15日他在《殷契粹编》②重印的前言中又说:"研究古代,在阐明历史发展规律……"总之,他主张甲骨卜辞的研究目的最终在于"阐明历史发展规律",即是把甲骨学作为史料科学的一种,为历史科学服务。

1930年,郭沫若出版了《中国古代社会研究》③,突破了"契学"的樊笼,第一个用科学的唯物史观,征引甲骨文资料研究中国历史。书中有《卜辞中的古代社会》一篇,分两章。第一章根据卜辞结合出土器物,研究商代的经济基础,如渔猎、畜牧、农业、工艺、贸易等;第二章根据卜辞结合文献资料,研究商代上层建筑,其中一节讲氏族社会的残余,如普那鲁亚制、母权中心、氏族组织及其活动等,另一节阐述氏族社会的崩溃,如私有财产的发生、阶级制度的萌芽、奴隶的来源和使用等。此书之作,是受恩格斯的《家庭、私有制和国家的起源》之启发,郭氏说:"而于他所知道了的美洲的印第安人,欧洲的古代希腊罗马之外,提供了他未曾提及一字的中国古代。"因而"本书的性质,可以说就是恩格斯的《家庭、私有制和国家》的续编"。他以马列主义的立场观点为指导,运用地下发掘的材料,结合整理、鉴定过的古代典籍,为我们剔出了一个有血有肉的中国奴隶社会,其目的在于证明中国社会发展同样也符合马列主义的历史发展规律。

郭氏在甲骨文研究方面主要有三部巨著,即《甲骨文字研究》④、《卜辞通

---

① 郭沫若:《甲骨文字研究》二卷二册,大东书局石印本,1931年;又人民出版社影印本不分卷,1952年,页2。
② 郭沫若:《殷契粹编》附考释,日本东京文求堂石印本,1937年;又日本东京三一书房重印本,1976年。
③ 郭沫若:《中国古代社会研究》,上海联合书店出版,1930年。
④ 郭沫若:《甲骨文字研究》二卷二册,大东书局石印本,1931年;又人民出版社影印本不分卷,1952年,页2。

纂》①、《殷契粹编》②。另外尚有《中国古代铭刻汇考》及《续编》，前者收甲骨论文九篇，后者收三篇。特别是《通纂》《粹》这两部书，其中诠释文字，有许多精辟的见解，对国内外学术界作出了重大的贡献，具有深远的影响；它帮助后学者从多方面理解卜辞的内容，从而系统地了解了殷代社会的各方面。

甲骨学作为一门新兴的学问，除了本身文字、文法的研究之外，还有其内部的联系必须探索。在这方面，郭老作出了卓越的贡献。

首先是"类次"。1933年，郭老在《卜辞通纂》中分为八类：一、干支；二、数字；三、世系；四、天象；五、食货；六、征伐；七、畋游；八、杂纂。每类之后都有一个小结，使读者能对殷代社会这些方面有一个概念性的了解。

其次是"缀合"与"互足"。缀合就是将原来因断折破碎而分散的甲骨，根据内容、断痕拼合起来，往往断片一经缀合，便揭示出较原来残片更重要、更具有历史价值的内容来。例如1937年5月，郭氏在《殷契粹编》中著录的第113片，这片是由三个断片缀合而成的，因此得到上甲以来周祭的顺序，为研究殷代世系和祀谱奠定了基础。此片缀合后还有力地证明了王国维在《戬寿堂所藏殷虚文字考释》缀合的第1页第10片所揭示的殷代世系之正确无误。郭沫若在《殷契粹编》序中说："《史记·殷本纪》之先世，于上甲微之后，次以报丁、报丙、报乙、主壬、主癸。而本编第一一二片之甲乙二分乃王氏由罗氏及戬寿堂藏片所复合，其先公之次则为上甲、匚乙、匚丙、匚丁、示壬、示癸。数千年来史籍之误谬，得此而一举廓清。此固早为契学中名贵之一例。然而王氏所得，亦仅此一例而已。卜辞每有契误之事，例仅一焉，笃古者将疑其为不足据，王说犹不足以破除其先入之见也。今本编复得一一三片，乃刘氏二断片与燕京大学藏片之复合，所见先公名号，其次亦正为上甲、匚乙、匚丙、匚丁、示壬、示癸。又有第一一四片，虽字缺横划而辞亦不全，唯匚乙亦次于上甲。是则报乙之次上甲，其得三例，而《史记》之误为绝

---

① 郭沫若：《卜辞通纂》附考释，日本东京文求堂石印本，1933年。
② 郭沫若：《殷契粹编》附考释，日本东京文求堂石印本，1937年；又日本东京三一书房重印本，1976年。

对无疑矣。"经郭老缀合的断片很多,他自言"余曩于《通纂》获得三十余事"①,于《殷契粹编》中又举八例。

"互足"就是两片以上内容相同的残辞互相补充卜辞的内容。"卜辞纪卜或卜之应,第一事数书,因之骨片各有坏损时,而残辞每互相补足。……右四片所纪者因是一事,虽各有损坏,而互相补苴,于其全辞尚可得其大较。"(同上书页15～18)

第三,"断代"。当董作宾发表《甲骨文断代研究例》②一文之际,郭沫若正在日本写定《卜辞通纂》。郭老在后记中说,印后始得董氏《甲骨文断代研究例》校稿,"董氏之创见,其最主要者仍当推数'贞人',……此中旅、即、行三名与余所见同。……别有尹者,董氏未能考定,今据其例,知亦祖庚、祖甲时人"。

第四,根据甲骨卜辞的记录,至迟从武丁开始,商王祭祀祖先时,就以自身所出的直系先王为"大示",而以旁系先王为"小示"。被列入这种祭典的配偶,基本上也只限于直系先王的配偶,直系先王的配偶也不是全部,而只有其中一个或少数几个才被祭祀。郭沫若说:"我自己在这一方面也尽了一些绵力,如王国维发现'先妣特祭'之例,……但我继进又发现了所特祭的先妣是有父子相承的血统关系的,便是直系诸王的配偶虽特祭,而兄终弟及的旁系诸王的配偶则不见祀典。"③

以上只是从甲骨学领域里,从卜辞内在联系方面举其大要,以资介绍④。

以上所述,乃陈梦家所谓之第三、第四阶段,"由于科学发掘的收获,而有董作宾'断代'的研究,由于马克思列宁主义和摩尔根学说的介绍,而有郭

---

① 郭沫若:《古代铭刻汇考》,日本文求堂1933年,页8。
② 董作宾:《甲骨文断代研究例》,载《"中研院"历史语言研究所集刊》外编第1种《庆祝蔡元培六十五岁论文集》上册,1933年。
③ 郭沫若:《古代研究的自我批判》,载《群众周刊》1944年第9卷20期;后又收入《十批判书》,1945年。
④ 沈之瑜:《郭沫若同志在甲骨学方面的重大贡献》,载《中华文史论丛》第八辑,上海古籍出版社,1978年。

沫若古代社会的研究之大略"。

关于甲骨文的发现和研究的历史分期，现在有一种新的划分法，分为三期：一、非科学发掘时期(1899～1927)，指小屯村民私挖甲骨以供出售时期；二、科学发掘时期(1928～1937)，指前"中研院"历史语言研究所科学发掘殷墟时期；三、继续发展时期(1949至今)，指中华人民共和国成立后的甲骨学研究①。这种划分方法的优点是把解放后的甲骨学发展立为一个时期，正好弥补了陈梦家划分四阶段中的缺点。不足之处是抗战以后到解放之前缺了一段。

除了上述陈梦家列举的五个代表人物之外，八十余年来在甲骨的著录与研究方面有贡献的学者尚有下面一节要提到的诸人。

二、文字考释方面的成果

释字方面成绩最为突出的学者是于省吾、唐兰和裘锡圭。

于省吾从30年代起从事古文字、古籍校订和古器物研究。他推崇段玉裁和王念孙，又发展了王国维的二重证据法。这里仅仅介绍他对于甲骨学方面的贡献。于氏治学谨严，自谓以《韩非子》所云"无参验而必之者，愚也；弗能必而据之者，诬也"为信条。

在古文字考释方面，他注意形、音、义三者的相互关系。继40年代初期的《双剑誃殷契骈枝》初、续、三编(四编未发表)之后，又陆续考释了许多甲骨文字。1979年由中华书局出版了《甲骨文字释林》②，共考释前人所未识或已释而不知其造字本义的甲骨文约300字。他在整理这方面的研究成果时，极其严格地将他自己早期研究中误释或尚有疑问者一律删除，意在宁缺毋滥。

他在《甲骨文字释林》自序中说："我从事古文字研究已四十余年，虽然

---

① 考古学编辑委员会：《中国大百科全书》考古学卷，中国大百科全书出版社，1986年，页224。
② 于省吾：《甲骨文字释林》，中华书局，1979年。

很少间断,但用力多而成功少,专就甲骨文字来说,我所新识的字,和对已识之字在音读、义训方面纠正旧说之误而提出新解,总共还不到三百。如释 ☰ 为气、释昌为败、释兀为叚(读若襄)、释𣠕为丧,均属新识之字;又如释奚为以手提携奚奴之发辫、释戉为刃尾回曲之透孔斧钺、释孚为战争俘获儿童、释田象首甲之形,均属对已识之字的造字本义作出新的解释;再如释启为前军、释齿为舛牾、释生正为禳祭、释其为该,则均属对已识之字的义训及通假提出新的见解。就所释之对象而言:或有关天文,如释 ⌒ 为虹、释丂为云、释𦥑为靁、释大雯雹为大骤风;或有关地理,如释膏鱼为高鱼或高梧、释兒羊为汪芒、释沇为沈(音究)、释四单为四台;或有关世系,如释王亥女(母)为王亥之配偶、释羌甲讹为沃甲、释小王为孝己、释中宗祖丁及中宗祖乙之中为仲;或有关社会活动,如释藝为协力耕作、释遼(音尔,迩之古文)为驿传、释雉众为夷众、释寇为打鬼;凡此种种,不烦一一详列。"书中所附《释具有部分表音的独体象形字》一文极为重要,它突破了传统的《说文》"六书"范畴,发现了一种新的造字方法。

何谓具有部分表音的独体象形字?今摘录一例以明之:"一、《说文》羌作羌,并谓:'羌,西戎牧羊人也,从人羊,羊亦声。'按《说文》据已讹的小篆,误分羌字为人与羊两个偏旁,甲骨文前期羌字均作𦍌,乃独体象形字⋯⋯,本象人戴羊角形,并非从羊。原始社会早期,人们为了猎取野兽,往往披皮戴角,装扮成野兽的样子,以便接近于野兽而射击之。后来戴角逐渐普及为一般人的装饰,以表示美观。有的贵族妇女或部落酋长戴着双角冠,以显示尊荣。有的民族到奴隶社会甚至近现代,仍然保持着这种风尚(详见释羌、苟、敬、美)。至于《说文》谓羌从人羊,羊亦声,已成为会意兼形声,与造字原意不符。总之,𦍌为独体象形字,上部作∧∧形,既象人戴羊角形,同时也表示着以羊省声为音读(甲骨文的宰字从羊省作∧∧者屡见)。但不能因此遂谓𦍌字为从人从羊省声的形声字。"

抗战前,唐兰在东北大学、燕京大学、北京大学、清华大学等校任教,讲授《尚书》《诗经》、"三礼"和古文字学,1940年任西南联合大学教授,抗战胜利至解放初期任北京大学教授,1952年调任故宫博物院研究员,又曾任该院陈列部主任、学术委员会主任、副院长等职,是我国著名的古文字学家、青铜器专家、历史学家,知识渊博、治学严谨、才思敏捷、勇于创新。这里只是介绍唐兰在甲骨文方面的贡献。

关于自己的治学态度、治学方法,他曾说,"……理之不可骤明者,置之,学之不可骤成者,徐之,明其易明,成其易成,积小以高大,下学而上达,积之既久,则何所不通?何所不明?岂有他谬巧哉,亦曰诚与恒而已耳。苟诚与恒,日知其所亡,月无忘其所能,切之、磋之、琢之、磨之,何患之不成?何患乎不精?"在《殷虚文字记·序》中说:"余治古文字学,始民国八年,最服膺孙君仲容之术。凡释一字,必析其偏旁,稽其历史,务得其真,不敢恣为新奇谬悠之说。十数年来,略能通贯其条例,所释渐多,然犹兢兢不敢骤以示人也。……非自信真确者,不笔于书,庶来者无惑。"[1]所谓析其偏旁,稽其历史,在《古文字学导论》中他作了进一步的说明:"偏旁分析法研究横的部分,历史考证法研究纵的部分,这两种方法是古文字研究里的最重要的部分。"[2]

一个古文字凡由若干偏旁组合而成者,皆可将其按偏旁作分解,在考察各种偏旁发展演变过程之基础上,释读之,这种方法就是偏旁分析;大凡一个古文字在历史的长河中形体不断有所变化,但其间必表现出在形体上的联系,探索这种联系就是历史的考证。除了这两种重要方法之外,他还提出对照法和推勘法。这套方法的建立,使古文字研究摆脱了过去有些人猜谜射覆式的主观臆断,走上比较科学的道路。至1949年他在《中国文字学》[3]中系统地批判了"六书"说之后,进一步发挥"三书"说,提出了古文字实际上只有形符(象形)文字、意符(象意)文字、声符(形声)文字。大胆地突破了自乾嘉以来一直为学者们奉为圭臬的《说文》体系。用今天的眼光看,唐兰的

---

[1] 唐兰:《殷墟文字记·自序》,北京大学讲义石印本,1934年。
[2] 唐兰:《古文字学导论》,北京大学讲义石印本,1935年。
[3] 唐兰:《中国文字学》,开明书店,1949年。

文字理论可能还不够完备，但必得承认这是他的创见。

他在甲骨文方面有两部重要著作：一、《殷虚文字记》①，收释字 33 篇，是他在北京大学任教时写的讲义。二、《天壤阁甲骨文存》②，于王懿荣旧藏拓片中遴选未经发表者 108 版，详征博引为之考释。二书中对甲骨文中的秋、羽、翌、藿、黽、卤等较难辨认的字作了详尽的考释。其他散见者尚有 1932 年发表的《获白兕考》③，1936 年发表的《释四方之名》④、《关于尾右甲卜辞》⑤、《卜辞时代的文学和卜辞文学》⑥、《怀铅随录》⑦，1937 年的《禘郊祖宗报》⑧、《释示宗及主》⑨、《释内》⑩、《卜辞彝铭多侧书》⑪等，多发前人所未发，时有创解。

裘锡圭对甲骨文字考释及语法的研究，用力精深，尤其以治学严谨著称。如他在 80 年代写的极有建树的文章见《古文字论集》，如：《释虫》⑫，根据秦简建除中的禹字，指出："甲骨文常用的成语'亡（无）蚩'字应该是'禹'的初文，这个字所从的'㇏'后来也演变为'禹'，跟'㝵'字的演变如出一辙"，认为"'蚩'（害）大概就是由'虫'孳生的一个词"，"无害"也是古代成语。从中可以看出他对古代文献、典籍、训诂、音韵和出土资料，掌握谙熟且极有分寸。在其他几篇如《甲骨文几种乐器名称——释庸、豐、鞀》⑬以及《释殷墟甲

---

① 唐兰：《殷墟文字记》，北京大学讲义石印本，1934 年。
② 唐兰：《天壤阁甲骨文存》，北京辅仁大学，1939 年。
③ 唐兰：《获白兕考》，载《燕京大学史学年报》1932 年第 4 期。
④ 唐兰：《释四方之名》，载《考古学社社刊》1936 年第 4 期。
⑤ 唐兰：《关于尾右甲卜辞——董作宾氏典册即龟版说之商榷》，载北京大学《国学季刊》1937 年 7 月第 5 卷 3 期。
⑥ 唐兰：《卜辞时代的文学和卜辞文学》，载《清华学报》1936 年第 11 卷 3 期。
⑦ 唐兰：《怀铅随录》，《考古学社社刊》1936 年第 2 期。
⑧ 唐兰：《禘郊祖宗报》，载《怀铅随录》（下），《考古学社社刊》1937 年第 6 期。
⑨ 唐兰：《释示宗及主》，载《怀铅随录》（下），《考古学社社刊》1937 年第 6 期。
⑩ 唐兰：《释内》，载《考古学社社刊》1937 年第 6 期。
⑪ 唐兰：《卜辞彝铭多侧书》，载《怀铅随录》（续）下，《考古学社社刊》1937 年第 6 期。
⑫ 裘锡圭：《释虫》，《古文字学论集》初编，中华书局，1992 年。
⑬ 裘锡圭：《甲骨文几种乐器名称——释庸、豐、鞀》，载《中华文史论丛》第二辑，上海古籍出版社，1980 年。

骨文里的远、狱（迩）及其有关诸字》①等许多论文中，运用偏旁分析方法考释出一些极难辨识的甲骨文字，其科学的研究方法也对甲骨学界产生很大影响。

除了考释文字，裘锡圭在研究甲骨语法上，同样也有着敏锐的眼光。《关于殷墟卜辞命辞是否问句的考察》②对国外学者提出的这一不可回避的重要问题做了极扎实深入的研究，充分体现出他深厚的学术功力。

纵观他在甲骨文字方面的成果，还可以看到他研究中另一明显的特点，即常常是站在一个历史学家的高度，致力于考证那些对商代历史研究意义极为重要的文字，努力揭示文字在其特定时代环境中的真义。他在《甲骨文所见的商代农业》③、《说卜辞的焚巫尪与作土龙》④、《论"瑟组卜辞"的时代》⑤等文中的一些精辟见解，均被历史学家们借鉴和引用。

三、综合性的研究与总结性的研究

八十余年来，在综合和总结性的研究与资料刊布方面，作出重要贡献的有以下七位：董作宾、胡厚宣、陈梦家、岛邦男（日本）、李孝定、严一萍、王宇信。

第一位是董作宾。董氏一生著作甚丰，贡献很大，台湾世界书局和艺文印书馆出版有《董作宾学术论著》（1962年）和《平庐文存》（1963年），近年艺文印书馆又出版了《董作宾先生全集》（1978年），分甲、乙编，凡12册。现就

---

① 裘锡圭：《释殷墟甲骨文里的远、狱（迩）及其有关诸字》，载《古文字研究》第十二辑，中华书局，1985年。
② 裘锡圭：《关于殷墟卜辞命辞是否问句的考察》，载《中国语文》1988年第1期。
③ 裘锡圭：《甲骨文所见的商代农业》，载《全国商史学术讨论会论文集》（《殷都学刊增刊》），1985年2月。
④ 裘锡圭：《说卜辞的焚巫尪与作土龙》，载《甲骨文与殷商史》第三辑，上海古籍出版社，1983年。
⑤ 裘锡圭：《论"瑟组卜辞"的时代》，载《古文字研究》第六辑，中华书局，1981年。

总结而言，在 1955 年他有《甲骨学五十年》①一书出版，也是一部叙述五十年来甲骨学发展总结的书。全书共分五章十三节，概括了殷墟甲骨文发现的历史和五十年来甲骨文研究的概况，对甲骨文分期断代的研究作了新的叙述，纠正了他本人在 1933 年 1 月发表的《甲骨文断代研究例》一文中的错误，补充了新发现的资料。卜辞中的贞人，第一期由原来的十一个增加为二十五个，第二期由原来的六个增加为十二个，第三期由原来的八个增加为十三个，第四期由原来"不录贞人的时期"改为十七个，第五期由原来一个增加为四个。

对于五十年来殷墟出土的甲骨文资料也作了总的估计，认为其数量"仍然不能超过 10 万片"。后来至 1965 年，由他的学生严一萍根据董先生最近十年来甲骨研究情形的三篇论文，增补了一章《最近十年的甲骨学》，于是把书名也改为《甲骨学六十年》，有严一萍《甲骨学六十年》校后记、《甲骨学五十年》序和 Kimpei Goto《甲骨学五十年》英译本编辑琐言各一篇。全书分三部分：第一部分分六章，前五章是 1955 年 7 月出版的《甲骨学五十年》。第一章：解题和概说；第二章：殷代文化宝库的开发；第三章：前期研究经过：1. 字句的考释，2. 篇章的通读；第四章：后期研究的进程：1. 分期整理，2. 分派研究；第五章：甲骨文材料的总估计。第六章题为"最近十年的甲骨学"，共三节。第二部分为附录，有严一萍的《董作宾先生传略》和由李霖灿从美国带回来的殷墟发掘工作存真照片四十五幅。第三部分为董先生 1937 年出版过的、与胡厚宣合编的《甲骨学年表》，以及 1961 年 4 月刊于台北《中国文字》第 3 册、与黄然伟合编的《续甲骨学年表》。

关于《甲骨学年表正续编》我想再说几句。《甲骨学年表》也是一种有用的总结性参考资料。正编自 1899 年起至 1936 年止，内容分三栏：一、纪年，列年代、甲子、公元纪年；二、纪事，略记甲骨文字之发现始末、流传情形及研

---

① 董作宾：《甲骨学五十年》，载《大陆杂志》第 1 卷 3、4、6、9、10 期，第 3 卷 9~11 期，1950~1951 年；又台北艺文印书馆，1955 年。

究撰著之经过;三、撰著,备列关于甲骨文字之专著及论文。续编自1937年起至1964年止。

第二位是胡厚宣,1934~1935年参加了安阳殷墟第十、第十一次的侯家庄商王陵区和秋口同乐寨的考古发掘。随即参加整理第一至九次发掘的甲骨,并为《殷虚文字甲编》作全部释文。胡先生的治学方法,我们可以从他在《甲骨学商史论丛》初集①自序中的一段话里领会一二。他说:"总之,余治卜辞期能综合归纳,分析疏通。着笔之前必先将有关材料网致无遗,悉参于前人之说,通其辞例,考其字源,验以金文,证以小篆,然后旁印之史乘旧说,固不敢妄比时贤,盖自求能免穿凿附会而已耳。"在甲骨资料的刊布方面,罗振玉以后首推胡先生,他早在1945年刊行《甲骨六录》②一册,作为《甲骨学商史论丛》之第三集,搜集前中央大学所藏甲骨277片、华西大学所藏16片、陈钟凡清晖山馆所藏201片、束天民所藏24片、曾和寯所藏24片、于省吾《双剑誃古器图录》③之3甲,共六家所藏之物,故曰《六录》,合计669片。他抗战胜利之后奔走南北,多方搜集甲骨资料,于1947年介绍《战后殷虚出土的新大龟七版》④,于1951年先后出版了《战后守沪新获甲骨集》《战后南北所见甲骨录》⑤,1954年出版《战后京津新获甲骨集》⑥,1955年又出《甲骨续存》⑦,这四部书共著录甲骨13 814片。他开创的分期、分类的甲骨著录编纂体例,为科学地著录甲骨开辟了新途径。他对商代卜龟来源、记事刻辞、四方风名、农业生产、宗法制度等有关甲骨学和商史上的一些问题作过专题研究,他早期的论文基本收入《甲骨学商史论丛》(1944年)中。此书涉及商史许多重要问题。高亨在序言中概括此书有五大优点:一曰取征甚详,二曰立

---

① 胡厚宣:《甲骨学商史论丛》初集,成都齐鲁大学国学研究所专刊,1944年。
② 胡厚宣:《甲骨六录》,《甲骨学商史论丛》第三集,成都齐鲁大学国学研究所,1945年。
③ 于省吾:《双剑誃古器物图录》,影印本,1940年。
④ 胡厚宣:《战后殷虚出土的新大龟七版》,上海《中央日报·文物周刊》1947年22~31期。
⑤ 胡厚宣:《战后宁沪新获甲骨集》,北京来薰阁石印本,1951年;胡厚宣:《战后南北所见甲骨录》,北京来薰阁石印本,1951年。
⑥ 胡厚宣:《战后京津新获甲骨集》,群联出版社,1954年。
⑦ 胡厚宣:《甲骨续存》,群联出版社,1955年。

论不苟,三曰匡正旧说,四曰创获新义,五曰证实古书。总之不失为甲骨文研究之重要参考书籍。他的著作很多,除本书在涉及的有关各节中已作介绍的之外,其有关甲骨学总结性的著作如下:

一、《五十年来甲骨文发现的总结》(1951年商务版)

二、《五十年来之甲骨学》(1949年复旦大学讲义本)

三、《五十年甲骨学论著目》(1952年中华版)

后来他又在《史学月刊》1984年第5期中发表一篇《八十五年来甲骨文材料之再统计》①作为《五十年来甲骨文发现的总结》一文的补充修订。这篇文章把国内国外各单位、各位藏家所藏的甲骨分别一一作了统计。至于《五十年甲骨学论著目》,辑录自1899年至1949年五十年来所有关于甲骨学的中、日、英、法、德、俄各种文字的专书书目和论文篇目,分类编纂,详注出版时期及版本出处。后附著者、篇名、编年三种索引,以便检索。据他统计,自1899年至1949年的五十年中,研究甲骨学而有论著的作家,共计289人,其中本国230人、外国59人,他们写有专书148种、论文728种,合共876种。此外,胡厚宣在1955年发表的《殷墟发掘》②,亦是第一部系统记述殷墟发掘情况的著述。

1959年,中国科学院历史研究所接受了编辑《甲骨文合集》③的任务。研究所先邀请组成了以郭沫若为主任委员的编辑委员会,由郭沫若任主编,胡厚宣任总编辑,在所内成立了编辑工作组。诸凡有关《合集》的具体编辑工作由胡厚宣总负责。自1961年4月开始,他南北奔走,普查甲骨,选片墨拓,直至1983年6月图版十三册出齐,历时二十二年,为甲骨学和商代史之研究提供了第一手的资料。这是一部国内外公认的集甲骨文大成的书。将四万多片甲骨分为五期:第一期为武丁时期;第二期为祖庚、祖甲时期;第三期为廪辛、康丁时期;第四期为武乙、文丁时期;第五期为帝乙、帝辛时

---

① 胡厚宣:《八十五年来甲骨文材料之再统计》,《史学月刊》1984年第5期。
② 胡厚宣:《殷墟发掘》,上海学习生活出版社,1955年。
③ 郭沫若主编,胡厚宣总编辑:《甲骨文合集》1～13册,中华书局,1978～1982年。

期。将一批性质与年代等方面多有异议,而字体亦颇有特征的所谓"自组""子组""午组"卜辞,附于第一期武丁卜辞之后,有利于对这些卜辞继续深入地进行研究。《合集》并在同期中又按内容分类,共分为四大类、二十一小类:

一、阶级和国家:1.奴隶和平民;2.奴隶主贵族;3.官吏;4.军队、刑罚、监狱;5.战争;6.方域;7.贡纳。

二、社会生产:8.农业;9.渔猎、畜牧;10.手工业;11.商业、交通。

三、思想文化:12.天文、历法;13.气象;14.建筑;15.疾病;16.生育;17.鬼神崇拜;18.祭祀;19.吉凶梦幻;20.卜法;21.文字。

四、其他。

全书共著录41 956版,大凡有史料价值的甲骨基本上已集聚于此了。

第三位是陈梦家(1911～1966)。他有关甲骨文研究的文章发表不少,如《商王名号考》《射与郊》《古文字中的商周祭祀》《甲骨断代学》等都为他写定《殷虚卜辞综述》①打下了基础。这部巨著系统而全面地叙述了安阳出土殷代卜辞的主要内容以及研究的经过和方法。书分二十章,首先叙述甲骨的出土和甲骨本身的问题,最后是甲骨研究的书目。书中分析殷代的文字、文法、年代、历法,详细提出断代研究的方法,概略地阐述殷代地理情况;对于商、殷的先公、王、后的世系、名谥、亲属关系以及旧臣,也论述甚详;对于官制、身份、宗教和农业各方面,亦均有专章讨论。

此书提供了地下出土的有关殷代历史文化的科学资料,补充了文献之不足。他在此书《前言》中说:"本书从1953年开始写起,至1954年底写完,共经二年。本来想要作的,是一个稍加评论的'总结',叙述五十年来有关甲骨刻辞研究的成绩,并且稍加以去取与估定其贡献。这样的做法,免不了许多无谓的繁琐的引述与争辩。因此,在试作数章以后,改变了原来的计划,将前人可以成立之说加以整理,根据现有的新材料加以补充和修正,按照我

---

① 陈梦家:《殷虚卜辞综述》,科学出版社,1956年。

们今日的理解对于甲骨刻辞的某些类别的材料加以解释。我们称此书为综述者,是综合了前人近人的各种可采取的说法,综合地叙述甲骨刻辞中的各种内容。希望它对于研究甲骨学的和古代历史社会的,可以有一些参考检查的用处。"

他还说:"作此书时,曾时常注意到两件事:一是卜辞、文献记载和考古材料的互相结合;一是卜辞本身内部的联系。"这两件事,确是研究卜辞的重要方法,它比王国维提出的"二重证据法"进了一步,注意到卜辞本身内容的联系。这种方法直至今天我们还是应该学习的。这部书的出版在国内外影响极大,确是系统地总结了五十年来的甲骨学研究,把我国甲骨研究的水平提高到一个新的高度。不足之处是对殷代社会性质没有足够的分析。

第四位是日本岛邦男博士。他对甲骨学总结性的著作有两部,一是《殷墟卜辞研究》[1],二是《殷墟卜辞综类》[2]。前者是博士将其成名之作《祭祀卜辞之研究》一文进行补充,增"禘祀"一节,并加上专题论文《卜辞中先王称谓》《甲骨文地名》《贞人补正》《殷代社会》汇集而成。全书分序论和正论两部分,序论是探讨甲骨断代的重要基准——"贞人"与"父母兄子的称谓",在对比分析了董作宾、陈梦家的五期贞人断代法的基础上作一补正,并分别讨论各期的父母兄子称谓,整理出彼此的统属关系。

正论分两篇,第一篇从内祭、外祭、祭仪三方面研究殷王室祭祀,第二篇从地域、方国、封建、官职、社会、产业、历法等七个方面研究殷代社会。第一篇阐明王室的宗庙祭祀有五祀和禘祀。五祀是以五种祀典有规律地对先王、先妣的祀序。根据五祀祀序,修正《史记·殷本纪》世系,复原第二期、第五期的祀谱,提出帝乙在位二十年,帝辛在位约三十一年。第二篇《殷代社会》,收罗542个地名,从已确知二地间行程日数的105个地名中,考定殷代的地域;并指出殷代在帝乙以前是太阳历,至帝辛时用太阴太阳历。

---

[1] 岛邦男:《殷墟卜辞研究》,日本汲古书院影印本,1958年。
[2] 岛邦男:《殷墟卜辞综类》,日本汲古书院,1967年。

第二部巨著是《殷墟卜辞综类》，这是一部重要的工具书。他将3 700多个甲骨字形，分析综合，打破了传统的《说文》540个部首，根据甲骨文形体结构特征，归纳出164个部首，从而成功地分别部居著录了十万多条卜辞，每条卜辞都注明出处，检索非常方便，对学术界的贡献很大。此书在1971年又作了增订①。

第五位是李孝定。他在1965年出版的《甲骨文字集释》自序中说："爰拟效诸书体例，更加增广，博采众说而后定以已见，使检一书而诸说并陈，考一字而渊源悉备，则于初学或亦不无裨助也。本书之分别部居一仍许氏《说文解字》旧贯，始一终亥，分为十四卷。另附补遗一卷，正文未备者属之；存疑一卷，诸家有释而未能成为定论者属之；待考一卷，不可识之字属之；又卷首一卷，举凡序言、凡例、目录、索引、引书简表、后记等均属之。每字之下首列该字各种异体……次举各家异说，并详注出处、书名、卷叶以供检核，然后别出按语定以己意。自民国四十八年十月经始历时五年又半而全书始成。"②此书正编十四卷、补遗一卷，总计正文1 062字，重文75字，《说文》所无字567个，又十四卷存疑总计136字。为初学者必读之书。

第六位是严一萍。他1978年出版了一部《甲骨学》③，遵照老师董作宾的学说，比较系统地阐述了甲骨学的有关问题。全书分"认识甲骨与殷商的疆域""甲骨的出土传拓与著录""辨伪与缀合""钻凿与占卜""释字和识字""通句读与识文例""断代""甲骨文字的艺术""甲骨学前途之展望"等九章。他在自序中说："用这样的体例写完了《甲骨学》全书，我发觉并世所谓甲骨学者中，只有彦堂先生是在甲骨的各方面都有过功，都有过著作发表；所以我一路写来，只是为彦堂先生写过的著作作整理，整理出一本较有系统的

---

① 姚孝遂评论《综类》有四个特点：一、资料收录比较完备，二、资料取舍比较谨慎，三、编排体例比较新颖的，四、检字检索比较方便。"最为突出的特点：作者并不是单纯地作一些资料排比整理工作，而是对资料进行了深入而认真的观察，不为旧说所迷惑，在取舍判断的过程中比较慎重的，有的时候还能力排众议，有自己独到的见解"（见姚孝遂《〈殷虚卜辞综类〉简评》，载《古文字研究》第三辑，中华书局，1980年，页181～184）。
② 李孝定：《甲骨文字集释》，台北"中研院"历史语言研究所，1965年。
③ 严一萍：《甲骨学》（上、下），台北艺文印书馆，1978年。

《甲骨学》，我不过在这本书中加一点'新'的见闻而已。"此书对初学者来说是一本重要的参考书。

第七位是青年学者王宇信。他于1981年出版了一本《建国以来甲骨文研究》①，全书分八章，回顾了建国以前五十年间甲骨文发现和研究的历史，对建国后的甲骨发现、著录和研究及甲骨文研究对考古学、历史学、古代科学技术等方面所作的贡献，分别设立专章作了探讨，并介绍了郭沫若对甲骨文研究的卓越贡献，最后对未来的甲骨文研究作了展望。书末附建国以来甲骨文编年论著简目，极便检索。文章写得很简练，材料也很丰富，收集到1979年截止，不失为一部总结性的述作。此书是作为纪念甲骨文发现八十周年的礼物。

四、其他各方面的研究

自从罗、王以后，从事甲骨学研究者日多，较著名者有：

王襄，业余研治金石、甲骨之学，是最早搜集和研究甲骨的学者之一。1920年发表《簠室殷契类纂》②，释字873个，是第一部甲骨文字典，凡所纂文字，皆本临摹，用力虽勤，未克存真。1929年增订再版时，释字增至957个。于1925年又出其旧藏，施以墨拓，择其善者，类次成编，曰《簠室殷契徵文》③，凡十二编，录1 125版。十二类曰天象、地望、帝系、人名、岁时、干支、贞类、典礼、征伐、游田、杂事、文字，各为一编，后附考释。晚年又著有《古文流变臆说》④，考甲骨文69字、金文75字，提出了一些独到的见解。

容庚，我国著名古文字学家。他治学严谨，孜孜不倦，毕生为中华民族古代文化的整理和发扬光大而认真工作，他一生编撰了二十七部专著，发表

---

① 王宇信：《建国以来甲骨文研究》，中国社会科学出版社，1981年。
② 王襄：《簠室殷契类纂》，天津博物院石印本，1920年。
③ 王襄：《簠室殷契徵文》，天津博物院石印本，1925年。
④ 王襄：《古文流变臆说》，龙门联合书局，1961年。

了五十多篇学术论文,总计八百万字以上。有关甲骨学的有1923年发表的《甲骨文字之发现及其考释》①,记述甲骨文字之发现经过及历年考释成绩,并据己意裁断,颇具卓识。1927年有《甲骨文》之作,此乃燕京大学《中国文字学》讲义本。1933年印行《殷契卜辞》②三册,著录874片,释文为先生与瞿润缗同作。1942年著《卜辞研究》,系北京大学讲义本。1947年发表《甲骨学概况》于《岭南学报》7卷2期,第一章"发现",记述历次甲骨出土之时地;第二章"作家",介绍了孙诒让、罗振玉、王国维、王襄、叶玉森、商承祚、董作宾、郭沫若、唐兰、孙海波、于省吾、胡厚宣十二人的生平、经历与著作;第三章"著作",共引书五十五种,皆有详细介绍。

商承祚,1923年撰《殷虚文字类编》③十四卷,全书以《说文》次第,分别部居,将罗、王考释之语分系其下,有所见则以"祚案"二字别之。此书较王襄《簠室殷契类纂》更为深入,故王国维在此书《序言》中给予极高评价:"精密矜慎,不作穿凿附会之说。"1925年商先生曾发表《殷虚文字考》④,考释85字。1927年又发表《殷虚文字》⑤,为广州中山大学讲义。此后,于1933年刊行《殷契佚存》⑥,共著录拓片一千纸,其重见于他书之甲骨,则于考释中注明之。其中夹有伪刻一片。同年发表《福氏所藏甲骨文字》⑦,共37片,乃王懿荣、徐祊之故物。1934年著《〈说文〉中之古文考》⑧一书。

杨树达,语言文字学家。历任北京大学、清华大学、湖南大学教授。研

---

① 容庚:《甲骨文字之发现及其考释》,载北京大学《国学季刊》1924年1卷4期。
② 容庚:《殷契卜辞》哈佛燕京学社石印本,1933年。
③ 商承祚:《殷墟文字类编》附待问篇13卷,内收罗振玉《殷虚书契考释》1卷,《殷虚书契待问篇》1卷,决定不移轩石印本六册,1923年。
④ 商承祚:《殷虚文字考》,载1925年10月《南京国学研究会》国学丛刊第2卷4期。
⑤ 商承祚:《广州中山大学讲义》,石印本,1927年。
⑥ 商承祚:《殷契佚存》与考释合二册,金陵大学中国文化研究所丛刊甲种影印本,1933年。
⑦ 商承祚:《福氏所藏甲骨文字》附考释,金陵大学中国文化研究所丛刊甲种影印本,1933年。
⑧ 商承祚:《〈说文〉中之古文考》(1—15),载《金陵学报》第4卷2期,第5卷2期,第6卷2期,第10卷1、2期,1934、1936、1940年。

究古汉语语法及文字训诂学,治学严谨,自谓:"余于甲文,识字必依篆籀,考事则据故书,不敢凭臆立说。"著有《古书疑义举例续补》①、《高等国文法》②、《词诠》③、《论语疏证》④、《汉书窥管》⑤、《积微居小学金石论丛》⑥、《积微居小学述林》⑦、《汉文文言修辞学》⑧等。另著有《积微居甲文说 卜辞琐记》⑨,此书中,前者《甲文说》分二卷,上卷说字之文凡三十三篇,卷下考史之文凡二十篇;后者《琐记》录读书心得四十九条。在《耐林顾甲文说 卜辞求义》⑩一书中,《甲文说》收论著七篇,《求义》收218字。

徐中舒,四川大学教授,王国维的弟子。他长期致力于中国古代史的研究,曾参与殷墟发掘的文字考证工作。著作甚丰,其重要者有《耒耜考》⑪、《井田制度探源》⑫、《论西周是封建社会——兼论殷代社会性质》⑬、《四川彭县濛阳镇出土的殷代二觯》⑭、《甲骨文中所见的儒》⑮、《关于利簋铭文考释的讨论》⑯、《殷商史中的几个问题》⑰。徐中舒治学精力充沛,1980年出版了《汉语古文字字形表》⑱,并主编《汉语大字典》⑲。

叶玉森,治学甚勤,每以卜辞证卜辞,归纳颇为绵密,研究所得,多粹于

---

① 杨树达:《古书疑义举例续补》,中华书局,1956年。
② 杨树达:《高等国文法》,商务印书馆,1930年。
③ 杨树达:《词诠》,商务印书馆,1928年。
④ 杨树达:《论语疏证》,石印本,1943年。
⑤ 杨树达:《汉书窥管》,科学出版社,1955年。
⑥ 杨树达:《积微居小学金石论丛》,商务印书馆,1937年。
⑦ 杨树达:《积微居小学述林》,中国科学院,1954年。
⑧ 杨树达:《汉文文言修辞学》,中华书局,1980年。
⑨ 杨树达:《积微居甲文说·卜辞琐记》,中国科学院,1954年。
⑩ 杨树达:《耐林顾甲骨文说·卜辞求义》,群联书店,1954年。
⑪ 见《"中研院"历史语言研究所集刊》2本1分册,1930年。
⑫ 见《中国文化研究汇刊》1944年第4期。
⑬ 见《历史研究》1957年第5期。
⑭ 见《文物》1962年第6期。
⑮ 见《四川大学学报》(哲学社会科学版)1975年第4期。
⑯ 见《文物》1978年第6期。
⑰ 见《四川大学学报》(哲学社会科学版)1979年第2期。
⑱ 徐中舒主编:《汉语古文字字形表》,四川人民出版社,1981年。
⑲ 徐中舒主编:《汉语大字典》,湖北辞书出版社、四川辞书出版社,1986~1990年。

所撰《殷契钩沈》①、《说契》②及《掔契枝谭》③。1925年又撰《铁云藏龟拾遗》④,不分卷,凡所著录,均得自丹徒刘氏旧藏而为刘著《铁云藏龟》⑤及罗著《铁云藏龟之余》⑥所未收者,因名《拾遗》,录240版。晚年患肺病,仍增订《前编集释》不辍,卒于1933年。友人为其印行《殷墟书契前编集释》八卷⑦,其书考释,在今日看来,难免有曲解附会之处,然其独到之处亦有不少。

胡光炜,1927年作《〈说文〉古文考》⑧二卷,附《齐楚吉金表》(油印本)。1928年作《甲骨文例》⑨,为研究文例的第一部著作,分二卷,上卷"形式篇"起单字,讫合文,为例二十有八;下卷"辞例篇",以言为例,得一十有六,全书考论从略,1929年讲《干支与古历法》,由闵君豪笔录,刊于金陵大学《咫闻》。1935年校补《库方二氏藏甲骨卜辞印本》⑩,列举伪品127片。关于此书中伪品的探讨,学者意见不一,请参考陈梦家《殷虚卜辞综述》652页⑪。

吴其昌,1932年撰《殷代人祭考》⑫。翌年撰《卜辞所见殷先公先王三续考》⑬,初为《殷卜辞所见先公先王索引表》《先妣索引表》及《人名索引表》,各表卜辞皆有详细出处,可惜疏说多有未实,然释𠬝为雍己,其说不可动摇。其

---

① 叶玉森:《殷契钩沈》2卷,《学衡》1923年第24期。
② 叶玉森:《说契》,《学衡》1924年第31期。
③ 叶玉森:《掔契枝谭》,《学衡》1924年第31期。
④ 叶玉森:《铁云藏龟拾遗》,五凤砚斋影印本,1925年;又北京富晋书社翻印本。
⑤ 刘鹗:《铁云藏龟》序,抱残守缺斋石印本,1903年;又蟫隐庐石印本,1931年;又台北艺文印书馆重印本,1959年。
⑥ 罗振玉:《铁云藏龟之余》,古丛编影印本一册,1915年。
⑦ 叶玉森:《殷墟书契前编集释》,上海大东书局石印本,1933年。
⑧ 胡光炜:《〈说文〉古文考》,金陵大学讲义油印本,1927年。
⑨ 胡光炜:《甲骨文例》,中山大学语言历史学民考古丛书之一,1928年。
⑩ 胡光炜:《书库方二氏藏甲骨卜辞印本》,载北平《图书馆学季刊》第9卷3/4期合刊,1935年;又收《胡小石》论文集三编,上海古籍出版社,1995年。
⑪ 陈梦家:《殷虚卜辞综述》,科学出版社,1956年。
⑫ 吴其昌:《殷代人祭考》,载《清华周刊》1932年第37卷9·10期文史专号。
⑬ 吴其昌:《卜辞所见殷先公先王三续考》,载《燕京学报》1933年第14期;又收《古史辨》第7期,上海开明书店,1940年。

他著作尚有《殷虚书契解诂》①、《丛瓿甲骨金文中所涵殷历推证》②、《甲骨金文中所见的商代农稼情况》③等。

丁山，早年曾参与殷墟发掘的文字考证工作。著述很多，1928年著有《殷契亡尤说》④。"亡尤"在卜辞中不下数百见，初不解其义，孙诒让释"亡它"，王襄释"亡猷"，王国维释"亡咎"，胡光炜释"亡尤"，丁氏同意胡释，即《易传》中之"亡尤"之意，"因考之六书，以释其形，参校经传，以见其义，博综详说，而明其旨，其说至为明确"⑤。此外尚有《宗法考源》⑥、《释疾、释梦、释蒙、释冀》⑦、《辨殷商》⑧、《由三代都邑论民族文化》⑨、《新殷本纪》⑩、《甲骨文所见氏族及其制度》⑪（附《殷商氏族方国志》）、《商周史料考证》⑫等。

饶宗颐，香港中文大学教授，知识渊博，著作宏丰，对甲骨学贡献颇多。1959年著《殷代贞卜人物通考》⑬上下三册，例言云："治卜辞者，无不盛言分期，因有所谓'断代'及'分派'两种方法，然分派必以断代为依据；断代则以贞卜人物及其对先王称谓为区划标准。过去甲骨学者，于卜人之探索，往往仅举一二事以示例，未能将刻辞所见之卜人，通体董理，以故断代标准不能确立。即偶有揭出者，大都以偏概全，衡之他辞，动多乖牾。鄙见无论'断

---

① 吴其昌：《殷虚书契解诂》，1934年起在武汉大学《文哲季刊》第三卷二、三、四号，四卷二、四号，五卷一、四号，六卷三号连载。
② 吴其昌：《丛瓿甲骨金文中所涵阴历推证》，《"中研院"历史语言研究所集刊》第四本第三分，1934年。
③ 吴其昌：《甲骨金文中所见的殷代农稼情况》，载《张菊生先生七十生日纪念论文集》，商务印书馆，1937年。
④ 丁山：《殷契亡尤说》，载《"中研院"历史语言研究所集刊》第1本1分，1928年10月。
⑤ 丁山：《甲骨书录解题》，商务印书馆影印本，1935年，页163～164。
⑥ 丁山：《宗法考源》，载《"中研院"历史语言研究所集刊》第4本4分，1934年。
⑦ 丁山：《释疾、释梦、释蒙、释冀》，载《"中研院"历史语言研究所集刊》第1本2分，1930年。
⑧ 丁山：《辩商殷》，载《山东大学文史丛刊》1934年第1期。
⑨ 丁山：《由三代都邑论民族文化》，载《"中研院"历史语言研究所集刊》第5本1分，1935年10月。
⑩ 丁山：《新殷本纪》，载《史董》1940年第1册。
⑪ 丁山：《甲骨文所见氏族及其制度》，科学出版社，1956年。
⑫ 丁山：《商周史料考证》，龙门联合书局，1960年。
⑬ 饶宗颐：《殷代贞卜人物通考》，香港大学出版社，1959年。

代''分派',必先以分人研究为基础,本书之作,即在提出卜辞之'分人研究法',使有卜人记名之刻辞,得一综合之整理。"全书列举贞人117人,揭示备考者20人,按人汇集所贞卜辞,注明出处,间作考释。末附"贞卜人物同版关系表""贞卜人物同辞关系表""成语索引"。饶氏前所著述之《日本所见甲骨录》①、《巴黎所见甲骨录》②、《瑞士巴塞尔人种学博物馆所藏甲骨考释》③、《伦敦读契记》,其重要者散见拙著各条之下。

张政烺,长期致力于中国古文字和中国古代史的研究,曾参与殷墟发掘的文字考证工作。他早年即运用各种古文字材料考证古史,并且从古文字学的研究方法上对《说文解字》进行批判。他结合甲骨卜辞与古文献研究中国古代的社会组织和农业生产,认为商周时期普遍存在农村公社,战国、秦、汉才是奴隶社会。他又根据甲骨文中异代同名的现象,提出"妇好"是世代相存的人名而不是一个人。在青铜器的铭文考释、年代考订等方面也都有很重要的贡献。近年他综合考古发现中有关《周易》的各种资料,提出卜辞和金文中由三个或六个数字构成的字组,乃是最早的易卦,进而考证周初铜器铭文中的易卦是以卦名邑,以邑为氏。这些创见引起国内外学术界的重视。张政烺还主持或参与新出土的临沂银雀山汉简、长沙马王堆帛书和云梦秦简的整理工作,作出重要贡献。其主要论著有《猎碣考释》④、《平陵陈得立事岁陶考证》⑤、《六书古义》⑥、《奭字解》⑦、《古代中国的十进制氏族组织》⑧、《卜辞裒田及其相关诸问题》⑨、《周厉王胡簋释文》⑩、《试释周初青铜器铭文中

---

① 饶宗颐:《日本所见甲骨录》,载《东方文化》第3卷第1期。
② 饶宗颐:《巴黎所见甲骨录》,香港大宏雕刻印刷公司,1956年。
③ 饶宗颐:《瑞士巴塞尔人种学博物馆所藏甲骨考释》,载香港《东方研究》第一、二期,1957—1958年;香港大学出版社影印单行本,1958年;又著录《海外甲骨录遗》。
④ 张政烺:《猎碣考释初稿》,载《史学论丛》1934年第1期,北京大学潜社。
⑤ 张政烺:《平陵陈得立事岁陶考证》,载《史学论丛》1934年第1期,北京大学潜社。
⑥ 张政烺:《六书古义》,载《"中研院"历史语言研究所集刊》第17本,1948年4月。
⑦ 张政烺:《"奭"字说》,载《"中研院"历史语言研究所集刊外编》第三种,1945年1月;又《"中研院"历史语言研究所集刊》第13本,商务印书馆,1948年。
⑧ 张政烺:《古代中国的十进制氏族组织》,载《历史教学》第2、3、4、6期,1951年。
⑨ 张政烺:《卜辞"裒田"及其相关诸问题》,载《考古学报》1973年第1期。
⑩ 张政烺:《周厉王胡簋释文》,载《古文字研究》第三辑,中华书局,1980年。

的易卦》①、《帛书〈六十四卦〉跋》②、《甲骨文"肖"与"肖田"》③、《释它示——论卜辞中没有蚕神》④等。

孙海波,曾从容庚、商承祚问学,"博识甲骨彝器所载文字,因取《铁云藏龟》、《殷虚书契前编》、《后编》、《菁华》、《龟甲文字》等书,遍为之释文,既又取商承祚所辑《殷虚文字类编》推而广之,为《甲骨文编》"(见《甲骨文编》⑤唐兰序)。是书十四卷,合文一卷,备查一卷,依《说文》次序排列,摹写精审,为甲骨文字原摹最优秀的一部书,共收单字 2 116 字,其中已释 1 106 字,未释 1 110 字。其他著作尚有《由甲骨卜辞推论殷周之关系》⑥、《卜辞文字小记》⑦、《甲金文中〈说文〉之逸文》⑧、《甲骨文录》⑨、《诚斋殷墟文字》⑩等。

李学勤,他不仅是一位历史学家,而且是一位古文字学家。他对甲骨文、青铜器铭文、战国文字、秦汉简帛都有深刻的研究,比他在古代史和古代思想史方面的研究贡献更大。在甲骨文方面有影响的文章有《帝乙时代的非王卜辞》⑪、《妇好墓的年代及其有关问题》⑫、《关于"自组"卜辞的一些问题》⑬,其专著有《殷代地理简论》⑭、《殷虚文字缀合》⑮等。断代研究方面,他提出了历组断代的新说,引起了国内外学者的兴趣,开展了广泛的讨论,目前还在深入。

---

① 张政烺:《试释周初青铜器铭文中的易卦》,载《考古学报》1980 年第 4 期。
② 张政烺:《帛书〈六十四卦〉跋》,载《文物》1984 年第 3 期。
③ 张政烺:《甲骨文"肖"和"肖田"》,载《历史研究》1978 年第 3 期。
④ 张政烺:《释它示——论卜辞没有蚕神》,载《古文字研究》第一辑,中华书局,1979 年。
⑤ 孙海波:《甲骨文编》,哈佛燕京学社石印本,1934 年;中华书局影印本,1965 年。
⑥ 孙海波:《由甲骨卜辞推论殷周之关系》,载《禹贡》半月刊 1934 年第 1 卷 6 期。
⑦ 孙海波:《卜辞文字小记》,载《考古社刊》1935 年第 3 期。
⑧ 孙海波:《甲金文中〈说文〉之逸文》,载《师大月刊》1936 年第 26 期。
⑨ 孙海波:《甲骨文录》,河南通志馆,1938 年;又台北艺文印书馆重印本,1958 年。
⑩ 孙海波:《诚斋殷墟文字》附考释,北京修文堂书店影印本,1940 年。
⑪ 李学勤:《帝乙时代的非王卜辞》,载《考古学报》1958 年第 1 期。
⑫ 李学勤:《论"妇好"墓的年代及其有关问题》,载《文物》1977 年第 11 期。
⑬ 李学勤:《关于自组卜辞的一些问题》,《古文字研究》第三辑,中华书局,1980 年。
⑭ 李学勤:《殷代地理简论》,科学出版社,1959 年。
⑮ 郭若愚、曾毅公、李学勤:《殷虚文字缀合》,科学出版社,1955 年。

五、外国学者对甲骨学的贡献

国外研究甲骨文有成绩的著名学者,在日本有贝塚茂树等。贝塚茂树编撰有《京都大学人文科学研究所藏甲骨文字》①,他还和伊藤道治合著《甲骨文断代研究之再检讨》②,并主编《古代殷帝国》③。白川静有《甲骨文的世界》④、《甲骨金文论丛》⑤、《中国古代王朝的形成》⑥等,此外伊藤道治、伊藤武敏、林巳奈夫、松丸道雄等人亦均写有许多颇有见地的甲骨学论文。1952 年在日本还成立了甲骨学会,会员达二百余人,并出版了不定期的《甲骨学》杂志。在加拿大有华裔学者许进雄博士,他编纂了《殷虚卜辞后编》⑦、《皇家安大略博物馆藏明义士旧藏甲骨文字》⑧、《怀特氏等收藏甲骨文集》⑨等书,并对甲骨钻凿形态作过断代研究。在美国,华裔学者周鸿翔教授编纂了《商殷帝王本纪》⑩及《美国所藏甲骨录》⑪等书;加州大学教授吉德炜博士有《商代史料》⑫一书出版。

---

① 贝塚茂树、伊藤道治:《京都大学人文科学研究所藏甲骨文字》,京都大学人文科学研究所,1959 年。华案:此书贝塚茂树收录了 3 246 片,其中有黑川幸七、上野精一及贝塚本人的甲骨收藏。甲骨文字时代按董作宾五期,其中设"王族"与"多子族"即陈梦家提出的自组、子组,内容分为十二类。
② 贝塚茂树、伊藤道治:《甲骨断代研究之再检讨》,载《东方学报》(京都)第 23 册·殷代青铜文化之研究;又《京都大学人文科学研究所纪要》第 11 册特辑,1953 年。
③ 贝塚茂树主编:《古代殷帝国》,日本みすず书房,1967 年。
④ 白川静:《甲骨文的世界——古殷王朝的缔构》,蔡哲茂、温天河译,台北巨流图书公司,1977 年。
⑤ 白川静:《甲骨金文学论集》,日本朋友书店,1973 年。
⑥ 伊藤道治:《中国古代王朝的形成》,日本东京创文社,1975 年。
⑦ 华案:自日本《甲骨学》杂志成立以来,公私纷纷将收藏的甲骨刊布于众,供学术研究,从《甲骨学》第 7 号(1959 年 3 月起至 1980 年 8 月)计 6 期历时 21 年之久,这批甲骨共有 38 家藏品计 560 片,由松丸道雄先生编著《日本散见甲骨文字搜汇》,详见刘一曼、韩江苏著:《甲骨文书籍提要》,上海古籍出版社,2017 年,页 39~40。
⑧ 许进雄:《殷虚卜辞后编》,台北艺文印书馆,1972 年。
⑨ 许进雄:《明义士收藏甲骨文集》,加拿大皇家安大略博物馆,1972 年。
⑩ 许进雄:《怀特氏等收藏甲骨文集》,加拿大皇家安大略博物馆,1979 年。
⑪ 周鸿翔:《商殷帝王本纪》,香港出版,1958 年。
⑫ 周鸿翔:《美国所藏甲骨录》,美国加利福尼亚大学出版影印本,1976 年。

经过历代中外学者的共同努力,甲骨学研究出版已蔚然大观。据胡厚宣统计:"八十年来,共出土甲骨文材料 15 万片以上,在此期间,甲骨文的研究工作也有了长足进步。这八十年的前五十年是第一阶段,主要是从文字的认识、研究开始,到基础的奠定和研究工作的进一步展开。发表研究论著的作者达三百人,各种论著近九百种。"建国三十年以来,还出现了一批以结合考古学和文献学,用甲骨文资料来研究商代社会的生产方式和社会性质的论述。这一时期新出现的甲骨文论著作者近一百人,而仅就国内发表的甲骨文论著而言,据不完全统计就有四百种之多。由于甲骨文八十年来研究的不断深入和相关的田野考古资料的积累,写出一部高水平的、较为全貌的《商代史》专著,已为期不远了①。

---

① 华案:从九十年代起,由宋振豪主持的重大科研项目——一套 11 卷《商代史》系列研究书籍,继《甲骨文合集》出版之后,又进一步推动了甲骨学的整体分类性研究。此套书的特点是结合发现近年的商代考古遗址新的资料,发掘商代社会文化环境,力图还原历史原貌。将断烂朝报式的卜辞分为:商代国家与社会、宗教祭祀、地理与方国、战争与军队、社会生活与礼俗、经济与科技等一系列的研究。

附录　本书所引甲骨著录书目及简称

《铁》　铁云藏龟　刘鹗　1903年10月　抱残守缺斋石印本，又1931年蟬隐庐石印本，合铁云藏龟之余，又1959年台湾艺文印书馆重印本

《前》　殷虚书契　罗振玉　1911年　国学丛刊3期3卷石印本，又1913年影印本，又1932年重印本，又1970年台湾艺文印书馆重印本

《菁》　殷虚书契菁华　罗振玉　1914年10月　影印本，又重印本

《后》　殷虚书契后编　罗振玉　1916年3月　影印本，又艺术丛编第一集本，又重印本，又1970年台湾艺文印书馆重印本

《明》　殷虚卜辞　明义士　1917年3月　上海别发洋行石印本

《戬》　戬寿堂所藏殷虚文字　姬佛陀　1917年5月　艺术丛编第3集石印本，又与戬寿堂所藏殷虚文字考释合单行本

《林》　龟甲兽骨文字　林泰辅　1921年　日本商周遗文会影印本，又北京富晋书社翻印本

《簠》　簠室殷契征文　王襄　1925年5月　天津博物院石印本

《拾》　铁云藏龟拾遗　叶玉森　1925年5月　影印本，又翻印本

《增考》　殷墟书契考释（增订本）三卷二册　1927年　东方学会石印本

《契》　殷契卜辞　容庚、瞿润缗　1933年5月　哈佛燕京学社石印本

《卜通》　卜辞通纂　郭沫若　1933年5月　日本东京文求堂石印本

《续》 殷虚书契续编　罗振玉　1933年9月　影印本，又1970年台湾艺文印书馆重印本

《佚》 殷契佚存　商承祚　1933年10月　金陵大学中国文化研究所影印本

《邺一》 邺中片羽初集（下）　黄濬　1935年2月　北京尊古斋影印本

《库》 库方二氏所藏甲骨卜辞　方法敛、白瑞华　1935年12月　商务印书馆

《柏》 柏根氏旧藏甲骨文字　明义士　1935年　齐大季刊67期，又齐鲁大学国学研究所

《粹》 殷契粹编　郭沫若　1937年5月　日本东京文求堂石印本，又1976年日本东京三一书房重印本

《邺二》 邺中片羽二集（下）　黄濬　1937年8月　北京尊古斋影印本

《文》 甲骨文录　孙海波　1938年1月　河南通志馆，又1958年台湾艺文印书馆重印本

《七》 甲骨卜辞七集　方法敛、白瑞华　1938年　美国纽约影印本

《天壤文释》 天壤阁甲骨文存　唐兰　1939年4月　北京辅仁大学

《珠》 殷契遗珠　金祖同　1939年5月　上海中法出版委员会，又1974年台湾艺文印书馆重印本

《叕》 甲骨叕存　曾毅公　1939年11月　齐鲁大学国学研究所

《金》 金璋所藏甲骨卜辞　方法敛、白瑞华　1939年　美国纽约影印本

《河》 河南安阳遗宝　梅原末治　1940年10月　日本影印本

《双古》 双剑誃古器物图录　于省吾　1940年11月　影印本

《摭》 殷契摭佚　李旦丘　1941年　北京来薰阁影印本

《邺三》 邺中片羽三集（下）　黄濬　1942年1月　北京尊古斋影印本

《六》 甲骨六录　胡厚宣　1945年7月　成都齐鲁大学国学研究所，又收入甲骨学商史论丛第三集

《甲》 殷虚文字甲编　董作宾　1948年4月　商务印书馆

《乙》　殷虚文字乙编　董作宾　1948年10月上辑，1949年3月中辑，商务印书馆，1953年12月下辑，台湾"中研院"历史语言研究所，1956年3月，科学出版社重印（下辑）

《摭续》　殷契摭佚续编　李旦丘　1950年9月　商务印书馆

《缀》　甲骨缀合编　曾毅公　1950年　北京修文堂

《宁》　战后宁沪新获甲骨集　胡厚宣　1951年4月　北京来薰阁

《掇一》　殷契拾掇　郭若愚　1951年7月　上海出版公司

《南》　战后南北所见甲骨录　胡厚宣　1951年11月　北京来薰阁

《南坊》　战后南北所见甲骨录　胡厚宣　1951年11月　北京来薰阁

《南师》　战后南北所见甲骨录　胡厚宣　1951年11月　北京来薰阁

《南南》　战后南北所见甲骨录　胡厚宣　1951年11月　北京来薰阁

《南明》　战后南北所见甲骨录　胡厚宣　1951年11月　北京来薰阁

《掇二》　殷契拾掇二编　郭若愚　1953年3月　上海出版公司

《京津》　战后京津新获甲骨集　胡厚宣　1954年3月　群联出版社

《合》　殷虚文字缀合　郭若愚、曾毅公、李学勤　1955年4月　科学出版社

《存》　甲骨续存　胡厚宣　1955年12月　群联出版社

《综述》　殷虚卜辞综述　陈梦家　1956年7月　科学出版社

《巴》　巴黎所见甲骨录　饶宗颐　1956年12月　香港大宏雕刻印刷公司

《丙》　殷虚文字丙编　张秉权　1957年8月上辑一，1959年10月上辑二，1962年中辑一，1965年中辑二，1967年下辑一，1972年下辑二　台湾中研院历史语言研究所

《京都》　京都大学人文科学研究所藏甲骨文字　贝塚茂树　1959年3月　京都大学人文科学研究所

《通考》　殷墟卜辞贞人通考　饶宗颐　1959年　香港大学

《甲释》　殷虚文字甲编考释（附图）　屈万里　1961年6月　台北"中研院"历史语言研究所

《甲骨文编》　孙海波　1965年　中华书局

《集释》 甲骨文字集释 李孝定 1965年 台北"中研院"历史语言研究所
《综类》 殷墟卜辞综类 岛邦男 1967年 汲古书院
《安明》 明义士收藏甲骨文集 许进雄 1972年 加拿大皇家安大略博物馆
《明后》 殷虚卜辞后编 许进雄 1972年 艺文印书馆
《甲骨学》(上、下) 严一萍 1978年2月 台北艺文印书馆
《怀特》 怀特氏等收藏甲骨文集 许进雄 1979年 加拿大皇家安大略博物馆
《释林》 甲骨文字释林 于省吾 1979年 中华书局
《屯南》 小屯南地甲骨上册,第一、二分册 中科院考古研究所编 1980年 中华书局
《合集》 甲骨文合集 郭沫若、胡厚宣 1978~1982年 中华书局
《英藏》 英国所藏甲骨集 李学勤、齐文心、艾兰 1985年 中华书局
《哲庵》 哲庵甲骨文存 曾毅公 未刊 引自《殷虚卜辞综述》

后　　记

1990年12月2日,对我来说是一个永远难忘的日子,在那天深夜,父亲离开了我们,没有遗嘱,没有财产,留下的只是满屋的书籍和积案的书稿。《甲骨文讲疏》便是其中的一部书稿。

这部书的底稿,原是1981年父亲为上海复旦大学全国文博培训进修班开设的甲骨学课程而编写的《甲骨学基础讲义》。当时父亲正主持上海博物馆工作,只能利用有限的业余时间,苦心搜集资料,铢积寸累,写下数十万言的读书笔记。1985年离休后,父亲在此基础上着手整理,编写成这部书稿,前后又花费了两年时间。今天,当我面对父亲遗稿,脑海里总是会浮现出父亲置病躯于不顾,孜孜不倦伏案写作的情景。无论是酷暑还是严寒,他从未间断,即使几度因高血压心脏病而住进医院,只要稍有缓和,便不顾医生劝阻,在病床上看书写作。这部书可以说是倾注了父亲生命中最后几年的全部心血,前后修改了两次。1989年书稿完成之后,为求完善,还曾多次写信给于省吾门人、浙江省博物馆副馆长曹锦炎先生,请他审稿并提出批评意见。

父亲病故之后,我们考虑到这部遗作对于甲骨学研究有一定的参考价值,因此联系有关出版部门。没有想到,此事竟经历了近七个春秋。原稿曾送到北京,再从北京取回上海,曲折辗转,所遇既有热情的支持,也有冷漠和推诿,而这两方都有父亲生前最熟悉和亲近的人。前后所经历的人和事,在我心中留下难忘而又深刻的不同感受。

1994年春节前,曹锦炎先生将父亲二十六万字的遗稿寄还给我,且坚决不收任何报酬。在商品经济之风尤甚的今天,我被这种真挚的友情深深地感动。

1996年10月,上海博物馆胡薇女士和孙仲汇先生得知父亲遗稿出版遇到重重困难之后,热情奔走,多方联系,最后由上海书店出版社总编辑金良年先生拨冗阅稿,欣然同意出版这部书稿。在经历了长久艰难,几乎濒临绝望之际,忽然有了如此转机,真使我心情亢奋,激动得难以形容。在此,我对金先生弘扬和传播传统文化的热情,表示最深切的敬意。

1997年4月,天津南开大学历史系主任朱凤瀚教授来香港中文大学访问。朱先生是南开大学王玉哲先生的高足,考古学界的青铜器专家,且开设甲骨学课程已有多年,因此我恳请他对父亲的遗稿提出批评意见。朱先生谈了他的许多重要精辟的见解和建议,并最后把稿子带回天津再做修订。我知道,这给他添了不少麻烦。朱先生本来教学繁忙,手上又要主持各种研究项目,恰逢北方夏季酷热高温,朱先生还请了夫人一起在挥汗如雨的天气里工作,这使我觉得无论怎样用语言表示感谢都会显得那么苍白无力。使我深怀敬意的还有上海古籍出版社吴旭民先生,他为父亲这部书稿提出了不少宝贵意见,稿子得到进一步的修订。在此出版之际,请旭民前辈接受我这一片诚挚的谢忱。

如果说学问背后有一幅活生生的人生图画,那么一本书的背后同样也蕴藏着许多人生情感。这些年我一直想,对于离开人世的父亲,还有什么比此更好的纪念呢?还有什么比拥有这些真挚的友情更珍贵呢?最叫人感动的是,饶宗颐教授不但为这部书题了签,而且情意深长地为爸爸填写了"金缕曲"一词,令人读之怅然,思人泪下。饶公对父亲说:在学业上"欣有继"。其实,更为真切的倒是这二十年来我们两代人的友情"欣有继"。爸爸去世后,饶公就成了我学业和精神上最大的支柱。现在我要想说的是,"爸爸您可以安息了"。

父亲的遗稿今天终于有幸得以问世,在我们家属是寄托着对他最好的纪念之意。而那些学界清正的情操则说明着优秀的文化传统的绵延和发扬,这正是我们大家可以感到欣慰的。我借此机会再次向所有关心此书命运的朋友致以深切的感谢!

沈建华

1997年9月7日

于香港中文大学中国文化研究所

再 版 后 记

《甲骨学基础讲义》，原名为《甲骨文讲疏》。此书是父亲1981年在上海复旦大学为全国文博进修班开设的甲骨学课程讲义，当时主要针对文博系统的学员，提供一个深入浅出的甲骨学基础课本。1989年，父亲在原有的讲义基础上，整理编著完成本书，父亲不幸于1991年11月去世，留下了这部二十六万字的书稿。几经周折，终于在2002年由上海书店出版，一晃竟十年过去了。

十年来，随着地下考古发现了更多新的甲骨资料，甲骨学的发展研究，也越来越深入，取得了很大的成果。而今天看来，这本《甲骨学基础讲义》，从资料到论述上远远不够完备，但对于初学者，仍不失为是一本甲骨入门教科书，感谢上海古籍出版社的美意，重新再版。我将原书重新作了校对，除了将错别字及原来不清楚的图版更换之外，基本保持当年原稿面貌，本书最后又附加了一个所引书目简称表，以供读者查阅。

出版之际，特别要感谢责编徐衍女士，经过近一年努力，不辞辛苦，多次校勘，纠正了本书不少文字错误，同时也感谢对这本书曾给予过帮助的朱凤瀚教授、童力军先生、秦志华先生和刘风华博士。

沈建华
2011年6月15日于北京

第三版后记

这本书是父亲20世纪80年代初,为上海复旦大学文博学院本科生开的一门深入浅出、阐述甲骨文基础知识的课程讲义,也是为有志于学习甲骨文字的青年,了解甲骨文的发现与研究历史,提供所需要的基本常识。面对九十多年来浩瀚的甲骨资料,父亲进行了系统的归纳整理,他不计烦琐,引述先贤所做的成果,有些评语则反映了父亲本人当时对甲骨学的认知理解。在引述中,对于甲骨文研究中发生的争论,《讲义》会把不同的争论意见逐一作客观的介绍,使读者有机会认识甲骨学术史的真相。

在父亲离世已34年,甲骨学的研究日新月异,甲骨文从发现至今,走过了120余年。随着安阳殷墟花园庄东地甲骨新资料的刊布,甲骨文著录及研究专书和论文出版层出不穷,根据宋镇豪主编《百年甲骨学论著目》序言,从1899至1999年6月,百年内,海内外著作和论文包括有关殷墟考古、史前陶符及西周甲骨,统计数目"总计收入有关著目10 946种",今天如果再要统计的话,我们相信已经不止这个数目了。甲骨文再也不是一门冷门绝学,从来没有像今天一样,发展得如此繁荣昌盛,它不仅已经成为一门显学,而且对中国古代文明探源研究有着重要的意义,越来越受到各领域学者的重视。

20世纪80年代,电脑网络科技的运用还远没有像今天这样普及便捷,父亲在编写《甲骨文基础讲义》时,尽管力求参考所有前辈的甲骨文著作和论文,但仍有不少疏漏,这是他个人精力难以达到的。这本小书其实有太多的甲骨研究成果要补充。父亲在1990年12月突然离世,现在要重印此书,为弥补上述遗憾,我将他生前忽略的甲骨学论著内容增补进来,我觉得这并不违反这本《讲义》的宗旨。

记得罗志田先生在接受访谈时说过:"任何方法都与所在时段的学术典范相关,而典范又可能转移(在20世纪更经常转移),如果不了解学术史,不能说明某一时段的学术典范,也就很难说方法。就此而言,史学史和学术史是'近代思想史乃至近代史研究'的基本功,是不可或缺的。"[1]

今天重温父亲的这本《甲骨学基础讲义》,仿佛又进入了百年甲骨文发现与研究的历史隧道。一个世纪前的甲骨学术典范,是大师们披荆斩棘奠定的甲骨学研究的基础,今天,我们的研究方法和成果无不源自先辈们的前期成就,我们今天是踩着他们的肩膀开拓了甲骨学研究的新视野。

商代社会究竟是怎样的一个社会?连孔子也曾由于文献不足而发出殷礼难徵的叹息。自甲骨发现以来,它的最大意义是揭示了真实的商代历史,弥补了上古文献的不足。出土的甲骨卜辞,性质虽然属于占卜类型,却直接反映了当时商代最真实的、丰富的社会状况。由于甲骨卜辞的释读,使得古代文献许多殷商史事记载得以印证。因此可以说,要想学习或者了解中国殷商历史,甲骨学显然是必不可少的,这需要我们从掌握甲骨文基础知识开始。

父亲去世后,2002年先由上海书店出版了《甲骨文讲疏》,2011年由上海古籍出版社再版。去年,父亲的这本小书有幸得到上海古籍出版社副社长吴长青的再次推荐,打算重版。从今天来看,这部书稿从体例和内容上难免显得陈旧,作者的目的是给甲骨学的初学者和爱好者提供一些入门的基础常识。在进行第三次再版时,我非常高兴得到了顾莉丹女士很好的建议和鼓励,促使我在疫情期间居家静心整理此书,现在呈现给读者的这部《甲骨文基础讲义(增补本)》基本保持了原书面貌,更换了一些初学者容易看懂

---

[1] 节选自罗志田、张洪彬《学术史、思想史和人物研究——罗志田教授访谈》(《学术月刊》2016年第12期)一文。

的甲骨结构图片,充实了一些学界曾讨论的重要问题,尽量按照目前学术著作注释的规范作了统改。希望得到读者的批评和指正。

在此,感谢朱凤瀚先生对此书乃至对我的研究多年来不懈的帮助和支持,最后也特别要感谢编辑余念姿对此书的专业指导和严谨校稿的工作态度,使这部书稿顺利出版,着实让我感动,我相信父亲在天之灵一定会感到欣慰的。

沈建华
2023 年 7 月 19 日五道口嘉园